本书为2014年国家社会科学基金项目"公共健康视角下体育彩民购彩风险——保护因素模型的构建与应用研究"(编号：14BTY008）的研究成果

王斌 李改 胡月 ■著

体育彩民购彩健康研究

中国社会科学出版社

图书在版编目（CIP）数据

体育彩民购彩健康研究 / 王斌, 李改, 胡月著. —北京：中国社会科学出版社, 2021.6
ISBN 978 – 7 – 5203 – 8681 – 4

Ⅰ.①体… Ⅱ.①王…②李…③胡… Ⅲ.①体育—彩票—社会问题—研究—中国 Ⅳ.①F726.952

中国版本图书馆 CIP 数据核字（2021）第 125584 号

出 版 人	赵剑英	
责任编辑	郝玉明	
责任校对	张爱华	
责任印制	王　超	

出　　版	中国社会科学出版社	
社　　址	北京鼓楼西大街甲 158 号	
邮　　编	100720	
网　　址	http://www.csspw.cn	
发 行 部	010 – 84083685	
门 市 部	010 – 84029450	
经　　销	新华书店及其他书店	
印　　刷	北京君升印刷有限公司	
装　　订	廊坊市广阳区广增装订厂	
版　　次	2021 年 6 月第 1 版	
印　　次	2021 年 6 月第 1 次印刷	
开　　本	710×1000　1/16	
印　　张	23.5	
插　　页	2	
字　　数	350 千字	
定　　价	119.00 元	

凡购买中国社会科学出版社图书，如有质量问题请与本社营销中心联系调换
电话：010 – 84083683
版权所有　侵权必究

序　言

体育彩票是我国为推动社会公益事业发展、筹集社会公益资金而依法发行的一种彩票。自1994年开始发行至今，体育彩票的年销售额增长了近200倍，为社会提供超过30万个直接的就业岗位，累计筹集公益金3341亿元，为推动公益事业发展、构建公共体育服务体系和建设体育强国做出重要贡献。随着体育彩票事业的迅猛发展，作为体育彩票的消费主体，体育彩民群体的规模不断扩容，体育彩民的购彩健康逐渐成为促进责任体育彩票建设、实现体育彩票业健康可持续发展的关键内容。

于体育彩民而言，体育彩票是一把双刃剑。体育彩民通过购买彩票可以减少焦虑、抑郁等消极情绪，体验刺激、愉悦、放松等积极情绪，增强专注感和控制感，提高观赛体验以及促进社会交往。但另一方面，体育彩民购彩也蕴藏了一些风险，容易陷入"亏想扳本，赚想加注"的"赌徒"困境，或"一夜暴富，盲目自信"的投机幻觉，诱发焦虑、抑郁等消极情绪、增加风险行为，问题严重者甚至产生犯罪行为。本书力求提供一个新的视角，从积极效应与消极影响并存入手，辩证而全面的剖析我国体育彩民的购彩健康状态，并综合风险因素和保护因素探究体育彩民购彩健康的形成机理。

同时，本书是继我们前期出版的《体育彩民购彩心理与行为特征研究》之后推出的又一本著作，也是课题组近年来潜心研究的新成果。本专著首先基于前期研究基础，通过大量的文献阅读与反复的讨论分析，构建研究框架、确定研究计划、制定调研工作细则；其次，通过体育彩民、体育彩票销售人员和专家等的访谈确定购彩健康的概念与内涵，经过两轮预调研编制和检验《体育彩民购彩健康》这一核心问卷，修订研究问题涉及的其他研究工具，最终形成用于全国大样本调研的正式问卷；最后，历经近一年半的时间完成全国九个省、37个市的体育彩民大样本调研。总体而言，本专著基于周密充分的前期准备，经过科学规范的研究工作，较好地解决了研究问题，取得了较具创新性的研究成果，有利于拓展博彩相关研究的理论视角，为体育彩票业稳定、健康、可持续发展提供保障。

为了让相关领域研究者和广大读者更为清晰地了解体育彩票相关研究进展和动态，本书首先介绍了我国体育彩票的发展态势、购彩健康的背景和内涵、相关基本概念和理论以及本研究的框架（第一章和第二章）；其次，开发了一个新的研究工具——《体育彩民购彩健康问卷，且后续研究均围绕该问卷展开，第三章专门综述了现有的体育彩民相关测量工具；第四章总结和分析了购彩健康的影响因素和策略相关研究进展；第五章至第九章主要呈现了本研究得到的成果，包括中国体育彩民购彩健康结构及其现状（第五章）、不同玩法偏好体育彩民购彩健康的现状（第六章）、竞猜型、数字乐透型体育彩民购彩健康影响因素（第七章）、体彩高风险群体（青少年、低阶层体育彩民）购彩健康现状及影响因素（第八章），以及体育彩民购彩健康"风险—保护"因素作用机制（第九章）；最后，总结国内、外购彩健康现有促进策略，并结合本研究结果提出适用我国体育彩民的购彩健康促进策略。

本书由华中师范大学王斌、李改和天津体育学院胡月合作撰写完成，湖州师范学院刘炼、华中师范大学郭冬冬和武汉科技大学黄显涛也参与了部分撰写工作。李改协助对全书进行了统稿和审校。

衷心感谢研究过程中提供帮助的学者和专家，以及参与本研究的众多体育彩民。希望本书能够启发从事体育研究的相关学者和专家，

序 言

同时能够为体育彩票工作者提供理论指导和建议。在撰写的过程中存在错误、疏漏和不足之处，恳请广大读者不吝赐教！最后感谢中国社会科学出版社高绩效的出版工作，尤其是郝玉明编辑的悉心审校！

著 者

2021年4月于桂子山

目　录

第一章　体育彩民购彩健康研究缘起 ……………………………（1）
　　第一节　我国体育彩票的发展现状 ………………………………（1）
　　第二节　购彩健康产生的背景 ……………………………………（3）
　　第三节　购彩健康的实质内涵 ……………………………………（6）
　　第四节　购彩健康研究的兴起 ……………………………………（10）
　　第五节　购彩健康研究的设计 ……………………………………（13）

第二章　体育彩民购彩健康相关概念及理论 …………………（17）
　　第一节　相关概念界定 ……………………………………………（17）
　　第二节　理论基础 …………………………………………………（23）

第三章　体育彩民购彩健康的相关测量 ………………………（39）
　　第一节　《心理障碍诊断与统计手册》（DSM） …………………（39）
　　第二节　南奥克斯博彩诊断量表（SOGS） ………………………（46）
　　第三节　问题博彩评估量表（PGSI） ……………………………（52）
　　第四节　问题博彩评估量表（SAPG） ……………………………（60）
　　第五节　问题彩民诊断标准量表 …………………………………（62）
　　第六节　体育彩民购彩危害问卷 …………………………………（63）

第四章　体育彩民购彩健康影响因素及策略的相关研究 ………（65）
　　第一节　体育彩民购彩健康的影响因素 …………………………（65）
　　第二节　购彩健康促进的策略 ……………………………………（83）

— 1 —

第五章　中国体育彩民购彩健康的结构及其现状 （91）
　　第一节　体育彩民购彩健康问卷的编制与检验 （91）
　　第二节　中国体育彩民购彩健康的现状 （109）

第六章　不同玩法偏好的体育彩民购彩健康的现状 （130）
　　第一节　竞猜型体育彩民购彩健康的现状 （130）
　　第二节　数字乐透型体育彩民购彩健康的现状 （143）
　　第三节　高频型体育彩民购彩健康的现状 （154）

第七章　竞猜型、数字乐透型体育彩民购彩健康的
　　　　　影响因素 （166）
　　第一节　竞猜型体育彩民购彩健康的影响因素研究 （166）
　　第二节　数字乐透型体育彩民购彩健康的影响因素研究 （195）

第八章　体彩高风险群体购彩健康的现状及影响因素 （212）
　　第一节　青少年体育彩民购彩健康的现状及影响因素 （213）
　　第二节　低阶层体育彩民购彩健康的现状及影响因素 （228）

第九章　体育彩民购彩健康"风险—保护"因素的作用
　　　　　机制 （240）
　　第一节　体育彩民购彩健康的个体影响因素 （240）
　　第二节　体育彩民购彩健康的环境影响因素 （251）
　　第三节　基于社会生态理论的体育彩民购彩健康"风险—保护"
　　　　　　因素整合模型 （261）

第十章　我国体育彩民购彩健康的促进 （275）
　　第一节　我国体育彩民购彩健康的风险剖析 （275）
　　第二节　博彩发达国家或地区的发展策略 （280）
　　第三节　我国体育彩民购彩健康的促进策略 （297）

附录 ……………………………………………………（304）
　附录1：购彩健康问题相关量表条目 ……………………（304）
　附录2：体育彩民购彩心理与行为问卷 …………………（317）
　附录3：竞猜型、数字乐透型体育彩民访谈提纲 ………（324）

参考文献 …………………………………………………（329）

第一章　体育彩民购彩健康研究缘起

第一节　我国体育彩票的发展现状

一　体育彩票的发展规模日益壮大

根据中国体彩网统计，我国体育彩票年销售额从1994年发行之初的10亿元增长到2018年的2869亿元，二十余年间销售额增加200倍之多。随着体育彩票销量的不断提高，体育彩民人数也不断增加。研究表明，我国体育彩民（每月至少购买1次体育彩票，购彩三个月以上仍然在继续购彩的人群）人数达到2000万[1]；我国彩民人数亦在7000万—2亿之间[2]。早在2008年中国彩民就被授予"中国慈善特别大奖"，2018年中国体育彩票筹集公益金超过670亿元，体育彩票为我国公益事业作出了突出贡献。国家体育总局副局长杨宁在2019年全国体彩工作会上表示，体育彩票发行25年来，牢牢把握国家公益彩票的发展方向，对推动公益事业发展、构建公共体育服务体系和建设体育强国发挥了重要作用。[3]

---

[1]　参见刘炼、王斌、史文文等《我国体育彩民群体发展的区域性特征研究》，《武汉体育学院学报》2013年第12期。

[2]　参见丁陶《"从亿元彩票"引发政府规范彩票市场的思考》，《消费导刊》2008年第4期；刘炼、王斌、史文文等《我国体育彩民群体发展的区域性特征研究》，《武汉体育学院学报》2013年第12期。

[3]　参见 http：//www.sport.gov.cn/n316/n343/n1193/e902233/content.html。

二 体育彩票研究主题愈发全面

体育彩票是一把"双刃剑",虽然能够为社会带来大量的公益资金,还能让购彩者收获积极的购彩体验,但不可避免地会产生一定的社会危害。纵观当前体育彩票相关的研究,问题主要集中于彩票营销和彩民购彩健康问题两个方面。在体育彩民购彩健康问题方面,关于体育彩民出现购彩问题的报道屡见不鲜,如"700万问题彩民""挪用公款购彩事件""倾家荡产购彩案例"等。[①] 既往研究也表明,青少年彩民易出现投机、拜金主义思想[②],偏好玩大乐透的彩民更容易出现控制幻觉,倾向认为自己可以控制中奖的结果[③]。另外,王斌等人认为问题购彩水平越高的彩民,越容易出现赌徒谬误、控制幻觉、中奖联想、沉没成本等认知偏差。[④] 因此,从既有体育彩民的相关研究来看,体育彩民的购彩健康问题已经成为一个普遍的社会问题,严重影响了体育彩票的健康发展。

三 体育彩票研究动向趋向本土

我国体育彩票与国外博彩存在本质上的区别,国外博彩业不仅包括彩票,还包括各种赌博项目,而我国彩票业是由国家体育总局等国家相关机构发行的以筹集公益金为目的的公益事业,彩民购彩可能会带来更多的裨益。公共健康视角下开展中国体育彩民购彩健康研究与国外健康博彩研究也存在一定的区别,较既往博彩理论,公共健康视角下的购彩健康更加注重健康的全面性,不仅强调采取主动预防的模式来解决因购彩产生的个人健康和社会稳定问题,还

---

① 参见刘炼《体育彩民购彩危害的界定、风险特征和影响因素研究》,博士学位论文,华中师范大学,2015年。
② 参见王国华、潘国廷《由"彩票热"看大学生价值观的变化趋向》,《山东省青年管理干部学院学报》2004年第4期。
③ 参见李刚《乐透型彩票购买者心态的定量研究——兼论我国彩票的可投资性》,《体育科学》2007年第9期。
④ 参见王斌、史文文、刘炼等《体育彩民购彩成瘾的影响因素及作用机制》,《中国体育科技》2016年第6期。

重视因购彩活动而产生的裨益研究。因此，探索符合中国体育彩票实践的本土购彩健康理论，能有效提升我国体育彩民群体的健康水平，为体育彩票业的健康、可持续发展提供保障。

第二节 购彩健康产生的背景

一 国外彩票发展衍生的健康问题

欧美国家的彩票发行源远流长，但是不成熟的监管体系、运作方式等影响了彩票的发行历程。例如，19世纪初，英国政府曾以"它（彩票）滋长人的惰性、增加贫困、导致人的放荡、破坏国内的融洽气氛，而且会增加疯子"终止了其发行两百多年的彩票。直到1994年，彩票通过议会开始立法，恢复发行，是当时保守党政府的"政绩工程"。美国是世界彩票大国，其彩票销售和彩票技术都处于世界领先水平。20世纪90年代初期，美国国家体育彩票的发行遭到体育界、媒体及公众的多方抵制，国会也曾提议取消彩票发行。关于体育彩票是否能继续合法化的争论，焦点在于体育彩票的发行是否会给青少年造成多种危害，如经济危害、社会危害、健康危害、心理危害等。此外，体育联盟反对以职业或业余赛事为竞猜对象，理由是投机彩票的高回报性及体育比赛结果的不可预测性，会诱使运动员和其他内部人员操纵比赛的过程及结果，从中牟取不正当的利益。

为降低彩票带来的负面影响，许多欧美国家已经制定了相应的法律法规。如澳大利亚在1976年颁布《南澳大利亚州彩票法》、美国制定《加州彩票法》、英国出台《1993年国家彩票法》等。尽管各国加强了对彩票发行的监督管理，但各类因购彩而产生问题的彩民仍然不断涌现。Currie等人对澳大利亚彩民的研究表明，5%的彩民正遭遇两种及以上的购彩伤害。[①] 彩民过度购彩可能产生许多消极后果，仅

[①] 参见 Currie, S. R., Hodgins, D. C., Wang, J. L., El-Guebaly, N., Wynne, H. & Chen, S., "Risk of harm among gamblers in the general population as a function of level of participation in gambling activities", *Addiction*, Vol. 101, No. 4, 2006。

通过规范管理彩票的发行与销售并不能有效预防购彩危害。因此，购彩引发健康问题的预防与干预成为国外彩票业发展中重点关注的问题。

二 国内彩票兴衰伴随的危害泛滥

清末年间发行的"湖北签捐票"是我国最早发行的彩票，此后，浙、皖、豫、鲁、甘、湘、粤等省相继发行了各省的彩票。中华民国初年，国法明令禁止发行彩票。到1918年以后，各省督军发行以慈善为名头的彩票。这一时期由于时局的不稳定，彩票主要以地方发行为主，未能得到有效监管和推广，但依然引发了各种问题。例如辛亥革命爆发后，清政府统治晚期彩票发行过滥，给中国经济社会造成了恶劣的影响，时任中华民国临时大总统的孙中山明令全国禁止发行彩票。[1]

直到1987年，第一家彩票经营管理机构——中国社会福利有奖募捐委员会在京成立，经国务院批准，彩票重新开始在全国发行，而体育彩票是在1994年开始正式发行的。自发行以来，我国相关部门制定了多部管理条例规范彩票事业的运行，以降低购彩行为对彩民的危害。但是，当前我国问题彩民的数量极为惊人。李海等人对上海市的调查显示，体育彩民中问题彩民的比例达到了12%。购彩危害可能已经成为当前我国体育彩民普遍面临的困扰。[2]

三 我国彩民健康遭遇的现实挑战

暴富心态、投机心理等物质主义价值观诱发了我国体育彩民非理性的购彩行为。随着我国市场经济步伐的进一步加快，人们的价值观也会发生一定的转变。[3] 物质的诱惑、精神的缺失等，使得许多人怀

---

[1] 参见周雁翔《中国彩票的前世今生》，《金融博览》（财富）2012年第10期。
[2] 参见李海、吴殷、李安民等《我国体育彩票问题彩民现状调查——以上海、广州、郑州、沈阳、成都为例》，《成都体育学院学报》2011年第5期。
[3] 参见陈美兰、王华明《市场经济与集体主义价值观》，《现代管理科学》2010年第10期。

揣通过购买彩票达到"一夜暴富"这种不切实际的想法,可是,这种投机取巧的致富方式往往不现实,绝大部分彩民会面临资金、人际甚至健康方面的危害。同时,持续购彩也可能会改变个人的物质价值观。[1] 例如,王国华、潘国廷的调查显示,许多大学生彩民消费动机、消费心态、消费行为不成熟,部分大学生甚至出现投机和拜金主义思想。[2] Kim 发现,购买彩票可以降低自我控制水平,诱发物质主义思想。[3]

四 购彩健康理念诞生的理论基础

公共健康(Public Health)是当前研究的热点,其主要关注群体或组织的健康活动和健康行为,旨在促进和保护该群体的健康水平。随着全球博彩业(包含彩票业)的扩张,其引发的博彩公共健康问题亦受到重视,Korn 等人基于世界卫生组织对健康博彩的新定义,指出:"健康博彩体现在彩民对博彩的获胜概率做到知情选择,在低风险情况下愉快的博彩经历,以及合理的投注金额。反之,不健康博彩是指不符合健康博彩定义的各种级别的博彩问题。"[4] 公共健康视角将问题博彩产生的个体行为转移到博彩相关部门,该研究希望通过采取宣传、预防和保护的模式来减少博彩引发的健康和社会问题。

从公共健康视角来看,博彩行为是一个连续统一体,非问题博彩者可能发展成为问题博彩者。公共健康视角重在研究博彩危害的预防与减少,而不仅仅是问题彩民个体问题的解决。博彩公共健康框架强调博彩行为和预防是连续存在的,而不是一种只有正常博彩者和问题(病态)博彩者二分的现象。

---

[1] 参见刘炼《体育彩民购彩危害的界定、风险特征和影响因素研究》,博士学位论文,华中师范大学,2015年。

[2] 参见王国华、潘国廷《由"彩票热"看大学生价值观的变化趋向》,《山东省青年管理干部学院学报》2004年第4期。

[3] 参见 Kim, H. C., "Situational Materialism: How Entering Lotteries May Undermine Self-Control", *Journal of Consumer Research*, Vol. 40, No. 4, 2013.

[4] 参见 Korn, D., Gibbins, R. & Azmier, J., "Framing public policy towards a public health paradigm for gambling", *Journal of Gambling Studies*, Vol. 19, No. 2, 2003.

第三节 购彩健康的实质内涵

一 购彩健康的危害内涵

购彩可能会对彩民身体与心理健康产生消极影响。Lesieur 指出购彩可能会引发失眠、肠道疾病、心脏疾病、高血压、偏头疼等身体问题。[1] 关于彩民购彩引发心理健康问题的研究较多，李仁军的研究表明，有 32% 的彩民存在一定的心理问题，表现为强迫、抑郁、人际关系敏感、焦虑等问题，而问题彩民则会经历焦虑、沮丧、低自尊、抑郁症状等心理危害。[2] 购彩可能会引发物欲横流的价值观扭曲问题。Kim 通过对美国纽约州购彩者的研究发现，长期购买彩票会导致自我控制能力的降低。[3] 购彩带来最为常见的危害是彩民的经济问题。诸多实证研究显示，过度购买彩票会引起彩民的经济损失。[4] 并且，由于购彩所产生的经济问题在问题博彩者当中更为显著。[5] 在工作方面，体育彩民长期沉溺于购彩，会产生一些不负责任的工作行为，如出现工作效率低、早退或旷工等现象。

购彩还会给家人、朋友等带来伤害。资金问题通常是问题彩民给他人带来的首要伤害，彩民面临破产危机和用光储蓄等资金问题会给家庭带来毁灭性破坏。为帮助彩民还债，家人或朋友不得不变卖家

---

[1] 参见 Lesieur, H. R., "Costs and treatment of pathological gambling", *The Annals of the American Academy of Political and Social Science*, Vol. 556, No. 1, 1998。

[2] 参见李仁军《山东省彩民心理健康状况及病理性赌博问题的初步研究》，硕士学位论文，山东大学，2008 年。

[3] 参见 Kim, H. C., "Situational Materialism: How Entering Lotteries May Undermine Self-Control", *Journal of Consumer Research*, Vol. 40, No. 4, 2013。

[4] 参见李海、吴殷、李安民等《我国体育彩票问题彩民现状调查——以上海、广州、郑州、沈阳、成都为例》，《成都体育学院学报》2011 年第 5 期；Downs, C. & Woolrych, R., "Gambling and debt: the hidden impacts on family and work life. Community", *Work & Family*, Vol. 13, No. 3, 2010。

[5] 参见 Grant Kalischuk, RG., "Co-creating life pathways: problem gambling and its impact on families", *The Family Journal*, Vol. 18, No. 1, 2010；李海、吴殷、李安民等《我国体育彩票问题彩民现状调查——以上海、广州、郑州、沈阳、成都为例》，《成都体育学院学报》2011 年第 5 期。

产，这将严重影响他们的生活质量。① 此外，购彩还可能会影响家人健康。博彩诱发的债务问题会破坏他人的健康与幸福，比如导致他人出现心理健康问题②、身体健康等问题③。

彩民购彩也可能会对社会造成一定危害。大量彩民参与购彩会使社会整体财产出现损失，引发各种犯罪行为。大量购彩导致彩民出现债务危机，并诱发一些刑事案件的出现。当彩民输光钱财，就可能会出现一些偷盗、抢劫、诈骗、非法拘禁等违法犯罪活动。④ 彩民因购彩导致出现的刑事案件屡见不鲜，如"彩民杀害浙江体彩中心工作人员""彩民盗取金库现金5100万购彩"等。Korn 和 Shaffer 从公共健康视角研究博彩活动的社会成本时提出，博彩活动可以引发卖淫、盗窃、贩毒和杀人等诸多违法行为。⑤

二 购彩健康的裨益内涵

彩票带来的不只有危害，还有裨益。根据 Korn 和 Shaffer 的观点，人们会倾向选择有利于自身健康的行为，购彩作为一个被众多彩民选

---

① 参见 Dickson-Swift, V. A. & James, E. L., "Kippen S. The experience of living with a problem gambler: Spouses and partners speak out", *Journal of Gambling Issues*, 2005; Grant Kalischuk, RG., "Co-creating life pathways: problem gambling and its impact on families", *The Family Journal*, Vol. 18, No. 1, 2010。

② 参见 Dickerson, MG, Problem gambling: Future directions in research, treatment, prevention and policy initiatives, In J O'Connor (Ed.), *High Stakes in the Nineties*, *Proceedings of the Sixth National Conference of the National Association of Gambling Studies*, Fremantle: National Association for Gambling Studies, 1995; Grant Kalischuk, RG., "Co-creating life pathways: problem gambling and its impact on families", *The Family Journal*, Vol. 18, No. 1, 2010; Patford, J., "For worse, for poorer and in ill health: how women experience, understand and respond to a partner's gambling problems", *International Journal of Mental Health and Addiction*, Vol. 7, No. 1, 2009。

③ 参见 Downs, C. & Woolrych, R., "Gambling and debt: the hidden impacts on family and work life", *Community, Work & Family*, Vol. 13, No. 3, 2010; Grant Kalischuk, RG., "Co-creating life pathways: problem gambling and its impact on families", *The Family Journal*, Vol. 18, No. 1, 2010。

④ 参见刘炼《体育彩民购彩危害的界定、风险特征和影响因素研究》，博士学位论文，华中师范大学，2015 年。

⑤ 参见 Korn, D. A. & Shaffer, H. J., "Gambling and the health of the public: Adopting a public health perspective", *Journal of Gambling Studies*, Vol. 15, No. 4, 1999。

择的行为，对个体健康是存在益处的。Desai 等人认为，博彩行为有利于老年人的认知发展，为老年人提供了更多积极交往的机会，可以提高老年人的整体健康水平。[1] Loroz 也发现，博彩活动可以提高老年人的自尊水平。[2] Humphreys 与其同事的研究发现，与非赌博者相比，娱乐赌博者出现糖尿病、焦虑障碍、情绪障碍和血压的可能性更低。[3] Downs 在历史学角度下对 1906 年至 1960 年英国的博彩产业进行分析得出以下观点：博彩参与者可以从中奖的希望中获得愉悦体验，对于较为贫困的人群来说博彩带来的希望有利于他们在艰苦的生活面前保持乐观。[4] 刘炼等人对 97 名老年体育彩民展开调查，发现，老年体育彩民普遍保持较为理性的购彩行为和良好的心理状态，购彩活动的卷入有助于提升老年体育彩民的社会支持，并进而提升其幸福度。[5] 还有一些研究显示，通过参与博彩活动，博彩者可以体验趣味和挑战、获得控制感与专注感[6]，引发刺激、愉快、放松等积极情绪[7]，减少焦虑、抑郁等消极情绪[8]，并促进社会交往[9]。而且相比赌场赌博，

---

[1] 参见 Desai, R. A., Maciejewski, P. K., Dausey, D. J., et al., "Health correlates of recreational gambling in older adults", *American Journal of Psychiatry*, Vol. 161, No. 9, 2004。

[2] 参见 Loroz, P. S., "Golden-age gambling: Psychological benefits and self-concept dynamics in aging consumers' consumption experiences", *Psychology & Marketing*, Vol. 21, No. 5, 2004。

[3] 参见 Humphreys, B. R., Nyman, J. A. & Ruseski, J. E., "The effect of gambling on health: evidence from canada", *American Society of Health Economists (ASHEcon) Paper*, 2011。

[4] 参见 Downs, C., "Selling hope: Gambling entrepreneurs in Britain 1906 – 1960", *Journal of Business Research*, Vol. 68, No. 10, 2015。

[5] 参见刘炼、王斌、叶绿等《老年人购买体育彩票的积极心理效应——幸福度的促进机制研究》，《天津体育学院学报》2014 年第 1 期。

[6] 参见 Mageau, G. A., Vallerand, R. J., Rousseau, F. L., Ratelle, C. F. & Provencher, P. J., "Passion and gambling: Investigating the Divergent affective and cognitive consequences of gambling 1", *Journal of Applied Social Psychology*, Vol. 35. No. 1, 2005。

[7] 参见 Lee, C. K., Chung, N. & Bernhard, B. J., "Examining the structural relationships among gambling motivation, passion, and consequences of internet sports betting", *Journal of Gambling Studies*, Vol. 30, No. 4, 2014。

[8] 参见 Humphreys, B. R., Nyman, J. A. & Ruseski, J. E., "The effect of gambling on health: evidence from canada", *American Society of Health Economists (ASHEcon) Paper*, 2011。

[9] 参见 Breen, H., Hing, N. & Gordon, A., "Indigenous gambling motivations, behaviour and consequences in northern new south wales, australia", *International Journal of Mental Health and Addiction*, Vol. 9, No. 6, 2011。

购买彩票的个体能够体验到更多的趣味、愉悦等积极情绪。[1] 此外，体育博彩活动，如竞猜型体育彩票，可以提高参与者的观赛体验。[2] 另外，一些研究从侧面提供证据。人们参与博彩活动的动机有娱乐、刺激、逃避、金钱和社交五个方面，其中刺激动机的满足可能会带来快乐、幸福等积极情绪，逃避动机的满足可以缓解彩民消极情绪获得放松和舒适等愉悦的情绪体验。[3] Vallerand 等人[4]构建的博彩激情模型支持了购彩行为的两面性。其中，强迫型激情与个体迫于内部压力而参与博彩活动有关，博彩者的强迫型激情越高，越难以停止博彩活动，博彩活动与正常生活之间的冲突越多；和谐型激情与个体自由的参与活动有关，高和谐型博彩激情的人们可以控制自己的博彩行为，博彩活动与生活之间的关系比较和谐。众多研究发现，强迫型激情与博彩的消极结果有关，可以显著正向地预测问题博彩水平，而和谐型博彩激情与博彩行为的积极结果有关，如压力缓解、舒适体验增加等。[5]

---

[1] 参见 Mageau, G. A., Vallerand, R. J., Rousseau, F. L., Ratelle, C. F. & Provencher, P. J., "Passion and gambling: Investigating the Divergent affective and cognitive consequences of gambling 1", *Journal of Applied Social Psychology*, Vol. 35, No. 1, 2005。

[2] 参见 Mao, L. L., Zhang, J. J. & Connaughton, D. P., "Sports gambling as consumption: evidence from demand for sports lottery", *Sport Management Review*, Vol. 18, No. 3, 2014; Gordon, R., Gurrieri, L. & Chapman, M., "Broadening an understanding of problem gambling: the lifestyle consumption community of sports betting", *Journal of Business Research*, Vol. 68, No. 10, 2015。

[3] 参见 Heung-Pyo, L., Paul Kyuman, C., Hong-Seock, L. & Yong-Ku, K., "The five-factor gambling motivation model", *Psychiatry Research*. Vol. 150, No. 1, 2007。

[4] 参见 Vallerand, R. J. & Houlfort, "N. Passion at work: Toward a new conceptualization", In D. Skarlicki, S. Gilliland & D. Steiner (Eds.), Research in Social Issues in Management. Greenwich: CT: Information Age Publishing Inc, 2003。

[5] 参见 Mageau, G. A., Vallerand, R. J., Rousseau, F. L., Ratelle, C. F. & Provencher, P. J., "Passion and gambling: Investigating the Divergent affective and cognitive consequences of gambling 1", *Journal of Applied Social Psychology*, Vol. 35, No. 1, 2005; Vallerand, R. J., Blanchard, C., Mageau, G. A., Koestner, R., Latelle, C., Leonardo, M., et al., "Les passions del'Ame: On obsessive and harmonious passion", *Journal of Personality and Social Psychology*, Vol. 85, No. 4, 2003。

第四节　购彩健康研究的兴起

一　国外公共健康博彩行动的实践

健康博彩早期的原则是将博彩危害最小化，旨在减少、最小化博彩行为给个体、家庭、社区和社会带来的消极影响。健康博彩是一种公共健康战略，最初用于20世纪80年代，原是拟作为一种限制滥用药物有关不良健康后果普遍扩散的尝试[①]，减少危害的目的是减少因滥用药物引起的对人的健康、社会、经济的损害。

自20世纪90年代以来，健康博彩的一些基础原则已被应用于博彩行为研究领域。危害最小化的首要目标是由博彩引起的或减少与博彩相关的有害后果，而不是全面禁止或完全避免博彩。有害后果不仅局限于问题博彩者，偶尔也存在于娱乐性博彩者中。危害最小化策略的首要任务是在不干扰娱乐博彩的发展下尽量减少过度博彩产生的不利影响。具体来说，目标首先是保护和防止个人产生博彩问题；其次是通过提供相关的保护措施，防止继续失控或过度博彩；最后是提供有效的治疗和康复服务去帮助现有的问题博彩者。

二　我国公共健康博彩研究的萌芽

近些年来，国内诸多媒体和彩票研究者开始重视购彩危害问题，有关问题彩民的报道与研究成为社会关注的焦点，这些研究和报道为促进彩民健康起到了一定的积极作用。然而，问题博彩的干预虽然是解决博彩危害的有效方法，但问题博彩的出现往往已经对博彩者个体、家庭或社会产生了许多危害。随着博彩危害的普遍化和多元化，许多博彩研究者意识到对问题博彩的干预对于减少博彩危害而言只能治标不能治本，并不能有效遏制博彩危害的出现。[②]

[①] 参见刘炼《体育彩民购彩危害的界定、风险特征和影响因素研究》，博士学位论文，华中师范大学，2015年。

[②] 参见刘炼《体育彩民购彩危害的界定、风险特征和影响因素研究》，博士学位论文，华中师范大学，2015年。

越来越多的研究者认识到博彩已经成为一个影响社会发展的公共健康问题。[①]

我国当前购彩健康研究仅限于理论上的探讨，彩民研究主要是以"问题彩民"为中心的，揭示了问题彩民的规模、结构特征和成因等问题。[②] 虽然已有研究为公共健康视角下体育彩民购彩健康提供了研究思路，但研究仍面临着一定的挑战。首先，我国体育彩票组织与国外博彩组织具有本质上的区别，在体育彩民购彩健康特征和影响因素上必然会存在一定差异。而且，国外博彩健康的探索主要是以理论分析和质性研究为主，开展的定量研究并不多见。其次，国内研究的视角均落脚于问题彩民，虽然问题彩民是购彩危害集中表现的群体，但问题彩民与一般彩民在博彩健康风险的特征、机理和预防模式上不仅仅是程度上的区别，很可能会出现其他较大区别。因此，如何在已有研究的基础上，充分考虑我国体育彩票的特点及现实情况，寻找关键的购彩健康风险和保护因素是体育彩民购彩健康研究的关键点。[③]

三 体育彩民购彩健康研究的意义

我国彩票业相比国外博彩业而言具有本土化特色。第一，国外博彩业虽然包括了彩票，但也将许多传统赌博项目纳入其中，因此难免会存在过多的公共健康损失风险。而我国体育彩票业并不包括传统赌博项目，且其公益性质更为突出，这一特点可能是影响体育彩民公共健康收益风险的关键点。第二，国外博彩业往往由私营企业承包实行商业化运作，其商业气息浓重。而我国体育彩票业是由国务院财政部门负责全国的彩票监督管理工作，体育彩票管理中心负责体育彩票发

[①] 参见 Korn, D. A. & Shaffer, H. J., "Gambling and the health of the public: Adopting a public health perspective", *Journal of Gambling Studies*, Vol. 15, No. 4, 1999。

[②] 参见史文文《体彩问题彩民的购彩特征及心理机制》，博士学位论文，华中师范大学，2013年；李海《基于公共健康视角的体育博彩社会责任研究》，《体育科研》2012年第3期。

[③] 参见刘炼《体育彩民购彩危害的界定、风险特征和影响因素研究》，博士学位论文，华中师范大学，2015年。

行、管理工作，其利益相关者存在明显区别，体育彩民公共健康风险的发生机理也具有本土特征。第三，与国外流行的个人主义价值观相比，中国具有的传统文化价值观可能会影响人们对于体育彩票风险的认知和态度。基于此，体育彩民购彩健康研究具有较强的本土研究的意义和价值。

　　国外健康博彩研究注重实践应用，相关理论体系并未成熟，本书将进一步完善购彩健康理论研究。博彩研究者认为博彩者参与博彩行为可能会产生健康损失，同时也有可能会产生健康裨益。但相关理论研究显示很少有研究者系统地探寻体育彩民公共健康裨益，且仅用问题博彩诊断标准来衡量不健康博彩，该测评方式具有较大的理论局限性。本书将首次建立体育彩民公共健康裨益测评指标体系，同时进一步细化体育彩民公共健康风险损失测评指标体系，为系统评估体育彩民购彩健康水平提供了可能，并在此基础上探索我国体育彩民购彩健康促进的内在机制，为购彩健康理论奠定良好基础。

　　公共健康视角下的购彩健康研究有助于促进彩民健康。2012年北京师范大学公布了一份《中国彩民行为网络调查》，结果显示我国彩民已达两亿多人，其中问题彩民约700万人，重度问题彩民达到43万人。从公共健康博彩理论来看，问题彩民的产生是体育彩民购彩行为连续体的极端，购彩的消极后果会在问题彩民身上得到集中体现，但除了问题彩民之外，普通彩民个体在购彩的过程中也会出现购彩健康问题。因此，体育彩民购彩健康研究不仅要重视问题彩民的诊断与治疗，其核心任务在于对整个彩民群体购彩健康的促进。本书旨在探索体育彩民购彩健康的风险因素，探索其可能的保护机制，构建有针对性的预防模式，有效提升体育彩民的购彩健康水平，为体育彩票业稳定、健康、可持续发展提供保障。①

---

　　① 参见刘炼《体育彩民购彩危害的界定、风险特征和影响因素研究》，博士学位论文，华中师范大学，2015年。

第五节 购彩健康研究的设计

一 购彩健康研究目标

本书主要的研究目标是构建体育彩民公共健康评价标准，探索体育彩民公共健康风险的形成机制和构建体育彩民公共健康预防与促进的对策体系。本书的具体研究目标包括五点。

第一，探索体育彩民公共健康风险的概念、内涵。

第二，构建体育彩民公共健康评价指标体系，制定体育彩民公共健康风险评价标准。

第三，调查当前我国体育彩民公共健康风险问题的表现特征，分析体育彩民公共健康风险产生与发展的机理。

第四，揭示青少年、竞猜型、乐透型和低收入体育彩民常见的公共健康风险问题，分析不同类型体育彩民公共健康风险产生与发展的特征。

第五，构建符合我国本土文化的体育彩民公共健康风险管理对策体系，并通过实践应用来检验与修正该管理对策体系。

二 购彩健康研究思路

第一，体育彩民购彩健康本土化评价工具的开发。本书将结合风险管理中的风险收益和风险损失的理论，在 Korn 等人构建的健康博彩和不健康博彩理论的基础上，阐释我国体育彩民购彩健康的内涵。[1] 研究拟从两个方面对购彩健康进行评价。一类指标衡量"不健康购彩"程度，即包括体育彩民在购彩过程中各种潜在的购彩问题。另一类指标评估"健康购彩"水平，即体育彩民在理性购彩行为的前提下，获得较为愉快的购彩经历，提升了购彩者的幸福水平。同时，研究将对构建的评价指标体系的信效度进行验证。

第二，揭示我国体育彩民的购彩健康特征。通过对全国体育彩民

---

[1] 参见 Korn, D. A., Gibbins, R. & Azmier, J., "Framing public policy towards a public health paradigm for gambling", *Journal of Gambling Studies*, Vol. 19, No. 2, 2003。

进行大样本抽样调查，了解我国体育彩民购彩健康的总体情况，分析体育彩民购彩健康的群体特征（不同玩法偏好与不同性别、不同年龄、不同学历体育彩民购彩健康差异），分析体育彩民购彩健康的个体影响因素和环境影响因素。通过系统、全面地分析我国体育彩民购彩特征的基本现状，为体育彩票管理部门在购彩健康的营销策略研究与制定上提供一定的参考。

第三，探索体育彩民购彩健康风险缓冲和裨益促进机制。体育彩民收益与损失风险的形成与发展是一个动态变化的过程。现有研究已涉及体育彩民公共健康的主要风险问题即对"购彩成瘾"的探讨，但是从单个研究来看，大多数的研究仅涉及"购彩成瘾"的发病率、群体特征以及相关影响因素[1]，不能在整体上解释体育彩民公共健康损失风险发生的内在机制。此外，少有研究探索体育彩民的公共健康裨益。本书将从彩民个体、家庭、销售和社会环境等层面探寻体育彩民公共健康收益与损失风险的形成机理。

第四，体育彩民购彩健康预防与促进对策研究。在 Messerlian 等人[2]提出的青少年博彩者公共健康风险问题管理模型的基础上，结合不同类型体育彩民购彩健康问题形成与发展的特征，构建我国体育彩民购彩健康预防与促进对策体系。对策体系不局限于青少年，还将重点解决竞猜型、乐透型和低收入等风险易感型体育彩民的购彩健康风险问题。

三 购彩健康研究方法

（一）文献综述法。查阅体育彩民、公共健康、健康博彩、健康风险管理等相关文献，总结体育彩民公共健康的概念、测评、形成机理与管理体系。同时，查阅有关问题博彩诊断标准相关文献，初步筛选出体育彩民公共健康指标体系。

---

[1] 参见刘炼《体育彩民购彩危害的界定、风险特征和影响因素研究》，博士学位论文，华中师范大学，2015年。

[2] 参见 Messerlian, C., Derevensky, J. & Gupta, R., "Youth gambling problems: a public health perspective", *Health Promotion International*, Vol. 20, No. 1, 2005。

（二）访谈法。本书将在全国具有代表性的9个省市的彩票管理中心选取相关管理人员10名左右；在彩票销售点选取彩票销售人员20名左右、彩民30名左右，就体育彩民公共健康风险相关问题展开访谈。

（三）问卷调查法。拟根据经济发展水平和体育彩票发展水平，对全国9个省（直辖市）展开调查。其中，每个省份随机选择3个市、每个市的城区和郊区随机选择3—5个体育彩票网点进行调研，每个网点调查彩民10—15名。共计调查彩民4000名左右。

（四）统计分析法。采用探索性因素分析和验证性因素分析检验所开发问卷的信、效度；运用多元分层回归分析个体、组织、家庭、社会等层面因素对体育彩民购彩健康的预测作用；运用结构方程模检验与修正体育彩民购彩健康的影响机理模型。

四　购彩健康研究步骤

本书立足于大样本，理论构建与实践应用相结合，研究拟分五步展开，如见图1-1所示。

第一步，重点介绍本研究的理论基础、综述既有国内外体育彩民购彩健康的相关研究。

第二步，在总结体育彩民购彩健康相关测量工具的基础上，综合运用访谈法和问卷调查法编制和检验体育彩民购彩健康问卷。

第三步，通过全国大样本问卷调查展开体育彩民购彩健康问卷的实地调研。

第四步，构建并检验体育彩民公共健康风险形成的机理模型。

第五步，构建体育彩民购彩健康促进对策体系。基于体育彩民博彩问题"风险—保护"模型建立体育彩民购彩"风险—保护"预防体系，并提出一套针对我国体育彩民主要风险问题的预防策略，促进我国体育彩民健康购彩。

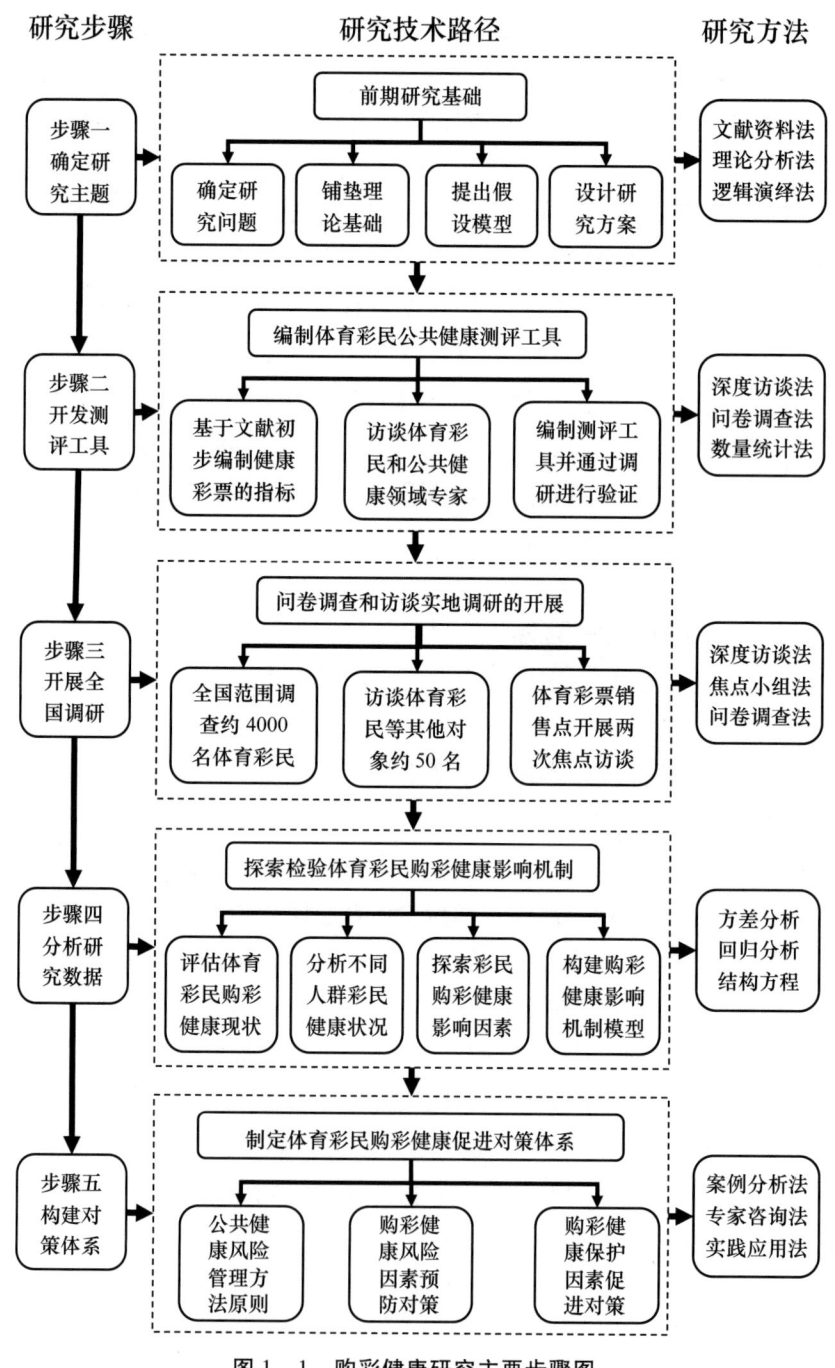

图1-1 购彩健康研究主要步骤图

第二章 体育彩民购彩健康相关概念及理论

第一节 相关概念界定

一 体育彩票

《彩票管理条例》指出："彩票是国家为了推动社会公益事业发展，筹集社会公益资金，依法销售，特许发行的自然人自愿购买的根据一定的规则获奖的凭证。"① 其中，体育彩票是由国务院批准、由国务院批准由国家体育总局负责发行的。体育彩票有广义和狭义之分，狭义的体育彩票多指竞猜型体育彩票，即依托足球、篮球等体育赛事设计与发行的体育彩票；广义的体育彩票是指玩法或发行目的与体育相关的各种玩法，除竞猜型体育彩票外，还有数字乐透型和即开型等。② 竞猜型和数字乐透型体育彩票历来销售额稳居体育彩票总销售额之首。近些年来，越来越多的彩民也开始关注高频型体育彩票，其因快速开奖受到了越来越多彩民的青睐。

（一）竞猜型体育彩票

竞猜型体育彩票是我国现阶段唯一具有体育特色的彩票类型，是依托体育赛事发行的，对体育赛事结果进行竞猜的一种玩法。竞猜型体育彩票涉及的玩法有足球彩票、篮球彩票、赛马彩票、棒球彩票

---

① 参见李少华、赵冠明、杨松涛《试论体育彩票》，《云南师范大学学报》（对外汉语教学与研究版）2001年第4期。
② 参见夏天《数字乐透型体育彩民购彩健康现状及其影响因素研究》，硕士学位论文，华中师范大学，2018年。

等。竞猜型体育彩票与体育赛事紧密相关，既具有体育赛事的观赏性、竞争性和结果不可预知性等特点，也具有彩票娱乐性、刺激性、公平性、公开性、经济性和公益性等特点，体育赛事与彩票的结合形成了竞猜型体育彩票独特的魅力。

由于竞猜对象（体育赛事）的种类繁多，竞猜型体育彩票玩法多样。竞猜型体育彩票于2001年10月22日开始发行，起初竞猜对象为意大利甲级联赛、英超联赛、欧洲杯小组赛和世界杯小组赛中的球队，每一期选取13场比赛竞猜胜平负或世界杯四强、八强，然后根据奖池的大小设定相应奖金。2004年，增加德甲球队的竞猜，竞猜胜平负的场次由原来的13场变为14场，并增加竞猜6支球队进球数的玩法。2005年9月，推出附加"玩法任选9场"。2006年世界杯期间，又增加6场半全场胜负游戏和4场进球游戏玩法。2008年4月，开始发行奥运竞猜型游戏，玩法包括奖牌连连猜、赛事天天彩、第一名过关、胜负过关和金银铜牌竞猜五种玩法。[①] 2009年5月，推出足球单场竞猜玩法，该玩法包括多种竞猜胜平负、比分和进球的玩法，同期推出篮球单场竞猜游戏。2010年世界杯期间，推出小组赛第一名竞猜、冠亚军竞猜和冠军竞猜3种玩法，并采用固定赔率返奖模式。竞猜型体育彩票发展至今，竞猜对象不断增多，玩法不断推新，吸引了众多体育爱好者、球迷和彩民参与其中。

（二）数字乐透型体育彩票

数字乐透型体育彩票以序数方式进行竞猜，通过销售终端出售数字乐透型体育彩票，购买者根据规定的数字范围（如1—50），自己选择或者由电脑随机选择几个数字（如3个），最后付钱出票。每期中奖号码是由发行机构定期摇奖，最后通过新闻媒体来公布的。数字乐透型彩票购买者可以自己选择购票金额，灵活性和趣味性较强，每周的开奖时间是固定的，因此能吸引购买者定期购买，而且数字乐透型体育彩票的返奖率、中奖面浮动随机，并没有硬性控制，大奖的金

---

① 参见张祺、刘钰劼《从我国竞猜型体育彩票的玩法变迁看政策走向》，《运动》2012年第13期。

额也较高,这种先买票再开奖的形式让每张彩票的中奖概率相同,确保了购买者的权益。我国数字乐透型体育彩票按玩法可细分为:超级大乐透、排列三、排列五、七星彩等[①](见表 2-1)。

表 2-1　　　　数字乐透型体育彩票玩法分类表

	玩法	开奖时间
超级大乐透	设置前区和后区,前区号码由 01—35 共 35 个号码组成,后区号码由 01—12 共 12 个号码组成。购买者从前区选择 5 个号码,从后区选择 2 个号码作为一注投注号码进行投注	每周一、三、六开奖
排列三	指从 000—999 的数字中选取 1 个 3 位数作为一注投注号码进行的投注	每天开奖一次
排列五	由购买者从 00000—99999 的数字中选取 1 个 5 位数为投注号码进行投注	每天开奖一次
七星彩	从 0000000—9999999 中选择任意 7 位自然数进行的投注,一组 7 位数的排列称为一注	每周二、五、日开奖

(三)高频型体育彩票

高频型体育彩票是当今体育彩票业的新票种,其开奖时间在 10 分钟至 30 分钟,又称快频彩,如选 5 系列,包含上海体彩即乐彩、山东体彩十一运夺金、山东福彩群英会、安徽体彩 11 选 5、四川体彩 11 选 5、辽宁体彩即乐彩、贵州体彩 11 选 5、天津体彩 11 选 5、山西体彩 11 选 5、湖南体彩即乐彩、江西体彩多乐彩、广东体彩 11 选 5、广东的福彩快乐十分、黑龙江体彩的运动生肖、湖北体彩 11 选 5、河南体彩 11 选 5、河北彩运动生肖、福建体彩 11 选 5、陕西体彩即乐彩、甘肃体彩 11 选 5、重庆体彩 11 选 5、内蒙古体彩运动生肖等高频玩法。通常为每 10 分钟开奖一次,最长为 30 分钟开奖一次。

高频型体育彩票的趣味性较强,开奖快速,奖级多且返奖率较

---

① 参见夏天《数字乐透型体育彩民购彩健康现状及其影响因素研究》,硕士学位论文,华中师范大学,2018 年。

高，吸引了众多彩民参与购买。据统计，2015 年我国高频型体育彩票销量额达到 546.7 亿，占全国体彩销量的 32.9%。[①]

二 体育彩民

早期，人们一般将购买彩票的个体称为彩民。2008 年 12 月，据国家语言文字工作委员会统计，"彩民"一词在《现代汉语常用词表（草案）》中的使用频率排名第 31382 位。与此同时，随着以"彩民"为对象的研究逐渐增加，不同学者对"彩民"的概念进行了界定。张春泉和刘雪芹[②]认为彩民这一概念中"彩"是前缀，亦是彩票的简称，"民"作为后缀是指人，是指经常从事彩票活动的人。从语体分布的角度来看，"民"的使用范围更为宽泛，如烟民、股民和网民等。2005 年，现代汉语词典第五版将"彩民"收录，且定义为"购买彩票或奖券的人（多指经常购买的）"。另一些学者从消费习惯理论的角度出发，根据购买彩票投入的时间和次数进行概念界定。例如，有研究认为，过去半年中购买彩票次数超过一次的才能称之为"彩民"。[③] Felsher 等人将彩民界定为每周或每月至少购买一次彩票的人。[④] 以上界定可以归纳为两种倾向，一是突出购买彩票的稳定性，二是关注购买彩票的频率。这表明彩民是形成了稳定和连续购彩行为的消费者，本书中提到的"体育彩民"属于"彩民"的一部分，单指购买体育彩票的个体。"体育彩民"的界定应以"消费习惯理论"为基础，以购彩持续时间和购彩频次两个标准作为量化标准。因此，体育彩民的操作性定义是指持续购买体育彩票三个月或更长时间，且

---

① 参见刘圣文《体育彩票销量影响因素研究——以山东省为例》，《武汉体育学院学报》2016 年第 3 期。

② 参见张春泉、刘雪芹《"民"作为一种后缀——以"彩民"、"股民"、"网民"、"烟民"等为例》，《新疆大学学报》（哲学·人文社会科学版）2006 年第 2 期。

③ 参见王毅、高文斌《彩票购买者认知偏差量表初步编制及信效度检验》，《中国临床心理学杂志》2009 年第 5 期。

④ 参见 Felsher, J. R., Derevensky, J. L. & Gupta, R., "Lottery playing amongst youth: implications for prevention and social policy", *Journal of Gambling Studies*, Vol. 20, No. 2, 2004。

每月至少购买一次体育彩票的消费者。① 这一概念已被多项研究引用和验证。

三 购彩健康

一直以来,博彩领域的研究十分关注博彩活动带来的危害,尤其是病理性博彩与问题博彩。其中病理性博彩又称为博彩障碍,属于药物成瘾的一种,在临床上主要表现为沉溺博彩、逐本行为和不参与博彩活动而产生的烦躁情绪等。病理性博彩者在一般群体中的检出率较低,约占0.5%。② 问题博彩是对个体及其相关他人产生消极影响的博彩行为,根据其严重程度从低到高又可以分为无风险、低风险、中风险和问题四个等级。③

但是,随着公共健康领域研究的不断拓展和深入,博彩者的博彩健康问题也开始得到研究者的关注,他们也逐渐意识到博彩活动的双面性。Korn等人首次提出健康博彩的概念,认为健康的博彩表现为博彩参与者知悉博彩概率信息,低风险情景下合理投注并获得愉悦的博彩体验;而不健康的博彩则指各种博彩问题。④ 既往实证研究也表明,尽管购买彩票可能会影响博彩者的身心健康⑤、扭曲价值观⑥、降低工

---

① 参见王斌、史文文、刘炼《体育彩民购彩心理与行为特征研究》,北京体育大学出版社2013年版。

② 参见 Currie, S. R., Hodgins, D. C. & Casey, D. M., "Validity of the Problem Gambling Severity Index Interpretive Categories", *Journal of Gambling Studies*, Vol. 29, No. 2, 2013。

③ 参见 Ferris, J. & Wynne, H. J., *The Canadian Problem Gambling Index Final Report*, Ottawa, ON: Canadian Centre on Substance Abuse, 2001。

④ 参见 Korn, D. A., Gibbins, R. & Azmier, J., "Framing public policy towards a public health paradigm for gambling", *Journal of Gambling Studies*, Vol. 19, 2003。

⑤ 参见 Lesieur, H. R., "Costs and treatment of pathological gambling", *The Annals of the American Academy of Political and Social Science*, Vol. 556, No. 1, 1998; Lorains, F. K., Cowlishaw, S. & Thomas, S. A., "Prevalence of comorbid disorders in problem and pathological gambling: systematic review and meta-analysis of population surveys", *Addiction*, Vol. 106, No. 3, 2011; Rizeanu, S., "Pathological gambling and depression", *Procedia-Social and Behavioral Sciences*, Vol. 78, No. 3, 2013。

⑥ 参见李刚《数字型彩票购买者心理健康程度在国际和中国省际比较及其影响因素的定量研究》,《体育科学》2009年第10期。

作效率①、引发经济损失②、损害同伴关系和影响家庭和谐③等,但其也存在有利于彩民的健康之处。例如,通过购买彩票可以减少焦虑、抑郁等消极情绪④,体验刺激、愉快、放松等积极情绪⑤及专注感和控制感⑥,提高观赛体验⑦,提升幸福感⑧,促进社会交往⑨。此外,还能促进公益、希望等积极价值观的形成⑩。

虽然降低消极结果在一定程度上能够提高体育彩民的健康购彩⑪,但其仅仅集中于其消极方面,对于人类行为复杂性的解释将过于狭

---

① 参见 Lesieur, H. R., "Costs and treatment of pathological gambling", *The Annals of the American Academy of Political and Social Science*, Vol. 556, No. 1, 1998。

② 参见李海、陶蕊、傅琪琪等《上海市体育彩票问题彩民现状调查》,《体育科研》2011 年第 3 期; Kalischuk, R. G., "Cocreating Life Pathways: Problem Gambling and its Impact on Families", *The Family Journal*, Vol. 18, No. 1, 2010。

③ 参见 Downs, C. & Woolrych, R., "Gambling and debt: the hidden impacts on family and work life", *Community, Work & Family*, Vol. 13, No. 3, 2010。

④ 参见 Humphreys, B. R., Nyman, J. A. & Ruseski, J. E., "The effect of gambling on health: evidence from Canada", *3rd Biennial Conference of the American Society of Health Economists (ASHEcon)*, 2010。

⑤ 参见 Lee, C. K., Chung, N. & Bernhard, B. J., "Examining the structural relationships among gambling motivation, passion, and consequences of internet sports betting", *Journal of Gambling Studies*, Vol. 30, No. 4, 2014。

⑥ 参见 Mageau, G. A., Vallerand, R. J., Rousseau, F. L., Ratelle, C. F. & Provencher, P. J., "Passion and gambling: Investigating the Divergent affective and cognitive consequences of gambling 1", *Journal of Applied Social Psychology*, Vol. 35. No, 1, 2005。

⑦ 参见 Mao, L. L., Zhang, J. J. & Connaughton, D. P., "Sports gambling as consumption: evidence from demand for sports lottery", *Sport Management Review*, Vol. 18, No. 3, 2014; Gordon, R., Gurrieri, L. & Chapman, M., "Broadening an understanding of problem gambling: the lifestyle consumption community of sports betting", *Journal of Business Research*, Vol. 68, No. 10, 2015。

⑧ 参见刘炼、王斌、叶绿等《老年人购买体育彩票的积极心理效应——幸福度的促进机制研究》,《天津体育学院学报》2014 年第 1 期。

⑨ 参见 Breen, H., Hing, N. & Gordon, A., "Indigenous gambling motivations, behaviour and consequences in northern new south wales, Australia", *International Journal of Mental Health and Addiction*, Vol. 9, No. 6, 2011。

⑩ 参见陈永英、任建惠、李莉《体育彩票消费动机及其影响因素的分析》,《中国商贸》2009 年第 21 期。

⑪ 参见 Harris, A. H. S. & Thoresen, C. E., "Extending the influence of positive psychology interventions into health care settings: Lessons from self-efficacy and forgiveness", *The Journal of Positive Psychology*, Vol. 1, No. 1, 2006。

第二章 体育彩民购彩健康相关概念及理论

窄,促进积极影响与降低危害同时进行或许是更为有效的方式①。因此,本书在考察体育彩民的购彩健康时,同时考虑购彩的危害与裨益,体育彩民的购彩健康既包括体育彩民购彩带来的积极结果,如理性控制购彩投入、获得愉悦体验、促进积极的社会交往,同时也包括体育彩民购彩产生的消极后果,如购彩的消极情绪、购彩产生的社会危害等。

第二节 理论基础

一 博彩公共健康理论

公共健康致力于研究影响人口健康、疾病与死亡分布等的关键因素②,以及基于这些关键因素制定相应的预防措施以减少和控制危害的发生。当前,北美一些地区已经在公共健康理念的基础上,评估问题博彩的发生率,探究青少年、老年人、女性等博彩问题易感人群的博彩问题。随着实践与实证研究的发展逐渐形成了博彩公共健康理论。

博彩公共健康理论认为博彩研究的对象不应该仅关注出现问题的博彩者,所有参与博彩活动的个体均应该受到关注;博彩研究的目标是使博彩危害最小化。其中博彩危害是指不同博彩活动引发的消极结果,包括对个人、家庭、工作等主要领域方面功能的损害或伤害③;而博彩问题是一个连续发展的统一体,从未参与博彩活动、出现博彩行为,再逐渐发展出有博彩危害的问题博彩行为。

博彩公共健康理论还探讨了博彩者出现博彩危害的发展框架,该框架源自经典的公共健康框架。经典的公共健康框架起初是为了控制

---

① 参见 Loo, J. M. Y., Raylu, N. & Oie, T. P. S., "Gambling among the chinese: a comprehensive review", *Clinical Psychology Review*, Vol. 28, No. 7, 2008。
② 参见刘炼《体育彩民购彩危害的界定、风险特征和影响因素研究》,博士学位论文,华中师范大学,2015年。
③ 参见 Korn, D. A. & Shaffer, H. J., "Gambling and the health of the public: Adopting a public health perspective", *Journal of Gambling Studies*, Vol. 15, No. 4, 1999。

和干预流行性疾病,认为宿主、环境和病原体相互作用产生了疾病,传播病原体的媒介物在其中起到中介作用。① 后来,这一经典框架也被应用于肥胖、成瘾和身体活动等领域。流行疾病控制的公共健康框架的具体内容见图 2-1。

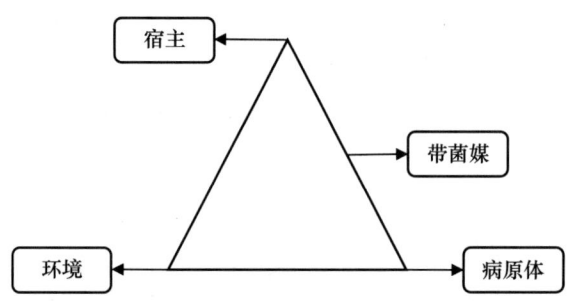

图 2-1 流行疾病控制的公共健康框架图

博彩研究者将以上流行病控制的公共健康框架应用于博彩情境,构建了博彩公共健康框架,以探究无序博彩行为的影响因素及其之间的作用机制。② 博彩公共健康框架同样认为无序博彩是宿主、环境和病原体相互作用的结果,只不过博彩情景中的宿主是有问题博彩风险的博彩者,环境包括博彩场地以及博彩者的文化和家庭背景、社会经济地位等,病原体是这些博彩者参与的博彩活动,而联结着三者的媒介物是博彩活动花费的钱财。无序博彩公共健康框架的基本内容见图 2-2。

后来,一些研究者对上述框架进行了细化和完善,见图 2-3,主要表现为,细化影响博彩危害发生的博彩活动本质,即机会游戏;丰富影响博彩危害发生的环境因素,包括博彩场地、政策背景、文化情景和社区价值;丰富影响博彩危害发生的博彩者自身的因素,包括基

---

① 参见刘炼《体育彩民购彩危害的界定、风险特征和影响因素研究》,博士学位论文,华中师范大学,2015 年。
② 参见 Korn, D. A. & Shaffer, H. J., "Gambling and the health of the public: Adopting a public health perspective", *Journal of Gambling Studies*, Vol. 15, No. 4, 1999。

因、心理因素、社会因素和行为因素；完善中介博彩危害发生的媒介因素，包括博彩广告促销与博彩活动花费的钱财等。①

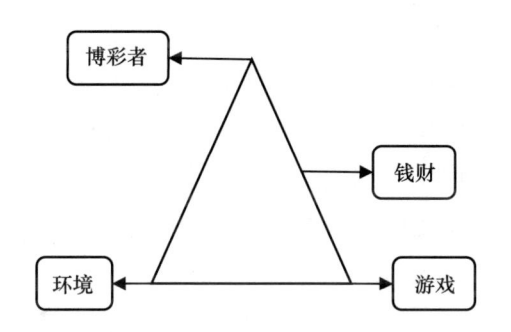

图 2-2　无序博彩公共健康框架图（Korn，1999 年）

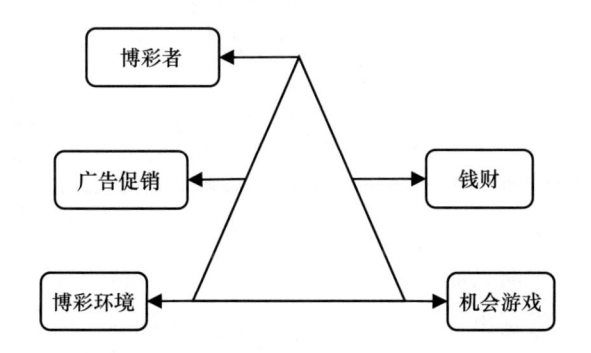

图 2-3　博彩危害公共健康框架图（Korn & Reynolds，2009 年）

博彩公共健康理论不再简单地将博彩行为分为问题博彩行为和非问题博彩行为，而是将博彩行为视为连续发展的统一体，因而其关注的群体也更为广泛，所有参与博彩活动的个体均可以纳入公共健康视角下构建的博彩框架。但是，该理论过分强调博彩危害和基于此健康的危害最小化原则，对博彩可能带来的裨益关注较少，而且在博彩危

---

① 参见 Korn, D. & Reynolds, J., "Global discourse on gambling: the importance of a public health perspective", *Gambling and Public Health International Alliance*, newsletter, Vol. 10, No. 1, 2009.

害的影响因素方面也主要关注引发和增加博彩危害的因素,对可能减少博彩危害的因素则涉及甚少。

二 博彩生态理论

"生态"一词来自生物科学,是指有机体与他们所处的环境之间的相互关系。生态理论(Ecological Theory)认为,人类的行为是个体因素与外在环境因素相互作用的结果,也是内因和外因互动的结果。因而,人类的心理问题或疾病反映了他们的行为与环境之间的不良互动,是生态系统失衡的结果。

生态模型主要关注人们处理与所处自然环境、社会文化之间的关系,重视个体内在因素与社会文化环境因素之间的交互作用在个体行为上的重要作用。健康行为的生态模型强调人际间的、组织的、群体的、自然环境的等影响健康的因素之间的相互作用,这一模型有利于全面理解健康行为决定因素之间的相互作用框架,进而构建针对不同层面的全面干预体系。健康行为的生态模型包含四个核心原则:第一,对具体的健康行为会有各种各样的影响,包括在个体内在的、人际间的、组织的、群体的、公共政策层面上的影响;第二,对行为影响在这些不同层面之间的相互作用;第三,健康行为模型应该针对具体的行为,要辨别出每个层面上最重要的潜在影响;第四,不同层面上的干预在改变行为方面应该是最有效的。健康行为生态模型最终的目的是为干预措施提供全面的信息。这些干预措施能够系统地获得在不同层面的影响中所产生的变化机理。当环境和政策越有益于健康时,社会支持作用就会越大,当个体被激励或者被教育去做出有益于健康的选择时,行为的变化被认为可以最大化。

体育彩民的购彩健康作为公共健康的重要组成部分,同样受到个体和环境的交互影响。[①] 近年来,社会生态系统理论已经广泛用在体育彩民研究中,尤其在青少年购彩成瘾和博彩行为研究中得到了广泛

---

① 参见徐建华《青少年体育彩民问题购彩现状及其影响因素研究》,硕士学位论文,华中师范大学,2017年。

的应用。研究指出，与正常购彩者相比，购彩成瘾者表现出更强的冲动控制障碍，更倾向于寻求新奇和刺激，面对困难时更容易表现出逃避、退缩，更会将彩票作为改变生活的主要途径。有些研究者分别从父母的购彩态度、购彩行为，父母依恋及监督，彩票的家庭遗传等因素分析家庭对青少年博彩的影响，发现父母积极的购彩态度及行为对青少年购彩有促进作用。[①] 另一些研究者认为，诱发青少年博彩问题的因素包括个体因素、人际因素、组织因素以及社区和公共政策因素五个方面，其中个体层面是指个体的态度、信念、性格等，人际层面是指提供社会支持系统的家庭和同伴关系，组织、社区和公共政策侧重促进或限制博彩行为的社会因素，如规范、宣传、立法等。[②] 这五个方面的具体内容如表 2-2 所示。

表 2-2　　　　　**青少年博彩行为的生态风险因素表**

不同层面	影响因素	博彩案例
个体	个体特征：知识、态度、信念、技能、性格特征	男、风险倾向、自卑、较差应对技能、冲动、感觉寻求、焦虑、抑郁
人际	社会网络支持系统：家庭与同伴提供社会认同、支持与角色定位	家庭博彩历史、父母或同伴冲突、父母或同伴态度、家庭凝聚力
组织	社会组织中限制或促进行为的一些正式/非正式规则、调节、政策	学校政策/项目、产业政策与强化
社区	存在与个体、群体和机构的关系、标准和网络	社会规范、媒体、社区资源、可获得性与便利性因素
公共政策	政策与法律调节、支持或限制健康行动与实践	政策：年龄限制、加强、广告、立法

[①] 参见刘炼《体育彩民购彩危害的界定、风险特征和影响因素研究》，博士学位论文，华中师范大学，2015年。
[②] 参见 Messerlian, C., Derevensky, J. & Gupta, R., "Youth gambling problems: a public health perspective", *Health Promotion International*, Vol. 20, No. 1, 2005。

博彩生态理论突破了公共健康仅为问题博彩者提供咨询和干预的视角，多层面、动态地关注博彩行为的发生、发展与维持，这有利于更为全面地预防和干预问题博彩。但是，该模型一方面主要应用于青少年问题博彩的预防和干预，另一方面与博彩公共健康框架一样，主要关注诱发和促进问题博彩行为的风险因素，而且对这些因素之间如何相互影响博彩行为这一机制也涉及甚少。

三 博彩风险与保护整合模型

（一）问题行为的双因素理论

问题行为双因素理论认为，影响问题行为的因素不仅包含风险因素，还包含直接和间接减少问题行为的保护因素。其中，风险因素指的是有可能增加问题行为发生或发展风险或可能性的因素；相反，保护因素指的是可以对这一风险具有缓冲作用，以降低问题行为出现可能性的因素。

Jessor 认为，影响个体问题行为的社会心理因素主要包括个体性系统、社会环境系统及行为系统三个主要系统。[①] 随后他们结合这三个系统中的个体性系统和情景系统，联合双因素理论，提出了问题行为的综合模型。[②] 该模型认为问题行为的发生和发展受到风险因素和保护因素的联合作用，其中风险因素可以诱发问题行为，保护因素不仅可以直接减弱问题行为，还可以调节风险因素与问题行为之间的关系，削弱风险因素的增强机制。个体性系统中主要包含个体的态度、价值观、性格等对问题行为的影响。这些因素也有风险和保护之分，其中榜样、机会和弱点，属于风险因素，而支持、榜样和控制属于保护因素。保护因素主要涉及支持保护因素、榜样保护因素和控制保护因素三个方面。具体理论模型见图 2 - 4 所示。

[①] 参见 Jessor, R., "Problem-behavior theory, psychosocial development, and adolescent problem drinking", *British Journal of Addiction*, Vol. 82, No. 4, 1987。

[②] 参见 Jessor, R., Turbin, M. S., Costa, F. M., Dong, Q., Zhang, H. & Wang, C., "Adolescent problem behavior in China and the United States: A cross-national study of psychosocial protective factors", *Journal of Research on Adolescence*, Vol. 13, No. 3, 2003。

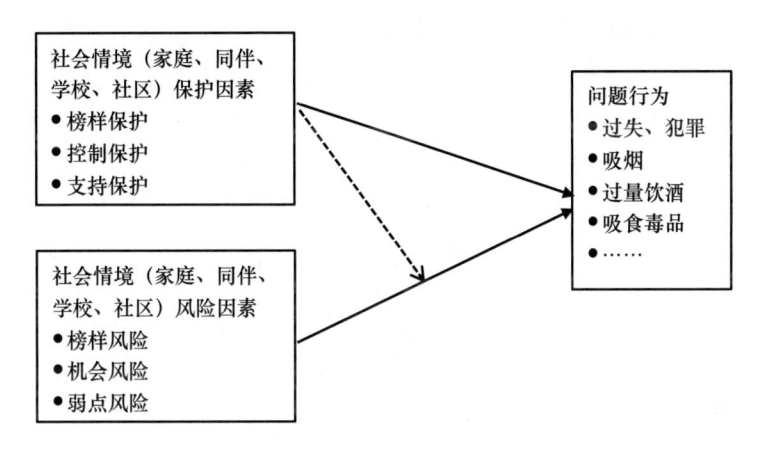

图 2-4　问题行为的整合模型图（Jessor, et al., 2003 年）

Hawkins 和 Catalano[①] 分析了青少年问题行为的影响因素，这些问题行为涉及暴力行为、辍学、毒品滥用、怀孕以及违反行为等。他们认为影响青少年问题行为的环境因素可以分为家庭因素、学校因素、同伴因素和社区因素。风险和保护因素共同构成了这四个方面的环境因素，风险因素可以诱发问题行为，保护因素可以减缓风险因素的诱发作用。青少年在社会化的发展历程中，这些因素可能都会发挥作用，不同之处在于某些阶段，相比一些因素的作用，另一些因素的作用更为凸显。图 2-5 为 Hawkins 和 Catalano 提出的儿童青少年问题行为保护机制形成图。

（二）博彩的风险特征及保护因素

国外已有博彩研究对博彩危害的风险特征进行了较多探讨，并开始探索博彩危害的各类影响因素，如博彩公共健康的行动战略提出影响博彩问题发展的一些风险因素，但是缺乏相应的实证研究以

[①] 参见 Hawkins, J. D., Kosterman, R., Catalano, R. F., Hill, K. G. & Abbott, R. D., "Promoting positive adult functioning through social development intervention in childhood: Long-term effects from the Seattle Social Development Project", *Archives of Pediatrics & Adolescent Medicine*, Vol. 159, No. 1, 2005。

证实其有效性。随后，研究者开始验证这些风险因素的作用，并探索保护因素对博彩问题的抑制作用，以及这些保护因素如何与风险因素相互作用减少博彩问题①，即博彩风险与保护的整合模型对个体的缓冲机制。

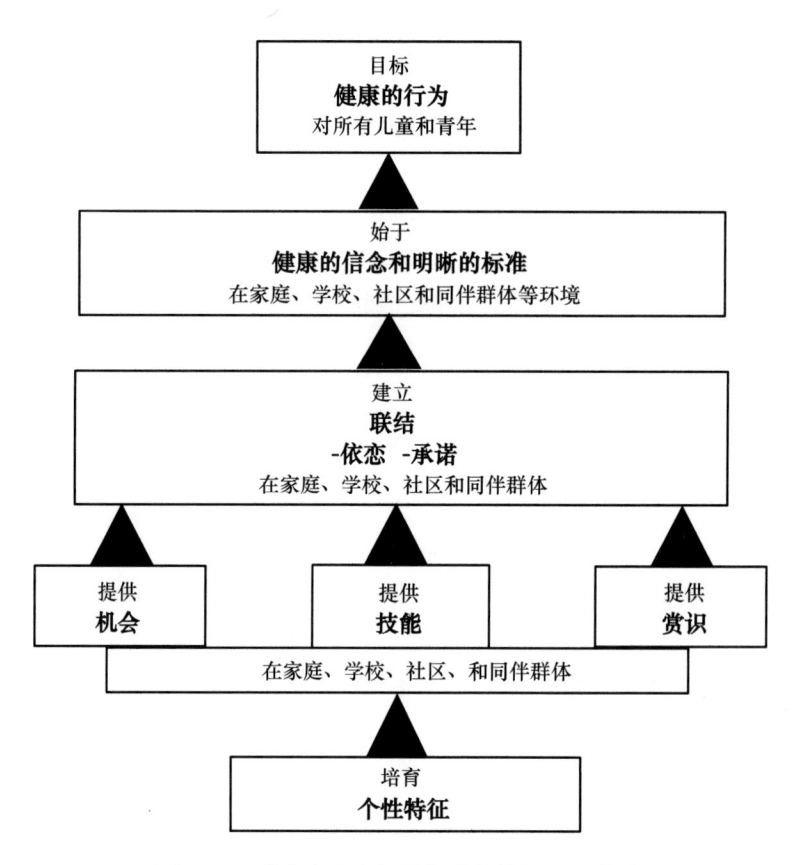

图 2-5 儿童青少年问题行为保护机制形成图

风险因素指的是诱发心理和行为问题或者加深心理和行为问题的

---

① 参见 Dickson, L. M., Derevensky, J. L. & Gupta, R., "The prevention of gambling problems in youth: A conceptual framework", *Journal of Gambling studies*, Vol. 18, No. 2, 2002。

严重程度与持续时间的因素[1]，保护因素指的是抑制心理和行为问题发生或者缓解风险因素对心理和行为健康不良影响的因素[2]。基于此，博彩风险因素是指引起并维持博彩相关问题的因素；博彩保护因素是指可以直接减少博彩问题或缓解博彩风险因素影响的因素。[3] 既往研究显示，风险因素对行为的作用效果有实现、诱发、促进和增强四种；保护因素对行为的作用效果有两种，即直接的预防效果以及与风险因素相互作用的间接预防效果，一般涉及个体保护因素和社会保护因素。[4] 此外，一些心理和生物层面，风险因素和保护因素可以以一个维度的两端形式存在，如缺乏家庭凝聚力和高水平家庭凝聚力属于家庭凝聚力的两端，分别可以诱发博彩危害和减少博彩危害，因而分别为博彩危害的风险因素和保护因素。因而，一些情况下，风险因素的研究有利于推导出保护因素，并基于保护因素确定有效的预防措施。总体而言，风险因素与保护因素的有机结合才能制定完善的预防措施。

Dickson 等人[5]基于科学预防的原则，整合青少年博彩的风险因素与保护因素，构建了整合博彩风险与保护因素的青少年风险行为模型，运用于博彩危害的预防和控制，如图2-6所示。

King 和 Delfabbro[6]在综述既有文献的基础上，也构建了包含风险因素和保护因素的针对青少年博彩问题的路径模型。该模型描述了成

---

[1] 参见 Dickson, L. M., Derevensky, J. L. & Gupta, R., "Harm reduction for the prevention of youth gambling problems: Lessons learned from adolescent high-risk behavior prevention programs", *Journal of Adolescent Research*, Vol. 19, No. 2, 2004。

[2] 参见 Luthar, S. S., Cicchetti, D. & Becker, B., "The construct of resilience: A critical evaluation and guidelines for future work", *Child development*, Vol. 71, No. 3, 2000。

[3] 参见刘炼《体育彩民购彩危害的界定、风险特征和影响因素研究》，博士学位论文，华中师范大学，2015年。

[4] 参见 Dignam, J. T. & West, S. G., "Social support in the workplace: Tests of six theoretical models", *American Journal of Community Psychology*, Vol. 16, No. 5, 1988。

[5] 参见 Dickson, L., Derevensky, J. L. & Gupta, R., "Youth gambling problems: The identification of risk and protective factors", *Report prepared for the Ontario Problem Gambling Research Centre, Guelph, Ontario, Canada*, 2003。

[6] 参见 King, D. L. & Delfabbro, P. H., "Early exposure to digital simulated gambling: a review and conceptual model", *Computers in Human Behavior*, Vol. 55, 2016。

生物层面 风险因素	社会环境 风险因素	感知环境 风险因素	个性特征 风险因素	行为 风险因素
家庭酗酒历史 男性 父亲病态博彩 **保护因素** 高智力	贫穷 失范行为 种族不平等 非法参与博彩 代替朋友博彩 不当宣传 **保护因素** 优质学校 家庭凝聚力 邻居重要他人	异常行为 父母朋友冲突 **保护因素** 传统行为 高自我控制 家庭凝聚力 学校关联	低生活满意度 低自尊自律 冒险倾向 抑郁与焦虑 高外向性 **保护因素** 成就感 健康的价值观 异常行为不认同感	酗酒 学业成绩差 学校适应差 应对技能差 持续问题行为 早期博彩经历 **保护因素** 宗教参与 学校活动参与

青少年风险行为

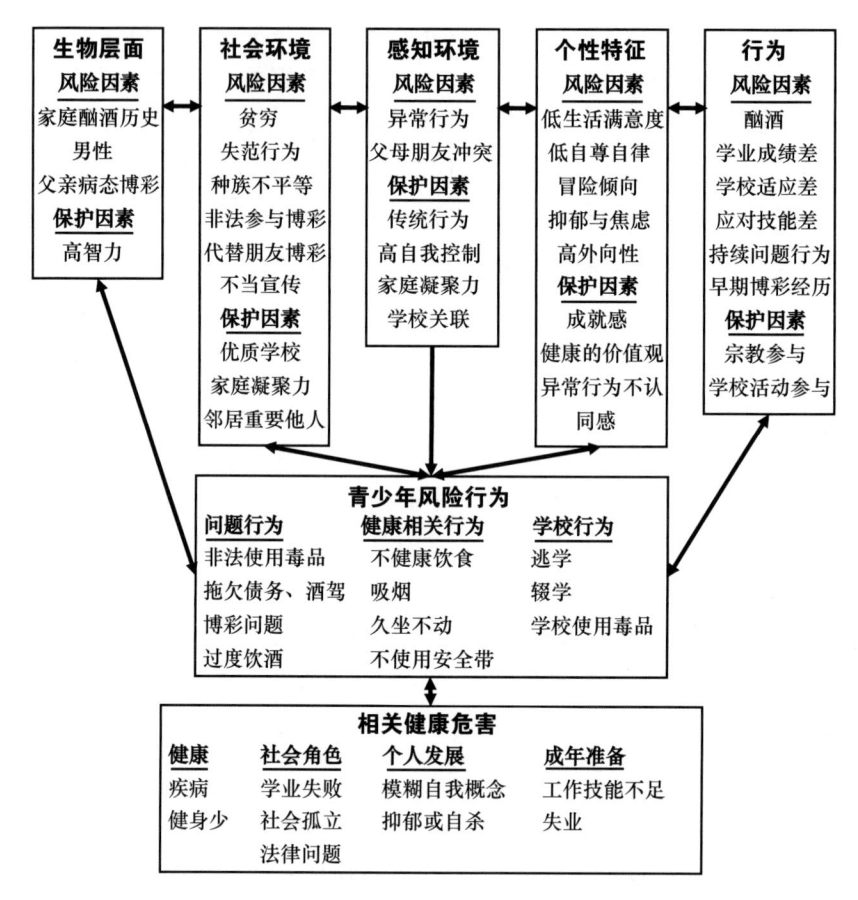

问题行为	健康相关行为	学校行为
非法使用毒品 拖欠债务、酒驾 博彩问题 过度饮酒	不健康饮食 吸烟 久坐不动 不使用安全带	逃学 辍学 学校使用毒品

相关健康危害

健康	社会角色	个人发展	成年准备
疾病 健身少	学业失败 社会孤立 法律问题	模糊自我概念 抑郁或自杀	工作技能不足 失业

图 2-6 整合博彩风险与保护因素的青少年风险行为模型图

长阶段早期接触的博彩相关环境刺激影响后期博彩问题的路径，认为这些早期接触的博彩广告、促销活动等。刺激对奖赏相关认识与损失相关情感的形成和发展是决定博彩问题是否发生的关键，父母监管、教育反馈、早期损失行为等社会、行为保护因素有助于风险意识、损失敏感性等理性认识和情感，而同伴压力、父母秘密参与博彩活动等社会风险因素与早期中大奖经历、参与包含较大赌注博彩活动的经历等行为风险因素可以诱发中奖过度自信、欲望和渴求等不良认知和情感，继而导致问题博彩。

通过该路径模型可以看出，青少年问题购彩影响因素包含个人、社会、环境等方面，个人因素包括个体的情感、认知、遗传、个性等方面；社会因素体现在父母监管、同伴压力、社会与教育反馈等方面；环境因素主要指博彩环境、媒体或广告促销宣传。在该模型中，青少年体育彩民问题购彩影响因素存在认知与行为的交互作用，当个体风险意识较强、对博彩规则有一定了解，认为博彩是一种无聊的行为并且对博彩带来的损失敏感，早期损失较高时出现问题博彩的可能

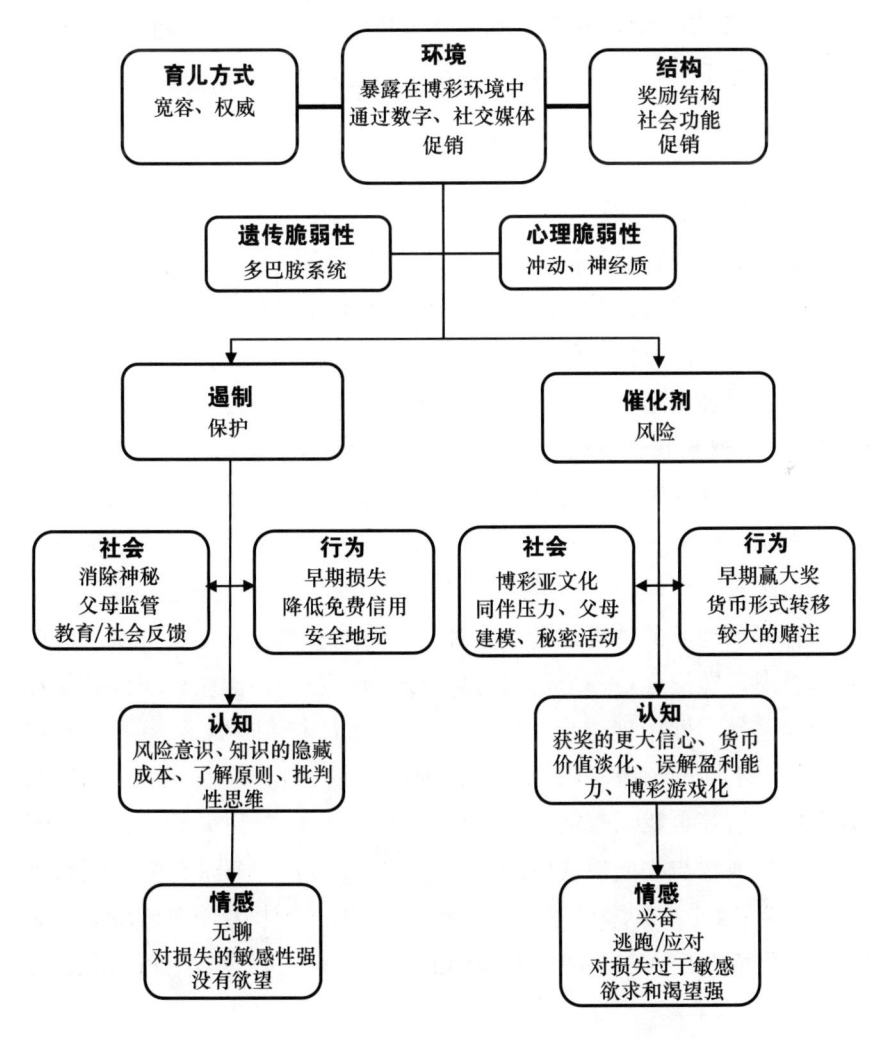

图 2-7 青少年问题购彩影响因素概念模型图

性较低。反之，如果认为博彩是有利可图的、对获奖抱有很大信心，并且自己早期赢过大奖，平时赌注较大则更容易产生问题博彩。

博彩的风险特征与保护模型已经开始关注缓解风险因素和减低博彩问题发生的保护因素，较为全面地从不同层面概述了影响青少年问题博彩发生和发展的风险和保护因素，并尝试探讨这些因素之间如何相互作用、产生影响。但是，该模型当前主要用于讨论青少年问题博彩，且 King 和 Delfabbro[①] 构建的青少年问题博彩影响因素概念模型中涉及的因素之间的相互作用还需要未来进一步的实证研究予以证实。

四 健康促进理论

健康促进（Health promotion）以维持和促进健康为目的，可以通过加强个体技能与改善社会、环境和经济条件等获得。世界卫生组织（1984 年）对健康促进的界定是："个人与家庭，社会与国家一起采取措施，鼓励健康行为，增强人们改进和处理自身健康问题的能力。"

（一）健康促进模式

美国护理专家 Nolar J. Pender 关注如何获得健康，参考社会认知理论和期望价值理论，将护理学和行为科学有机整合，形成了健康促进行为影响因素模型，即健康促进模式。Pender 的健康促进模型假定个体有追求健康的动机，且个体对健康的理解要比实际的健康状态的要求更高，即健康是一个正向的高层次的状态，且健康认识或感受存在个体差异。健康促进模式的假说主要有七个，它们是：（1）不同个体具有不同的健康意识，继而形成不同的生存环境；（2）个体具有自我评估等自我觉察能力；（3）个体关注自我积极成长，并不断地在维持现状与改变现状中间寻找平衡点；（4）个体会主动地管理自身行为；（5）个体与环境不断相互作用，个体在改变环境的同时也在被环境改变，与环境相互作用的个体因素主要包括生理因素、心

---

① 参见 King, D. L. & Delfabbro, P. H., "Early exposure to digital simulated gambling: a review and conceptual model", *Computers in Human Behavior*, Vol. 55, 2016。

理因素和社会因素；（6）个体的人际环境包括健康专业人员，个体一生都会受到他们自身专业的影响；（7）个体与环境的相互作用是行为改变的本质。

以上七个假说均强调了个体在形成和维持自身的健康行为，以及这一过程中改变环境的动态作用。基于以上假说，还可以得到健康促进模式的三大要素，即行为结果、行为感知、个体特质与经验。此外，健康促进模式还探索了认知知觉因素及其修正因素。其中，认知知觉因素可以直接影响健康促进行为，主要包括知觉健康的含义、重要性、状态和促进行为的裨益与障碍，知觉健康控制和知觉效能感七个方面。修正因素可以直接影响认知知觉因素，主要包括人际因素、背景因素、情景因素、行为因素和生物因素五个变项。健康促进模型的模式图如图 2-8。

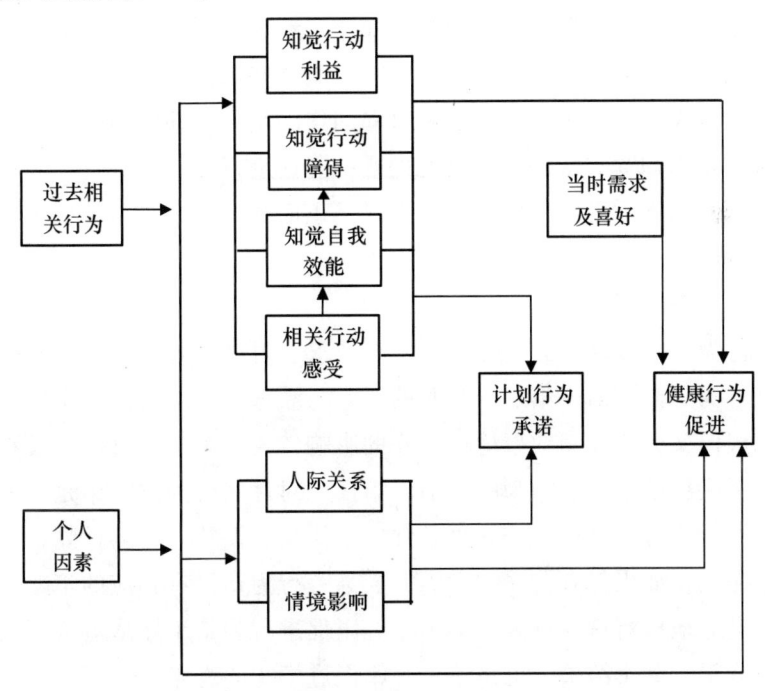

图 2-8 健康促进模式图（Pender，1996 年）

下面对该模型中涉及的主要成分进行解释。

1. 个人的特质和经验

主要包括以下两个内容：（1）过去的相关行为，是指过去发生相同或类似行为的频率，是预测特定行为的最佳指标。习惯促使个体在不经意的情况下进行某一行为，以及倾向选择过去进行过的行为，习惯可以有效地影响重复行为。个体因素有心理、生物和社会文化三个方面，其中心理因素主要涉及动机、能力、自尊和对健康状态的知觉等；生物因素有性别和年龄等；社会文化因素有社会经济地位和种族等。

2. 特定行为的认知和感受

特定行为的认知和感受主要涉及知觉行动利益、知觉行动障碍、人际关系、知觉情景及知觉行动感受六个方面内容。其中，知觉行动利益指的是进行某一行为可以获得利益的认知，或者是对该行为结果的预期。这一认知或者预期可以是内在的也可以是外在的，决定着个体是否会采取某一健康促进行为。知觉行动障碍则影响着行为实际是否会执行，如果主观上认为自己无法克服这些障碍，个体会逃避执行该行为。人际关系主要是指与家庭和同伴的交往。知觉情景指的是个体对情景的知觉与认识，可以促进或抑制促进行为。知觉行动指的是对行动的感受，可以是负面的也可以是正面的，如果对行动的感受是负面的，个体有可能拒绝执行该行为。

3. 行为结果

行为结果可以分为当时的喜好与需求、对计划行为的承诺和健康促进行为三个方面。第一，当时的喜好与需求：需求指的是个体必须去完成但又无法控制的事情；喜好的影响较大，个体的自制力反映其能在多大程度上抵制行为的吸引。第二，对计划行为的承诺是影响个体是否会执行一个行为的先决条件。个体需要设置一定的计划，然后承诺完成，如果仅有较强的意愿完成某一行为却没有相应的策略，也无法良好地执行这一行为。第三，健康促进行为是个体从事健康促进行为取得的健康结果，也是整个健康促进模式的终点。

总体而言，过去相关行为不仅可以直接影响健康促进行为，也可以通过知觉行为利益等认知知觉因素的间接作用产生影响。行为的实际执行行动和行动结果的反馈是影响自我效能的重要因素。行为结果利益的知觉又称为结果预期,如果个体预期从事某一行为可以获得利益,未来发生该行为的可能性会加大;相反,如果过去某一行为经历了一些障碍,未来该行为的发生就会受到影响。这些既往体验的积极或消极感受会存在于个体的记忆系统中,记忆中存储的感受会被提取并影响后续的行为。

(二)健康信念模型

由美国社会心理学家 Hochbaum 等人[①]提出。该模型是当前健康行为领域应用最广泛的理论之一。该模型认为,个体行为是心理活动的结果和外在表现,直接影响行为是否被采取的心理活动包括知觉、态度和信念。知觉是个体的意识;态度是个体对某事或某人的看法和心理倾向;信念则是态度的强化,是个体稳定的心理倾向。

健康信念模型认为个体需要采取某种行为减少或消除危害健康的行为,这些行为受到感知到的威胁、期望、自我效能、社会学因素等因素的影响,当个体感知到的行为转变的好处大于坏处时,行为转变成为可能,否则个体可能依然维持原有的不健康行为。影响模式如图2-9。

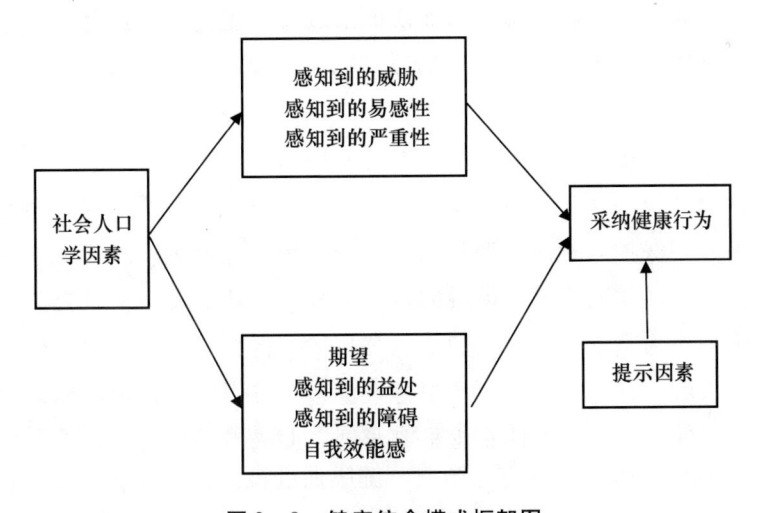

图2-9 健康信念模式框架图

---

① 参见 Hochbaum, G., Rosenstock, I. & Kegels, S., "Health belief model", *United States Public Health Service*, W432W8784, 1952。

（1）感知到的威胁主要涉及两方面内容。感知到的易感性，不健康的行为对个体健康的不良影响以及诱发疾病的可能性；感知到的严重性，即个体感知到的不健康行为对个体心理、身体和金钱等方面带来的消极影响。（2）期望包括感知到的益处和感知到的障碍。前者是指对改变不健康行为可能带来的裨益的认知和评价。后者指的是改变不健康行为可能遇到的困难的主观评判，主要涉及时间、经济花费、心理、身体等方面。（3）自我效能是个体自己控制自身健康行为能力的信心程度。（4）提示因素是指诱发健康行为发生的因素。（5）社会人口学因素及其他因素，主要涉及年龄、性别、收入、同伴因素等。

健康促进模型和健康信念模型重点讨论了个体如何维持或恢复健康行为，强调个体因素，尤其是个体对特定行为的知觉和感受的重要作用，并构建个体相关因素影响健康行为的路径模型，清晰地呈现了个体在健康行为塑造、维持或恢复中的动态作用规律。但是，该模型过于强调个体知觉因素的作用，且对环境影响因素的关注较少。

总体而言，公共健康博彩理论提出危害最小化的博彩健康促进目标，将问题博彩视为连续发展的统一体，并构建了包含宿主、环境和媒介物的博彩框架，为博彩实践和研究提供了理论指导。生态理论更为细致地探讨了影响问题行为发展和发展的各个层面的因素，强调个体与环境之间的交互作用机制。但是，这些因素多为诱发博彩问题的风险因素，保护因素作为抑制问题博彩发生和缓解风险因素影响的重要因素，同样是购彩健康促进的重要内容。因此，有必要以公共健康的理论视角为基础，将生态理论与"风险—保护"模型有机结合，从个体、人际、社区、组织、政策背景等多个方面，探索影响购彩健康的风险与保护因素，为体育彩民购彩健康促进提供理论指导。

第三章 体育彩民购彩健康的相关测量

第一节 《心理障碍诊断与统计手册》(DSM)

一 基本情况

1980年,《心理障碍诊断与统计手册》(*Diagnostic and Statistical Manual of Mental Disorders*, DSM)第三版(DSM-Ⅲ)正式将病理性博彩(Pathological Gambling)纳入心理障碍范畴。DSM-Ⅲ将病理性博彩定义为一种博彩冲动控制障碍,包含7个诊断指标,若个体出现3个指标,即可诊断为病理性博彩。1987年,DSM进行了一次很大的调整(DSM-Ⅲ-R;American Psychiatric Association),病理性博彩的诊断指标相应地改变,更接近物质成瘾。DSM-Ⅲ-R的题目与DSM-Ⅲ完全不同,包含9个指标,满足其中的4个即为病理性博彩。1994年,病理性博彩的诊断指标再次随着DSM的修订而更改(DSM-Ⅳ;American Psychiatric Association),DSM-Ⅳ包含10道题目,其中6道题目与DSM-Ⅲ-R全相同,此外还新增了1道题目。满足10个指标中的5个指标即可诊断为病理性博彩。DSM-Ⅳ对病理性博彩的界定更加接近物质成瘾的诊断指标,其中只有两道题目指向博彩相关的犯罪行为或经济结果。2011年,DSM-Ⅳ再次修订产生了第五版(DSM-Ⅴ;American Psychiatric Association),DSM-Ⅴ将病理性博彩这一概念更改为博彩障碍,正式归类于物质成瘾相关障碍。DSM-Ⅴ包含9道题目,其中若有4个或4个以上题目回答为肯定,即可诊断为博彩障碍。

二 评价指标

DSM-Ⅲ将病理性博彩定义为一种冲动控制障碍，即博彩者无法抵制参与博彩活动的冲动。DSM-Ⅲ围绕博彩活动参与者个体、家人及职业追求等造成的损害设置了7个诊断指标，满足7个指标中的3个且不是因为反社会性人格参与博彩的即为病理性博彩。这7个指标分别为犯罪行为（如伪造、诈骗、贪污或逃税）、拖欠债务、损害家庭关系、通过非法途径借钱（如高利贷）、借钱缓解财产危机、无法对损失的金钱做出解释或为赢取的金钱提供证据、因参与博彩旷工或失业。量表具体条目见附录1。

DSM-Ⅲ包含的评价指标存在阶层群体差异，特别是其中提及的为了支付博资而产生的逃税、诈骗、挪用公款等的犯罪行为是中产阶层的主要犯罪活动。而且一些博彩群体没有被包含在内，如个体经营者和拥有反社会人格的博彩者。此外，一些研究发现，病理性博彩者同酒精依赖者和药物成瘾者类似，他们均会表现出频繁地想要参与其中等成瘾行为，并且成瘾活动投入的时间和金钱也会超出预期。另外，病理性博彩者还表现出同药物成瘾一样的"耐受"（tolerance）现象。一些博彩者指出当他们的博彩投入达到一定金额后，原始的小额投入就没有吸引力了。[①] Custer发现，病理性博彩者停止博彩时会产生"戒断"（withdrawl）现象。因而，美国精神病协会（American Psychiatric Association）指出，应该将一些物质成瘾的诊断标准纳入病理性博彩的诊断之中，他们修订了DSM-Ⅲ得到DSM-Ⅲ-R。[②]

DSM-Ⅲ-R的诊断指标有9个，它们分别是：第一，过度关注博彩或为了赢钱参与博彩；第二，博彩投入的金额往往很大或超出预

[①] 参见 Moran, E., "Gambling as a form of dependence", *The British journal of addiction to alcohol and other drugs*, Vol. 64, No. 3, 1970; Miller, W. R. (Ed)., *The addictive behaviors*, Oxford: Pergamon Press, 1980; Levinson, P. K., Gernstein, D. R. & Maloff, D. R. (Eds)., *Commonalities in Substance Abuse and Habitual Behaviors*, Lexington, MA: Lexington Books, 1983.

[②] 参见 Custer, R. L., An overview of compulsive gambling, In P. A. Carone, S. F. Yoles, S. N. Kiefer and L. Krinsky (Eds.), *Addictive Disorders Update: Alcoholism, Drug Abuse, Gambling*, New York: Human Sciences Press, 1982.

期；第三，为了寻求刺激不断增加博彩活动的次数和投入金额；第四，为了收回成本去博彩；第五，不参与博彩活动会感到烦躁不安或易怒；第六，反复努力来减少或停止博彩活动；第七，经常在需要履行社会、教育或职业义务时参与博彩；第八，为了博彩放弃重要的社会、职业或休闲活动；第九，无法支付博彩所需金钱或明知道博彩活动会产生社会、职业和法律问题时仍然坚持参与博彩活动。满足以上9个指标中的4个即为病理性博彩。DSM-Ⅲ-R的部分条目见附录1。

1994年，美国精神病协会《心理障碍诊断与统计手册》进行第四次修订，产生DSM-Ⅳ。DSM-Ⅳ是DSM诊断病理性博彩的几个版本中应用最为广泛的版本，其逐渐认识到了病理性博彩与药物成瘾的相似性，而并非是一种冲动控制障碍。[①] DSM-Ⅳ从3个方面诊断病理性博彩，分别是失去控制、博彩依赖和损害个人生活。DSM-Ⅳ对病理性博彩的诊断有10个指标，其中6个指标来自DSM-Ⅲ-R，3个指标来自DSM-Ⅲ，并新增了一个指标。DSM-Ⅳ包含的10个指标分别为：沉溺博彩；不断增加投注；减少或停止博彩活动时表现出焦躁和易怒；想要控制、减少或停止博彩时却失败了；将博彩视为逃避问题或缓解不良情绪的方式；输钱后总想着赢回来；向他人隐瞒自身的博彩行为；因为参与博彩而产生犯罪行为；因为参与博彩损害重要的关系或工作、教育和职业；依靠他人缓解博彩产生的经济困境。DSM-Ⅳ对病理性博彩的诊断主要是根据物质成瘾的指标而设定的，只有2道题目是指向博彩消极结果的，如犯罪行为或经济问题。9个指标中满足其中的5个即为病理性博彩，满足3或4个指标的患者则为问题博彩者和可能的病理性博彩者。

DSM-Ⅴ于2011年编制完成，正式将病理性博彩纳入物质相关障碍，将其界定为持续引起伤害和痛苦的博彩形式。与DSM-Ⅳ相

---

① 参见 Lesieur, H. R., "Altering the DSM-3 criteria for pathological gambling", *Journal of Gambling Behavior*, Vol. 4, No. 1, 1988; Rosenthal, R. J. & Lesieur, H. R., Pathological gambling and criminal behavior, Draft of chapter in Louis B. Schlesinger (Eds.), *Exploration in Criminal Psychopathology: Clinical Syndromes with Forensic Implication*, 1995。

比，DSM-V有以下三个变化：第一，将病理性博彩更名为博彩障碍（gambling disorder），博彩障碍不再属于冲动控制障碍，而归属于物质成瘾相关障碍，这一类别更改代表着正式将博彩障碍视为一种成瘾行为（behavioral addictions）；第二，将博彩障碍诊断的时间限制修改为12个月内；第三，删除违法行为这一诊断指标，同时降低诊断临界值（American Psychiatric Association）。最终，DSM-V包含9个指标，分别为：沉溺博彩；为了达到预期的刺激不断增加博彩投注；为了收回成本参与博彩；不参与博彩活动会感到烦躁不安或易怒；为了减少痛苦而参与博彩；有赌博失去控制的经历；因为参与博彩损害关系或失去教育或职业机会；隐瞒赌博投入；依赖他人缓解博彩带来的经济问题。

三 测量学特征

DSM的几个版本中，关于DSM-Ⅳ测量学特征的相关研究相对较多。Duvarci等人[①]对59个可能有博彩问题的被试进行评估，其中36人是精神病科的住院病人或门诊病人，23人是医院员工或社区招募的志愿者。研究者根据DSM-Ⅳ关于病理性博彩的诊断标准对被试进行了非结构式访谈，结果发现，35个被试（59.30%）被诊断为病理性博彩者；DSM-Ⅳ中用于诊断病理性博彩的10个指标的敏感性范围为8.60%—100.00%，特异性范围为45.80%—100.00%。他们还发现，这10个指标中的2个指标在这些病理性博彩者中不经常出现。Toce-Gerstein等对来自一般博彩群体和经常参与博彩的339名被试进行研究，结果发现，他们均至少满足了DSM-Ⅳ中10个指标中的1个，DSM-Ⅳ中10个指标的敏感性范围为19.00%—87.30%，特异性范围为45.00%—98.80%。[②] Zimmerman等对1709名来自精神

---

① 参见 Duvarci, I., Varan, A., Coşkunol, H., et al., "DSM-Ⅳ and the South Oaks Gambling Screen: Diagnosing and Assessing Pathological Gambling in Turkey", *Journal of Gambling Studies*, Vol. 13, No. 3, 1997。

② 参见 Toce-Gerstein, M., Gerstein, D. R. & Volberg, R. A., "A hierarchy of gambling disorders in the community", *Addiction*, Vol. 98, No. 12, 2003。

病科门诊病人进行半结构化访谈,结果发现,80 名被诊断为病理性博彩者。DSM-4 的 10 个指标在病理性博彩群体中出现得更为频繁,其敏感性为 25.00%—90.00%(平均 67.80%),特异性为 62.50%—100.00%(平均 81.90%),阳性预测率(Positive Predictive Values)为 64.10%—100.00%(平均 78.90%),阴性预测值为 61.50%—90.70%(平均 77.10%)。此外,Zimmerman 等根据不同指标的测量学结果,建议删除 DSM-Ⅳ中犯罪和依赖他人缓解博彩导致的经济困境这两个指标。[1]

此外,近期的一些研究针对 DSM-Ⅳ中违法行为(如伪造文书、诈骗、偷盗或挪用公款)这一条目的去留进行了讨论。一部分研究者认为,违法行为对诊断准确性的影响最小,删除后可以降低诊断的负担。[2] 例如,McBride 等人[3]利用 DSM-Ⅳ对来自美国和英国的博彩者进行研究,结果发现,违法行为这一诊断指标的检出率最低,仅在博彩障碍十分严重的被试中出现。另一些研究者认为,违法行为可能是博彩障碍的结果,对诊断的意义不大。[4] 例如,Weinstock 等人[5]对 2750 名拨打过博彩服务热线的博彩参与者进行研究,结果显示,在出现 1—2 或 3—4 个诊断指标的博彩者中,只有 6.00%—19.00% 报

---

[1] 参见 Zimmerman, M., Chelminski, L. & Young, D., "A Psychometric Evaluation of the DSM-Ⅳ Pathological Gambling Diagnostic Criteria", *Journal of Gambling Studies*, Vol. 22, No. 3, 2006。

[2] 参见 Petry, N. M., Rehbein, F., Gentile, D. A., et al., "An international consensus for assessing internet gambling disorder using the new DSM-5 approach", *Addiction*, Vol. 109, No. 9, 2014。

[3] 参见 McBride, O., Adamson, G. & Shevlin, M., "A latent class analysis of DSM-Ⅳ pathological gambling criteria in a nationally representative British sample", *Psychiatry Research*, Vol. 178, No. 2, 2010。

[4] 参见 Weinstock, J., Massura, C. E. & Petry, N. M., "Professional and Pathological Gamblers: Similarities and Differences", *Journal of Gambling Studies*, Vol. 29, No. 2, 2013; Toce-Gerstein, M., Gerstein, D. R. & Volberg, R. A., "A hierarchy of gambling disorders in the community", *Addiction*, Vol. 98, No. 12, 2003。

[5] 参见 McBride, O., Adamson, G. & Shevlin, M., "A latent class analysis of DSM-Ⅳ pathological gambling criteria in a nationally representative British sample", *Psychiatry Research*, Vol. 178, No. 2, 2010。

告有过与博彩相关的违法行为；在比较严重的博彩障碍者中，即出现5—6或7—9个诊断指标的博彩者中，分别有36.00%和75.00%的博彩者报告有过违法行为。还有一些研究者比较了删除违法行为这一指标前后对诊断效果的影响，反映这一指标在诊断中的效度较差。例如Murcia等人[1]综合分析了来自3个国家的8个研究，这些研究中的被试涉及一般博彩者和临床正在接受治疗的博彩者，结果表明，一般博彩群体中存在犯罪行为的比例为0.00%—5.00%，但是在治疗群体中达到19.00%—67.00%，而且删除这一指标后，存在博彩障碍而未诊断出来的概率仅为0.15%，即3247人中仅有5人未被检出。Weinstock等人[2]的研究也显示，删除违法行为这一指标后只有少数被试（N=42，1.50%）没有被诊断出来，同时DSM-4的诊断临界值也没有降低。另一个研究发现，删除后对诊断的影响更低（0.40%，N=12），但是诊断临界值变为4[3]，与DSM-V相同。那么，在犯罪群体中这一指标是否更为重要呢？一项研究显示，在参与博彩的犯罪群体中，报告出现博彩相关违法行为的百分比为44.00%，其他指标为88.00%，而删除违法行为这一指标后，仅有6名被试未被成功诊断存在博彩障碍（0.90%，N=676）。[4]

但是，违法行为这一指标在临床上仍然具有其价值，如针对一些有特殊要求的患者（如债务和法律指导）和更为深入的临床治疗

---

[1] 参见 Murcia, J., Stinchfield, R. & Moya, E. Á., "Reliability, Validity, and Classification Accuracy of a Spanish Translation of a Measure of DSM-IV Diagnostic Criteria for Pathological Gambling", *Journal of Gambling Studies*, Vol. 25, No. 1, 2009。

[2] 参见 McBride, O., Adamson, G. & Shevlin, M., "A latent class analysis of DSM-IV pathological gambling criteria in a nationally representative British sample", *Psychiatry Research*, Vol. 178, No. 2, 2010。

[3] 参见 McBride, O., Adamson, G. & Shevlin, M., "A latent class analysis of DSM-IV pathological gambling criteria in a nationally representative British sample", *Psychiatry Research*, Vol. 178, No. 2, 2010。

[4] 参见 Turner, N. E., Cook, S., Ballon, B., Paglia-Boak, A., Murray, R., Adlaf, E. M. & Mann, R. E., "Problem gambling among Ontario students: Associations with substance abuse, mental health problems, suicide attempts, and delinquent behaviours", *Journal of Gambling Studies*, Vol. 31, No. 4, 2015。

时。这也是DSM-V将这一指标纳入相关指标中的主要原因,以鼓励临床医生继续了解博彩障碍者是否存在违法行为。而且,在最新的一项研究中,发现违法行为这一指标对大学生博彩障碍者的诊断更为重要[1],这是区分社交博彩和问题博彩第二重要的指标,而且该指标与 DSM-IV 总分的相关为 0.67,与其他指标的相关为 0.65—0.71。

与 DSM-IV 相比,DSM-V 的诊断截点由 5 变为 4,即满足 9 个指标中的 4 个即可诊断为博彩障碍,这一诊断截点的降低可能会导致博彩障碍流行率的增加。Petry 等基于酒精及相关障碍的流行病学调查(National Epidemiologic Survey of Alcohol and Related Disorders-NESARC;N=43093)的研究显示,与 DSM-IV 相比,DSM-V 检出存在博彩障碍的比例由 0.16% 增加到 0.27%。[2] Petry 综合 5 个研究的 3710 名被试,包括随机筛选的家庭住户、博彩群体、干预研究中的个案和社区为基础的赌博治疗群体,结果发现 DSM-IV 与 DSM-V 检出的博彩障碍者分别占比 16.20% 和 17.90%。[3] Faregh 和 Derevensky 对美国大学运动员的大样本(N=19942)调查也得到类似的结果,使用 DSM-5 后,博彩障碍的流行率显著增加(DSM-IV 为 3.40%,DSM-V 为 4.30%)。[4] 但是在处于临床干预的小样本〔包括非寻求治疗的问题赌徒(N=375)〕书中使用 DSM-4 和 DSM-5

---

[1] 参见 Delfabbro, P., King D. L., Derevensky J. L., "Adolescent Gambling and Problem Gambling: Prevalence, Current Issues, and Concerns", *Current Addiction Reports*, Vol. 3, No. 3, 2016。

[2] 参见 Petry, N. M., Rehbein, F., Gentile, D. A., et al., "An international consensus for assessing internet gambling disorder using the new DSM-5 approach", *Addiction*, Vol. 109, No. 9, 2014。

[3] 参见 Petry, N. M., "Discounting of probabilistic rewards is associated with gambling abstinence in treatment-seeking pathological gamblers", *Journal of Abnormal Psychology*, Vol. 121, No. 1, 2012。

[4] 参见 Faregh, N., Derevensky, J., "Gambling Behavior Among Adolescents with Attention Deficit/Hyperactivity Disorder", *Journal of Gambling Studies*, Vol. 27, No. 2, 2011。

诊断得到的流行率分为 46.40% 和 58.10%。[①] 此外，降低 DSM 的诊断截点后会使一些问题博彩者更容易成为需要接受治疗的博彩者。[②] 但是这样的变化又会影响博彩流行率。Petry 等人使用 NESARC 样本进行分析发现，诊断临界点为 4 时，博彩障碍的流行率为 0.27%；诊断截点为 3 时，博彩障碍的流行率为 0.60%；诊断截点为 2 时，博彩障碍的流行率为 1.22%；诊断截点为 1 时，博彩障碍的流行率为 2.95%。降低诊断临界值仅针对博彩障碍，而 DSM-Ⅴ 中不仅涉及博彩障碍的诊断，还包含药物滥用及其相关障碍等其他内容，鉴于其对流行率的巨大影响和缺乏临床样本的相关研究，DSM-Ⅴ 决定暂不改变博彩障碍相应的诊断截点。[③]

第二节 南奥克斯博彩诊断量表（SOGS）

一 基本情况

南奥克斯博彩诊断量表（The South Oaks Gambling Screen，SOGS）是 Lesieur 和 Blume[④] 在 DSM-Ⅲ-R 的基础上编制而成的。1616 名被试参与了该问卷的开发，他们具体来自于以下几个群体：药物滥用和病理性博彩患者（867 名）、匿名戒毒聚会（Gamblers Anonymous）成员（213 名）、大学生（384 名）、医院员工（152 名）。因而，SOGS 测评的群体主要为成年群体，共包含 16 道题目。后来，鉴于青少年是博彩

[①] 参见 Petry, N. M. & Barry, D., "Predictors of decision-making on the Iowa Gambling Task: Independent effects of lifetime history of substance use disorders and performance on the Trail Making Test", *Brain and cognition*, Vol. 66, No. 3, 2008。

[②] 参见 Mitzner, G. B., Whelan, J. P. & Meyers, A. W., "Comments from the Trenches: Proposed Changes to the DSM-Ⅴ Classification of Pathological Gambling", *Journal of Gambling Studies*, Vol. 27, No. 3, 2011。

[③] 参见 Petry, N. M., Rehbein, F., Gentile, D. A., et al., "An international consensus for assessing internet gambling disorder using the new DSM-5 approach", *Addiction*, Vol. 109, No. 9, 2014。

[④] 参见 Lesieur, H. R. & Blume, S. B., "The South Oaks Gambling Screen (SOGS): A new instrument for the identification of pathological gamblers", *American journal of Psychiatry*, Vol. 144, No. 9, 1987。

问题发生的高风险群体之一，Winters 等编制了 SOGS 的青少年版本，即 South Oaks Gambling Screen-Revised for Adolescents（SOGS-RA），它成为测量青少年博彩问题应用最为广泛的问卷之一。参与 SOGS-RA 问卷编制的被试为 1101 名来自明尼苏达州 15 岁至 18 岁的高中生（男性 477 名，女性 491 名），问卷采用是或否进行计分。[1]

SOGS 多用于一般群体中病理性博彩者的筛选，被称为一般群体中筛选病理性博彩者的"金指标"。[2] 此外，由于 DSM-Ⅳ只包含 10 道题，不能有效地描述病理性博彩发展的所有维度，而 SOGS 对病理性博彩的界定比 DSM 要广，因而无论是高于还是低于 DSM 诊断临界点的被试，SOGS 均能够更好地表现病理性博彩的发展变化。[3] 因此，SOGS 也常在临床上与 DSM 联合使用，用于观察病理性博彩的连续性变化，例如使用 DSM-Ⅳ筛选被试，然后使用 SOGS 描述高于 DSM-Ⅳ阈限后的病理性变化。总体而言，SOGS 是考察博彩参与者赌博问题应用最为广泛的测量工具之一，当前已广泛地被英国、法国、德国、荷兰、西班牙、意大利、瑞典、印度、以色列、日本、老挝、越南、柬埔寨、吉尔吉斯斯坦和尼日利亚等国家的学者翻译使用。

二 评估指标

SOGS 成人版包含 16 个大题，第 16 题有 11 个小题，考察借钱参与博彩时的金钱来源。因此，总共含 26 道题目，其中第 1 题至 3 题、第 12 题和第 16 题题目下的两小题不计分，他们分别考察的是博彩类型、投入金额及家人博彩活动的情况、是否因管理金钱的方式而争吵、是否使用信用卡赌马和参与赌场赌博。因此，最终 SOGS 的计分题目只有 20 道，大于及等于 5 分者为病理性博彩者。与 DSM-Ⅳ相比，SOGS 有两道题目

---

[1] 参见 Winters, K. C., Stinchfield, R. D. & Fulkerson, J., "Toward the development of an adolescent gambling problem severity scale", *Journal of Gambling Studies*, Vol. 9, No. 1, 1993。

[2] 参见 Winters, K. C., Stinchfield, R. D. & Fulkerson, J., "Toward the development of an adolescent gambling problem severity scale", *Journal of Gambling Studies*, Vol. 9, No. 1, 1993。

[3] 参见 Strong, D. R., Lesieur, H. R., Breen, R. B., Stinchfield, R. & Lejuez, C. W., "Using a Rasch model to examine the utility of the South Oaks Gambling Screen across clinical and community samples", *Addictive Behaviors*, Vol. 29, No. 3, 2004。

与之相同:回本和借钱。而且 SOGS 通过 9 道题目考察了借钱参与博彩这一题目;另有两道题目与之相似,分别是博彩影响关系、工作或职业和为了负担博彩投入而出现违法行为。5 分及以上的参与者可能是病理性赌博者。而流行病学研究中学者一般将 3 分或 4 分定义为问题博彩者。①

三 测量学特征

SOGS 成人版编制时使用了内部一致性信度和重测信度考察该问卷的信度。其中内部一致性系数为 0.97,重测信度的时间间隔为一个月,共 74 名住院病人和 38 名门诊病人参与了重测信度的测量,重测信度为 0.71。效标效度方面通过考察 SOGS 得分与被试的咨询师、家庭成员对其的评估分数以及与 DSM-Ⅲ分数的相关得到,被试的 SOGS 得分与咨询师对其的评估分数($r=0.86$)、家庭成员对其的评估($r=0.60$)评估分数以及 DSM-Ⅲ得分($r=0.94$)的相关均呈显著。区分度方面,与 DSM-Ⅲ相比,SOGS 能够良好地诊断病理性博彩,各群体的诊断准确率分别为:匿名赌徒(98.10%)、大学生(95.30%)、医院员工(99.30%)。SOGS-RA 编制时测得的内部一致性信度为 0.80。效度方面,SOGS-RA 可以有效区分频繁参与博彩者和非频繁参与博彩者,同时与博彩频率、博彩投入金额均呈显著正相关。但是需要注意的是,该问卷的测量学特征主要针对的是男性青少年博彩者。后来,Chiesi 等人使用项目反应理论进一步考察了该问卷的适用性,被试为 981 名高中生(男性占 64.00%),平均年龄 16.56,标准差 1.63。根据"去年至少赌博过一次"这一标准筛选出 871 名被试进行正式分析。结果显示,大多数项目表现出较高的区分性,表明该问卷可以准确地测量中到高水平的问题赌博。②

---

① 参见 Cavanna, A. E., Mula, M., Strigaro, G., Servo, S., Tota, G., Barbagli, D. & Monaco, F., "Clinical correlates of pathological gambling symptoms in patients with epilepsy", *Epilepsia*, Vol. 49, No. 8, 2008。

② 参见 Chiesi, F., Donati, M. A., Galli, S. & Primi, C., "The suitability of the South Oaks Gambling Screen-Revised for Adolescents (SOGS-RA) as a screening tool: IRT-based evidence", *Psychology of Addictive Behaviors*, Vol. 27, No. 1, 2013。

随后的多项研究显示，SOGS 既有良好的信度和效度，且与其他问题博彩测量问卷也有较好的相关性，尤其是与 DSM 的相关可以达到 0.70 以上。[①] Stinchfield 使用不同的样本再次考察了该问卷的信度和效度。该研究的样本主要来自两个不同的群体，即一般博彩群体（N=803）和正在接受治疗博彩群体（N=1589），研究要求被试同时填写 DSM-Ⅳ和 SOGS。结果发现，SOGS 问卷的信度良好，一般的被试群体和治疗的被试群体的信度分别是 0.69 和 0.86。效度方面，SOGS 可以较好地区分一般博彩者和临床正在接受治疗的博彩者，且与 DSM-Ⅳ得分呈高相关，同时与其他博彩问题测量问卷呈中等程度的相关。另外一些研究者使用双胞胎研究法考察了 SOGS 的诊断效度。双胞胎研究方法是精神病学领域考察疾病分类和修订与更新现有诊断指标的有效方法，已被广泛地应用于酒精依赖、抑郁症疾病等。[②] Slutske 等使用该方法考察了 SOGS 的诊断效度，他们对 4764 名来自澳大利亚的双胞胎进行了电话访谈，最终获得 1014 名配对的双胞胎，其中同卵双胞胎 304 名（男性 153 名，女性 151 名），异卵双胞胎 710 名（均为女性的双胞胎 181 名，均为男性的双

---

① 参见 Cox, B. J., Enns, M. W. & Michaud, V., "Comparisons between the South Oaks Gambling Screen and a DSM-Ⅳ—based interview in a community survey of problem gambling", *The Canadian Journal of Psychiatry*, Vol. 49, No. 4, 2004; Hodgins, D. C. & el-Guebaly, N., "Retrospective and prospective reports of precipitants to relapse in pathological gambling", *Journal of Consulting and Clinical Psychology*, Vol. 72, No. 1, 2004; Stinchfield, R., "Reliability, validity, and classification accuracy of the South Oaks Gambling Screen (SOGS)", *Addictive Behaviors*, Vol. 27, No. 1, 2002; Stinchfield, R., "Reliability, validity, and classification accuracy of a measure of DSM-Ⅳ diagnostic criteria for pathological gambling", *American Journal of Psychiatry*, Vol. 160, No. 1, 2003; Welte, J., Barnes, G., Wieczorek, W., Tidwell, M. C. & Parker, J., "Alcohol and gambling pathology among US adults: prevalence, demographic patterns and comorbidity", *Journal of studies on Alcohol*, Vol. 62, No. 5, 2001; Wickwire Jr, E. M., Burke, R. S., Brown, S. A., Parker, J. D. & May, R. K., "Psychometric evaluation of the National Opinion Research Center DSM-Ⅳ Screen for Gambling Problems (NODS)", *The American Journal on Addictions*, Vol. 17, No. 5, 2008。

② 参见 Prescott, S. L., Macaubas, C., Smallacombe, T., Holt, B. J., Sly, P. D. & Holt, P. G., "Development of allergen-specific T-cell memory in atopic and normal children", *The Lancet*, Vol. 353, No. 9148, 1999; Prescott, C. A., Kendler, K. S., Myers, J. & Neale, M. C., "The structure of genetic and environmental risk factors for common psychiatric and substance use disorders in men and women", *Archives of General Psychiatry*, Vol. 60, No. 9, 2003。

胞胎 216 名，异性双胞胎 313 名）。[①] 研究使用二元双胞胎模型拟合分析（Bivariate Twin Model-fitting Analyses）得到，根据 DSM - Ⅳ 和 SOGS 诊断出的病理性博彩的发病水平（etiologic level）大部分重合。这说明尽管二者界定病理性博彩的广度不同（DSM - Ⅳ 对博彩障碍的定义较为狭窄，SOGS 较为广泛），但是二者的遗传力度是基本等价的，测量的可能是相同的病因性结构，因而二者具有较高的相关性。

  但是也有研究发现 SOGS 存在一些问题，主要表现在三个方面。首先，SOGS 会高估一般群体中病理性博彩的比例。一些研究者认为其博彩的阈限较低，对一般群体的适用性较差。[②] 例如，Stinchfield[③] 的研究发现，与 DSM - Ⅳ 相比，SOGS 对一般群体病理性博彩的甄别性低于治疗被试，假阳性率达到 50.00%。这意味着 SOGS 筛选出 4 个病理性博彩者中，只有两个会满足 DSM 对病理性博彩的诊断。导致这一结果的原因可能有两点。（1）SOGS 与 DSM 的内容不同。SOGS 同时包含主观性和行为性两类题目，但是 DSM - Ⅳ 只有行为方面的题目。主观性题目考察的是作答者的主观感受，要求作答者做出主观评价。SOGS 有 3 个主观性条目，分别是："你是否认为自己的博彩存在问题？""你是否因为自己的博彩行为及其后果感到后悔？""你是否想要停止博彩但并不相信自己可以停止？"此外，还有一道题目也具有一定的主观性，即"你的赌博行为是否超出个人的计划？"，需要作答者对自身的博彩意向进行评估。还有一道题目"是否有人批评我的赌博行为？"，这对于作答者本身的行为来说并

  [①] 参见 Slutske, W. S., Zhu, G., Meier, M. H. & Martin, N. G., "Disordered gambling as defined by the Diagnostic and Statistical Manual of Mental Disorders and the South Oaks Gambling Screen: Evidence for a common etiologic structure", *Journal of Abnormal Psychology*, Vol. 120, No. 3, 2011。

  [②] 参见 Stinchfield, R., "Reliability, validity, and classification accuracy of the South Oaks Gambling Screen (SOGS)", *Addictive Behaviors*, Vol. 27, No. 1, 2002; Holtgraves, T., "Evaluating the problem gambling severity index", *Journal of Gambling Behavior*, Vol. 25, No. 1, 2009。

  [③] 参见 Stinchfield, R., "Reliability, validity, and classification accuracy of the South Oaks Gambling Screen (SOGS)", *Addictive Behaviors*, Vol. 27, No. 1, 2002。

不是必要的。而且"批评"一词也有可能带来曲解,被试有可能联想到是否是博彩者本身参与一个游戏的方式而被某人批评,如"对这些牌加注是愚蠢的"也会被认为是对他们博彩参与方式的"批评",进而影响这道题目的作答质量。总体而言,社会性和娱乐性的博彩者也会对 SOGS 中这些主观性和非行为性题目做出肯定的回答,例如,"博彩超出个人计划"这道题目就并非病理性博彩所独有,而一般群体中对这道题目的支持率只有 6.00%。(2) SOGS 和 DSM 可能代表着问题博彩的不同水平或阶段。DSM 的诊断标准代表博彩障碍更为严重或处于晚期阶段,但是 SOGS 代表早期或不是那么严重的阶段。如果个体满足 DSM-IV 诊断标准,他或她可能已经经历了 SOGS 中的主观部分。例如,SOGS 得分为 5 的博彩者,即便其认可其中的主观条目,也不一定是病理性博彩者,但可能是问题博彩者,或者可能处于病理性博彩的发展阶段,需要进一步的评估。这是 SOGS 一个截点,它能区分问题博彩者和早期病理性博彩者。针对这一问题,一个建议是提高 SOGS 的截点分数[1],但是这同时也会提高假阴性率,进而引起更多的误差。另一个建议是采用二级测量方式(two-stage methodology),即首先使用 SOGS 分辨处于高风险的被试,然后进行临床鉴定,看是否属于病理性博彩[2],这也是 SOGS 临床上应用的主要手段之一。

其次,SOGS 成人版过分看重借钱博彩这一题目,一共 20 道计分题目,几乎一半来自借钱博彩,但是这 20 个条目在计分的时候又被给予同样的比重。如果一个博彩参与者从很多方面借钱,他就可能仅仅因为借钱这一道题目而获得较高的量表分数。这可能是导致 SOGS 在一般群体中过高估计病理性博彩的另一个原因。

---

[1] 参见 Duvarci, I., Varan, A., Coşkunol, H., et al., "DSM-IV and the South Oaks Gambling Screen: Diagnosing and Assessing Pathological Gambling in Turkey", *Journal of Gambling Studies*, Vol. 13, No. 3, 1997。

[2] 参见 Dickerson, M., "Internal and external determinants of persistent gambling: Problems in generalising from one form of gambling to another", *Journal of Gambling Studies*, Vol. 9, No. 3, 1993; Volberg, R. A., *Gambling and problem gambling among adolescents in Washington State*, Report to the Washington State Lottery, 1993。

最后，SOGS 设置的时间框架是一生，不能有效区分现在的病理性博彩者和曾经的病理性博彩者①，因此一些研究者将 SOGS 的时间框架改为上一个月、过去 6 个月或过去 12 个月②。鉴于 SOGS 包含的博彩行为条目较少，且认为病理性博彩是有或无的二分问题，因而不能较好地筛选正在成为病理性博彩的群体。③

第三节 问题博彩评估量表（PGSI）

一 基本情况

问题博彩评估量表（Problem Gambling Severity Index，PGSI）源自 Canadian Problem Gambling Index（CPGI），是 CPGI 中的问题博彩评估部分，也是所有测量题目中唯一计分的 9 道题目。CPGI 由加拿大药物滥用中心（Canadian Centre on Substance Abuse）历时 3 年完成编制（1996—1999 年）。自 2001 年正式编制完成后，CPGI 成为澳大利亚和加拿大收集博彩信息的主要工具。④ 英国、挪威、冰岛等

---

① 参见 Dickerson, M., "Internal and external determinants of persistent gambling: Problems in generalising from one form of gambling to another", *Journal of Gambling Studies*, Vol. 9, No. 3, 1993。

② 参见 Dickerson, M., "Internal and external determinants of persistent gambling: Problems in generalising from one form of gambling to another", *Journal of Gambling Studies*, Vol. 9, No. 3, 1993; Winters, K. C., Stinchfield, R. D. & Fulkerson, J., "Toward the development of an adolescent gambling problem severity scale", *Journal of Gambling Studies*, Vol. 9, No. 1, 1993; Emerson, M. O. & Laundergan, J. C., "Gambling and problem gambling among adult Minnesotans: Changes 1990 to 1994", *Journal of Gambling Studies*, Vol. 12, No. 3, 1996。

③ 参见 Strong, D. R., Breen, R. B., Lesieur, H. R., et al., "Using the Rasch model to evaluate the South Oaks Gambling Screen for use with nonpathological gamblers", *Addictive Behaviors*, Vol. 28, No. 8, 2003。

④ 参见 McCready, J. & Adlaf, E., Performance and enhancement of the Canadian Problem Gambling Index (CPGI): Report and recommendations, *Ottawa, ON: Canadian Centre on Substance Abuse and Healthy Horizons Consulting*, 2006; Neal, P., Delfabbro, P. & O'Neil, M., Problem Gambling and Harm: Towards a National Definition, Melbourne, Gambling Research Australia, 2005。

第三章　体育彩民购彩健康的相关测量

国家也使用过该问卷①，其被广泛地应用于一般群体的问题博彩研究中②。

CPGI 的编制目的是编制一个可以应用于一般群体的、新的、更有意义的问卷，同时希望该问卷中能够包含更多的关于博彩和问题博彩的社会和环境背景题目。③ 研究分两个阶段：阶段一综合既有研究和测量工具，提出问题博彩的概念和含义，他们认为问题博彩是对博彩参与者本人及相关他人产生消极影响的博彩行为；阶段二用来检验第一个阶段编制的测量工具的信度、效度、区分性等方面，具体包含4 个研究，分别是小规模调研、一般群体大范围调研、重测信度检验研究与效度检验研究。

下面介绍阶段二的 4 个研究。（1）小规模调研，被试 143 人，其中利用随机拨号的方法从一般群体获得被试 53 人，这部分被试基本不可能有博彩问题；通过报纸广告招募频繁参与博彩的博彩被试 44 人，这部分被试由于频繁接触博彩，处于发展为问题博彩者的风险之中；通过治疗中心和报纸广告招募认为自己是问题博彩者的被试 46 人。小规模调研主要用于筛选 CPGI 初步编制的题目，删除这些区分度不良的题目。但是 SOGS 和 DSM - Ⅳ 的题目不在删除

---

① 参见 Currie, S. R., Hodgins, D. C. & Casey, D. M., "Validity of the problem gambling severity index interpretivecategories", *Journal of Gambling Studies*, Vol. 29, No. 2, 2013。

② 参见 Kavli, H. & Berntsen, W., Gambling Habits and Gambling Problems in the Population, *Prepared for Norsk Tipping, the Government Gambling Operator*, Olso: MMI Research, 2005; Kristiansen, S. & Jensen, S., "Prevalence of gambling problems among adolescents in the Nordic countries: an overview of national gambling surveys 1997 - 2009", *International Journal of Social Welfare*, Vol. 20, No. 1, 2011; Olason, D., Gretarsson, S. Iceland. In Meyer G., Hayer T. & Griffiths, M. (Eds.), *Problem Gambling in Europe: Challenges, Prevention, and Interventions*, New York, Springer, 2009; Volberg, R. & Bernhard, B., The 2006 Study of Gambling and Problem Gambling in New Mexico, *Northampton*: MA, Gemini Research, 2006; Wardle, H., Sproston, K., Orford, J., Erens, B., Griffiths, M. & Constantine, R. British Gambling Prevalence Survey, *London*: National Centre for Social Research, 2007; Young, M. & Stevens, M., "SOGS and CPGI: parallel comparison on a diverse population", *Journal of Gambling Studies*, Vol. 24, No. 3, 2008。

③ 参见 Ferris, J. & Wynne, H. J., *The Canadian Problem Gambling Index Final Report*, Ottawa, ON: Canadian Centre on Substance Abuse, 2001。

的范围之内。（2）一般群体研究。被试3120人，主要通过随机拨号获得。该部分研究的设计从三个方面考虑：第一，较大的样本量，有利于保留CPGI中测量学特征较好的题目；第二，提供加拿大患病率方面信息，为后续研究打下基础；第三，有利于比较CPGI、DSM-Ⅳ和SOGS三个问卷。（3）重测信度检验，被试147人，来自一般群体。（4）临床效度检验，通过电话访谈法进行研究，被试均来自研究二的一般群体，共计148人，均使用DSM或SOGS筛选博彩。此外，在第二阶段研究正式开展之前，还进行了预实验，对20人进行访谈，检验问卷题目顺序与可读性等。问卷语言方面，小规模调研中的访谈全部使用英语，其他的3个研究中使用英语和法语，而预实验中访谈的20人，其中15人用英语访谈，5人用法语进行访谈。

二 评估指标

最终确定的CPGI问卷由4个部分组成，分别为博彩卷入程度评估、博彩相关题目问题博彩评估，以及一些人口统计学方面的题目。其中只有问题博彩评估部分的题目计分。而其他部分的题目用来反映博彩可用性等方面的信息。（1）博彩卷入度评估。这一部分考察博彩活动参与次数、投入金额、参与持续时间。需要注意的是这些题目需要根据不同地区的实际情况进行调整。填写这部分题目需要花费的时间较少，且可以降低博彩活动与投入金额被低估的风险。（2）博彩相关题目。这部分题目有利于博彩类型的发展，大部分研究包含在这些题目中。编制者鼓励结合未来研究成果而不断增加这部分题目。该部分共有15道题目，其中测量不良认知的有两道题目，分别是输了很多次后会赢、可以通过某策略赢钱；首次经验两道题，分别是对首次中奖和输钱的记忆；家庭问题两道，分别是博彩问题和酒精或药物滥用问题；共病性问题3道题目，分别是酒精或药物使用、酒精对博彩影响、承认自己有酒精或药物使用问题，这3道题目的测量时间均是过去12个月；缓解痛苦3道题目，主要考察遭遇生活中的痛苦事件时选择博彩、饮酒或使用药物；最后测量压力、抑郁和自杀的题目各1题。(3) 人口统计学部分。这部分题目主要作为参考和备选，因为每个研究者考察被试人口统计学资料的方式不一样，研究者可以根据自己的需要选择和删减。本部分提供的人口统计学题目可以很好地测量不同收入和种族的加拿大被试。

最后是问题博彩评估部分，也是CPGI中唯一计分的部分，即Problem Gambling Severity Index（PGSI），用以测量博彩参与者问题博彩者严重程度。共12道题目，其中只有9道题目计分，通过这9个题目可以获得博彩参与者的问题博彩严重水平。9道题目中的5道考察问题博彩行为，4道测量博彩的结果。5道博彩行为测量题目中有两道题来自DSM，分别是回本和为了保持刺激不断增加博彩投入；两道题来自SOGS，分别是感觉有博彩问题和因为博彩感到后悔；另1个题目考察博彩资金的来源，询问被试是否借钱或卖东西去博彩。4道博彩结果的题目中有两道题来自SOGS，分别是因为博彩感到后悔，有人批评自己的博彩行为；剩下两道题是新增加的题目，用于测量博彩的消极影响，它们分别是博彩损害个人健康和家庭因为博彩产生经济问题。PGSI的9道题目中的一些题目可以间接反映博彩参与者的社会背景，如是否有人批评被试的博彩行为、是否产生家庭经济问题以及是否因为参与博彩活动感到后悔。这部分还有3道不计分的题目，分别是对家庭成员撒谎或向朋友隐瞒自己的博彩行为、博彩金额超过预期、想要停止博彩但没有成功。PGSI采用4点计分，从"从未"到"几乎总是"分别计0分、1分、2分和3分，问题博彩的严重程度划分4个等级，即无风险（0分）、低风险（1—2分）、中风险（3—7分）和问题博彩（≥8分）。无风险水平的博彩者即非问题博彩者，得分为0，即对所有的题目的回答"从未"（never），也就是说尽管他们投入了大量的时间和金钱，但是从未出现过博彩相关的问题。低风险博彩者的问卷得分为1—2分，这部分被试对博彩行为问题的回答大多数为"从未"，但是有1—2个的回答是"有时"或"经常"，博彩对他们不会有消极影响。3—7分为中风险赌彩参与者，这部分被试对大部分行为问题题目回答为"从未"，但有1—2个的回答为"大多数时候"（most of the time）或"经常"（always）。如果他们过度投入博彩或出现三四个博彩相关问题，则有发展为问题博彩的风险，博彩对他们可能会产生消极影响。大于等于8分为问题博彩者，他们有更多的博彩问题，可能无法控制个人的博彩行为，并可能出现更多相关博彩的问题，如抑郁、焦虑等。与DSM和SOGS相比，PGSI是在一定的理论基础上编制而成的，可以测量一般群体问题博彩的流行性，题目相对简单且便于操作。[1] 此外，PGSI可以定义不同水平的问题博彩者。例如，Loo等人[2]使用PGSI发现学生和社区样本中有42.70%的非博彩者，21.10%的低风险博彩者，27.20%的中等风险博彩者，9.00%的问题博彩者。PGSI问卷的条目见附件。

三 测量学特征

PGSI具有良好的信度和效度。信度方面，PGSI内部一致性信度较高（$\alpha = 0.84$），而SOGS和DSM-Ⅳ的内部一致性系数分别为0.81和0.76；重测信度高于SOGS，PGSI与SOGS的重测信度系数分别为0.78和0.75。效度方面，PGSI与DSM（$r = 0.83$）和SOGS（$r = 0.83$）两个问卷相关显著。Loo等人检验中国版本PGSI的测量学特点，即Problem Gambling Severity Index-Chinese Version（PGSI-C）。但是，他们的被试为来自中国台湾地区的801名博彩参与者，其中男性396名，女性360名（缺失数据45个），平均年龄25.36岁（18—74岁）。结果发现，PGSI-C问卷信度和效度良好。效度方面，PGSI-C的结构与英文版本的结构一样，都是单维的，与SOGS、博彩频率、博彩渴求、博彩相关认知、抑郁、焦虑和压力相关显著；PGSI-C可以有效区分非问题博彩者和可能问题博彩者，对SOGS有显著的正向

---

[1] 参见 Jackson, A. C., Wynne, H., Dowling, N. A., Tomnay, J. E. & Thomas, S. A., "Using the CPGI to determine problem gambling prevalence in Australia: Measurement issues", *International Journal of Mental Health and Addiction*, Vol. 8, No. 4, 2010。

[2] 参见 Loo, J. M. Y., Tian, P. S. O. & Raylu, N., "Psychometric evaluation of the Problem Gambling Severity Index-Chinese version (PGSI-C)", *Journal of Gambling Studies*, Vol. 27, No. 3, 2011。

预测作用，说明其具有良好的区分效度和预测效度。信度方面内部一致性系数为0.77。此外，PGSI-C存在性别差异，男性得分显著高于女性。另一些研究显示，PGSI比DSM和SOGS具有更优的测量学特征。Miller等人利用来自加拿大的大样本被试（N=25000），检验PGSI的效度，结果显示其单因素结构具有跨性别、年龄、收入和博彩类型的稳定性。[①] Arthur等人使用学生小样本（N=198）比较PGSI与SOGS、DSM-Ⅳ的信度和效度。结果发现，PGSI的信度优于DSM-Ⅳ和SOGS。[②] Holtgraves利用大样本被试也发现PGSI的信度和效度高于SOGS。[③] 出现这种结果的原因可能有两个：其一，PGSI使用4点计分，而SOGS和DSM-Ⅳ使用两点计分（是或否）；其二，SOGS中将近一半的题目考察的是博彩借钱的来源，这些题目可能具有重要的实践价值，但是其研究价值尚不明晰，而且这些题目的存在可能会降低该问卷在一般群体中的测量效度。

但是，也有一些研究发现了PGSI存在的诸多问题。第一，PGSI对风险等级的区分度不够明确。有研究指出，低风险和中等风险博彩者的区分度不良。[④] 他们发现，即便样本量很大，PGSI得分高于8分的博彩参与者仍然很少（很多研究中发现这一比例小于2.00%），所以一些研究者为了提高其统计学效力，经常合并中等风险和问题博

[①] 参见 Miller, N. M., Currie, S. R., Hodgins, D. C., et al., "Validation of the problem gambling severity index using confirmatory factor analysis and rasch modelling", *Psychiatric Research*, Vol. 22, No. 3, 2013。

[②] 参见 Arthur, D., Tong, W. L., Chen, C. P. et al., "The validity and reliability of four measures of gambling behaviour in a sample of Singapore university students", *Journal of Gambling Studies*, Vol. 24, 2008。

[③] 参见 Holtgraves, T., "Evaluating the problem gambling severity index", *Journal of Gambling Behavior*, Vol. 25, No. 1, 2009。

[④] 参见 Currie, S. R., Hodgins, D. C. & Casey, D. M., "Validity of the problem gambling severity index interpretive categories", *Journal of Gambling Studies*, Vol. 29, No. 2, 2013; Miller, N. M., Currie, S. R., Hodgins, D. C., et al., "Validation of the problem gambling severity index using confirmatory factor analysis and rasch modelling", *Psychiatric Research*, Vol. 22, No. 3, 2013。

彩，并统一界定为问题博彩者。① 针对这一问题，McCready 和 Adlaf[②] 提出不同的见解，他们认为 PGSI 对风险水平区分度不良的问题是由较少的题目造成的，而且这些题目过分代表病理性博彩相关表征，因而他们建议增加题目以提高低风险和中等风险的分数范围。此外，4 点计分中"大多数时候"与"总是"意义十分相近，Australian Government Productivity Commission（2010 年）建议采用 5 点计分，但是计分不变（从不 = 0，有时 = 1，几乎不 = 2，经常 = 3，总是 = 4）。Currie 等建议重新校正 PGSI 对博彩参与者分类的截点分数，将 1—4 分定义为低风险，5—7 分定义为中风险，这样或许可以增加低风险与中风险博彩参与者之间的差异。③

第二，PGSI 的结构可能是多维的。Boldero 和 Bell 使用验证性因素分析和项目反应考察了 PGSI 的因素结构。④ 被试为 366 名大学生。他们分别考察了 9 道题目和 12 道题目（即将问题博彩评估原本不计分的 3 道题目进行计分）的单因素和二因素模型拟合情况。结果发现，当他们使用皮尔逊积差相关时模型拟合不良，但使用序列相关时模型拟合良好。就单因素结构来看，12 道题目的单因素结构与博彩活动频率的相关高于 9 道题目的单因素结构问卷。这说明，这 3 个未计分的题目与问题博彩严重水平的评估有关。Sharp 等人使用项目反应对 3000 名南非成年人进行研究，结果显示，PGSI 的结构不是单维

---

① 参见 Afifi, T. O., Cox, B. J., Martens, P. J., Sareen, J. & Enns, M. W., "The relation between types and frequency of gambling activities and problem gambling among women in Canada", *The Canadian Journal of Psychiatry* (*La Revue canadienne de psychiatrie*), Vol. 55, 2010; Crockford, D., Quickfall, J., Currie, S., Furtado, S., Suchowersky, O. & El-Guebaly, N., "Prevalence of problem and pathological gambling in Parkinson's disease", *Journal of Gambling Studies*, Vol. 24, 2008。

② 参见 McCready, J. & Adlaf, E., Performance and enhancement of the Canadian Problem Gambling Index (CPGI): Report and recommendations, Ottawa, ON: Canadian Centre on Substance Abuse and Healthy Horizons Consulting, 2006。

③ 参见 Currie, S. R., Hodgins, D. C. & Casey, D. M., "Validity of the problem gambling severity index interpretive categories", *Journal of Gambling Studies*, Vol. 29, No. 2, 2013。

④ 参见 Boldero, J. M. & Bell, R. C., "An evaluation of the factor structure of the Problem Gambling Severity Index", *International Gambling Studies*, Vol. 12, No. 1, 2012。

的。此外他们还发现题目的应答存在严重倾斜，90.00%的题目的回答为"从未"。① Holtgraves② 比较 PGSI 与 SOGS 问卷时也发现，PGSI 的因素结构比较复杂。不同性别和省份的群体得到的 PGSI 的因素结构是单因素的，但是当具体到不同的博彩亚群体上，单因素结构则仅出现在问题博彩群体中，而在低风险和中风险博彩亚群体中表现出多因素结构。相应地，研究还发现问卷的 α 系数对低风险、中风险和非问题博彩者都是负值，只有问题博彩群体测量的问卷的 α 系数为正值。这说明 PGSI 的单因素结构只针对问题博彩者。出现这一结果的可能原因是中、低风险博彩者可能是基于不同原因发展为问题博彩者的，例如，有人是因为回本产生更多博彩问题，有人是因为感到后悔，因而对于非问题博彩者而言，这 9 个题目并不是随机分配的，相比博彩可能引起的经济问题，中、低风险的博彩者更可能发生回本和后悔等消极后果。这一题目分布上的差异支持了博彩行为序列发展的可能性这一论点。初期的问题行为包括缺乏控制（回本和博彩投入超出自己的负担能力），进而产生后悔的情绪。所以可能的问题博彩行为在其发展的初期阶段是"行为—情绪"交织在一起的。相应的，PGSI 包含的 9 道题目也具有不同的时间维度，例如下注和回本可能要先于另外 7 道题目涉及的指标，也就是说，这 7 道题目描述的博彩行为，部分是失去控制的结果（前两道题目），所以问题博彩发展初期的本质是缺乏控制。PGSI 的多维结构还得到早期两个研究的支持。③ Arthur 等人④使用 12 个题目而非 9 个题目，结果显示，三因素

---

① 参见 Sharp, C., Steinberg, L., Yaroslavsky, I. et al., "An Item Response Theory Analysis of the Problem Gambling Severity Index", *Assessment*, Vol. 19, No. 2, 2012。

② 参见 Holtgraves, T., "Evaluating the problem gambling severity index", *Journal of Gambling Behavior*, Vol. 25, No. 1, 2009。

③ 参见 Arthur, D., Tong, W. L., Chen, C. P. et al., "The validity and reliability of four measures of gambling behaviour in a sample of Singapore university students", *Journal of Gambling Studies*, Vol. 24, 2008; Mcmillen, J. & Wenzel, M., "Measuring problem gambling: assessment of three prevalence screens", *International Gambling Studies*, Vol. 6, No. 2, 2006。

④ 参见 Arthur, D., Tong, W. L., Chen, C. P. et al., "The validity and reliability of four measures of gambling behaviour in a sample of Singapore university students", *Journal of Gambling Studies*, Vol. 24, 2008。

结构拟合度高于单因素结构，但是仍然抽取第一个因素，因为其解释率超过 50.00%，而且原本 3 个非计分题目的载荷比 5 个计分题目的载荷高。

第三，"借钱"这一题目的测量学特性较低。一方面可能是该题目的含义有些模糊，"借钱或买东西"属于双重问题，需要更改或举例说明"借"的含义；另一方面对于玩老虎机和赌场赌博的被试，比较严重的时候才会有借钱的需要，进而导致对这两种博彩参与者博彩问题水平的低估。[①] 此外，PGSI 在发展中国家的适用性还需要进一步研究。Dellies 等人（2014）[②] 使用 PGSI 对 127 名南非博彩参与者进行的研究，结果显示，该问卷可以有效区分问题博彩者与非问题博彩者，与冲动、博彩金钱损失相关显著，但对不同截点的敏感度和特异性分析，从而发现，南非问题博彩的截点分数应该低一些。还有研究提出，PGSI 总分虽然看起来是比率量表，但更像是顺序量表，量表分数较低的一端（0 和 8 之间差异）分数差异要显著大于高的一端（20 与 27 之间的分数）。[③]

第四节 问题博彩评估量表（SAPG）

问题博彩评估量表（Scale of Assessing Problem Gambling，SAPG）由李海[④]开发而来。研究者通过定性研究获得问题彩民的特征词汇，设计文献检索、中国体育彩票管理局官员访谈、体育彩票零售店经理

[①] 参见 Miller, N. M., Currie, S. R., Hodgins, D. C., et al., "Validation of the problem gambling severity index using confirmatory factor analysis and rasch modelling", *Psychiatric Research*, Vol. 22, No. 3, 2013。

[②] 参见 Dellis, Andrew, Sharp, Carla, Hofmeyr, Andre, et al., "Criterion-related and construct validity of the Problem Gambling Severity Index in a sample of South African gamblers", *South African Journal of Psychology*, Vol. 44, No. 2, 2014。

[③] 参见 Currie, S. R., Hodgins, D. C. & Casey, D. M., "Validity of the problem gambling severity index interpretive categories", *Journal of Gambling Studies*, Vol. 29, No. 2, 2013。

[④] 参见李海《基于公共健康视角的体育博彩社会责任研究》，《体育科研》2012 年第 3 期。

访谈消费者访谈和分析国家体育彩票管理局提供的热线电话协助记录等具体的定性研究。SAPG 的发展考虑到了心理状态（例如认知偏差、恶劣心境和偏执型人格）、有害行为（例如精力消耗过多、金钱支出过多、无法自我矫正和说谎）和威胁（例如自我、家庭和社区）的概念，对现有的各种量表（DSM-4、SOGS、CPGI 等）中的项目进行修改或调整，以反映中国体育博彩环境和中国消费者的独特特征。

通过质性研究获得 SAPG 初始条目 45 个，随后由 6 名体育管理研究的教授、两名体育彩票管理员和 4 名国家认可的博彩研究专家组成专家小组，从项目相关性、代表性和清晰性方面对这些条目的内容效度进行评价，保留 32 个条目，并设置为 5 点计分。然后，随机招募 200 名上海体育彩民进行调查，要求他们详细填答修订后的量表，并对项目表达的清晰性进行评价。结合各个项目与总体的相关系数及每个项目的评价，删除 8 个不恰当的项目，保留 24 个项目用于正式的因素分析。探索性因素分析显示条目"隐藏购买的彩票""隐瞒买彩票的支出""购彩彩票的次数超出计划外""花费了太多的精力""向人倾诉不愉快的购彩经历"的因子载荷小于 0.35，予以删除，最终保留 19 个条目。经验证性因素分析，19 个条目的问题博彩评估量表分为 4 个维度：购彩危害行为（9 个项目）、购彩冲动障碍（6 个条目）、过度购彩预期（2 个条目）、购彩消极情绪（2 个条目）。SAPG 问卷具体内容见附录 1。SAPG 量表为今后研究中国体育彩票投注过程中出现的问题博彩者的筛查提供了测量工具，也为中国体育行政部门考虑构建社会救助体系和制定博彩政策提供了实证依据。SAPG 可用于体育博彩一般人群的调查，类似于 CPGI 的使用。但是，需要注意的是 SAPG 中，部分维度仅含两个条目，存在条目数量相对较少、结构不够稳定等问题。

第五节 问题彩民诊断标准量表

史文文[①]在既有研究的基础上编制了12个条目的问题彩民诊断标准量表。

首先,基于文献分析获取问题彩民诊断条目。具体而言,从DSM-Ⅳ、SOGS和李海的问题博彩评估标准中的条目进行整理和归纳,形成部分条目;其次,对体育彩票销售人员和体育彩民进行访谈获取条目;最后,收集与体育彩民购彩相差的社会事件并从中提炼条目。最终,形成15个条目的问题彩民诊断标准。每个条目是或否进行评分,回答"是"为1分,回答"否"为0分。

采用德尔菲专家法对15个初始条目进行评价,选取22位专家的意见中有13个条目的均数超过4分以上,但条目"为了博大奖,而持续购买彩票"和条目"为了逃避现实压力而购买彩票"不仅均数低于4分,且变异系数也高于0.25。条目"购彩金额占用了生活开支的绝大部分"虽然变异系数没有高于0.25,但部分专家建议将其与条目"购彩的次数和金额越来越多"合并。因此删除条目"为了博大奖,而持续购买彩票"和条目"为了逃避现实压力而购买彩票",并将条目"购彩金额占用了生活开支的绝大部分"与关于购彩次数的条目合并为"购彩次数和金额越来越多"。形成12个条目的问题彩民诊断标准,并对此标准进行检验。随后对2426名体育彩民进行调查,按得分高低进行排序,前27.00%的为高分组,后27.00%的为低分组,对两组被试每个项目上得分的百分比进行检验,均通过卡方检验。

通过面谈、网络交流、电话访谈及问卷调查在湖北省武汉市筛查出18名阳性问题彩民,将全国10省(市)调查所得2426名体育彩民归为对照组。根据不同分界值进行对应的病例组和对照组例数进行

---

① 参见史文文《体彩问题彩民的购彩特征及心理机制》,博士学位论文,华中师范大学,2013年。

灵敏度、特异度和约登指数分析得知,将条目总得分大于 6 分作为问题的彩民诊断标准的分界值最为合理(灵敏度＝94.00%;特异度＝89.50%;约登指数＝83.90%)。最终将体育彩民回答"是"的条目有 6 项或 6 项以上的体育彩民界定为问题彩民。[1]

此外,结合问题购彩可能引发的生理变化检验问卷的有效性。首先,综合既往实证研究选择两道题目作为问题购彩伴随的生理指标,他们分别是"因购买彩票而身体消瘦""因购买彩票而经常失眠"。随后邀请心理和医学领域、问题博彩相关领域专家对初步筛选的条目进行评定,评定采取五级评分,结果发现这两道题目的评分均高于平均分,说明这两道生理指标题目具有良好的内部效度。彩民对这两道题目进行自评时采取二值记分,回答"是"或"不是",分别记 1 分和 0 分。最后,研究者利用来自全国 10 个省(市)的 2426 名体育彩民为被试,要求被试根据自身情况填答问题彩民诊断标准量表,并根据结果将体育彩民分为问题彩民与非问题彩民,而后分析这两组彩民生理指标的差异性。结果显示,问题彩民组与非问题彩民组被试的购彩相关生理状态有显著差异,这说明该诊断量表具有良好的实证效度。

第六节 体育彩民购彩危害问卷

体育彩民购彩危害问卷是由刘炼等人[2]对 CPGI 量表中的博彩问题分量表进行改编而来的。首先邀请两名英语水平较高的心理学博士把博彩问题分量表翻译为中文,其后邀请英语专业博士研究生将中文译回英文,最后邀请课题组成员对每一道题目的含义和用语的准确性进行讨论和修改,最终形成体育彩民购彩消极结果问卷初稿。问卷采用二值记分,"是"与"否"分别记 1 分和 0 分。

---

[1] 参见史文文《体育问题彩民的购彩特征及心理机制》,博士学位论文,华中师范大学,2013 年。

[2] 参见刘炼、王斌、叶绿、罗时、樊荣《老年人购买体育彩票的积极心理效应——幸福度的促进机制研究》,《天津体育学院学报》2014 年第 1 期。

然后在体育彩票实体销售店,邀请一些彩民填答初步编制的问卷,并针对问卷条目的准确性、可理解性等方面进行访谈。而后结合我国体育彩票发展现状和政策背景,以及我国体育彩民的特点,对初步编制的问卷进行进一步修订。例如,购彩引发的健康问题主要从"压抑和焦虑"两个方面进行考察;购彩引发的财务问题从"挪用公款、家庭预算之外和信用卡透支"等几个方面进行考察;因购彩受到他人批评更为因购彩与家人或朋友产生冲突;博彩危害感知具体设计为因购彩影响生活和工作。最后,结合专家意见形成终版的体育彩民购彩危害问卷。问卷具体内容见附录。

同样利用问题购彩可能引发的生理指标作为效标以检验形成的体育彩民购彩危害问卷。问题购彩相关生理指标主要包括两个,即"因购买彩票而身体消瘦""因购买彩票而经常失眠"。随后,利用这两个条目考察体育彩民购彩危害问卷的有效性,结果显示,体育彩民购彩危害总分与"因购买彩票而身体消瘦"得分的相关系数为0.47（$P<0.01$）,与"因购买彩票而经常失眠"的相关系数为0.43（$P<0.01$）,均呈中等程度的显著正相关,说明编制的体育彩民购彩危害问卷具有较好的效标关联效度。该问卷的内部一致性系数为0.75,说明该问卷的信度良好。

综合既往博彩健康相关测量工具可知,尽管博彩对个体的影响既有危害也有裨益,但是现有的测量工具多基于博彩的消极结果编制而来,且结构多为单维,在题目、评分和截点设置等方面都有待改善。在未来购彩健康测量工具的研究中,一方面注意借鉴国外的研究方法和研究成果,分析我国彩民购彩过程中出现的典型危害;另一方面增设购彩积极结果的维度或条目,更为全面地考察彩民购彩健康的状态。

第四章 体育彩民购彩健康影响因素及策略的相关研究

本章重点回顾体育彩民购彩健康的影响因素及其促进策略，为探讨其影响因素、作用机制及促进策略提供理论依据和参考。博彩风险与保护的整合模型提示在探讨影响体育彩民购彩健康的因素时，从风险因素、保护因素两个方面展开。所谓风险因素是指引起并维持购彩相关问题的因素。保护因素是指在逆境的情况下所采取的积极的对策，保护因素主要包含个人保护因素和社会保护因素，它可以直接降低一定的风险因素，或者通过和风险因素的作用间接地预防风险结果。[①]

第一节 体育彩民购彩健康的影响因素

一 风险因素

对体育彩民购彩健康的风险因素进行分析，可以知道，其风险因素既有个体因素也有同伴、家庭、社区等因素。

（一）人口学因素

影响购彩健康的人口学因素包括性别、年龄、学历层次、收入、种族等变量。男性较女性更容易出现博彩问题，中青年群体相较其他年龄段群体更容易出现博彩问题，低学历较其他学历群体、低收入较

[①] 参见刘炼《体育彩民购彩危害的界定、风险特征和影响因素研究》，博士学位论文，华中师范大学，2015年。

其他收入群体、少数民族群体较其他群体等，均更容易出现博彩问题。① 早期对新西兰博彩行为的调查发现，毛利人口问题或病态博彩的风险率是非毛利人口的 2 倍至 3 倍。② Currie 等人的研究显示，男性、非高加索人、高中及以下学历和来自低收入家庭的参与者更多地报告过去一年经历两个及以上博彩的消极后果。③ 进一步研究发现，这些群体在博彩过程出现消极后果的风险程度也与年龄存在共变关系，即随着年龄的变化而产生变化，40 岁以下的年龄群体与 40 岁以上的比较而言更有可能会出现两个或更多的博彩危害。此外，研究发现，社会经济地位较高的群体相比较低社会经济地位的群体，出现博彩问题的风险更小。以上研究发现，性别、学历、年龄、收入、种族等人口统计学特征因素均可能影响体育彩民购彩健康。

（二）个体因素

1. 购彩认知偏差

认知偏差可以影响问题购彩行为的发生和发展。例如羊群行为、控制幻觉、差点赢、热手谬误、购彩预期、空盒子幻觉、中奖联想、因果错觉、沉没成本等。Ariyabuddhiphongs – hongs 和 Phengphol 发现赌徒谬误和沉没成本通过差点赢间接影响购彩行为。④ Rogers 对购彩归因进行研究，指出部分博彩者会将成功归因为迷信，将无损失归因为机会。⑤ 胡月等人研究发现，购彩预期对体育彩民问题购彩具有正

---

① 参见 Volberg, Rachel. A., "The prevalence and demographics of pathological gamblers: implications for public health", *American Journal of Public Health*, Vol. 84, No. 2, 1994。

② 参见 Abbott, M. & Volberg, R., "Gambling and problem gambling in New Zealand", Wellington, New Zealand, 1991。

③ 参见 Currie, S. R., Hodgins, D. C., Wang, J. L., El-Guebaly, N., Wynne, H. & Chen, S., "Risk of harm among gamblers in the general population as a function of level of participation in gambling activities", *Addiction*, Vol. 101, No. 4, 2006。

④ 参见 Ariyabuddhiphongs, V. & Phengphol, V., "Near miss, gambler's fallacy and entrapment: Their influence on lottery gamblers in Thailand", *Gambling Studies*, Vol. 24, No. 3, 2006。

⑤ 参见 Rogers, P. & Webley, P., "It could be us! Cognitive and social psychological factors in UK national lottery play", *Applied Psychology*, Vol. 50, No. 1, 2001。

向预测作用,购彩预期水平越高,问题购彩水平越高。① 同时还发现,购彩预期在体育彩民命运控制与购彩意向之间起中介作用,命运控制水平越高,购彩预期水平越高,购彩意向更强烈。

2. 金钱价值观、命运控制等不合理信念

诸多研究揭示,金钱价值观会影响体育彩民的购彩行为及其结果。穆迪(Moodie)、芬尼根(Finnigan)及伍尔菲特(Wulfert)等均发现,个体对于金钱收益的相关态度影响博彩行为体验。② Blaszczynski 和 Nower 研究结果显示,相比一般群体,问题博彩者对声望、权利等更为看重。③ Lakey 等人发现,问题博彩者更期望通过博彩获得地位和声誉,继而淡化了赌博输钱的结果。④ 另有研究显示,问题博彩与金钱价值观的痴迷维度呈显著的正相关,与预算维度呈显著的负相关。⑤

还有研究显示,命运控制可以影响个体购彩相关认知偏差,诱发彩民购彩健康问题。⑥ 命运控制是将命运、宿命等神秘信息与生、老、病、死、贫富、贵贱、祸福等遭遇联系在一起的一般信念。⑦ 彩民的命运控制程度越高,越会对彩票产生不合理的认知,如认为生日、电话号码等本来与彩票无关的事件可以带来好运,甚至增加中奖的概率(因果错觉或迷信),或认为存在一些方法能够预测中奖结果(赌徒

---

① 参见胡月、王斌、马红宇等《彩民命运控制与问题购彩的关系:基于意义维持模型的视角》,《心理学报》2018 年第 5 期。

② 参见 Moodie, C. & Finnigan, F. ,"A comparison of the autonomic arousal of frequent, infrequent and nongamblers while playing fruit machines", *Addiction*, Vol. 100, No. 1, 2001。

③ 参见 Blaszczynski, A. , Nower, L. ,"Instrumental tool or drug: Relationship between attitudes to money and problem gambling", Addiction Research & Theory, Vol. 18, No. 6, 2010。

④ 参见 Lakey, C. D. , Rose, P. , Campbell, W. K. , et al. ,"Probing the link between narcissism and gambling: The mediating role of judgment and decision-making biases", *Journal of Behavioural Decision Making*, Vol. 21, No. 2, 2010。

⑤ 参见 Chen, E. Z. , Dowling, N. A. & Yap, K. ,"An Examination of Gambling Behaviour in Relation to Financial Management Behaviour, Financial Attitudes, and Money Attitudes", *International Journal of Mental Health and Addiction*, Vol. 10, No. 2, 2010。

⑥ 参见胡月、王斌、马红宇等《彩民命运控制与问题购彩的关系:基于意义维持模型的视角》,《心理学报》2018 年第 5 期。

⑦ 参见 Leung, K. , Bond, M. H. , Carrasquel, S. R. D. , Muñoz, C. , Hernández, M. , Murakami, F. , et al. ,"Social axioms: The search for universal dimensions of general beliefs about how the world functions", *Journal of Cross-Cultural Psychology*, Vol. 33, No. 3, 2010。

谬误），购彩卷入的程度不断加深，进而导致问题购彩。① Singelis等人发现，高命运控制水平的体育彩民会相信存在能够为自己带来好运的数字或星座。② 唐（Tang）和吴（Wu）进一步证明了命运控制可以提高大学生的博彩成瘾水平。③

3. 购彩意向

购彩意向反映了个体参与购彩活动的努力趋向。根据计划行为理论，购彩态度、主观规范、知觉控制及意向均会影响购彩行为。其中购彩意向是最为直接的因素，其他因素均通过购彩意向的作用影响购彩行为的发生和发展。④ 既往相关研究显示，博彩行为意向越强的博彩者，参与博彩的次数和投注金额越高。⑤ 问题购彩的水平也越高⑥，

---

① 参见 Zhou, Z., Yuan, G. & Yao, J., "Cognitive Biases toward Internet Game-Related Pictures and Executive Deficits in Individuals with an Internet Game Addiction", *Plos One*, Vol. 7, No. 11, 2012; Tang, S. K. & Wu, A. M. S., "Gambling-related cognitive biases and pathological gambling among youths, young adults, and mature adults in chinese societies", *Journal of Gambling Studies*, Vol. 28, No. 1, 2012; 白彩梅、王树明、马文飞等《体育彩票消费中问题博彩的认知偏差研究》，《体育科学》2009年第10期。

② 参见 Singelis, T. M., Hubbard, C., Her, P. & An, S., "Convergent validation of the social axioms survey", *Personality & Individual Differences*, Vol. 34, No. 2, 2003。

③ 参见 Tang, C. S. K. & Wu, A. M. S., "Direct and indirect influences of fate control belief, gambling expectancy bias, and self-efficacy on problem gambling and negative mood among Chinese college students: A multiple mediation analysis", *Journal of Gambling Studies*, Vol. 26, No. 4, 2010。

④ 参见胡月、王斌、李改等《彩民命运控制问题购彩的影响：购彩预期和购彩意向的链式中介作用》，《心理科学》2017年第5期。

⑤ 参见 Moore, S. M. & Ohtsuka, K., "Beliefs about control over gambling among young people, and their relation to problem gambling", *Psychology of Addictive Behaviors*, Vol. 13, No. 4, 1999; Wu, A. M. S. & Tang, C. S., "Problem gambling of chinese college students: application of the theory of planned behavior", *Journal of Gambling Behavior*, Vol. 28, No. 2, 2012。

⑥ 参见 Martin, R. J., Usdan, S., Nelson, S., et al., "Using the theory of planned behavior to predict gambling behavior", *Psychology of Addictive Behaviors*, Vol. 24, No. 1, 2010; Wu, A. M. S., Lai, M. H. C., Tong, K. K. & Tao, V. Y. K., "Chinese attitudes, norms, behavioral control and gambling involvement in Macao", *Journal of Gambling Behavior*, Vol. 29, No. 4, 2012; Afifi, T., LaPlante, D., Taillieu, T., Dowd, D. & Shaffer, H., "Gambling Involvement: Considering frequency of play and the moderating effects of gender and age", *International Journal of Mental Health and Addiction*, Vol. 12, No. 3, 2014; Hansen, M. B. & Rossow, I. M., "Does a reduction in the overall amount of gambling imply a reduction at all levels of gambling", *Addiction Research & Theory*, Vol. 20, No. 2, 2012。

第四章 体育彩民购彩健康影响因素及策略的相关研究

另外,购彩意向可能反映了彩民对彩票的渴求,[1] 博彩意向水平越高,他们越难控制自身的博彩行为,继而出现博彩问题[2]。在最新的一项关于我国体育彩民问题购彩影响机制的探讨研究中发现,购彩意向作为问题购彩的近端因素,在命运控制对体育彩民问题购彩影响的过程中起中介作用。[3]

4. 购彩动机

Lam 研究表明,人们博彩的过程以及目的是获取金钱和赢得挑战。[4] 一些研究还认为,人们购买彩票的 4 个动机是赢、刺激或好奇、碰碰运气和玩得开心。[5] 彩票可以给彩民带来有可能获得头等奖的希望。获奖是参与彩票的最强预测因素[6],因此在购买彩票的过程中,彩民对中奖的期望更高[7]。Lee 等人考察了博彩动机与问题博彩之间的关系,他们的研究结果显示,娱乐动机、兴奋动机、逃避动机和社会动机均通过赢钱动机的间接作用影响问题博彩。[8]

---

[1] 参见 Flack, M. & Morris, M., "Gambling-related beliefs and gambling behaviour: explaining gambling problems with the theory of planned behaviour", *International Journal of Mental Health & Addiction*, Vol. 15, No. 1, 2015。

[2] 参见 Smith, D. P., Pols, R. G., Battersby, M. W. & Harvey, P. W., "The gambling urge scale: Reliability and validity in a clinical population", *Addiction Research and Theory*, Vol. 21, No. 2, 2013。

[3] 参见胡月、王斌、马红宇等《彩民命运控制与问题购彩的关系:基于意义维持模型的视角》,《心理学报》2018 年第 5 期。

[4] 参见 Lam, D., "An exploratory study of gambling motivations and their impact on the purchase frequencies of various gambling products", *Psychology & Marketing*, Vol. 24, No. 9, 2007。

[5] 参见 Sprott, D. E., Brumbaugh, A. M. & Miyazaki, A. D., "Motivation and ability as predictors of play behaviour in state-sponsored lotteries: An empirical assessment of psychological control", *Psychology & Marketing*, Vol. 18, No. 9, 2001。

[6] 参见 Ariyabuddhiphongs, V. & Chanchalemipom, N., "A Test of Social Cognitive Theoiy Reciprocal and Sequential Effects: Hope, Superstitious Belief and Environmental Factors among Lottery Gamblers in Thailand", *Journal of Gambling Studies*, Vol. 23, No. 2, 2007。

[7] 参见 Clarke, D., "Factors leading to substance abuse, and implications for gambling in New Zealand", *International Journal of Mental Health & Addiction*, Vol. 3, No. 1, 2005。

[8] 参见 Lee, H. P., Chae, P. K. & Lee, H. S., "The five-factor gambling motivation model", *Psychiatry research*, Vol. 150, No. 1, 2007。

Dave 及其同事的研究、Delfabbro、Griffiths 和史文文的研究均发现，动机是影响个体发生问题博彩的重要因素，其中尤以赢钱动机最为重要。[1]

5. 购彩渴求

渴求在问题博彩中扮演重要的角色。Raylu 和 Oei 考察不同情境下博彩渴求量表的预测效度，结果发现，购彩渴求量表是筛查问题博彩的有效可靠工具，可用于预测问题博彩的复发情况。[2]

诸多研究显示，博彩渴求是问题博彩的中心特性。[3] 渴求水平越高的人参与博彩的时间越长，越容易引发问题博彩。[4] 在成瘾者的自我报告中，渴求是其中最重要的体验之一，也是成瘾行为发生、保持的重要预测变量。[5] 还有研究发现，博彩渴求与博彩行为的激发[6]、

---

[1] 参见 Dave, C., "Gambling and the trait of addiction in a sample of New Zealand university students", *New Zealand Journal of Psychology*, Vol. 3, No. 1, 2003; Delfabbro, P. & Thrupp, L., "The social determinants of youth gambling in South Australian adolescents", *Journal of Adolescence*, Vol. 26, No. 3, 2003; Griffith, M., Parke, J. & Wood, R., "Excessive gambling and substance abuse: is there a relationship", *Journal of Substance Use*, Vol. 7, No. 4, 2002; 史文文、王斌、刘炼等《体育彩票消费中问题彩民判断标准的研制》，《北京体育大学学报》2013 年第 6 期。

[2] 参见 Raylu, N. & Oei, T. P. S., "The Gambling Urge Scale: development, confirmatory factor validation, and psychometric properties", *Psychology Addict Behavior*, Vol. 18, No. 7, 2004。

[3] 参见 Ko, C. H., Liu, G. C., Hsiao, S., et al., "Brain activities associated with gambling urge of online gaming addiction", *Journal of Psychiatric Research*, Vol. 43, No. 7, 2009; Ashrafioun, L., McCarthy, A. & Rosenberg, H., "Assessing the impact of cue exposure on craving to gamble in university students", *J Gambl Stud*, Vol. 28, No. 3, 2012; Young, MM. & Wohl, MJA., "The Gambling Craving Scale: Psychometric Validation and Behavioral Outcomes", *Psychology of Addictive Behaviors*, Vol. 23, No. 3, 2009; Smith, D., Battersby, M., Oakes, J., et al., "Treatment outcomes and predictors of drop out for problem gamblers in South Australia: a cohort study", *Australian and New Zealand Journal of Psychiatry*, Vol. 44, No. 10, 2010。

[4] 参见 Young, MM. & Wohl, MJA., "The Gambling Craving Scale: Psychometric Validation and Behavioral Outcomes", *Psychology of Addictive Behaviors*, Vol. 23, No. 3, 2009。

[5] 参见 Drummond, D. C., Litten, R. Z., Lowman, C. & Hunt, W. A., "Craving research: Future directions", *Addiction*, Vol. 95, No. 2, 2000。

[6] 参见 Lisham, A., John, K. & Erin, Z., "Assessing post-cue exposure craving and its association with amount wagered in an optional betting task", *Journal of Behavioral Addictions*, Vol. 2, No. 3, 2013; Tricker, C., Rock, A. J. & Clark, G. I., "Cue-Reactive Altered State of Consciousness Mediates the Relationship Between Problem-Gambling Severity and Cue-Reactive Urge in Poker-Machine Gamblers", *J Gambl Stud*, Vol. 32, No. 2, 2016。

问题博彩的维持①及问题博彩行为的戒断后复发②均紧密相关。Raylu 等人对 969 个社区样本进行研究,并指出,渴求可以直接预测博彩行为。③ Callan、Shead 和 Olson 的研究发现,博彩渴求可以正向预测问题博彩。④ 此外,当强烈的博彩渴求无法得到满足时,就会滋生焦虑、压力等负面情绪,继而诱发更为严重的博彩问题。⑤ 一项最新的关于体育彩民购彩渴求影响问题购彩的研究显示,体育彩民购彩渴求直接影响问题购彩,购彩渴求水平越高,问题购彩水平越高。⑥

6. 购彩行为

购彩的行为可以直接影响彩民的购彩健康,一般包括购买彩票的金额、购买彩票的频次、购买彩票的类型、购买彩票的研究时长、购买彩票的方式等。其中,购买彩票的金额和频次与购彩健康状况密切相关,同时也是国外博彩问题研究中最为常用的两个关键行为指标。

投入金额越多,博彩参与频次越多,博彩行为出现问题的风险越高。在饮酒风险方面的研究表明,每天摄入的酒精量和可能产生的消

---

① 参见 Lisham, A., John, K. & Erin, Z., "Assessing post-cue exposure craving and its association with amount wagered in an optional betting task", *Journal of Behavioral Addictions*, Vol. 2, No. 3, 2013; Giroux, I., Faucher-Gravel, A., St-Hilaire, A., et al., "Gambling Exposure in Virtual Reality and Modification of Urge to Gamble", *Cyberpsychology Behavior and Social Metworking*, Vol. 3, No. 16, 2013; Raylu, N., Oei, TPS., Loo, JMY., et al., "Testing the Validity of a Cognitive Behavioral Model for Gambling Behavior", *J Gamble Stud*, Vol. 32, No. 2, 2016。

② 参见 Giroux, I., Faucher-Gravel, A., St-Hilaire, A., et al., "Gambling Exposure in Virtual Reality and Modification of Urge to Gamble", *Cyberpsychology Behavior and Social Metworking*, Vol. 3, No. 16, 2013; Hodgins, D. C. & el-Guebaly, N., "Retrospective and Prospective Reports of Precipitants to Relapse in Pathological Gambling", *Journal of Consulting and Clinical Psychology*, Vol. 72, No. 1, 2004。

③ 参见 Raylu, N., Oei, TPS., Loo, JMY., et al., "Testing the Validity of a Cognitive Behavioral Model for Gambling Behavior", *J Gamble Stud*, Vol. 32, No. 2, 2016。

④ 参见 Callan, M. J., Shead, N. W. & Olson, J. M., "The relation between personal relative deprivation and the urge to gamble among gamblers is moderated by problem gambling severity: A meta-analysis", *Addictive Behaviors*, Vol. 45, No. 1, 2015。

⑤ 参见 Tschibelu, E. & Elman, I., "Gender Differences in Psychosocial Stress and in Its Relationship to Gambling Urges in Individuals with Pathological Gambling", *Journal of Addictive Diseases*, Vol. 30, No. 1, 2010。

⑥ 参见袁媛《控制幻觉对问题购彩的影响:购彩渴求的中介作用》,第二十届全国心理学学术会议——心理学与国民心理健康摘要集,中国心理学会,中国重庆,2017 年。

极后果具有一定的线性关系。博彩领域的研究也得到类似的结果，影响博彩健康的风险与其自身的博彩行为也呈现一定的线性关系，即随着博彩行为的增加，购彩风险也会呈现相应的变化。① 与低风险或非问题博彩者相比而言，问题博彩者在博彩过程中多表现为投入了更多的金钱与时间。另一些研究得到与它不一致的结果。Currie 研究了博彩投注总金额占家庭总收入的比例、博彩频率与博彩风险因素之间的关系②。结果显示，它们之间呈 J 形的曲线关系，而非线性关系，这一结果说明，当博彩参与者的参与频率和投注金额较低时，其出现博彩问题的风险较低。但是，当突破一定的限制时则会加大风险水平。该研究同时也发现，最佳的低风险或者博彩危险行为比较理想的阈值是每月的博彩次数不超过 2 次至 3 次，博彩的总花销每年不超过 501 加元至 1000 加元，同时需满足不超过年收入的 1.00%。此外，不同的学者看法不同，有研究者指出，每月的博彩次数不发生或者只发生 1 次，且花销占收入的不超过 2.00% 可以作为适当的博彩门槛。③ 在针对明尼苏达州一般人群的调查中显示，区别于愉悦性博彩和治疗性博彩的方法是每月博彩 1 次或者不参与博彩。④

7. 人格因素

研究发现，问题博彩参与者可能具备某些相似的人格特征，而这些相似的人格特征也是可能引发问题博彩行为的重要因素，如高精神质、外控、感觉寻求等。这可能是因为外控型的彩民自我控制能力较差，容易受到外界因素的影响，更容易出现过度投注、频繁购彩等方面的问题，继而产生购彩问题。

---

① 参见 Shaffer, H. J., "From disabling to enabling the public interest: Natural transitions from gambling exposure to adaption and self-regulation", *Addiction*, Vol. 100, No., 2005。

② 参见 Currie, S. R., Hodgins, D. C., Wang, J. L., El-Guebaly, N., Wynne, H. & Chen, S., "Risk of harm among gamblers in the general population as a function of level of participation in gambling activities", *Addiction*, Vol. 101, No. 4, 2006。

③ 参见 Weinstock, J., Whelan, J. P., Meyers, A. W. & McCausland, C., "The performance of two pathological gambling screens in college students", *Assessment*, Vol. 14, No. 4, 2007。

④ 参见 Stinchfield, R. & Winters, K. C., "Outcome of Minnesota's gambling treatment programs", *Journal of Gambling Studies*, Vol. 17, No. 3, 2001。

感觉寻求与博彩行为紧密相关。有研究发现，高感觉寻求者更倾向于高风险活动，例如博彩[1]、金融风险投资[2]、酒精和药物滥用等[3]。高感觉寻求的个体为追求博彩带来的刺激感，更难控制自己的购彩渴望，投入更多的时间和金钱，进而引发购彩问题。[4]

综上所述，具有性格外向、自私、容易冲动发怒、不在乎别人评价等人格特征的博彩参与者更容易产生博彩问题，特别是冲动水平较高的博彩者较难控制自己的购彩行为，更容易受非理性信念的影响，进而产生博彩问题。

（三）家庭与同伴因素

1. 父母博彩态度与行为

既往研究表明，家庭可以影响购彩危害的产生、发展与持续。[5]父母博彩程度与青少年早期博彩、问题博彩的发生率显著正相关。[6]有研究显示，大多数青少年反映自己从父母那里了解博彩类型，学习博彩技能，调查发现，有近77.00%的青少年指出其父母曾经为他们购买过刮刮乐彩票[7]，84.00%的青少年反映，他们的父母曾经让他

---

[1] 参见 Coventry, K. Brown, R. I. F., "Sensation seeking, gambling and gambling addiction", *Addiction*, Vol. 88, No. 4, 1993。

[2] 参见 Wong, A. & Carducci, B., "Sensation seeking and financial risk taking in everyday money matters", *Journal of Business and Psychology*, Vol. 5, No. 4, 1991。

[3] 参见 Castellani, B. & Rugle, L., "A comparison of pathological gamblers to alcoholics and cocainemisusers on impulsivity, sensation seeking, and craving", *International Journal of the Addictions*, Vol. 30, No. 3, 1995。

[4] 参见 Fortune, E. E. & Goodie, A. S., "The relationship between pathological gambling and sensation seeking: the role of subscale scores", *Journal of Gambling Studies*, Vol. 26, No. 3, 2010。

[5] 参见 Derevensky, J. L. & Gupta, R., "Adolescents with gambling problems: A synopsis of our current knowledge", *Journal of Gambling Issues*, Vol., No. 10, 2004。

[6] 参见 Fortune, E. E., MacKillop, J. & Miller, J. D., "Social density of gambling and its association with gambling problems: an initial investigation", *Journal of Gambling Studies*, Vol. 29, No. 2, 2013。

[7] 参见 Felsher, J. R., Derevensky, J. L. & Gupta, R., "Parental influences and social modeling of youth lottery participation", *Journal of Community and Applied Social Psychology*, Vol. 13, No. 5, 2003。

们帮忙购买乐透型彩票①。此外，研究还表明，青少年的博彩危害与其父母的参与、父母对其博彩的态度具有正向的关系。②

2. 同伴博彩

相比父母对青少年的影响而言，同伴的态度和行为在青少年问题购彩的形成过程中也扮演了重要角色。研究发现，青少年多与朋友一起博彩。③ 同伴博彩行为在青少年博彩中起到榜样作用，是青少年问题博彩的危险因素。④ 当个体得知或发现其同伴时常进行博彩活动时，自身可能也会受到这些行为的影响⑤，从而参与这项活动，并且在随后参与过程中会降低对博彩行为可能造成危害的认识，也会降低自身对博彩危害的警惕心理，最终可能不断地增加自身的购彩力度，导致博彩危害水平的提高，甚至恶化，出现问题博彩行为。此外，还有研究显示，存在博彩问题的个体由于花费了很多时间钻研博彩活动，导致其逐渐失去一些不参与博彩的朋友⑥，而人际关系的恶化反过来会进一步增加博彩危害的发生⑦。

综上所述，我们可以发现，大部分的家庭因素、同伴因素可能对

---

① 参见 Ladouceur, R., Dub'e, D. & Bujold, A., "Prevalence of pathological gambling and related problems among college students in the Quebec Metropolitan area", *Canadian Journal of Psychiatry*, Vol. 39, No. 5, 1994。

② 参见 Felsher, J. R., Derevensky, J. L. & Gupta, R., "Parental influences and social modeling of youth lottery participation", *Journal of Community and Applied Social Psychology*, Vol. 13, No. 5, 2003; Delfabbro, P. & Thrupp, L., "The social determinants of youth gambling in South Australian adolescents", *Journal of Adolescence*, Vol. 26, No. 3, 2003; Wickwire, E. M., Whelan, J. P. & Meyers, A. W., et al., "Environmental correlates of gambling behavior in urban adolescents", *Journal of Abnormal Psychology*, Vol. 35, No. 2, 2007。

③ 参见 Magoon, M. E., Ingersoll, G. M., "Parental Modeling, Attachment, and Supervision as Moderators of Adolescent Gambling", *Journal of Gambling Studies*, Vol. 22, No. 1, 2006。

④ 参见 Jacobs, D. F., "Juvenile gambling in North America: An analysis of long-term trends and future prospects", *Journal of Gambling Studies*, Vol. 16, No. 2 – 3, 2000。

⑤ 参见徐建华《青少年体育彩民问题购彩现状及其影响因素研究》，硕士学位论文，华中师范大学，2017年。

⑥ 参见 Gupta, R. & Derevensky, J. L., "Adolescents with gambling problems: From research to treatment", *Journal of Gambling Studies*, Vol. 16, No. 2 – 3, 2000。

⑦ 参见 Delfabbro, P., Lahn, J. & Grabosky, P., "It's not what you know, but how you use it: statistical. knowledge and adolescent problem gambling", *Journal of Gambling Studies*, Vol. 22, 2006。

第四章　体育彩民购彩健康影响因素及策略的相关研究

体育彩民的购彩健康带来一定的影响，甚至产生一定的风险。与国外相关研究对比，发现这些因素可能会因为我国的文化教育传统背景表现得更加突出。如集体主义观念、家庭和谐幸福等传统价值观极有可能对体育彩民的购彩健康产生影响。因此得出：同伴因素、家庭因素既是当前亟须研究的一个重要变量，也是体育彩民购彩风险领域亟待考察的一个重要因素。

（四）社会因素

社会因素和环境因素也会对博彩健康问题产生重要影响。[①] 社会环境因素对博彩健康问题的影响可以通过"抵制说服"和"社会接种"模式来阐释，这些模型认为购买彩票等一些社交活动相当于与细菌的社会接触。彩票或与之相关的事物或事件将"感染"人并引起其经历、健康等的一些变化，比如博彩同伴、博彩广告、博彩场所的位置等。

1. 社区因素

社区层面的风险因素主要是为社区成员购买彩票提供的便捷方式。博彩便利对博彩健康问题的研究尚未得出结论。人们普遍认为，社区有更多的博彩机会，博彩问题的发生率会更高。但是，有研究显示，博彩接触的便利性与博彩相关问题之间并非线性关系，而是随人、地点和时间而变化的。[②] 还有一些研究者认为，博彩场所的地理位置和抵达该位置的便利性，是吸引博彩者前往该场地的重要因素。靠近博彩场所并且便于前往博彩地点的博彩者更容易出现博彩问题。与此同时，问题博彩者在选择博彩地点时通常会考虑的条件是能否提供给他们喜欢的博彩类型。[③]

[①] 参见 Shaffer, H., Vander, B. J. & Hall, M. N. (Eds.), *Estimating the prevalence of disordered gambling behavior in the United States and Canada: A meta-analysis*, Harvard Medical School, 1997; Zinberg, N. E. & Shaffer, H. J., "Essential factors of a rational policy on intoxicant use", *Journal of Drug Issues*, Vol. 20, No. 4, 1990。

[②] 参见 LaPlante, D. A. & Shaffer, H. J., "Understanding the influence of gambling opportunities: expanding exposure models to include adaptation", *American Journal of Orthopsychiatry*, Vol. 77, No. 4, 2007。

[③] 参见 Hing, N., John, H., "The influence of venue characteristics on a player's decision to attend a gambling venue", *Final report for Gambling Research Australia by the Centre for Gambling Education & Research*, Southern Cross University, Lismore, NSW, 2010。

2. 公共政策

组织发布的公共博彩政策将促进健康行为或抑制博彩带来的一些危害。博彩业对产品和场地的开发与营销政策可能是决定博彩参与、博彩行为的重要影响因素。处理这些制度因素的主要方法是修改它们，以建立健康的组织文化和实践。与赌博有关的公共政策因素涉及许多领域，包括社会、教育、健康、经济、法律和司法。[1]

3. 博彩广告宣传

为促进博彩营销，运营商会使用一些策略，如博彩的一些广告中有时会出现过多关于中大奖的宣传，尤其是中大奖可能性的宣传，同时会把博彩刻画为一种"迷人"的东西，虚幻了购买体育彩票所带来的刺激感、神秘感、愉悦感，进而对博彩者的博彩认知和态度产生影响，无形之中大大"称赞"了博彩的魅力，即无须付出大量的劳动力即可获得巨额的财富。刘炼指出，频繁接触一些不当宣传内容的博彩广告可能会导致博彩问题。李刚发现，不良的信息传播会强化彩民的不健康心理。[2] Binde 及 Fried 等人表明，彩票广告宣传在博彩行为发展中起着关键性的作用，且对问题博彩有重要影响。[3] Felsher 等人指出被试中绝大多数看到了彩票广告，多数的博彩者通过电视、广告牌、报纸及杂志看到彩票广告。39%的人报告，在看过广告后会更加想要购彩。[4] 而且，广告宣传的影响还会随着问题博彩严重程度的

---

[1] 参见李刚《传播学视角下中国彩票购买者心理不健康成因及对策的研究》，《体育科学》2011年第2期。

[2] 参见刘炼《体育彩民购彩危害的界定、风险特征和影响因素研究》，博士学位论文，华中师范大学，2015年。

[3] 参见 Binde, P., "Exploring the Impact of Gambling Advertising: An Interview Study of Problem Gamblers", *International Journal of Mental Health and Addiction*, Vol. 7, No. 4, 2009; Fried, B. G., Teichman, M. & Rahav, G., "Adolescent gambling: Temperament, sense of coherence and exposure to advertising", *Addiction Research & Theory*, Vol. 18, No. 5, 2010。

[4] 参见 Felsher, J. R., Derevensky, J. L. & Gupta, R., "Lottery playing amongst youth: implications for prevention and social policy", *Journal of Gambling Studies*, Vol. 20, No. 2, 2004。

提高而增强。① 有研究显示，问题博彩者和中等风险水平的博彩者比无风险博彩者更容易受到广告宣传的诱惑，更容易增加自己的博彩行为。② Gainsbury 等人对 964 名博彩者的调查显示，广告对中等风险水平博彩者和问题博彩者的影响比低风险和非问题博彩者的影响要大，前者更多地暴露于社会媒介的博彩广告中，且这部分群体中有 1/3 的被试报告博彩广告提升了自己的博彩问题程度。还有研究揭示，广告宣传对于青少年博彩者的影响更大。③

在博彩广告的影响机制上，有研究指出，博彩广告中含有的诱导信息会刺激博彩者的意愿，特别是中奖的信息，会使博彩者过高估计中奖的概率。同时会产生别人能中奖，自己也一定能中奖的类比心理而导致出现认知上的偏差，导致过度、盲目投入沦为问题购彩。

4. 社会文化背景

除了可能影响购彩健康问题的个人、家庭、同龄人和社区层面因素外，更多宏观社会和文化因素也会影响购彩健康的风险等级。纵观历史可以发现，社会文化规范在很大程度上主导了博彩机会的合法化和可用性。在一些经济比较发达的西方国家中，博彩被看作一项社会默许的、可接受的娱乐性生活方式。政府部门、慈善机构和企业意识到博彩的税额较高，博彩活动在世界各地的开展较为广泛，且呈繁荣发展态势。在不断地、持续地扩大和发展过程中，博彩一直为社会所认可接受，并逐渐被视为有助于慈善事业的娱乐活动。④ 这些为博彩

---

① 参见 Griffith, M. D., Van, Rooij, A. J., Winther, D. K., et al., "Working towards an international consensus on criteria for assessing internet gaming disorder: a critical commentary on Petry et al. (2014)", *Addiction*, Vol. 111, No. 1, 2015。

② 参见李刚《传播学视角下中国彩票购买者心理不健康成因及对策的研究》，《体育科学》2011 年第 2 期；Felsher, J. R., Derevensky, J. L. & Gupta, R., "Lottery playing amongst youth: implications for prevention and social policy", *Journal of Gambling Studies*, Vol. 20, No. 2, 2004。

③ 参见 McMullan, J. L., Miller, D. E. & Perrier, D. C., "'I've Seen Them So Much They Are Just There': Exploring Young Peoples Perceptions of Gambling in Advertising", *International Journal of Mental Health and Addiction*, Vol. 10, No. 6, 2012。

④ 参见刘炼《体育彩民购彩危害的界定、风险特征和影响因素研究》，博士学位论文，华中师范大学，2015 年。

营造的正面形象成为影响问题博彩的重要风险因素。① 此外，不同文化群体的问题博彩流行性不同。有研究发现，一些土著和犹太文化群体的博彩。与非印度群体相比，美洲印第安人表现出更多的博彩健康问题。②

二 保护因素

（一）风险感知

风险感知（Perceived Risk）是人们对某个特定风险的特征和严重性所做出的主观判断。风险感知是个体认知的重要方面。在面对一个风险选择的时候，风险感知对行为意向及接下来的行动均有着重要的影响。

研究表明，博彩相关风险感知可以影响博彩行为。③ 研究揭示，高水平的风险感知会抑制消费者的网络博彩行为。④ 对问题博彩者的研究显示，问题博彩者多对博彩结果的风险感知持乐观的态度。⑤ Weber 等人通过实验研究证实个体风险感知和博彩对自身的吸引力判

---

① 参见 Shead, N. W., Derevensky, J. L. & Gupta, R., "Risk and protective factors associated with youth problem gambling", *International Journal of Adolescent Medicine and Health*, Vol. 22, No. 1, 2010。

② 参见 Raylu, N. & Oei, T. P. S., "The Gambling Urge Scale: development, confirmatory factor validation, and psychometric properties", *Psychology Addict Behavior*, Vol. 18, No. 7, 2004; Zitzow, D., "Comparative study of problematic gambling behaviors between American Indian and non-Indian adolescents within and near a northern plains reservation", *American Indian and Alaska Native Mental Health Research*, Vol. 7, No. , 1996。

③ 参见 Griffith, M., Wardle, H., Orford, J., et al., "Sociodemographic correlates of internet gambling: Findings from the 2007 British Gambling Prevalence Survey", *CyberPsychology & Behavior*, Vol. 12, No. 2, 2009。

④ 参见 Jarvenpaa, S. L., Tractinsky, N. & Saarinen, L., "Consumer Trust in an Internet Store: a Cross-Cultural Validation", *Journal of Computer-Mediated Communication*, Vol. 5, No. 2, 1999; Paviou, P., *Integrating Trust in Electronic Commerce with the technology acceptance model: model development and validation*, AMCIS, 2001; Featherman, M. S. & Pavlou, P. A., "Predicting e-services adoption: a perceived risk facets perspective", *International Journal of Human-Computer Studies*, Vol. 59, No. 4, 2003。

⑤ 参见 Spurrier, M. & Blaszczynski, A., "Risk Perception in Gambling: A Systematic Review", *Journal of Gambling Studies*, Vol. 30, No. 2, 2014。

断之间的联系，个体越认为彩票有趣，其风险感知越低，越会参与博彩，相反个体越认为购彩行为风险越大，就会越少被彩票吸引。[1] Griffith 对 594 名学生进行研究，将学生分为低博彩感知风险、高博彩感知风险、低博彩感知收益、高博彩感知收益 4 组，结果发现，组间存在明显的差异；回归参数只有在年轻的博彩者感知到更大的利益或者更小的博彩风险时才显著；高参与的危险行为与感知到高博彩收益和低博彩风险呈显著相关。[2] Spurrier 和 Blaszczynski 通过分析 16 个研究指出，提升相关行为的风险感知可能会减少风险行为倾向。[3] 可见，个体风险感知水平的提升有助于减少博彩参与，预防博彩危害，促进博彩健康。Canale 等人对 594 名学生展开的研究进一步揭示了风险感知的作用机制，他们发现，感知风险可以缓解博彩动机、特别冲动对问题博彩的消极影响。[4]

（二）和谐型激情

基于博彩的两面性，Vallerand 等人发展了新的激情量表，以反映博彩活动的积极面和消极面。[5] 他们将激情分为强迫型激情和和谐型激情，其中强迫型激情与推动个体参与某一活动的内在压力有关。这些基于强迫型激情参与活动的个体发现自己难以停止活动，并体验到了活动与自身责任之间的冲突。因此，这些高强迫型激情的博彩者更

---

[1] 参见 Weber, E. U., Anderson, C. J. & Birnbaum, M. H., "A theory of perceived risk and attractiveness. Org. Behav", *Hum. Decision Processes*, Vol. 52, No. 3, 1992。

[2] 参见 Griffith, M. D., Van, Rooij, A. J., Winther, D. K., et al., "Working towards an international consensus on criteria for assessing internet gaming disorder: a critical commentary on Petry et al. (2014)", *Addiction*, Vol. 111, No. 1, 2015。

[3] 参见 Spurrier, M. & Blaszczynski, A., "Risk Perception in Gambling: A Systematic Review", *Journal of Gambling Studies*, Vol. 30, No. 2, 2014。

[4] 参见 Canale, N., Vieno, A., Griffith, M. D., Rubaltelli, E. & Santinello, M., "How do impulsivity traits influence problem gambling through gambling motives? the role of perceived gambling risk/benefits", *Psychology of Addictive Behaviors*, Vol. 29, No. 3, 2015。

[5] 参见 Vallerand, R. J., Blanchard, C., Mageau, G. A., Koestner, R., Latelle, C., Leonardo, M., et al., "Les passions del'Ame: On obsessive and harmonious passion", *Journal of Personality and Social Psychology*, Vol. 85, No. 4, 2003。

容易得到博彩活动的消极结果,如焦虑、后悔等。[1] 和谐型激情与个体自由地参与某一活动有关。[2] 高和谐型激情的个体能够控制他们的活动,并决定什么时候参与这一活动,且参与的活动与个体的生活保持和谐的状态。因此,这些高和谐型激情博彩者更容易获得愉快、乐趣等与博彩相关的积极结果。[3]

网络赌博引起了博彩研究者和政策制定者等关于博彩的新一轮争论。反对博彩活动的一方指出问题博彩者的消极影响,而支持博彩活动的一方则将博彩视为无害的,且对于大多数参与者而言是一种方便的娱乐形式。有趣的是,在讨论各自的观点的时候,两方均引用了激情对博彩活动影响的相关研究成果,其中反对者认为网络博彩会导致不健康的痴迷,而支持者则指出大量网络玩家表现出对网络博彩活动浓厚的兴趣。Lee 等人考察了不同类型激情与不同类型动机和网络博彩结果之间的关系,被试采自韩国在线的博彩网站。结果显示,内部博彩动机(如为了寻求刺激去博彩)可以通过和谐型激情的间接作用引起博彩相关的积极结果,外部博彩动机(如为了赚钱)则通过强迫型激情的间接作用引发博彩相关的消极结果。[4]

(三)博彩拒绝自我效能感

自我效能感是个体对自身操作某行为的能力的信息程度。相关研究证实,拒绝自我效能感与网络成瘾、吸烟、饮酒、药物滥用等问题

---

[1] 参见 Ratelle, C. F., Vallerand, R. J., Mageau, G. A. et al., "When passion leads to problematic outcomes: A look at gambling", *Journal of Gambling Studies*, Vol. 20, No. 2, 2004。

[2] 参见 Rousseau, F. L., Vallerand, R. J., Ratelle, C. F. & Provencher, P. J., "Passion and gambling: on the validation of the gambling passion scale (GPS)", *Journal of Gambling Studies*, Vol. 18, No. 1, 2002。

[3] 参见 Mageau, G. A., Vallerand, R. J., Rousseau, F. L., Ratelle, C. F. & Provencher, P. J., "Passion and gambling: Investigating the Divergent affective and cognitive consequences of gambling 1", *Journal of Applied Social Psychology*, Vol. 35, No. 1, 2005。

[4] 参见 Lee, C. K., Chung, N. & Bernhard, B. J., "Examining the structural relationships among gambling motivation, passion, and consequences of internet sports betting", *Journal of Gambling Studies*, Vol. 30, No. 4, 2014。

行为呈显著负相关。① 博彩拒绝自我效能（Refusal Self-Efficacy）指的是博彩者拒绝博彩的信心程度。② 已有研究发现，博彩拒绝自我效能感与博彩问题呈显著负相关。③ Kaur 等人对 117 名澳大利亚博彩成年人的博彩进行调查显示，博彩拒绝自我效能感水平高的博彩者，其博彩问题相对较少。④ 还有研究者将博彩拒绝自我效能作为治疗博彩者的治疗手段考察其对于博彩者博彩行为的影响。如 Gomes 和 Pascual-leone⑤ 对 50 名博彩者实施能够提高拒绝自我效能感的治疗手段，会减少他们两个月后的博彩行为。由此可见，购彩拒绝自我效能感可能是减少问题购彩的保护因素。

（四）家庭隐环境

由前述文献综述可知，家庭环境显变量（父母经济地位等）可能会成为子女博彩健康的风险因素，而家庭环境隐变量可能为避免体育彩民出现购彩健康问题提供保护作用。家庭环境的隐变量与父母养育

---

① 参见罗喆慧、万晶晶、刘勤学等《大学生网络使用、网络特定自我效能与网络成瘾的关系》，《心理发展与教育》2010 年第 6 期；参见林丹华、方晓义《青少年个性特征、最要好同伴吸烟行为与青少年吸烟行为的关系》，《心理发展与教育》2003 年第 1 期；Kenney, S. R., Napper, L. E., LaBrie, J. W., et al., "Examining the efficacy of a brief group protective behavioral strategies skills training alcohol intervention with college women", *Psychology of Addictive Behaviors*, Vol. 28, No. 4, 2014; Young, R. M. & Gullo, M. J., Feeney, G. F., et al., "Development and validation of the cannabis refusal self-efficacy questionnaire (CRSEQ) in adult cannabis users in treatment", *Drug & Alcohol Dependence*, Vol. 125, No. 3, 2012。

② 参见 Casey, L. M., Oei, T. P., Melville, K. M., Bourke, E. & Newcombe, P. A., "Measuring self-efficacy in gambling: the gambling refusal self-efficacy questionnaire", *Journal of Gambling Behavior*, Vol. 24, No. 24, 2008。

③ 参见 Wu, A. M. S. & Tang, C. S., "Problem gambling of chinese college students: application of the theory of planned behavior", *Journal of Gambling Behavior*, Vol. 28, No. 2, 2012; Oei, T. P. & Goh, Z., "Interactions between risk and protective factors on problem gambling in asia", *Journal of gambling studies / co-sponsored by the National Council on Problem Gambling and Institute for the Study of Gambling and Commercial Gaming*, Vol. 31, No. 2, 2015。

④ 参见 Kaur, I., Schutte, N. S. & Thorsteinsson, E. B., "Gambling control self-efficacy as a mediator of the effects of low emotional intelligence on problem gambling", *Journal of Gambling Behavior*, Vol. 22, No. 4, 2006。

⑤ 参见 Gomes, K. & Pascual-Leone, A., "A Resource Model of change: Client Factors that Influence Problem Gambling Treatment Outcomes", *Journal of Gambling Studies*, Vol. 31, No. 4, 2015。

监督、家庭凝聚力和家庭功能等因素有关。在以上诸多家庭隐变量中，家庭凝聚力博彩健康紧密相关。来自凝聚力较强的家庭的博彩者，其发生问题博彩的可能性较低。[1] 与此同时，博彩者的博彩行为也会反过来影响家庭的凝聚力。[2] 这也侧面说明了博彩带来的消极后果，如影响家庭成员关系、影响家庭凝聚力等。此外，家庭凝聚力是防止青少年博彩问题的保护因素。[3] 高水平的父母监督与低博彩频率有关，父母的惩罚与青少年博彩问题的程度呈负相关。[4]

（五）责任宣传

相关研究发现，责任宣传降低网络博彩者的博彩问题水平，尤其是陷入"回本"的博彩者[5]，也能够帮助青少年了解博彩行为可能带来的危害，增强风险意识，继而减少问题博彩发生的可能性[6]，提高购彩健康水平。Blaszczynski 等人也指出，负责任博彩政策对青少年的博彩健康起保护作用[7]。个体的负责任博彩意识也将有利于个体的博

---

[1] 参见 Messerlian, C., Derevensky, J. & Gupta, R., "Youth gambling problems: a public health perspective", *Health Promotion International*, Vol. 20, No. 1, 2005; Dickson, L., Derevensky, J. L. & Gupta, R., "Youth gambling problems: Examining risk and protective factors", *International Gambling Studies*, Vol. 8, No. 1, 2008; Langhinrichsen, J., Rohde, P. & Seeley, J. R., et al., "Individual, family and peer correlates of adolescent gambling", *Journal of Gambling Studies*, Vol. 20, No. 1, 2004。

[2] 参见 Dickson, L., Derevensky, J. L. & Gupta, R., "Youth gambling problems: Examining risk and protective factors", *International Gambling Studies*, Vol. 8, No. 1, 2008。

[3] 参见 Dickson, L., Derevensky, J. L. & Gupta, R., *Youth gambling problems: The identification of risk and protective factors*, Report prepared for the Ontario Problem Gambling Research Centre, Guelph, Ontario, Canada, 2003。

[4] 参见 Vachon, J., Vitaro, F. & Wanner, B., et al., "Adolescent gambling: Relationship with parent gambling and parenting practices", *Psychology of Addictive Behavior*, Vol. 18, No. 4, 2004。

[5] 参见 Gainsbury, S., Parke, J. & Suhonen, N., "Consumer attitudes towards internet gambling: perceptions of responsible gambling policies, consumer protection, and regulation of online gambling sites", *Computers in Human Behavior*, Vol. 29, No. 1, 2012。

[6] 参见 Lemarié, L. & Chebat, J. C., "Resist or comply: promoting responsible gambling among youth", *Journal of Business Research*, Vol. 66, No. 1, 2013。

[7] 参见 Blaszczynski, A., Ladouceur, R. & Shaffer, H. J., "A Science-Based Framework for Responsible Gambling: The Reno Model", *Journal of Gambling studies*, Vol. 20, No. 3, 2004。

第四章 体育彩民购彩健康影响因素及策略的相关研究

彩健康。①

李海对前人的研究进行总结,然后提出了"责任博彩"。② 责任博彩虽然可以被看作一个非静态的概念,但是其核心含义依然是"危害",如何才能够做到降低博彩带来的危害,对博彩消费者进行保护,这需要了解体育彩民购彩健康的现状、影响因素等基本信息才能做出相对准确的决策。③ 西方国家在博彩宣传上直面博彩风险问题,如"博彩过度等同吸毒"或"博彩危险,未成年止步"。纵观我国已有的相关责任宣传信息,大体可以分为公益性和劝说性两种。其中,公益性宣传重点传播体育彩票为社会公益事业和体育事业发展作出的具体贡献。如"体彩支持青少年足球,托起孩子的'世界杯梦想'""公益体彩,乐善人生","因公益而国彩"等。劝说性责任重点传播购彩需理性的理念,如"中奖欣喜,贵在参与"等。但是,当前由于对彩票责任宣传的重视和关注不够,宣传形式稍显单一,且极其容易淹没于不当宣传之中。

第二节　购彩健康促进的策略

既有研究除关注博彩健康的风险因素、保护因素外,也试图探索构建博彩健康促进的体系,提出相应的策略及路径,较具代表性的是博彩公共健康的三级预防体系及负责任博彩。下面对其进行具体阐述。

---

① 参见 Hing, N. & Breen, H., "Gambling amongst gaming venue employees: Counsellors' perspectives on risk and protective factors in the workplace", *Gambling Research*: *Journal of the National Association for Gambling Studies*（*Australia*）, Vol. 17, No. 2, 2005。
② 参见李海《基于公共健康视角的体育博彩社会责任研究》,《体育科研》2012 年第 3 期。
③ 参见刘炼《体育彩民购彩危害的界定、风险特征和影响因素研究》,博士学位论文,华中师范大学,2015 年。

一 博彩公共健康三级预防

Korn 和 Shaffer[①] 构建了一个"公共健康博彩三级预防战略",如图 4-1 所示。该预防体系主要从公共健康的视角出发,解释博彩危害的预防和减少之间的连续关系,因而倾向使用"博彩问题"一词,而非临床领域惯用的"病态赌博"和"问题博彩"。博彩危害或者博彩问题均反映出对博彩者自身、家庭或者社会等会产生一定的伤害,进而带来一系列消极后果的博彩行为。基于不同层次的博彩问题,博彩公共健康三级预防体系同样有针对性地提出了三级预防体系,即初级、二级和三级预防策略,每一级别的预防策略均根据该级的健康目标进行设置:初级预防主要是尽可能减少博彩问题的发生或者降低无序博彩参与者的发生概率;二级预防的重点在于问题博彩者的早期筛选,并且提供一些有益服务;三级预防主要用于治疗或解决已经产生问题博彩的参与者。

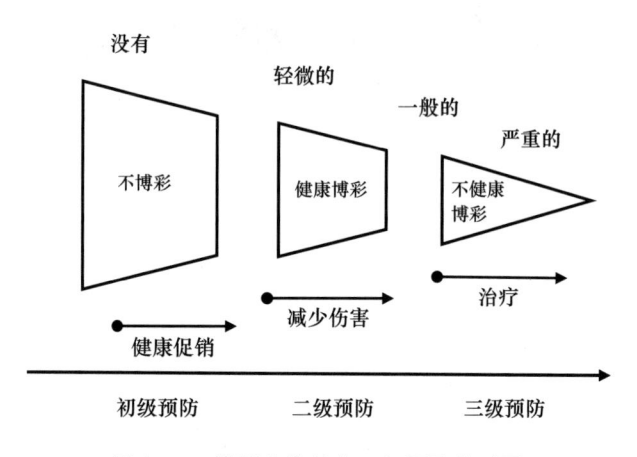

图 4-1 博彩公共健康三级预防体系图

---

① 参见 Korn, D. A. & Shaffer, H. J., "Gambling and the health of the public: Adopting a public health perspective", *Journal of Gambling Studies*, Vol. 15, No. 4, 1999。

从无风险到风险再到问题博彩。公共健康三级预防体系主要包含两个主要路线，一是风险的连续体，二是预防路径：与风险路径的发展方向相反，即从问题博彩到风险再到无风险。这三级预防策略的最终目的就是防止问题博彩行为的产生，或者最大化降低博彩带来的危害。当然，在每一个层次的预防体系中均有相对应的健康促进策略，具体见图4-2。从公共健康视角出发，此三级预防体系基于生态理论的主要观点，同时给研究者或使用者提出了要求，即必须通过实证研究才能投入实际案例当中，这为体育彩民购彩健康议题提供了非常有价值的信息和理论指导。

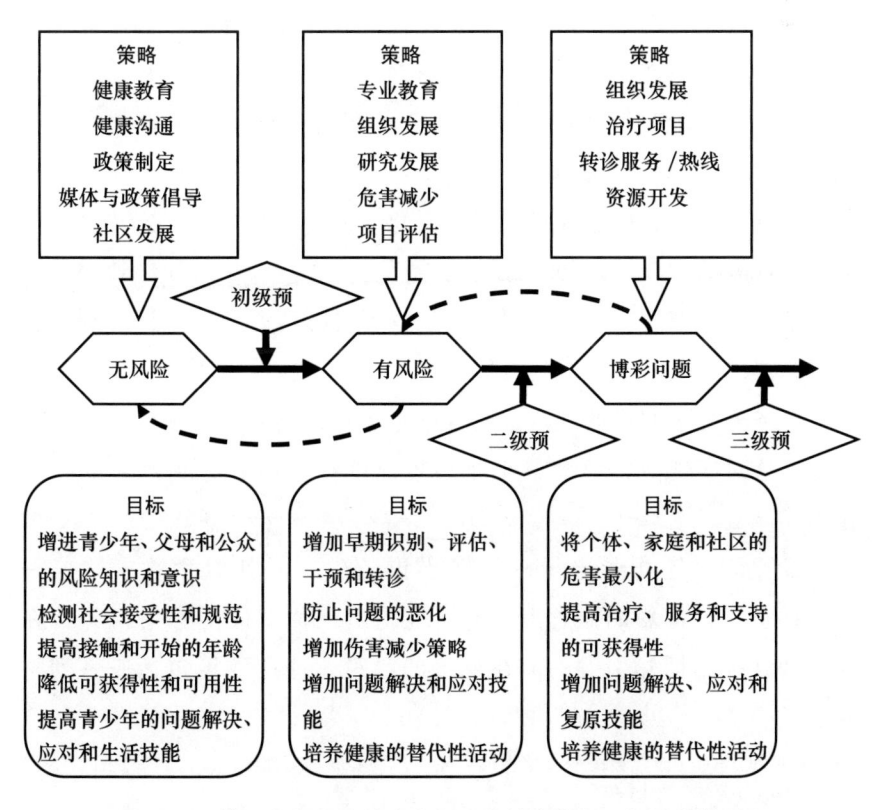

图4-2 基于生态理论的青少年公共健康博彩三级预防模型图

博彩公共健康的各级预防战略超越了生物医学与狭隘的临床模

型，它不仅包括问题博彩的治疗与恢复措施，它更是一种综合的预防方法，强调在健康体系与社区范围内针对博彩问题或危害制定各种行动策略与干预计划。[①]

二 负责任博彩

在博彩研究者提出博彩公共健康理论后，许多政府、博彩组织、博彩研究机构和公益团体纷纷以此理论为依据，提出了相应的购彩健康促进策略。早期研究者尝试从公共健康视角出发，提出一些宏观策略，并将其作为一种行动指导框架进行宣传。[②] Korn 和 Shaffer 构建的博彩公共健康行动框架，该框架主要提出五种行动体系，即建立支持环境体系，改革健康服务、制定博彩健康公共政策，加强社区行动以及发展个人技能，旨在通过加强社会各部门和机构对博彩危害的重视，提供更多博彩危害相关知识以及预防这些危害的技能，反对这些危害的健康行为，构建充满活力的社会环境[③]，但是由于公共健康博彩行动计划的主观性过强以及行动责任主体不清晰，从而导致该行动计划效果不理想。当前博彩研究者们根据实际情况并结合博彩利益相关者，提出了负责任博彩的具体实践方案，对各博彩利益相关者的责任与义务进行了明确的规定，而且这些实践方案已被许多国家或地区采用，这对实现博彩危害最小化，实现负责任博彩起到巨大的推动作用。

尽管负责任博彩这一术语已不再陌生，但其概念并未达成一致。在负责任博彩的概念上，有研究指出，负责任博彩是指"旨在预防和减少由博彩引发的潜在危害的政策，这些政策包括一系列防

---

① 参见刘炼《体育彩民购彩危害的界定、风险特征和影响因素研究》，博士学位论文，华中师范大学，2015年。
② 参见刘炼《体育彩民购彩危害的界定、风险特征和影响因素研究》，博士学位论文，华中师范大学，2015年。
③ 参见 Korn, D. A. & Shaffer, H. J., "Gambling and the health of the public: Adopting a public health perspective", *Journal of Gambling Studies*, Vol. 15, No. 4, 1999。

第四章 体育彩民购彩健康影响因素及策略的相关研究

治措施，它们有助于促进对消费者的保护，加强负责任博彩的宣传和教育，为问题博彩者提供有效治疗"。Dickerson 认为负责人博彩，是一系列可以减少博彩危害的博彩经营行为，例如，减少博彩广告宣传中误导消费者的信息、限制自助取款机的提款额度等。① 澳门大学博彩研究所认为，负责任博彩是适度监管环境中不会对博彩者自己及其亲友、其他博彩者、博彩工作人员等造成不良影响的博彩活动。

通过对上述概念的分析发现，研究者在有关负责任博彩的内涵上形成了较为一致的观点，涉及危害的预防、危害的减少或最小化，但在其外延上却有较大的差异。Dickerson 将负责任博彩视为一种博彩经营行为②，Blaszczynski 等人强调负责任博彩的政策③，Delfabbro 认为政府和博彩经营者在其中均扮演重要的角色④。近些年来，随着负责任博彩领域研究的不断开展，研究者也不断扩大与负责任博彩有关的人员范畴，将所有的博彩业利益攸关者都纳入考虑范围内进行研究，包括政府、博彩经营者、博彩者本人及其亲友、问题博彩防治机构、教育及其他社会团体。基于以上，本书认为负责任博彩是指为促进博彩者健康购彩，所有的利益攸关者所付出的意识和努力。

目前许多博彩业发达国家均十分重视负责博彩事业，形成了各自

---

① 参见 Dickerson, MG., *Problem gambling: Future directions in research, treatment, prevention and policy initiatives*, In J O'Connor (Ed.), High Stakes in the Nineties, Proceedings of the Sixth National Conference of the National Association of Gambling Studies. Fremantle: National Association for Gambling Studies, 1995。

② 参见 Dickerson, MG., "Problem gambling: Future directions in research, treatment, prevention and policy initiatives", In J O'Connor (Ed.), *High Stakes in the Nineties*, *Proceedings of the Sixth National Conference of the National Association of Gambling Studies*. Fremantle: National Association for Gambling Studies, 1995。

③ 参见 Blaszczynski, A., Ladouceur, R. & Shaffer, H. J., "A Science-Based Framework for Responsible Gambling: The Reno Model", *Journal of Gambling studies*, Vol. 20, No. 3, 2004。

④ 参见 Delfabbro, P., Lahn, J. & Grabosky, P., "It's not what you know, but how you use it: statistical. knowledge and adolescent problem gambling", *Journal of Gambling Studies*, Vol. 22, 2006。

的模式，但是一些主题实践活动仍然具有类似之处。主要涉及信息支持、禁限措施、帮助措施，在信息的支持方面，使用各种方式帮助博彩者了解博彩玩法、输赢概率、可能的风险，博彩的时限等。在禁限的措施上，包括未成年者博彩、不当宣传赊账博彩、博彩营业时间等的限制。在帮助上，提供博彩者的心理服务工作以及博彩工作者的培训工作等，以帮助过度博彩者的评断和治疗。

综述体育彩民购彩健康影响因素及促进策略的相关研究，可以看出四点。1. 既有研究多为西方文献，本土化研究较为鲜见，有必要开展本土化购彩健康相关研究。彩票具有一些不同于博彩的本质特点。[①] 首先，与问题博彩相比，购买彩票产生的问题水平更低。大多数彩民购买彩票是为了娱乐，金钱奖励的时间相对滞后。老虎机或赌场博彩，当场参与能够立马获得输赢的结果，奖赏刺激更为直接，更易上瘾。而多数彩票的结果反馈相对滞后，如大乐透一周开奖一次，开奖前半个小时停止销售。因此，彩民问题购彩的程度可能比问题博彩低一些。其次，购买彩票更便捷和方便，接近性和易得性更高。最后，彩票的投入与中奖金额差距巨大。两元钱购买一张彩票，有可能中大奖，几百元到几千万元不等，这种低投入高中奖金额可能性的反差，是吸引彩民不断购买的原因之一。文化差异的不同、彩票与博彩的本质区别等均提示本土体育彩民购彩的心理特征及影响因素不同。因此，有必要针对中国体育彩票的特点，开展本土化体育彩民购彩健康影响因素的研究。

2. 既有博彩健康影响因素研究多局限于理论分析，对体育彩民购彩健康的风险因素及形成机理研究较少，因此有必要对我国体育彩民购彩健康风险因素及形成机理进行深入探讨。早期关于问题博彩的研究重在探讨成瘾机制，自公共健康理念提出以来，学者开始对其博

---

① 参见 Laplante, D. A., Gray, H. M., Bosworth, L. & Shaffer, H. J., "Thirty years of lottery public health research: methodological strategies and trends", *Journal of Gambling Studies*, Vol. 26, No. 2, 2010。

彩问题进行量化研究，并对其可能的风险因素进行挖掘。当前对博彩健康的风险因素研究已较为充分，多是对人口学因素和近端博彩行为因素的影响的探索。涉及的风险因素众多，纷繁复杂，而对于其形成机理的深入研究较少，尤其是本土化研究更是凤毛麟角。为有效促进体育彩民的购彩健康，有必要深入挖掘我国体育彩民购彩健康的风险因素及形成机理。

3. 有必要纳入保护因素，考察保护因素对于体育彩民购彩消极后果的缓冲作用。博彩风险与保护整合模型提示要厘清体育彩民购彩健康影响因素中的风险因素和保护因素，并把握其如何相互作用产生影响。影响博彩健康的因素谓之风险因素，而促进博彩健康的因素，或缓冲风险因素对博彩健康的影响的因素谓之保护因素。既有研究多探讨了影响体育彩民购彩健康的风险因素，保护因素的作用较少受到研究者重视。根据博彩风险与保护整合模型提示，保护因素可以缓解风险因素对问题博彩的作用，降低博彩危害。最新的一项研究也基于这一视角进行了初步探索，构建了集风险和保护因素的概念模型，考察早期经验对问题博彩的影响。[①] 因此，深入探索影响体育彩民购彩健康的风险因素与保护因素，并剖析其影响和缓冲的具体机制，将有助于更有效地促进体育彩民购彩健康的实践。

4. 博彩问题预防政策过于宏观，有必要依据本土化实证分析数据形成针对性购彩健康的策略。虽然国外研究者为减少问题博彩行为的发生，制定了一些预防博彩问题的公共健康计划和责任博彩项目，但这些项目大多是一些基于主观分析的宏观政策，在有效性方面缺少可信理论支撑和实证数据的验证，从而导致所要达到的预防效果难以保证。因此在未来购彩健康的促进研究和实践过程中，一方面应运用已有的公共健康博彩理论并结合实践探索购彩健康的相关政策和计划；另一方面应充分考虑我国体育彩票的特点，并结合体育彩民购彩

[①] 参见 King, D. L. & Delfabbro, P. H., "Early exposure to digital simulated gambling: a review and conceptual model", *Computers in Human Behavior*, Vol. 55, No., 2016。

健康的风险特征与形成规律的实证调查结果来进行健康促进计划的制定，只有这样才能有效避免在制定有关购彩健康促进的政策与建议时出现过于主观与宽泛的现象，从而使构建的购彩健康促进体系能够更加有效，更有针对性地促进体育彩民的购彩健康。①

---

① 参见刘炼《体育彩民购彩危害的界定、风险特征和影响因素研究》，博士学位论文，华中师范大学，2015年。

第五章 中国体育彩民购彩健康的结构及其现状

第一节 体育彩民购彩健康问卷的编制与检验

一 体育彩民购彩健康的内涵

综合前文所述，彩票往往作为赌博的一种类型与赌场赌博、老虎机等一起进行研究[1]，购彩行为既有可能诱发彩民焦虑和抑郁等消极情绪[2]、增加风险行为[3]、扭曲价值观[4]、降低工作效率[5]、引发经济损失[6]、损害

---

[1] 参见 Laplante, D. A., Gray, H. M., Bosworth, L. & Shaffer, H. J., "Thirty years of lottery public health research: methodological strategies and trends", *Journal of Gambling Studies*, Vol. 26, No. 2, 2010。

[2] 参见 Rizeanu, S., "Pathological gambling and depression", *Procedia-Social and Behavioral Sciences*, Vol. 78, No. 3, 2013。

[3] 参见 Kuoppamäki, S. M., Kääriäinen, J. & Lind, K., "Examining gambling-related crime reports in the National Finnish Police Register", *Journal of Gambling Studies*, Vol. 30, No. 4, 2014。

[4] 参见李刚《数字型彩票购买者心理健康程度在国际和中国省际比较及其影响因素的定量研究》，《体育科学》2019 年第 10 期。

[5] 参见 Lesieur, H. R., "Costs and treatment of pathological gambling", *The Annals of the American Academy of Political and Social Science*, Vol. 556, No. 1, 1998。

[6] 参见李海、陶蕊、傅琪琪等《上海市体育彩票问题彩民现状调查》，《体育科研》2011 年第 3 期；Grant Kalischuk, RG., "Co-creating life pathways: problem gambling and its impact on families", *The Family Journal*, Vol. 18, No. 1, 2010。

家庭和谐[1]和同伴关系[2]，也有可能减少焦虑、抑郁等消极情绪[3]，体验刺激、愉快、放松等积极情绪[4]及专注感和控制感[5]，提高观赛体验[6]并促进社会交往[7]。博彩行为对彩民既有裨益也有危害，因此，彩民的购彩健康状态应该兼顾以上两个方面。

但是，当前考察博彩健康状态的测量工具多是基于博彩消极结果编制而成的，其中 DSM - Ⅳ、SOGS 和 PGSI 三个问卷应用最为广泛。SOGS 与 DSM 常作为医学临床背景下问题博彩或病理性博彩的诊断工具。其中，SOGS 强调赌博的消极结果[8]，在一般群体中的适用性较

---

[1] 参见 Dowling, N. A., Suomi, A., Jackson, A. C. & Lavis, T., "Problem gambling family impacts: development of the problem gambling family impact scale", *Journal of Gambling Behavior*, 2015。

[2] 参见 Rychtarik, R. G. & McGillicuddy, N. B., "Preliminary evaluation of a coping skills training program for those with a pathological-gambling partner", *Journal of Gambling Studies*, Vol. 22, No. 2, 2006。

[3] 参见 Humphreys, B. R., Nyman, J. A. & Ruseski, J. E., "The effect of gambling on health: evidence from canada", American Society of Health Economists (ASHEcon) Paper, 2011。

[4] 参见 Lee, C. K., Chung, N. & Bernhard, B. J., "Examining the structural relationships among gambling motivation, passion, and consequences of internet sports betting", *Journal of Gambling Studies*, Vol. 30, No. 4, 2014。

[5] 参见 Mageau, G. A., Vallerand, R. J., Rousseau, F. L., Ratelle, C. F. & Provencher, P. J., "Passion and gambling: Investigating the Divergent affective and cognitive consequences of gambling 1", *Journal of Applied Social Psychology*, Vol. 35, No. 1, 2005。

[6] 参见 Mao, L. L., Zhang, J. J. & Connaughton, D. P., "Sports gambling as consumption: evidence from demand for sports lottery", *Sport Management Review*, Vol. 18, No. 3, 2014; Gordon, R., Gurrieri, L. & Chapman, M., "Broadening an understanding of problem gambling: the lifestyle consumption community of sports betting", *Journal of Business Research*, Vol. 68, No. 10, 2015。

[7] 参见 Breen, H. M., "Risk and protective factors associated with gambling consequences for indigenous Australians in north Queensland", *International Journal of Mental Health & Addiction*, Vol. 10, No. 2, 2010。

[8] 参见 Welte, J. W., Barnes, G. M., Tidwell, M. C., Hoffman, J. H. & Wieczorek, W. F. Gambling and problem gambling in the united states: changes between 1999 and 2013", *Journal of Gambling Behavior*, Vol. 31, No. 3, 2015。

差①，且其设置的问题博彩的阈限较低②。DSM-Ⅳ用于临床诊断病理性博彩，强调与物质成瘾的类似症状，但其设置的诊断截点过高③，而且"违法行为"这一题目适用性较低④。PGSI 可以应用于一般群体，具有更优的信效度。⑤ 但是，PGSI 也存在一些问题，如低与中等程度风险区分度不足⑥，单维结构不稳定⑦，某些题目如"借钱"筛选性较低等⑧。总体而言，SOGS、DSM 和 PGSI 三个问卷均是在赌博消极影响基础上建立的评价问题博彩或病理性博彩的测量工具，SOGS 和 DSM 多用于临床研究，PGSI 可应用于一般群体，但其题目、维度和区分度受到一些研究者的批评。

综上所述，以下两个问题需要考虑。第一，购买彩票既然对个体同时有积极和消极影响，那么同时考虑两方面或许可以更为全面地描

---

① 参见 Holtgraves, T., "Evaluating the problem gambling severity index", *Journal of Gambling Behavior*, Vol. 25, No. 1, 2009。

② 参见 Stinchfield, R. "Reliability, validity, and classification accuracy of the South Oaks Gambling Screen" (SOGS), *Addictive Behaviors*, Vol. 27, No. 1, 2002。

③ 参见 Murcia, J., Stinchfield, R. & Moya, E. Á., "Reliability, Validity, and Classification Accuracy of a Spanish Translation of a Measure of DSM-Ⅳ Diagnostic Criteria for Pathological Gambling", *Journal of Gambling Studies*, Vol. 25, No. 1, 2009; Stinchfield, R. Reliability, validity, and classification accuracy of a measure of DSM-Ⅳ diagnostic criteria for pathological gambling, *American Journal of Psychiatry*, Vol. 160, No. 1, 2003; Stinchfield, R., Govoni, R. & Frisch, G. R. DSM-Ⅳ Diagnostic criteria for pathological gambling: Reliability, validity, and classification accuracy, *The American Journal on Addictions*, Vol. 14, No. 1, 2005。

④ 参见 Strong, D. R. & Kahler, C. W., "Evaluation of the continuum of gambling problems using the DSM-Ⅳ", *Addiction*, Vol. 102, No. 5, 2007。

⑤ 参见 Orford, J., Griffiths, M., Wardle, H., Sproston, K. & Erens, B. Gambling, "alcohol, consumption, cigarette smoking and health: Findings from the 2007 British Gambling Prevalence Survey", *Addiction Research & Theory*, Vol. 18, No. 2, 2010; Arthur, D., Tong, W. L., Chen, C. P. et al., "The validity and reliability of four measures of gambling behaviour in a sample of Singapore university students", *Journal of Gambling Studies*, Vol. 24, 2008 Mcmillen, J. & Wenzel, M., "Measuring problem gambling: assessment of three prevalence screens", *International Gambling Studies*, Vol. 6, No. 2, 2006。

⑥ 参见 Currie, S. R., Hodgins, D. C. & Casey, D. M., "Validity of the Problem Gambling Severity Index Interpretive Categories", *Journal of Gambling Studies*, Vol. 29, No. 2, 2013。

⑦ 参见 Sharp, C., Steinberg, L., Yaroslavsky, I. et al., "An Item Response Theory Analysis of the Problem Gambling Severity Index", *Assessment*, Vol. 19, No. 2, 2012。

⑧ 参见 Currie, S. R., Hodgins, D. C. & Casey, D. M., "Validity of the problem gambling severity index interpretive categories", *Journal of Gambling Studies*, Vol. 29, No. 2, 2013。

述个体购彩状态。但是，既有测量工具多是基于消极结果进行编制的，虽然减少消极后果可以有效提高购彩健康[1]，但是仅仅集中于其购彩消极面，相较于人类行为复杂性而言过于狭窄[2]。Korn等人提出健康博彩和不健康博彩的概念[3]，他们认为健康博彩是指博彩参与者了解中奖的概率，能够理性购买并能避免出现各种博彩问题；不健康赌博是指各种赌博问题。但遗憾的是后续并没有编制相应的问卷。第二，彩票具有一些不同于赌博的显著特征，如购买彩票的成本较低，中奖金额却很高，两元钱一张彩票就有可能获得几百万元甚至上千万元的大奖。购买彩票更为便利，彩民可以在便利店、专门的彩票店或者通过网络购买彩票。[4] 此外，很多彩民不将购买彩票看成赌博。[5] 彩民群体的针对性研究是必要的，而该群体的购彩状态评价则是开展后续研究的基础。

结合以上两个问题，本书认为购彩健康需要同时考虑购彩的积极面和消极面。是指彩民能够理性控制自己的购彩行为并获得愉悦体验和交往裨益，以及较少的消极情绪和社会危害，是彩民在愉悦体验、社会交往、自我控制、消极情绪和社会危害五个方面的购彩状态的综合体现。

二 体育彩民购彩健康问卷的编制

本研究设计分为两个阶段，第一阶段主要对既有研究和相关工具进行综合分析，探究购彩健康含义并编制初步题目。第二阶段检验和

---

[1] 参见 Harris, A. H. S. & Thoresen, C. E. Extending the influence of positive psychology interventions into health care settings: Lessons from self-efficacy and forgiveness, *The Journal of Positive Psychology*, Vol. 1, No. 1, 2006。

[2] 参见 Loo, J. M. Y., Raylu, N. & Oie, T. P. S., "Gambling among the chinese: a comprehensive review", *Clinical Psychology Review*, Vol. 28, No. 7, 2008。

[3] 参见 Korn, D. A., Gibbins, R. & Azmier, J., "Framing public policy towards a public health paradigm for gambling", *Journal of Gambling Studies*, Vol. 19, No. 2, 2003。

[4] 参见 Coups, E., Haddock, G. & Webley, P., "Correlates and predictors of lottery play in the United Kingdom", *Journal of Gambling Studies*, Vol. 14, No. 3, 1998。

[5] 参见 Ariyabuddhiphongs, V., "Lottery gambling: a review", *Journal of Gambling Studies*, Vol. 27, No. 1, 2011。

修订第一阶段编制的购彩健康问卷，这一阶段由两轮调查完成。具体而言：第一轮调查用于探索购彩健康问卷因子结构；第二轮调查验证第一轮调查得到的问卷结构，修订和确定问卷题目。其中，第一轮调查首先对23名体育彩民和3名彩票销售人员进行访谈，试图从不同角度考察购彩健康的表征，拟定出购彩健康的预测题项，并请他们再次对题目的可读性进行评定。本书邀请了5位彩票领域的专家对购彩健康的含义和结构进行评估，对初步编制的题目的表述方式、含义和长度等方面进行评估，保证问卷规范性。最后，随机选取中国湖北省武汉市武昌地区彩票点进行小范围预调研（N=153）。对预调研获得的数据进行项目分析和探索性因素分析，删除项目区分度过低、因子载荷不达标的题目，最终确定用于正式测验的20道题目。下面详细介绍这两轮调查的基本信息与结果。

（一）被试

调研起始时间为2015年5月至11月，分三轮进行调查，调研区域分别为中国湖北省武汉市、湖北省和全国9个省（样本Ⅰ、样本Ⅱ和样本Ⅲ）。由于该年3月份起，中国体育彩票网络销售全面停止，所以被试来自各省市地区的体育彩票销售点。为保证调研结果的真实性，调研员在彩票销售点现场发放问卷，问卷全部采用匿名式填答，被试填写完毕后由调研员检查并发放小礼品一份。其中，全国调研用于检验本部分研究编制的问卷，其基本信息和结果将在后文详述。

样本Ⅰ包括湖北省武汉市302名体育彩民，用于问卷探索性因素分析。其中男性260名（86.10%），女性42名（13.90%）。被试年龄分布在20—74岁，平均年龄39.25岁。

样本Ⅱ包括湖北省武汉市、恩施市和咸宁市三个市434名体育彩民，用于问卷验证性因素分析和信度分析。其中男性376名（86.60%），女性58名（13.40%）。被试年龄分布在17—75岁，平均年龄41.91岁。样本被试信息见表5-1。

表 5-1　　　　　　　　　被试基本信息表

样本基本特征	样本Ⅰ（N=302）	样本Ⅱ（N=434）	样本Ⅲ（N=3770）
年龄（岁）	39.25±12.18[a]	41.91±12.19[a]	39.64±12.45[a]
性别（%）			
男性	86.1	86.6	84.6
女性	13.9	13.4	15.4
教育水平（%）			
初中及以下	22.2	14.3	18.8
高中	32.5	38.0	35.3
大专	27.8	30.0	28.6
本科	16.2	16.2	15.9
研究生及以上	1.3	1.2	1.5
工作现状（%）			
有工作	84.8	83.6	84.7
退休或失业	15.2	16.4	15.3

注：右上角[a]表示平均数±标准差。

（二）数据分析

使用皮尔逊相关和多元回归分析考察变量之间的关系。信度检验使用 α 系数，作为问卷内部一致性的指标。使用主成分分析和正交旋转方法进行探索性因素分析，考察体育彩民购彩健康可能存在的因子结构，其中涉及以下几个指标：Kaiser-Meyer-Olkin test（KMO）检验是否适合进行因素分析，特征值大于 1，因子负载大于 0.4。随后通过验证性因素分析验证探索性因素分析建立的因素模型。由于 χ^2 容易受到样本容量的影响，使用卡方与自由度的比值作为模型拟合程度的指标之一，一般来说该比值小于 3，表明该模型拟合度良好。除了 χ^2/df 之外，还使用以下指标评价模型拟合度：

Goodness-of-fit Index①、the Comparative Fit Index②、the root mean square error of approximation③和the standardized root mean square residual④。如果模型拟合度良好，其中GFI大于0.90，CFI大于0.95，RMSEA小于0.06，SRMR小于0.80。⑤

1. 探索性因素分析

对样本Ⅰ数据进行探索性因素分析，结果显示，Kaiser - Meyer - Olkin test 指标（KMO = 0.842）合适，超过推荐标准0.8，表示适合进行因素分析。Bartlett 检验达到非常显著水平（P < 0.001），支持相关矩阵的可分解性。主成分分析得到特征值大于1的因素有6个，解释率为73.00%。结合主成分碎石图曲线趋势，该曲线在第5个因素后趋于平缓，且后续每个因素的累计总变异比例增加不多，方差贡献率小于2.50。因此，考虑提取前5个因素。依据探索性因素分析结果，删除有重复载荷的两个项目，最终形成初始的购彩健康问卷，包含17个项目，每个项目的共同度（解释共同因素变化的比例）大于0.52，因子载荷高于0.59。社会危害（4个项目）解释项目总变异的27.28%；消极情绪（3个项目）解释项目总变异的5.69%；愉悦体验（3个项目）解释项目总变异的7.33%；社会交往（3个项目）解释项目总变异的10.70%；理性控制（4个项目）解释项目总变异的22.43%；问卷各题目的因素载荷和共同度数据见表5 - 2。

---

① 参见 Jöreskog, Karl G. & Sörbom, Dag., *Lisrel 8: user's reference guide*, Chicago: scientific Software International, 1996。

② 参见 Hu, L. & Bentler, P., "Cutoff criteria for fit indexes in covariance structure analysis: Conventional criteria versus new alternatives", *Structural Equation Modeling*, Vol. 6, No. 1, 1999。

③ 参见 Steiger, J. H., "Structural model evaluation and modification: An interval estimation approach", *Multivariate Behavioral Research*, Vol. 25, 1990。

④ 参见 Jöreskog, Karl G. & Sörbom, Dag., *Lisrel 8: user's reference guide*, Chicago: scientific Software International, 1996。

⑤ 参见 Browne, M. W. & Cudeck, R., "Single sample cross-validation indices for covariance structure", *British Journal of Mathematical and Statistical Psychology*, Vol. 37, 1993。

表 5-2　　探索性因素分析结果（样本 I）

题项	愉悦体验	社会交往	理性控制	消极情绪	社会危害	共同度
1. 买彩票让我感到轻松	0.860					0.805
2. 买彩票我感到愉快	0.837					0.790
3. 买彩票让我感到幸福	0.814					0.712
4. 买彩票让我认识了很多朋友		0.825				0.771
5. 买彩票增进了我与朋友之间的感情		0.870				0.850
6. 买彩票提高了我与他人交往的能力		0.846				0.759
7. 我能控制自己买彩票的次数			0.740			0.612
8. 我能控制自己买彩票的金钱投入			0.867			0.777
9. 我能合理安排自己的购彩时间			0.855			0.765
10. 我能理性地看待彩票			0.824			0.696
11. 买彩票引发了我的焦虑				0.586		0.520
12. 买彩票让我感到痛苦				0.836		0.805
13. 我为自己买彩票的行为及其后果感到自责				0.830		0.775
14. 我借钱买彩票					0.825	0.742
15. 买彩票影响了家庭的日常开支					0.807	0.803
16. 我工作时想着和彩票有关的事情					0.722	0.550
17. 买彩票减少了我与家人相处的时间					0.826	0.729
18. 买彩票使我忽视了对家人的照顾					0.836	0.756

2. 验证性因素分析

使用样本Ⅱ对探索性因素分析得到的五因素模型进行验证性因素分析。从模型估计的结果中发现,有1道题目具有小于0.3水平的负荷(0.224,买彩票使我忽视了对家人的照顾)。删除该题目后对剩余的17道题目再次进行验证性因素分析,发现剩余题目标准化载荷均达到0.5以上,见表5-3,且达到显著水平。模型的拟合度指数如下:$\chi^2/df = 1.309$,CFI = 0.968,GFI = 0.949,RMSEM = 0.052,SRMR = 0.048,模型拟合程度较好。五个因子的系数为:社会危害为0.780,消极情绪为0.797,愉快体验为0.815,社会交往为0.810,理性控制为0.811,表明该问卷的内部一致性较好,可靠性较高。最终形成的体育彩民购彩健康问卷包括消极情绪(3个项目)、社会危害(4个项目)、愉快体验(3个项目)、社会交往(3个项目)和理性控制(4个项目)五个因子,共17个条目。

表5-3　　验证性因素分析结果(样本Ⅱ)

	愉悦体验	社会交往	理性控制	消极情绪	社会危害
1. 买彩票让我感到愉快	0.841				
2. 买彩票让我感到轻松	0.759				
3. 买彩票让我感到幸福	0.718				
4. 买彩票让我认识了很多朋友		0.806			
5. 买彩票增进了我与朋友之间的感情		0.777			
6. 买彩票提高了我与他人交往的能力		0.725			
7. 我能控制自己买彩票的次数			0.654		
8. 我能控制自己买彩票的金钱投入			0.801		
9. 我能合理安排自己的购彩时间			0.754		
10. 我能理性地看待彩票			0.580		
11. 买彩票引发了我的焦虑				0.733	
12. 买彩票让我感到痛苦				0.764	

续表

	愉悦体验	社会交往	理性控制	消极情绪	社会危害
13. 我为自己买彩票的行为及其后果感到自责				0.762	
14. 我借钱买彩票					0.776
16. 买彩票影响了家庭的日常开支					0.750
17. 我工作时想着和彩票有关的事情					0.619
18. 买彩票减少了我与家人相处的时间					0.606
α系数	0.815	0.810	0.811	0.797	0.780

三 体育彩民购彩健康问卷的检验

本部分利用第三轮全国调查考察彩民购彩健康与问题购彩、购彩特征（购彩心理特征、购彩行为特征和购彩环境特征）的关系，检验购彩健康问卷的有效性。

（一）被试与工具

样本Ⅲ属于全国大样本调查，用于问卷效度分析。该调查采用分层抽样方法，选取北京、浙江、重庆、湖北、江西、陕西、云南、广西、黑龙江9个省（市）的体育彩民作为被试，共计发放问卷4050份，回收3998份，剔除无效问卷后获得有效问卷3770份，有效回收率为93.10%。被试年龄分布在16—83岁，平均年龄39.65岁。其中男性3191名（84.60%），女性579名（15.40%）。样本被试信息见前文表5-1。

研究主要采用下述工具。体育彩民问题购彩问卷。参考PGSI问卷，要求被试根据个人过去12个月的博彩情况进行作答。问卷采用4点计分，从0（从未如此）到3（经常如此）。该问卷广泛应用于一般人群博彩行为及后果的测量，信、效度良好。本书中该问卷的内部一致性信度α系数为0.88。

体育彩民购彩行为特征问卷。购彩行为特征变量包含购彩频次和购彩研究时间，分别通过两个单独的问题得到，"每个月购彩体育彩票多少次","每次购彩彩票花费多长时间(小时)"。

同伴购彩行为问卷。题目为"您身边的最要好的同伴买彩票吗",采用"从不""偶尔""有时""经常""总是"进行判别,并以1—5计分。

体育彩民购彩渴求问卷。该问卷修订于 Raylu 和 Oei 编制的博彩渴求问卷[1],包含6个题目(如"我现在就想去买彩票")。该问卷采用7点式计分,从1—7分别表示很不同意、不同意、有点不同意、不确定、有点同意、同意和很同意。总分得分越高,表示个体购彩渴求越强烈。本书对其信度进行验证,内部一致性信度系数 α 为 0.88。

体育彩民感知风险问卷。参考 Li 等人编制的博彩感知风险问卷[2],问卷采用5点计分,很不同意计1分,不同意计2分,不确定计3分,同意计4分,很同意计5分。测量题目为"买彩票是有风险的"。

体育彩民购彩拒绝自我效能感问卷。该问卷修订于 Schwarzer 和 Jerusalem 编制的博彩拒绝自我效能感问卷[3],该问卷包含10个项目,很不同意计1分,不同意计2分,不确定计3分,同意计4分,很同意计5分。总分得分越高,表示购彩个体在各种情景中拒绝参与购彩的信心越高。本书中这一问卷的内部一致性系数为0.83。

(二)购彩健康与问题购彩相关分析

采用皮尔逊相关分析考察问题购彩与购彩健康各维度之间的关系,结果得到,彩民的问题购彩水平与理性控制显著负相关($r = -0.097$,$P < 0.01$),与愉悦体验($r = 0.139$,$P < 0.01$)、社会交往($r = 0.225$,$P < 0.01$)、消极情绪($r = 0.459$,$P < 0.01$)和社会危害($r = 0.780$,$P < 0.01$)显著正相关。具体结果见表5-4。

---

[1] 参见 Raylu, N. & Oei, T. P. S., "The Gambling Urge Scale: development, confirmatory factor validation, and psychometric properties", *Psychology Addict Behavior*, Vol. 18, No. 7, 2004。

[2] 参见 Li, X., Lu, Z. L., D'argembeau, A., Ng, M. & Bechara, A., "The Iowa gambling task in fMRI images", *Human Brain Mapping*, Vol. 31, No. 3, 2010。

[3] 参见 Schwarzer, R. & Jerusalem, M., *Measurement of perceived self-efficacy: Psychometric scales forcross-cultural research*. Berlin: Freie Universitat, 1993。

表5-4　　　　　购彩健康与问题购彩相关分析结果

	愉悦体验	社会交往	理性控制	消极情绪	社会危害
PGSI	0.139**	0.225**	-0.097**	0.459**	0.780**

注：右上角** P<0.01。

进一步根据 PGSI 得分将彩民分为四类（无风险、低风险、中风险和高风险），采用多元方差分析考察彩民种类在购彩健康上的差异性，平均数和标准差情况见表5-5。体育彩民种类在购彩健康上差异显著，$F(15, 1039) = 260.389$，$P < 0.001$，Partial $\eta2 = 0.255$。结果显示，愉快体验 $F(3, 3766) = 23.876$，$P < 0.001$，Partial $\eta2 = 0.019$；社会交往 $F(3, 3766) = 72.704$，$P < 0.001$，Partial $\eta2 = 0.055$；理性控制 $F(3, 3766) = 22.677$，$P < 0.001$，Partial $\eta2 = 0.018$；消极情绪 $F(3, 3766) = 284.685$，$P < 0.001$，Partial $\eta2 = 0.185$；社会危害 $F(3, 3766) = 1533$，$P < 0.001$，Partial $\eta2 = 0.550$。进一步进行事后多重比较得知，除无风险与低风险、中风险与高风险体育彩民理性控制无显著差异以外，不同风险水平体育彩民在购彩健康各维度上差异均显著。风险等级越高，愉悦体验、社会交往、消极情绪、社会危害得分越高，理性控制水平越低。

表5-5　　　　不同购彩问题水平彩民购彩健康各维度的
平均数±标准差（样本Ⅲ）

维度	非问题购彩 （N=1345）	低风险购彩 （N=896）	中风险购彩 （N=958）	问题购彩 （N=571）	总和 （N=3770）
愉悦体验	2.69±1.04	2.90±0.97	2.83±0.94	3.09±0.97	2.83±1.00
社会交往	2.41±1.14	2.76±1.06	2.87±1.00	3.12±0.91	2.72±1.08
理性控制	3.56ª±0.98	3.50ª±0.83	3.31ᵇ±0.85	3.26ᵇ±0.86	3.44±0.91
消极情绪	2.20±0.55	2.40±0.60	2.60±0.64	3.07±0.77	2.48±0.69
社会危害	1.17±0.28	1.39±0.43	1.85±0.68	2.95±0.85	1.66±0.81

注：右上角 a 表示无风险和低风险没有显著差异，右上角 b 表示中风险与问题彩民间没有显著差异。

(三) 购彩特征与购彩健康的相关分析

购彩健康问卷题目和结构确定后，使用全国调查数据进行斯皮尔曼相关分析，进一步考察彩民购彩健康与购彩特征之间的关系。结果发现，愉快体验与男性、高龄、较多的购彩次数和购彩研究时间、高水平购彩冲动、感知风险和同伴购彩行为水平显著相关。社会交往与性别相关不显著，与低学历显著相关，和其他变量的相关结果与愉快体验因素类似。理性控制与高龄和高学历、较多的购彩次数和购彩研究时间、高水平感知风险、高同伴购彩行为与低水平购彩冲动显著相关。消极情绪与男性、年轻、低水平感知风险显著相关。社会危害与女性、年轻、低学历、高购彩次数、高水平购彩冲动、低水平感知风险显著相关。

选择与购彩健康显著相关（$P<0.05$）的购彩特征变量对购彩健康5个因子分别做多元线性回归，见表5-6、表5-7。结果发现，愉快体验模型可以解释总变异的15.70%，$F_{(7, 3578)} = 100.242$，$P<0.001$；并且年龄、购彩研究时间、感知风险、购彩渴求和同伴购彩行为可以显著正向预测个体购彩的愉快体验。社会交往模型可以解释总变异的9.40%，$F_{(7, 3578)} = 55.56$，$P<0.001$；年龄、购彩研究时间、同伴购彩行为、感知风险和购彩渴求均可以显著正向地预测社会交往水平。理性控制模型可以解释总变异的3.80%，$F_{(6, 3759)} = 24.96$，$P<0.001$；年龄、学历、感知风险和同伴购彩行为正向预测理性控制水平，购彩频次和购彩渴求负向预测理性控制水平。消极情绪模型可以解释总变异的0.40%，$F_{(3, 3762)} = 24.12$，$P<0.001$；男性和高感知风险水平的消极情绪较少。社会危害模型可以解释总变异的11.10%，$F_{(6, 3759)} = 78.19$，$P<0.001$；男性、年龄越大、感知风险水平越高、购彩渴求越低、购彩次数越少，社会危害越少。

表5-6 购彩特征与购彩健康各维度的相关分析表（样本Ⅲ）

	愉悦体验	社会交往	理性控制	消极情绪	社会危害
性别（男）	-0.040*	-0.020	-0.023	-0.040*	-0.050*
年龄	0.188**	0.189**	0.074**	-0.036*	-0.018**

续表

	愉悦体验	社会交往	理性控制	消极情绪	社会危害
学历	0.014	-0.045**	0.087**	0.003	-0.057**
购彩频次（月）	0.033*	0.050**	-0.045**	0.029	0.080**
购彩研究时间（小时）	0.049**	0.049**	0.018	0.015	0.014
购彩渴求	0.371**	0.248**	-0.065**	0.192	0.266**
感知风险	0.070**	0.087**	0.120**	-0.040*	-0.107**
同伴购彩行为	0.105**	0.110**	0.036*	0.015	0.010

注：右上角 ** $P<0.01$，* $P<0.05$。

表5-7　购彩健康各维度的多元回归分析表（样本Ⅲ）

	B	SE	β	P
愉悦体验				
性别	-0.009	0.125	-0.001	0.940
年龄	0.026	0.004	0.108	0.000***
购彩频次	0.000	0.001	0.005	0.727
购彩研究时间	0.001	0.000	0.035	0.020*
购彩渴求	0.130	0.006	0.338	0.000***
感知风险	0.131	0.046	0.043	0.004**
同伴购彩行为	0.181	0.046	0.060	0.000***
社会交往				
年龄	0.036	0.004	0.139	0.000***
学历	0.028	0.051	0.009	0.582
购彩频次	0.002	0.001	0.030	0.057
购彩研究时间	0.001	0.000	0.035	0.026*
购彩渴求	0.085	0.007	0.204	0.000***
感知风险	0.208	0.052	0.062	0.000***
同伴购彩行为	0.261	0.051	0.079	0.000***
理性控制				
年龄	0.030	0.005	0.105	0.000***
学历	0.332	0.058	0.093	0.000***

续表

	B	SE	β	P
购彩频次	-0.003	0.001	-0.044	0.007**
购彩渴求	-0.039	0.008	-0.083	0.000***
感知风险	0.418	0.060	0.112	0.000***
同伴购彩行为	0.154	0.059	0.042	0.009**
消极情绪				
性别	-0.244	0.094	-0.042	0.009**
年龄	-0.006	0.003	-0.035	0.034*
感知风险	-0.082	0.035	-0.039	0.018*
社会危害				
性别	-0.299	0.140	-0.033	0.032*
年龄	-0.039	0.004	-0.150	0.000***
学历	-0.142	0.051	-0.044	0.005**
购彩频次	0.003	0.001	0.064	0.000***
购彩渴求	0.122	0.007	0.292	0.000***
感知风险	-0.369	0.052	-0.111	0.000***

注：右上角 *** $P<0.001$，** $P<0.01$，* $P<0.05$。

四 小结

本书的主要目的是结合 Korn 等人提出的健康购彩概念[①]，同时考虑购彩积极和消极结果，编制和检验彩民购彩健康问卷。经过三轮对该问卷进行编制、修订和检验的调查研究，最后得到，该问卷具有良好的测量学特征，包含愉悦体验、社会交往、理性控制、消极情绪和社会危害 5 个因子。其中愉悦体验是指彩民通过购彩体验到的愉快、轻松和幸福等积极情绪；社会交往是指彩民通过购买彩票扩大社交范围、增进社交情感和社交能力；理性控制是指彩民可以理性看待彩票与合理控制个体的购彩行为；消极情绪是指彩民通过购买彩票获得的

---

① 参见 Korn, D. A., Gibbins, R. & Azmier, J., "Framing public policy towards a public health paradigm for gambling", *Journal of Gambling Studies*, Vol. 19, No. 2, 2003。

焦虑、痛苦和自责等负面情绪；社会危害是指购买彩票对彩民经济、工作和家庭的负面影响。这5个因子可以解释购彩健康总变异的73.00%，具有较高的内部一致性。该问卷是否适用于其他彩民群体还需要进一步的研究和验证。但结合博彩公共健康理论、既往关于博彩积极与消极结果的相关研究以及初期访谈、问卷信度和结构效度，本书编制的购彩健康问卷能够较为全面地表现体育彩民购彩的健康状态，具有良好的测量学特性。

通过对购彩健康与问题购彩水平之间的关系进行分析得到，随着彩民购彩问题水平的增加，愉悦体验、社会交往、消极情绪和社会危害均提高。这说明购买彩票带来消极影响的同时，对个体也有积极的影响，如提高社会交往能力和改善情绪状态，这与Desai等人及Humphreys等人的研究一致。[①] 而且问题购彩水平越高，购彩的积极影响（愉悦体验和社会交往）和消极影响（消极情绪和社会交往）越大，一方面说明购彩积极面与消极面共存；另一方面说明即便是问题彩民，彩票对于他们而言也存在积极的作用，这提示应该更为理性和全面地看待彩票的作用，而不只局限地看到它带来的消极后果。此外，问题购彩与理性控制水平显著负相关，中高风险水平彩民的理性控制水平显著低于无风险或低风险彩民。从该结果来看，理性看待彩票与合理控制自身的个人购彩行为可能是影响个体成为问题彩票的重要方面。很多研究认为冲动是影响病理性赌博发生和发展的决定因素[②]，病理性赌博曾一度被定义为一种冲动控制障碍（American Psychiatric

---

① 参见 Desai, R. A., Maciejewski, P. K., Dausey, D. J., et al., "Health correlates of recreational gambling in older adults", *American Journal of Psychiatry*, Vol. 161, No. 9, 2004; Humphreys, B. R., Nyman, J. A. & Ruseski, J. E. "The effect of gambling on health: evidence from Canada", American Society of Health Economists (ASHEcon) Paper, 2011。

② 参见 Van-Holst, R. J, Brink, W. V. D., Veltman, D. J. & Goudriaan, A. E., "Why gamblers fail to win: a review of cognitive and neuroimaging findings in pathological gambling", *Neuroscience & Biobehavioral Reviews*, Vol. 34, No. 1, 2010; Billieux, J., Lagrange, G., Linden, M. V. D., Lançon, C., Adida, M. & Jeanningros, R., "Investigation of impulsivity in a sample of treatment-seeking pathological gamblers: a multidimensional perspective", *Psychiatry Research*, Vol. 198, No. 2, 2012。

Association，1994年），虽然后来将病理性赌博界定为一种成瘾相关障碍，其与成瘾类似的特征之一仍然包含失去控制。所以合理的控制个体购彩行为可能是影响购彩健康状态更为重要的因素。

研究还考察了购彩健康5个因子与人口学特征变量（性别、年龄和学历）和购彩特征变量的相关性，其中购彩特征变量包括购彩行为特征（购彩次数和购彩研究时间）、购彩心理特征（购彩渴求和购彩感知风险）和购彩环境特征（同伴购彩行为），购彩健康不同因子与购彩特征变量的相关性不同。其中，年龄、购彩心理和环境变量可能是影响购彩健康更为重要的因素，它们分别可以影响购彩健康5个因子维度中的4个。第一，年龄越大，社会交往和理性控制水平越高、消极情绪和社会危害越少，这间接支持了较为年轻的彩民更容易出现购彩问题的现状[1]。第二，购彩渴求和感知风险水平越高，愉悦体验和社会交往程度越高。第三，高购彩渴求、低理性控制与高社会危害显著相关，这说明，感知风险是体育彩民购彩健康重要的保护因素，能够减少彩民焦虑、紧张等负面情绪。这与之前感知风险与问题购彩的研究一致，如Canale等人对594名学生的研究显示感知风险可以缓解冲动特质、动机对博彩问题的消极影响。[2] 第四，同伴购彩行为可以提高愉悦体验、社会交往和理性控制，减少社会危害。同伴购彩行为与社会危害的关系与既往研究不一致[3]，这可能是因为彩民观察到同伴随着购彩行为的增加，带来了资金损失、家庭关系紧张等社会危害，因此他们会反省自身的购彩健康状态，增加对购彩行为的控制，警惕购买彩票可能带来的

---

[1] 参见 Volberg, R. A., Gupta, R., Griffiths, M. D., Olason, D. T. & Delfabbro, P., "An international perspective on youth gambling prevalence studies", *International Journal of Adolescent Medicine & Health*, Vol. 22, No. 1, 2010。

[2] 参见 Canale, N., Vieno, A., Griffiths, M. D., Rubaltelli, E. & Santinello, M., "How do impulsivity traits influence problem gambling through gambling motives? the role of perceived gambling risk/benefits", *Psychology of Addictive Behaviors*, Vol. 29, No. 3, 2015。

[3] 参见 Donati, M. A., Chiesi, F. & Primi, C., "A model to explain at-risk/problem gambling among male and female adolescents: gender similarities and differences", *Journal of Adolescence*, Vol. 36, No. 1, 2013。

消极后果，这可能是导致同伴购彩行为与社会危害负相关的原因。此外，男性彩民购买彩票获得愉悦体验较少、消极情绪和社会危害更多，这与男性彩民占主体的现状是一致的。

　　本书有以下几个启示。第一，购买彩票对个体不仅只有消极影响，也会让彩民轻松和满足，提高社会交往水平。所以应该理性正确地看待彩票，因此同时考虑积极和消极面可能是更为全面描述彩民个体购彩健康状态的方法。第二，理性地看待彩票和合理地控制个体购彩行为可能是调控购彩危害发生的重要方面，增加彩票中奖概率和随机性的宣传以增加一般彩民对彩票的理性认识，针对问题购彩较为严重（中风险和高风险彩民）的彩民进行控制训练可能是有效的措施。第三，较为年轻的彩民更难控制购彩行为，产生较多的购彩危害（消极情绪和社会危害），他们是购彩问题发生的高危群体，需要更多的关注和引导。第四，高感知风险彩民的愉悦体验、社会交往和理性控制较高，消极情绪较少，所以感知风险可能是购彩健康重要的保护因素。在未来的彩民健康促进策略研究中，可以结合责任宣传通过提高彩民感知风险水平改善彩民购彩健康状态，尤其在中国，彩票宣传多为公益性（如"因公益而购彩"）和劝说性（如"中奖欣喜，贵在参与"），对于购彩可能带来的危害较少提及，最近既往彩票负面宣传信息（如跳楼、抢劫等）减少。其实，一味地规避购彩存在的风险并不是促进彩票行业健康、可持续发展的有效措施，反而有可能加大问题彩民的数量，阻碍彩票健康发展。所以，未来需要增加购彩相关风险的宣传，加大风险教育，提高彩民感知风险水平，危害最小化的同时促进购彩积极结果，构建健康、可持续发展的彩票环境。此外，本问卷不仅可以用于对一般群体购彩健康状态的普查，还可以结合临床购彩成瘾指标，考察成瘾彩民在不同方面的健康状态，为进一步干预和治疗提供补充和建议。

　　总的来说，本书探索性地结合购彩积极和消极两方面的影响，编制并检验了彩民购彩健康问卷。该问卷具有良好的信度和效度，与问题购彩严重程度、人口统计学变量以及心理、购彩行为和环境特征变量均具有显著的相关性。本书仍然存在两点不足：其一，该问卷没有构建如同 PGSI 一般的健康等级，需要进一步的研究；其二，本书被试主要均来自中国体育彩民，中西方文化上存在差异，如家庭观点更重[1]，可能会影响某些题目（如买彩票减少了我与家人的相处时间），所以该问卷的跨文化和跨彩种（如中国的福利彩票）有效性还需要未来研究的验证。

总体而言，中国体育彩民购彩健康问卷可以用于考察体育彩票购彩的健康状态，该问卷包含 17 道题目和 5 个维度，分别是愉悦体验、理性控制、社会交往、消极情绪和社会危害，其中愉悦体验、社会交往和消极情绪分别包含 3 道题目，理性控制和社会危害包含 4 道题目。问卷具有良好的信度和效度。

第二节 中国体育彩民购彩健康的现状

作为诸多博彩玩法中的一种，体育彩票的发行同样具有博彩的副作用，然而国家之所以认可并持续发行体育彩票、优化体育彩票的结构，正是基于体育彩票所具有的公益使命和产业效益。尽管国家层面呼吁我们在"健康中国"建设的道路上鼓励我们进行体育消费以及督促有关部门对体育彩票的一系列改革等，但首先就在中国期刊网上以"体育彩票/体育彩民"和"购彩健康/健康博彩"为关键词进行搜索情况而言，未发现有关此主题的研究，研究者针对体育彩民购彩健康主题的研究相当匮乏。此外，就体育彩票发行引起的公益性强度、责任暨公信力保障、问题彩民救助等争议来讲，都需要在"健康中国"建设之路的大环境下探索可行之路。因此，对我国体育彩民购彩健康情况展开分析和研究，能够在很大程度上探索购彩健康的理论发展，以及为体彩部门在购彩健康的营销策略研究与制定上提供一定的参考。

研究选取北京、浙江、重庆、湖北、江西、陕西、云南、广西、

---

[1] 参见 Loo, J. M. Y., Raylu, N. & Oie, T. P. S., "Gambling among the chinese: a comprehensive review", *Clinical Psychology Review*, Vol. 28, No. 7, 2008。

黑龙江9个省（市）的体育彩民作为被试，共计3770人。其中，男性体育彩民3191人（84.60%），女性体育彩民579人（15.40%）；年龄区间为16—83岁，平均年龄约为39.64±12.45岁。20—49岁年龄段的体育彩民购买体育彩票的居多，占75.90%，20岁以下的最少，仅占1.50%；购买体育彩票的彩民的学历主要集中在高中和大专学历层次，分别占总体的35.30%和28.60%；其中，56.80%的体育彩民的个人月收入在3000—6000元之间，其次是月收入在3000元以下，占27.20%；购买体育彩票在6年以上年限的体育彩民占总体的50.70%，其次是1—3年和4—6年的，分别占23.70%和19.90%。具体信息如表5-8所示。

表5-8　　　　　　　　　　被试基本信息表

类别	属性	人数	有效百分比（%）
地区	北京	400	10.60
	浙江	414	11.00
	重庆	408	10.80
	湖北	435	11.50
	江西	414	11.00
	陕西	415	11.00
	云南	422	11.20
	广西	444	11.80
	黑龙江	418	11.10
性别	男	3191	84.60
	女	579	15.40
年龄	20岁以下	57	1.50
	20—29岁	867	23.00
	30—39岁	1038	27.50
	40—49岁	958	25.40
	50—59岁	535	14.2
	60岁及以上	315	8.40

续表

类别	属性	人数	有效百分比（%）
学历水平	初中及以下	708	18.80
	高中	1329	35.30
	大专	1077	28.60
	本科及以上	656	17.40
个人经济收入	3000 元以下	1027	27.20
	3000—6000 元	2142	56.80
	6001—9000 元	180	4.80
	9000 元以上	210	5.60
购彩年限	1 年以下	166	4.40
	1—3 年	893	23.70
	4—6 年	752	19.90
	6 年以上	1911	50.70

工具方面主要涉及 5 个问卷。体育彩民购彩健康问卷。具体内容见本章第一节相关描述。

父母购彩行为问卷。题目为"您的父亲买彩票吗""您的母亲买彩票吗"，采用 5 级计分，"从不""偶尔""有时""经常""总是"分别以 1—5 计分。

体育彩票不当宣传暴露问卷。该问卷在访谈部分体育彩民以及体育彩票店实地调研的基础上自编形成，包含 4 道题目，在问卷中是这样呈现的："接触到彩票投注技巧的信息""接触到彩票号码可预测性的报道和宣传信息""接触到中大奖的宣传信息"及"接触到容易中奖的宣传信息（如张贴中奖彩票）"，采用 5 点计分，从"从未如此"到"总是如此"分别计 1—5 分，测量彩民接触体彩不当宣传内容的频率和程度。本书中体育彩票不当宣传暴露问卷的 α 系数为 0.83，效度（$\chi^2/df = 2.73$，CFI = 0.997，RMSEM = 0.076，GFI = 0.995，SRMR = 0.015）良好。

体育彩民购彩行为问卷和同伴购彩行为问卷，详见本章第一节相关描述。

一 体育彩民购彩健康的总体水平

对体育彩民购彩健康各维度均分进行描述性统计，结果如表5-9所示。由该表可知，我国体育彩民的购彩健康水平平均处于1.66—3.44，5个维度的平均分从低到高分别为：社会危害、消极情绪、社会交往、愉悦体验、理性控制。

表5-9　　体育彩民购彩健康总体情况的描述性分析表

	最大值	最小值	平均分	标准差
愉悦体验	5.00	1.00	2.83	1.00
社会交往	5.00	1.00	2.72	1.08
理性控制	5.00	1.00	3.44	0.91
消极情绪	5.00	1.00	2.48	0.69
社会危害	5.00	1.00	1.66	0.81

二 体育彩民购彩健康的区域特征

对各区域体育彩民购彩健康情况进行描述统计和方差分析，结果如表5-10所示。其中，地区划分是按照我国经济区域划分的，本书中东部：北京、浙江；西部：重庆、陕西、云南、广西；中部：湖北、江西；东北：黑龙江。根据统计结果可知，在各区域体育彩民的购彩健康状况与全国常模的对比上，东部和中部区域的体育彩民在愉悦体验和社会交往两个维度上的得分均高于全国常模，其余区域的这两个维度均低于全国常模；东部和西部区域体育彩民的理性控制维度得分高于其他区域，且都高于全国常模；东北区域体育彩民的消极情绪维度得分低于其他区域，且低于全国常模，说明这个区域的体育彩民较少出现消极情绪。东部和西部区域的体育彩民在社会危害维度上的得分低于全国常模，且都低于其他区域。从统计结果可以简单看出，我国体育彩民购彩健康情况呈现区域间的不均衡发展状态。对各区域体育彩民购彩健康各维度的方差分析中得知，购彩健康在各区域间均表现出显著性差异，如表5-10所示。

表5-10　　各区域体育彩民购彩健康的描述统计和方差分析表

	东北	东部	西部	中部	全国常模	F	P
愉悦体验	2.57±0.98	2.91±1.01	2.83±0.99	2.90±0.99	2.83±1.00	12.710	0.000
社会交往	2.45±1.08	2.85±1.13	2.66±1.08	2.84±1.02	2.72±1.08	17.998	0.000
理性控制	2.99±1.09	3.59±0.82	3.48±0.89	3.41±0.84	3.44±0.91	44.714	0.000
消极情绪	2.28±0.78	2.48±0.63	2.49±0.67	2.54±0.71	2.48±0.69	14.390	0.000
社会危害	1.69±0.83	1.50±0.69	1.65±0.83	1.84±0.84	1.66±0.81	25.956	0.000

通过事后多重比较（见表5-11）分析可知，愉悦体验维度上，除了东部与西部区域分别与中部区域不存在显著性差异外，其他各区域之间均存在一定的显著性差异；社会交往维度上，除东部与中部区域不存在显著性差异外，其他各区域之间均存在一定的显著性差异；理性控制维度上，除了西部与中部区域不存在显著性差异外，其他各区域之间均存在显著性差异；消极情绪维度上，除了东部与西部和中部区域不存在显著性差异外，其他各区域之间均存在显著性差异；社会危害维度上，除了东北与西部区域不存在显著性差异外，其他各区域之间均存在显著性差异；从总体趋势可以看出，各维度在区域之间均表现出显著性的差异。

表5-11　　**各区域体育彩民购彩健康多重比较表**

	（I）区域	（J）区域	均差（I—J）	标准误	P
愉悦体验	东北	东部	-0.340	0.06	0.000
		西部	-0.254	0.05	0.000
		中部	-0.330	0.06	0.000
	东部	西部	0.085	0.04	0.044

续表

	（I）区域	（J）区域	均差（I—J）	标准误	P
社会交往	东北	东部	-0.398	0.06	0.000
		西部	-0.208	0.06	0.000
		中部	-0.391	0.06	0.000
社会交往	东部	西部	0.398	0.06	0.000
	西部	中部	-0.183	0.05	0.000
理性控制	东北	东部	-0.601	0.05	0.000
		西部	-0.487	0.05	0.000
		中部	-0.419	0.05	0.000
	东部	西部	0.115	0.04	0.003
		中部	0.182	0.04	0.000
消极情绪	东北	东部	-0.202	0.04	0.000
		西部	-0.213	0.04	0.000
		中部	-0.263	0.04	0.000
社会危害	东北	东部	0.188	0.05	0.000
		中部	-0.158	0.05	0.001
	东部	西部	-0.149	0.03	0.000
		中部	-0.346	0.04	0.000
	西部	中部	-0.197	0.03	0.000

三 体育彩民购彩健康的群体特征

体育彩民购彩健康的群体特征通过其在性别、年龄和学历三个因素上的差异特征分析予以体现。

（一）性别差异

采用单因素方差分析检验体育彩民购彩健康各维度在性别上是否存在差异，描述性统计及显著性结果如表5-12所示。从分析得出的数据可以看出，男性体育彩民购彩健康各维度平均值均高于女性，且在愉快体验、消极情绪和社会危害三个维度上的差异达到显著性水平。

表 5-12　　**不同性别体育彩民购彩健康的描述性统计和方差分析表**

	类别	平均数	标准差	F	P
愉快体验	男	2.85	0.99	6.125	0.013
	女	2.74	1.02		
社会交往	男	2.73	1.08	1.479	0.224
	女	2.67	1.13		
理性控制	男	3.44	0.90	2.077	0.150
	女	3.39	0.97		
消极情绪	男	2.49	0.69	6.108	0.013
	女	2.41	0.68		
社会危害	男	1.68	0.82	9.570	0.002
	女	1.57	0.79		

（二）年龄差异

通过方差分析探究体育彩民购彩健康在年龄上的差异，结果如表 5-13 和表 5-14 所示。由此两个表的描述可知，体育彩民购彩健康各维度（除了消极情绪）在年龄阶段上呈现出显著性差异。通过事后多重比较分析可知，愉悦体验维度上，除了 30—39 岁阶段与 40—49 岁阶段的体育彩民不存在显著性差异外，其他各年龄段之间均存在显著性差异。社会交往维度上，除了 20 岁以下与 20—29 岁阶段的体育彩民、30—39 岁阶段与 40—49 岁阶段的体育彩民不存在显著性差异外，其他各年龄阶段之间均存在显著性差异。年龄越大，购彩愉悦体验得分越高。理性控制维度上，20 岁以下阶段的体育彩民与 20—29 岁阶段的体育彩民、30—39 岁阶段的体育彩民与 40—49 岁阶段和 50—59 岁阶段、30—39 岁阶段的体育彩民与 40—49 岁阶段和 50—59 岁阶段、40—49 岁阶段的体育彩民与 50—59 岁阶段的体育彩民均存在显著性差异，其他年龄段购彩理性控制均呈现显著差异，年龄越大，购彩理性控制得分越高。在消极情绪、社会危害维度上，20—29 岁与 30—39 岁、40—49 岁和 60 岁及以上阶段的体育彩民存在显著差异,年龄越大,购彩消极情绪、社会危害得分越低。

表 5–13　　体育彩民购彩健康的年龄差异分析表

	年龄	M ± SD	F	P
愉悦体验	20 岁以下	2.30 ± 0.91	31.612	0.000
	20—29 岁	2.61 ± 0.95		
	30—39 岁	2.81 ± 0.99		
	40—49 岁	2.81 ± 0.98		
	50—59 岁	3.10 ± 0.97		
	60 岁及以上	3.25 ± 1.05		
社会交往	20 岁以下	2.28 ± 1.06	28.206	0.000
	20—29 岁	2.47 ± 1.02		
	30—39 岁	2.66 ± 1.07		
	40—49 岁	2.75 ± 1.06		
	50—59 岁	2.99 ± 1.09		
	60 岁及以上	3.12 ± 1.12		
理性控制	20 岁以下	3.14 ± 1.13	6.953	0.000
	20—29 岁	3.36 ± 0.94		
	30—39 岁	3.45 ± 0.87		
	40—49 岁	3.42 ± 0.88		
	50—59 岁	3.45 ± 0.92		
	60 岁及以上	3.67 ± 0.87		
消极情绪	20 岁以下	2.40 ± 0.87	1.778	0.114
	20—29 岁	2.53 ± 0.68		
	30—39 岁	2.47 ± 0.67		
	40—49 岁	2.45 ± 0.69		
	50—59 岁	2.47 ± 0.74		
	60 岁及以上	2.43 ± 0.67		

续表

年龄		M ± SD	F	P
社会危害	20 岁以下	1.60 ± 0.71	6.655	0.000
	20—29 岁	1.79 ± 0.91		
	30—39 岁	1.65 ± 0.80		
	40—49 岁	1.62 ± 0.74		
	50—59 岁	1.64 ± 0.82		
	60 岁及以上	1.53 ± 0.77		

表 5 – 14 　体育彩民购彩健康年龄差异的多重比较表

	(I) 年龄	(J) 年龄	均差（I—J）	标准误	P
愉悦体验	20 岁以下	20—29 岁	-0.312	0.13	0.020
		30—39 岁	-0.512	0.13	0.000
		40—49 岁	-0.514	0.13	0.000
		50—59 岁	-0.798	0.14	0.000
		60 岁及以上	-0.948	0.14	0.000
	20—29 岁	30—39 岁	-0.200	0.05	0.000
		40—49 岁	-0.201	0.05	0.000
		50—59 岁	-0.486	0.05	0.000
		60 岁及以上	-0.636	0.06	0.000
	30—39 岁	50—59 岁	-0.286	0.05	0.000
		60 岁及以上	-0.436	0.06	0.000
	40—49 岁	50—59 岁	-0.285	0.05	0.000
		60 岁及以上	-0.435	0.06	0.000
	50—59 岁	60 岁及以上	-0.150	0.07	0.031
理性控制	20 岁以下	30—39 岁	-0.317	0.12	0.010
		40—49 岁	-0.285	0.12	0.020
		50—59 岁	-0.316	0.13	0.012
		60 岁及以上	-0.533	0.13	0.000
	20—29 岁	30—39 岁	-0.096	0.04	0.021
		60 岁及以上	-0.312	0.06	0.000

续表

	（I）年龄	（J）年龄	均差（I—J）	标准误	P
	30—39 岁	60 岁及以上	-0.216	0.06	0.000
	40—49 岁	60 岁及以上	-0.248	0.06	0.000
	50—59 岁	60 岁及以上	-0.217	0.06	0.001
消极情绪	20—29 岁	30—39 岁	0.064	0.03	0.043
		40—49 岁	0.077	0.03	0.017
		60 岁及以上	0.101	0.05	0.026
社会交往	20 岁以下	30—39 岁	-0.379	0.14	0.009
		40—49 岁	-0.472	0.15	0.001
		50—59 岁	-0.711	0.15	0.000
		60 岁及以上	-0.843	0.15	0.000
	20—29 岁	30—39 岁	-0.188	0.05	0.000
		40—49 岁	-0.281	0.05	0.000
		50—59 岁	-0.520	0.06	0.000
		60 岁及以上	-0.652	0.07	0.000
	30—39 岁	50—59 岁	-0.332	0.06	0.000
		60 岁及以上	-0.465	0.07	0.000
	40—49 岁	50—59 岁	-0.239	0.06	0.000
		60 岁及以上	-0.371	0.07	0.000
社会危害	20—29 岁	30—39 岁	0.134	0.04	0.000
		40—49 岁	0.168	0.04	0.000
		50—59 岁	0.154	0.04	0.001
		60 岁及以上	0.261	0.05	0.000
	30—39 岁	60 岁及以上	0.128	0.05	0.014

（三）学历差异

通过方差分析探究体育彩民购彩健康在学历上的差异，结果如表 5-15 和表 5-16 所示。由以上两个表的结果描述可知，体育彩民

第五章　中国体育彩民购彩健康的结构及其现状

购彩健康的社会交往、理性控制和社会危害三个维度在学历上表现出显著性差异，即学历层次越高的体育彩民在购彩时具有越高的理性控制度，社会交往层面的获取越低，并且其购彩的社会危害程度越低。虽然通过事后多重比较其学历与各维度之间的差异性发现均存在部分不显著的情况，但就体育彩民在这三个维度的整体情况而言，与其学历之间存在着显著的差异性。总的来说，高中及以下学历体育彩民在购买彩票过程中增进友谊、提高社交技能和认识更多朋友的同时，较难以理性地控制自身的购彩投入而产生购彩问题。

表 5-15　　　　体育彩民购彩健康的学历差异分析表

	学历水平	M ± SD	F	P
愉悦体验	初中及以下	2.83 ± 1.05	0.852	0.465
	高中	2.81 ± 0.99		
	大专	2.87 ± 0.98		
	本科及以上	2.84 ± 0.98		
社会交往	初中及以下	2.77 ± 1.10	3.034	0.028
	高中	2.76 ± 1.08		
	大专	2.70 ± 1.09		
	本科及以上	2.72 ± 1.08		
理性控制	初中及以下	3.34 ± 0.93	9.929	0.000
	高中	3.38 ± 0.91		
	大专	3.48 ± 0.88		
	本科及以上	3.57 ± 0.89		
消极情绪	初中及以下	2.46 ± 0.74	0.501	0.681
	高中	2.48 ± 0.71		
	大专	2.49 ± 0.67		
	本科及以上	2.46 ± 0.63		
社会危害	初中及以下	1.73 ± 0.85	4.751	0.003
	高中	1.69 ± 0.82		
	大专	1.62 ± 0.79		
	本科及以上	1.60 ± 0.79		

表 5 – 16　　体育彩民购彩健康学历差异的多重比较表

	（I）学历	（J）学历	均差（I—J）	标准误	P
社会交往	初中以及下	本科及以上	0.147	0.06	0.012
	高中	本科及以上	0.140	0.05	0.007
理性控制	初中以及下	大专	-0.137	0.04	0.002
		本科及以上	-0.233	0.05	0.000
	高中	大专	-0.093	0.04	0.012
		本科及以上	-0.189	0.04	0.000
	大专	本科及以上	-0.096	0.04	0.032
社会危害	初中及以下	大专	0.109	0.04	0.006
		本科及以上	0.135	0.04	0.002
	高中	大专	0.074	0.03	0.027
		本科及以上	0.100	0.04	0.010

四　体育彩民购彩健康与购彩行为和环境因素的关系

（一）购彩健康与购彩行为变量的关系

采用斯皮尔曼相关法分析各变量之间的相关分析，各研究变量的相关矩阵如表 5 – 17 所示。结果显示，购彩金额与愉悦体验、社会交往、社会危害之间均存在显著正相关关系，即当购彩金额越多时，体育彩民表现出更加积极的情绪体验和社交倾向，但与此同时也会表现出更多的社会危害。每次购彩的研究时间与购彩过程的愉悦体验和社会交往之间均呈显著的正相关，即体育彩民每次购彩研究时间越长，其购彩的愉快体验和社会交往情感越强烈。购彩年限与理性控制、消极情绪存在显著负相关关系，即随着购彩年限的增加，体育彩民的理性购彩和消极情绪会逐渐下降。购彩频次与购彩健康各维度不存在显著相关性。

表 5-17　　体育彩民购彩健康变量与购彩行为变量的表
皮尔逊相关系数

	愉快体验	社会交往	理性控制	消极情绪	社会危害
购彩金额	0.054**	0.076**	-0.018	0.028	0.046**
购彩频次	-0.001	-0.015	-0.019	0.022	0.004
购彩研究时间	0.050**	0.053**	0.019	0.017	0.016
购彩年限	0.008	0.020	-0.046**	-0.036*	-0.014

注：右上角** P<0.01，* P<0.05。

（二）购彩健康与购彩环境变量的关系

由表 5-18 可知，在对购彩健康与购彩环境变量（同伴购彩行为、父母购彩行为、彩票宣传）进行皮尔逊相关性分析时，同伴购彩行为与购彩健康中的愉悦体验、社会交往和理性控制三个维度存在显著正相关，即当同伴表现出较高的购彩行为时，体育彩民在购彩时表现出较高的愉悦体验、社会交往，同时具有较强的理性控制；父亲购彩行为除与消极情绪和理性控制两个维度没有显著相关性外，与愉悦体验、社会交往和社会危害三个维度均存在显著正相关，即当父亲表现出较高的购彩行为时，体育彩民在购彩时表现出较高的愉悦体验、社会交往和社会危害；母亲一方的购彩行为除与理性控制维度不存在显著相关性外，与其他各维度均存在显著正相关。不当宣传暴露与购彩健康的各维度均表现出显著的正相关关系。

表 5-18　　体育彩民购彩健康变量与购彩环境变量的
皮尔逊相关系数表

	愉悦体验	社会交往	理性控制	消极情绪	社会危害
同伴购彩行为	0.110**	0.121**	0.038**	0.014	0.005
父亲购彩行为	0.058**	0.054**	0.022	0.023	0.051**
母亲购彩行为	0.043**	0.073**	-0.001	0.056**	0.082**
不当宣传暴露	0.239**	0.344**	0.059**	0.222**	0.306**

注：右上角** P<0.01，* P<0.05。

五 小结

(一) 体育彩民购彩健康的总体情况

体育彩民购彩健康各维度得分的高低排序依次为：理性控制、愉悦体验、社会交往、消极情绪、社会危害。理性控制得分最高，愉悦体验和社会交往得分次之，消极情绪和社会危害得分较低。由于该问卷的设计是：在某一维度上的得分越高，这一维度的特征的表现就越明显。从得分高低排序不难发现，理性控制、愉悦体验和社会交往这三个维度的得分均高于消极情绪和社会危害两个维度的得分。由于消极情绪和社会危害的得分较低，因此按照上述含义，我国体育彩民购彩健康情况总体上较为乐观。任何事物的发展都有其两面性，即便体育彩票的发展给体育彩民带来了一定的福音，但其所带来的消极情绪和社会危害也应该引起政府部门和研究者的关注，所产生的不良社会效应也应尽快解决。

(二) 体育彩民购彩健康的区域差异

本书所选取的调查对象主要是我国9个省市中经济发展水平具有一定代表性的城市，这在一定程度上也能够反映出我国各地区体育彩民购彩健康的情况。按照国务院对我国经济区域的划分分析其购彩健康，各地区彩民购彩健康情况具有明显的差异，且表现出不均衡的现象。造成以上结果的原因是多方面的，这其中存在的影响因素也是复杂的。通过与部分专家交流，分析其中的原因可能是各地区的经济发展水平不同，各地区的文化教育环境不同，以及各地区体育彩票管理中心甚至彩票站对体育彩票的宣传形式不同等各种因素的作用，在实地调研时经常发现西部地区的体育彩票站点大部分与福利彩票站点结合在一起。在浙江和北京等地区调查时，大部分人认为购买体育彩票就是从忙碌的工作中偷个闲，做一些其他娱乐性活动，并不期盼着购买体育彩票能发什么财，加之东部区域以便捷的公路、铁路为代表的大交通格局形成的经济文化发展和交流的优越平台，使得以这些优势存在的区域的经济生活水平要好于其他区域，所以大部分人们认为，购买体育彩票就是以一种娱乐、平常心和公益性为目的消费生活方式，更多地表现出一种积极、理性的购彩心态和行为。刘炼在对我国体育彩民群体发展的区域性特征研究中指出[①]，由于所处的地理位置、人文环境和经济水平等方面具有较大的差异，各省（市）均具有一定的区域特色和文化，所以其体育彩票业的发展也会出现不均衡的状况。这也从侧面反映出各地区人们对体育彩票的认识不同而选择购彩的方式也不尽相同，以及会存在文化的差异等，从而影响体育彩民在购彩健康各维度上表现出显著的差异性。

（三）体育彩民购彩健康的群体特征

1. 体育彩民购彩健康的性别差异

本书中体育彩民购彩健康的性别差异分析结果显示，男性体育彩民购彩健康各维度平均值均高于女性，且愉悦体验、消极情绪和社会危害三个维度在不同水平上均存在显著性差异。在对体育彩票的品牌个性感知进行实证研究时发现，"体育彩票特性"和"男性"是体育彩票购买者所认为其具有的特性。这两个特征涵盖了体育彩票的发行原则特点、部分体育彩票理念、玩法及消费人群的特点，同时所具有带给人们快乐和健康的一面也被大众认同。与此同时，事物发展的另一面（弊端）相继引起重视，即消费者层面彩民群体性地表现出赌徒谬误和沉没成本误区为主的不健康心理，甚至违法犯罪行为。

如上所述，体育彩票更多地表现出"男性"的特性，所以无论是在购彩积极方面还是消极方面，男性在购彩健康各维度上的得分均高于女性，另一方面，可能是本书在随机调查中的性别比例男性比例明显比女性大的原因，以至于对购彩健康的性别差异分析难免存在一定的误差，在男性占体育彩民大比例（约占我国体育彩民群体的84.60%）的情况下，这一因素也不可避免。本书也发现，男性在购彩健康愉悦体验维度的均分与女性相比具有明显的差异，显著高于女性的均分。首先，基于我国传统的文化思想，男性与女性相比总体上

---

① 参见刘炼、王斌、史文文等《我国体育彩民群体发展的区域性特征研究》，《武汉体育学院学报》2013年第12期。

会表现出更高的果敢、决断能力，对新鲜事物或对自己感兴趣抑或是具有一定刺激性的事物会比女性更加投入，因此会表现出较高的愉悦体验；有关研究也发现，男性在调节沮丧、痛苦、生气、愤怒等消极情绪方面要明显优于女性，男性会表现出较高的、持久的愉悦体验。一般情况下，女性在消费时投机心理相对较弱，不会纯粹地"指望"购买体育彩票享受愉悦的体验，也不会因为购买体育彩票表现出消极的情绪，甚至做出"社会危害"的事情。

2. 体育彩民购彩健康的年龄差异

通过对不同年龄层次的体育彩民购彩健康的各维度进行描述性统计分析、方差分析和多重比较分析发现，整体上来讲，体育彩民购彩健康的愉悦体验、社会交往和理性控制三个维度会随着年龄的增加表现出上升的趋势。分析原因可能是因为，随着年龄的增加，体育彩民的社会经历、生活阅历等更加丰富，对社会的认识和看法逐渐成熟，在购买体育彩票的过程中丰富生活、增添生活乐趣的同时也能理性地控制自己的购彩行为，通过访谈和观察也可以发现，尤其年龄稍大的体育彩民会表现出更多的愉悦体验和社会交往。研究也发现，体育彩民在购买彩票的整个过程中倾向于积极方面的认知，更多地表现出情感价值和社交价值等。

在消极情绪和社会危害两个维度中，除了20岁以下和50—59岁年龄阶段的体育彩民外，其余年龄阶段体育彩民随着年龄的增加，购彩健康的消极情绪和社会危害方面会逐渐减小，分析原因可能是20岁以下的体育彩民，其心理、生理等发育得还不是特别成熟，又恰处于青少年的叛逆期，情绪波动可能比较激烈，也难以得到较好的控制，加之体育彩票本身具有的刺激性和冒险性等属性，所以表现出与其他年龄阶段相反的状态。而处于50—59岁阶段的人们一方面可能因为要面临退休带来的孤独；另一方面可能因为处于更年期，其情绪的波动和心理的承受能力会有所变化，因此表现出与其他年龄阶段不同的消极情绪和社会危害。

3. 体育彩民购彩健康的学历差异

通过对不同学历层次体育彩民购彩健康的各维度进行描述性统计

分析、方差分析和多重比较分析，结果发现，初中及以下和高中学历的体育彩民与本科及以上学历的体育彩民在社会交往维度上表现出显著的差异性，且初中及以下和高中学历的体育彩民得分均高于本科及以上学历的彩民，可能是因为初中及以下和高中学历的体育彩民比本科学历及以上的彩民更早地接触社会，在社会上工作、生存等环境下，因学历的不同对新知识的认识或新事物的接受度等会存在一定的差异，而在此环境下就可能会更多选择社交的需求。通过调查时的观察及对部分体育彩民进行访谈时也发现，部分初中及以下和高中学历的人员因为工作的性质与本科学历的总体上有一定的差别，如本科及以上学历的彩民一般在单位、机构等地方工作，而这些人群因工作环境原因，平时不乏一些单位的朋友，而初中及以下和高中学历的人群工作的性质相对来说较为单一，因此会在购彩时表现出更多的社会交往的认知等。

理性控制和社会危害两个维度的得分均在学历上表现出明显的差异，且随着学历的提高，会表现出更加理性的控制能力，以及会表现出更低的社会危害认知等。有关研究也证实，我国成年人在认知风格各维度上会因学历的差异表现出显著的差异性特点，如高中文化程度的人群得分会显著高于大专以上文化程度的人群。与本书相似之处在于，本书的调查对象也都是成年人，其他情况与此大致相符合。

（四）体育彩民购彩健康与购彩行为、购彩环境的关系

1. 体育彩民购彩健康与购彩行为变量的关系

本书中对体育彩民购彩健康的5个变量与购彩行为的5个变量（购彩金额、购彩频次、每次购彩研究时间、购彩投入和购彩年限）之间的相关关系进行了分析，结果发现，购彩金额与愉悦体验、社会交往和社会危害三者显著正相关，即当体育彩民表现出更高的愉悦体验和社会交往时，就会在购彩方面投入更多的金钱。同时，当投入更多的金钱购买体育彩票时同样也会表现出更多的社会危害情况，购彩金额与购彩健康其他维度不存在显著相关关系。购彩研究时间与愉悦体验和社会交往两个维度具有显著正相关关系，这一点其实并不难理解，在实地调研时也可以看出，这些体育彩民利用闲散时间去购买体

育彩票，在其上面花费时间也是因为"钟爱"购彩的原因，能从中得到一些愉快体验和寻求社会交往，这与购彩年限所表现出来的特征基本相似。王斌等人在对体育彩民购彩感知价值结构内涵进行分析时发现[①]，体育彩民在购彩时的情感价值和社会价值与两个维度和经济价值具有明显的相关性，而在情感价值和社会价值下的维度也正与本书中的愉悦体验和社会交往维度具有一定的相似性。研究中得出购彩投入与购彩健康5个维度均存在显著正相关关系（除与理性控制呈显著负相关关系），其余4个维度呈现的正相关关系原因则与上述描述基本相同，而与理性控制呈负相关关系，即当购彩投入得越多，就越容易失去理性控制，很大可能是这部分体育彩民已经开始出现问题，即问题彩民群体的特征。本书中购彩频次与购彩健康5个维度均没有显著关系，可能是因为购彩的次数并不与购彩健康有多大程度上的关联，关键在于投入、时间和金钱方面的付出，因此均无显著关系。

2. 体育彩民购彩健康与购彩环境变量的关系

在对购彩健康与购彩环境变量（同伴购彩行为、父母购彩行为、不当宣传暴露）之间的相关性进行分析时发现，当同伴表现出较高的购彩行为时，体育彩民在购彩时表现出较高程度的愉悦体验和社会交往。分析原因可能是当同伴（彩友）表现出较高的购彩行为时，会在一定程度上影响对方也参与其中。在访谈中也发现，当和朋友一起去购彩时会比自己在彩票店单独分析、预期结果的效果会更好些，这种不断往复的购彩行为会让彩友之间产生一种认知，即一起商量着购彩会比自己单独分析购彩猜中的概率要大。当父亲表现出较高的购彩行为时，体育彩民在购彩时表现出较高的愉悦体验、社会交往和社会危害，针对于此，在访谈中得到一个较为有趣的答复，如当父亲购彩，平时在家里分析投注技巧时会表现出一定的愉悦体验，最起码不会是因为瞒着家人购彩而产生不愉快的情绪，也因此会表现出更多的积极认知。经常接触到一些不适当的彩票宣传信息，沉迷于这些刺激

---

① 参见王斌、郭冬冬、刘炼等《基于扎根理论的竞猜型彩民购彩感知价值概念模型研究》，《天津体育学院学报》2015年第4期。

的信息所带来的希望之中,久而久之则会出现购彩的消极情绪和社会危害等心理特征和行为表现,但总体上来说大部分体育彩民还是可以很理性地控制自己适度购彩;另外一部分体育彩民对于这些经常看到的彩票宣传则表现出一种"视而不见"的态度,他们认为购彩是一种生活方式,更多的是从中获取乐趣、消磨时间等,并不会渴望得到难以实现的东西,因此较能理性控制自己的购彩行为。

综合而言,本部分研究得出以下结论:

第一,我国体育彩民的购彩健康情况呈现"总体积极、区域变化"的态势,不同区域体育彩民的购彩健康情况均具有显著的差异性,各区域间购彩健康情况不均衡,更多表现出积极购彩和理性购彩。相较于其他区域,东部地区体育彩民的购彩积极裨益更多,消极后果更少。

第二,男性购彩健康各维度均高于女性,且在愉悦体验、消极情绪和社会危害上的差异达到了显著性水平。即男性在购彩时比女性表现出更多的消极情绪和社会危害等心理和行为特征,但男性购彩时获得或追求愉悦体验程度比女性更加强烈。

第三,体育彩民购彩健康的社会交往、理性控制和社会危害三个维度在学历上表现出显著性差异,整体而言,学历层次越高,社会交往的需求和感知越强烈,在购彩时具有越高的理性控制,并且其购彩的社会危害程度越低。

第四,体育彩民购彩健康的愉悦体验、社会交往和社会危害与购彩金额显著正相关,体育彩民表现出更多的愉悦体验和社会交往时,会在购彩方面投入更多的金钱,投入越多的金钱,带来的社会危害问题就越严重。同样地,当体育彩民每次购彩投入较多的研究时间,以及具有较长的购彩年限时,其在购彩过程中会表现出更强烈的愉悦体验和社会交往倾向。当投入过多的金钱和时间(即购彩投入较多时),体育彩民一方面会表现出更高的愉悦体验和社会交往;另一方面也会表现出更多的消极情绪和社会危害,即可能出现问题购彩情况,这也与其具有更低的理性控制的结果相符合。

第五,同伴购彩行为与购彩健康中的愉悦体验、社会交往和理性控制三个维度存在显著正相关,即当同伴表现出较高的购彩参与度时,体育彩民在购彩时表现出较高的愉悦体验、社会交往,同时具有较强的理性控制。对于一些"彩票宣传",大部分体育彩民能理性地控制自己的购彩行为,即类似于这些"彩票宣传"的信息越多,其购彩的愉悦体验和社会交往等心理和行为特征反而越明显,但是一些体育彩民接触这些彩票宣传信息越多,其购彩消极情绪和社会危害心理与行为特征越明显。

基于以上结论,提出三点建议。第一,从本书和实地调研来看,我国体彩产业区域发展不均衡的主要原因是东部区域(或同一区域不同地区)经济文化水平、消费水平,甚至体彩店的硬软件设施均高于其他区域,以致对购买体育彩票具有不同的认识,出现不均衡现象。因此,在科学布局、完善落后地区体彩发展的硬软件基础设施建设的同时,各地区应根据自己独特的文化特色和城市品牌代表,积极研发符合当地"口味"的体育彩票,刺激消费者购买体育彩票。如充分利用东部地区诸多国际体育赛事、西部地区民族传统体育等各地极具特色的体育文化氛围,带动区域间体育彩票事业协调发展,让体育彩票"河润千里,恩泽普度"。

第二,问题彩民、较低学历水平的彩民群体相对缺乏理性购彩意识,对体育彩票的认识不够清晰,加之想通过购彩来实现"一夜暴富"的心理在不断作祟,这种心理一旦演化为恶劣的购彩行为,将会对彩民及家庭的日常生活乃至社会和谐秩序带来不必要的负面影响。体育彩票销售人员是经常"一线接触"彩民购彩的重要群体,因此要加强体育彩票销售人员的职业道德教育,树立责任博彩意识,对于已经或可能出现问题的体育彩民,尤其是中青年男性体育彩民为主的问题彩民,帮助他们树立负责任的博彩观念,正确引导或劝导其健康购彩,消除男性群体为主的"问题购彩"现象。此外,体彩机构要抓住女性对爱美、节日、时尚、特殊日子等的"青睐"来设计多种玩法、样式的体育彩票,科学合理地刺激女性购彩。

第三,体彩部门和社会媒体有责任普及体育彩票知识,正确引导体育彩民认识彩票的发行原则、随机性、娱乐性和风险性。随着信息化时代的迅猛发展，大众媒体尤其要多宣传体育彩票的公益性和娱乐性，避免信息标题、内容的诱惑性，防止过度追踪报道中奖新闻，使体育彩民对体育彩票有一个清晰正确的认识，维护体育彩票的社会形象和公信力。同时社会媒体要鼓励高学历（高收入）的群体更多地参与体彩公益事业。总之，引导广大体育彩民积极、健康购彩，为体育事业发展献爱心，为"健康中国"建设之路作贡献，让体育彩票造福社会而不是遗患社会。

第六章　不同玩法偏好的体育彩民购彩健康的现状

第一节　竞猜型体育彩民购彩健康的现状

竞猜型体育彩票是一种由体育比赛和博彩活动相结合的体育博彩游戏，兼具体育比赛的观赏性、不可预测性和博彩活动的娱乐性、刺激性等特征，是现阶段唯一具有明显体育特色的彩票玩法。[1] 根据中国体彩网最新统计，2018 年，竞猜型体育彩票游戏销售 1655.51 亿元，筹集公益金 303.10 亿元，占当年体育彩票总销量的 57.70%，筹集的公益金占体育彩票全部公益金的 45.20%。[2]

竞猜型体育彩票要求购买者掌握体育比赛的相关知识，若对体育不甚了解或者了解不够深入则会增加购彩的难度。研究发现，在购彩人群的社会经济地位上，月收入较高的体育彩民购买竞猜型体育彩票的比例显著高于一般彩民。[3] 在购彩人群的性别上，女性彩民在体育彩民总体中比例较少，多半女性彩民每月购彩金额较小，经常购买简单易懂类型玩法的彩票，如数字型、即开型，购买竞猜型体育彩票的

---

[1] 参见陶蕊《我国竞猜型体育彩票发展现状和对策研究》，硕士学位论文，上海体育学院，2011 年。

[2] 参见杭州新闻中心、杭州网《3031 亿元！竞猜型购彩者去年贡献的公益金有这么多》，http://hinews.hangzh，2021 年 1 月 26 日。

[3] 参见王斌、刘炼、杨柳等《高收入体育彩民购彩心理与行为特征研究》，《天津体育学院学报》2012 年第 1 期。

第六章　不同玩法偏好的体育彩民购彩健康的现状

比例显著低于男性彩民。[①] 总体而言，关于竞猜型体育彩民购彩健康方面的调查还比较缺乏。那么，如何对竞猜型体育彩民购彩健康进行评价，不同地区的购彩健康情况是否具有差异，不同性别的彩民的购彩健康情况是否不同，不同学历层次、不同购彩环境情况的竞猜型彩民购彩健康情况是否具有差异性等问题都有待厘清。基于此，本节对竞猜型体育彩民购彩健康进行画像，以期在一定程度上推动体育彩民购彩健康的理论探索和发展，为体彩部门在购彩健康的营销策略研究与制定提供参考依据和理论支撑。

对北京、浙江、重庆、湖北、江西、陕西、云南、广西、黑龙江9个省（市）的竞猜型体育彩民展开调查，共计1040人。被试基本信息见表6-1。其中，男性竞猜型体育彩民935人（89.90%），女性竞猜型体育彩民105人（10.10%）；年龄区间为17—74岁，平均年龄约为38岁；20—50岁年龄段购买竞猜型体育彩票的居多，占82.90%；购买竞猜型体育彩票的彩民的学历主要集中在高中及以上学历层次，占整体的91.90%；其中，有86.30%的竞猜型体育彩民的个人月收入在6000元以下；购买竞猜型体育彩票年限在7年以上的占整体的46.30%，其次是1—3年购彩年限，占24.00%。

表6-1　　　　　　　　被试基本信息

类别	属性	人数	百分比（%）
地区 （N=1040）	北京	119	11.40
	浙江	144	13.80
	重庆	104	10.00
	湖北	163	15.70
	江西	111	10.70
	陕西	103	9.90
	云南	54	5.20
	广西	115	11.10
	黑龙江	127	12.2

[①] 参见马红宇、吴艳萍、刘炼等《不同性别体育彩民购彩行为现状分析》，《北京体育大学学报》2012年第6期。

续表

类别	属性	人数	百分比（%）
性别 （N=1040）	男	935	89.90
	女	105	10.10
年龄 （N=1040）	20 岁以下	16	1.50
	20—29 岁	269	25.90
	30—39 岁	339	32.60
	40—49 岁	254	24.40
	50—59 岁	114	11.00
	60 岁及以上	48	4.60
学历水平 （N=1027）	初中及以下	83	8.1
	高中	318	31.00
	大专	342	33.30
	本科	244	23.70
	研究生及以上	40	3.90
购彩年限 （N=1027）	1 年以下	32	3.10
	1—3 年	246	24.00
	3—5 年	175	17.00
	5—7 年	99	9.60
	7 年以上	475	46.30

本部分研究采用的工具有体育彩民购彩健康问卷、体育彩民购彩行为特征问卷、父母购彩行为问卷、体育彩票不当宣传暴露问卷，这些问卷的具体信息见前文"中国体育彩民购彩健康的现状"研究部分的介绍（第五章第二节）。

一 竞猜型体育彩民的购彩健康水平

对竞猜型体育彩民的购彩健康进行描述性统计，结果见表6-2。

第六章　不同玩法偏好的体育彩民购彩健康的现状

可知,我国竞猜型体育彩民的购彩健康各维度均分在 1.73—3.46 之间。各维度得分从高到低依次为:理性控制、愉悦体验、社会交往、消极情绪、社会危害。

表 6 - 2　　　　　竞猜型体育彩民购彩健康的水平表

	最大值	最小值	平均数	标准差
愉悦体验	5.00	1.00	2.96	0.96
社会交往	5.00	1.00	2.88	1.06
理性控制	5.00	1.00	3.46	0.88
消极情绪	5.00	1.00	1.95	0.83
社会危害	5.00	1.00	1.73	0.81

二　竞猜型体育彩民购彩健康的群体特征

(一) 性别差异

对竞猜型体育彩民购彩健康的性别差异进行分析,结果见表 6 - 3。可知,男性竞猜型体育彩民购彩健康各维度平均值均高于女性,且在愉悦体验上的差异达到显著性水平 (F = 8.529,P = 0.004)。

表 6 - 3　　　　　竞猜型体育彩民购彩健康的性别差异表

	类别	平均数	标准差	F	P
愉悦体验	男	2.99	0.95	8.529	0.004
	女	2.70	1.00		
社会交往	男	2.89	1.05	3.244	0.072
	女	2.70	1.17		
理性控制	男	3.48	0.86	3.644	0.057
	女	3.31	1.01		
消极情绪	男	1.95	0.84	0.822	0.365
	女	1.88	0.72		
社会危害	男	1.74	0.81	1.245	0.265
	女	1.64	0.84		

（二）年龄差异

对竞猜型体育彩民购彩健康的年龄差异进行分析,结果见表6-4。可知,愉悦体验和社会交往两个维度在年龄上的差异均达到显著性水平,年龄越大,其购彩的愉悦体验和社会交往水平越高;消极情绪和社会危害两个维度只有在20—29岁与其余各年龄段之间存在显著性差异,即除了50—59岁年龄段的,随着年龄的增加,其购彩消极情绪和社会危害均逐渐减小。理性控制维度与年龄之间不存在显著性差异性。

表6-4　　竞猜型体育彩民购彩健康的年龄差异表

	年龄	M±SD	F	P
愉悦体验	20岁以下	2.73±0.93	5.651	0.000
	20—29岁	2.76±0.97		
	30—39岁	3.03±0.94		
	40—49岁	2.93±0.98		
	50—59岁	3.15±0.84		
	60岁及以上	3.36±0.92		
社会交往	20岁以下	2.54±0.85	3.535	0.004
	20—29岁	2.70±1.03		
	30—39岁	2.88±1.07		
	40—49岁	2.92±1.09		
	50—59岁	3.11±1.06		
	60岁及以上	3.10±0.98		
理性控制	20岁以下	3.44±0.98	0.720	0.608
	20—29岁	3.45±0.86		
	30—39岁	3.51±0.88		
	40—49岁	3.42±0.88		
	50—59岁	3.41±0.90		
	60岁及以上	3.61±0.83		

第六章 不同玩法偏好的体育彩民购彩健康的现状

续表

	年龄	M ± SD	F	P
消极情绪	20 岁以下	2.17 ± 0.81	2.743	0.018
	20—29 岁	2.08 ± 0.86		
	30—39 岁	1.93 ± 0.84		
	40—49 岁	1.86 ± 0.78		
	50—59 岁	1.94 ± 0.81		
	60 岁及以上	1.74 ± 0.77		
社会危害	20 岁以下	1.73 ± 0.73	2.662	0.021
	20—29 岁	1.86 ± 0.92		
	30—39 岁	1.73 ± 0.81		
	40—49 岁	1.63 ± 0.71		
	50—59 岁	1.72 ± 0.82		
	60 岁及以上	1.53 ± 0.69		

不同年龄的购彩健康各维度事后多重比较分析情况如下表 6-5 所示。在愉悦体验维度上，20 岁以下、20—29 岁、30—39 岁、40—49 岁等人群与 60 岁及以上人群存在显著差异，20 岁以下、20—29 岁、30—39 岁、40—49 岁竞猜型体育彩民购彩愉悦体验均低于 60 岁及以上人群。20—29 岁竞猜型体育彩民除与 20 岁以下人群愉悦体验不存在显著差异外，与其他年龄段竞猜型体育彩民均呈现显著差异，其购彩愉悦体验均低于其他年龄段竞猜型彩民。在社会交往维度上，20—29 岁竞猜型体育彩民除与 20 岁以下人群社会交往不存在显著差异外，与其他年龄段竞猜型体育彩民均呈现显著差异，其购彩社会交往均低于其他年龄段竞猜型彩民。在消极情绪和社会危害维度上，除了 20—29 岁与 30—39 岁、40—49 岁和 60 岁及以上之间存在显著性差异外，其余各年龄段之间不存在显著性差异。20—29 岁竞猜型体育彩民购彩消极情绪、购彩社会危害高于 30—39 岁、40—49 岁和 60 岁及以上彩民。

表6-5　竞猜型体育彩民购彩健康年龄差异的多重比较表

	（I）年龄	（J）年龄	均差（I—J）	标准误	P
愉悦体验	20岁以下	60岁及以上	-0.632	0.27	0.021
	20—29岁	30—39岁	-0.270	0.08	0.000
		40—49岁	-0.172	0.08	0.038
		50—59岁	-0.390	0.11	0.000
		60岁及以上	-0.599	0.15	0.000
	30—39岁	60岁及以上	-0.329	0.15	0.024
	40—49岁	50—59岁	-0.218	0.11	0.041
		60岁及以上	-0.427	0.15	0.004
社会交往	20岁以下	50—59岁	-0.578	0.28	0.040
	20—29岁	30—39岁	-0.179	0.09	0.038
		40—49岁	-0.220	0.09	0.017
		50—59岁	-0.419	0.12	0.000
		60岁及以上	-0.396	0.17	0.017
	30—39岁	50—59岁	-0.240	0.11	0.036
消极情绪	20—29岁	30—39岁	0.148	0.07	0.028
		40—49岁	0.215	0.07	0.003
		60岁及以上	0.340	0.13	0.009
社会危害	20—29岁	30—39岁	0.135	0.07	0.042
		40—49岁	0.224	0.07	0.002
		60岁及以上	0.332	0.13	0.009

（三）学历差异

对竞猜型彩民购彩健康的学历差异进行分析，结果见表6-6。可知，理性控制和社会危害在学历上的差异均达到显著性水平，总体而言，学历层次越高，购彩的理性控制程度越高，社会危害程度越低。

表6-6　　　　竞猜型体育彩民购彩健康的学历差异表

	学历水平	M ± SD	F	P
愉悦体验	初中及以下	2.94 ± 1.05	0.196	0.899
	高中	2.94 ± 0.96		
	大专	2.96 ± 0.97		
	本科及以上	3.00 ± 0.91		
社会交往	初中及以下	2.94 ± 1.11	1.393	0.243
	高中	2.96 ± 1.09		
	大专	2.86 ± 1.08		
	本科及以上	2.79 ± 0.99		
理性控制	初中及以下	3.27 ± 0.91	3.872	0.009
	高中	3.38 ± 0.89		
	大专	3.52 ± 0.86		
	本科及以上	3.55 ± 0.87		
消极情绪	初中及以下	2.03 ± 0.91	1.148	0.329
	高中	1.99 ± 0.88		
	大专	1.93 ± 0.78		
	本科及以上	1.89 ± 0.80		
社会危害	初中及以下	1.91 ± 0.89	4.307	0.005
	高中	1.82 ± 0.85		
	大专	1.67 ± 0.80		
	本科及以上	1.64 ± 0.76		

通过多重比较分析可知（见表6-7），在理性控制和社会危害维度上，初中及以下、高中学历竞猜型体育彩民与大专、本科及以上学历竞猜型体育彩民呈现显著性差异。初中及以下、高中学历竞猜型体育彩民购彩理性控制低于大专、本科及以上学历竞猜型体育彩民，而购彩社会危害则高于本科及以上学历竞猜型体育彩民。

表6-7　竞猜型体育彩民购彩健康学历差异的多重比较表

	（I）学历	（J）学历	均差（I—J）	标准误	P
理性控制	初中及以下	大专	-0.250	0.11	0.019
		本科及以上	-0.278	0.11	0.005
	高中	大专	-0.148	0.07	0.030
		本科及以上	-0.175	0.07	0.014
社会危害	初中及以下	大专	0.240	0.10	0.016
		本科及以上	0.266	0.10	0.009
	高中	大专	0.149	0.06	0.019
		本科及以上	0.174	0.07	0.009

三　竞猜型体育彩民购彩健康与购彩行为和环境因素的关系

（一）购彩健康与购彩行为变量的相关分析

采用皮尔逊相关分析购彩健康与购彩行为变量之间的关系，各研究变量的相关矩阵如表6-8所示。结果显示，购彩金额与愉悦体验（$r=0.071$，$P<0.05$）、积极交往（$r=0.071$，$P<0.05$）之间均存在显著正相关，即当购彩金额越多时，竞猜型体育彩民更加会表现出积极的情绪和积极的社交倾向。购彩年限（$r=-0.090$，$P<0.05$）与理性控制存在显著负相关，即购彩年限越长，竞猜型体育彩民越不能理性地控制自己的购彩情况。购彩频次和每次购彩研究时间与购彩健康各维度均不存在显著相关。

表6-8　竞猜型体育彩民购彩健康变量与购彩行为变量的皮尔逊相关系数表

	愉悦体验	积极交往	理性控制	消极情绪	社会危害
购彩金额	0.071*	0.071*	0.015	0.024	0.049
购彩频次	-0.047	0.054	-0.055	-0.012	0.008
购彩研究时间	0.039	0.022	0.032	-0.022	-0.005
购彩年限	0.012	0.034	-0.090*	-0.036	-0.029

注：右上角* $P<0.05$。

（二）购彩健康与购彩环境变量的相关分析

采用斯皮尔逊相关分析考察购彩健康与购彩环境变量之间的关系，结果显示如表6-9所示，同伴购彩行为与竞猜型体育彩民的愉悦体验（$r=0.147$，$P<0.01$）、社会交往（$r=0.151$，$P<0.01$）显著正相关，与消极情绪（$r=-0.112$，$P<0.01$）、社会危害（$r=-0.063$，$P<0.01$）显著负相关，即当同伴表现出较高的购彩行为时，竞猜型体育彩民在购彩时表现出较高水平的愉悦体验和积极交往，同时也会表现出较低水平的消极情绪和社会危害。父亲购彩行为与竞猜型体育彩民的愉悦体验（$r=0.072$，$P<0.05$）、积极交往（$r=0.069$，$P<0.05$）和理性控制（$r=0.086$，$P<0.01$）显著正相关，即当父亲表现出较高的购彩行为时，竞猜型体育彩民在购彩时表现出较高水平的愉悦体验、社会交往和理性控制。母亲的购彩行为与购彩健康各维度均不存在显著相关性。不当宣传暴露除与购彩健康中的理性控制不具有显著相关性外，与购彩健康的愉悦体验（$r=-0.221$，$P<0.01$）、积极交往（$r=-0.302$，$P<0.01$）、消极情绪（$r=-0.229$，$P<0.01$）和社会危害（$r=-0.246$，$P<0.01$）4个维度均表现出显著的正相关关系，即竞猜型体育彩民接触到的不当宣传信息越多，其购彩过程的愉快体验和积极交往越强烈，同时也会表现出较多的消极情绪和社会危害等特征。

表6-9　购彩健康变量与购彩环境变量的皮尔逊相关系数表

	愉悦体验	社会交往	理性控制	消极情绪	社会危害
同伴购彩行为	0.147**	0.151**	0.044	-0.112**	-0.063*
父亲购彩行为	0.072*	0.069*	0.086**	-0.029	0.018
母亲购彩行为	0.030	0.055	-0.007	0.023	0.056
不当宣传暴露	0.221**	0.302**	0.025	0.229**	0.246**

注：右上角 ** $P<0.01$，* $P<0.05$。

四 小结

（一）竞猜型体育彩民购彩健康的总体状况

总体而言，竞猜型体育彩民购彩的危害（社会危害、消极情绪）得分较低，购彩的积极效应（理性控制、愉悦体验、积极交往）得分较高。不难发现，倾向于积极方面的得分均高于倾向于消极方面的得分，这说明，我国竞猜型体育彩民的购彩健康情况总体上较乐观，购彩健康的社会危害和消极情绪方面有待引起关注。

（二）竞猜型体育彩民购彩健康的群体特征

1. 竞猜型体育彩民购彩健康的性别差异

本研究发现，男性购彩健康各维度的平均分均高于女性，且在愉悦体验维度均分上的差异达到了显著性水平，积极交往、理性控制、消极情绪和社会危害未能达到统计学意义上的显著性。男性购彩健康各维度均分都高于女性，其原因一方面可能是竞猜型体育彩票具有明显的体育特色，大部分男性彩民是因为热爱体育、热爱足球或对足球的了解程度在总体上要比女性更深一些，因此不管是在购彩健康积极层面或是消极层面上，均比女性得分高；另一方面可能是本书随机调查中男性比例明显比女性大，以致对购彩健康的性别差异分析时难免存在一定的误差。本书也发现，男性在购彩健康愉悦体验方面的均分与女性相比具有明显的差异，且明显要高于女性的均分。首先，基于我国传统的文化思想，男性与女性相比总体上会表现出更高的果敢、决断能力，对新鲜事物或对自己感兴趣抑或是具有一定刺激性的事物会比女性更加地投入[①]，在此研究中，足球运动在男性心中的"地位"会比女性要高一些，也因此会表现出较高水平的愉悦体验。其次，有研究也发现，男性在调节沮丧、痛苦情绪、生气、愤怒情绪方面要明显高于女性，男性会表现出较高的、持久的愉悦体验[②]，在本

---

① 参见王沐实《体育彩民购彩动机现状与购彩健康的关系研究》，硕士学位论文，华中师范大学，2017年。

② 参见文书锋、汤冬玲、俞国良《情绪调节自我效能感的应用研究》，《心理科学》2009年第3期。

书中也同样如此,男性对购彩竞猜型体育彩票的投入和情绪的持久性要明显高于女性。

2. 竞猜型体育彩民购彩健康的年龄差异

本研究发现,竞猜型体育彩民购彩健康的愉悦体验和积极交往两个维度会随着年龄的增加表现出上升的趋势,这可能是因为,随着年龄的增加,竞猜型体育彩民的社会和生活的经历更加丰富,对社会的认识和看法也更加成熟,购买竞猜型体育彩票更多是为了丰富生活、增添生活乐趣。通过访谈和观察也可以发现,年龄稍微大点的竞猜型体育彩民会表现出更多的愉悦体验和积极交往。研究也发现,竞猜型体育彩民在购买彩票的整个过程中的情感价值和社交价值会更高,倾向于积极方面的认知。这同样也解释了在消极情绪和社会危害两个维度中,除了50—59岁阶段的竞猜型体育彩民与其他年龄阶段的不存在显著性差异,其余年龄段间均存在显著差异,即随着年龄的逐渐增加,购彩健康的消极情绪和社会危害会逐渐减小。理性控制在各年龄阶段不存在显著性差异,这可能是因为竞猜型体育彩民本身具有明显的体育特色,其竞猜的整个过程具有一定的刺激性和变化性,购彩过程是随着赔率的变化而变化的,并不存在太多的个人因素导致购彩结果的变化,所以对竞猜型体育彩票的难易把握与自己理性控制购彩健康情况没有特别大的关系。

3. 竞猜型体育彩民购彩健康的学历差异

本研究发现,高中学历的竞猜型体育彩民与本科及以上学历的竞猜型体育彩民在积极交往维度上表现出显著的差异,且高中学历的竞猜型体育彩民得分高于本科学历的彩民。通过观察及对部分竞猜型体育彩民进行访谈也发现,部分高中学历的彩民因为工作的性质与本科学历的彩民有一定的差别,如本科学历的彩民一般在单位、机构等地方工作,而这些人群因工作环境原因,平时不乏一些单位的朋友,而高中学历的人群工作的性质相对来说较为单一,因此在购彩时表现出更多的积极交往倾向等。

不同学历层次的竞猜型体育彩民在理性控制和社会危害两个维度上均存在显著性差异(除了大专学历与本科及以上学历),且随着学历的提高，会表现出更加理性的控制能力和更低的社会危害等。分析原因可能是，随着学历层次的提高，接受教育程度不同，而使其对社会的认知有所不同，自身周围的社交环境或者生活环境有所不同。学历层次越高，对事物的看法越成熟，尤其对类似于"彩票"这样的消费来说，越倾向于娱乐体验、丰富生活，而不是企图一夜暴富，也不会为此消耗太多时间。

（三）竞猜型体育彩民购彩健康与购彩行为和购彩环境因素的关系

1. 竞猜型体育彩民购彩健康与购彩行为的关系

本书中对竞猜型体育彩民购彩健康的各个变量与购彩行为（购彩金额、购彩频次和每次购彩研究时间）的关系进行了分析，结果发现，购彩金额与愉悦体验和社会交往显著正相关，即当竞猜型体育彩民表现出更高的愉悦体验和社会交往时，会在购彩方面投入更多的金钱，而与其余购彩健康维度不存在显著相关关系，购彩频次和每次购彩研究时间均与购彩健康各维度不存在显著相关关系。分析原因可能在于，竞猜型体育彩民因其对体育的热爱，对与足球有关的信息，如竞猜型彩票等，会倾入大量的时间、金钱等。王斌等人在对竞猜型体育彩民购彩感知价值结构内涵进行分析时发现，竞猜型体育彩民在购彩时的情感价值和社会价值两个维度与经济价值具有明显的相关性，而情感价值和社会价值下的维度也正与本书中的愉悦体验和社会交往维度具有一定的相似性。[①]

2. 竞猜型体育彩民购彩健康与购彩环境变量的关系

在对购彩健康与购彩环境变量（同伴购彩行为、父母购彩行为、不当宣传暴露）之间的相关性进行分析时，发现，当同伴表现出较高的购彩行为时，竞猜型体育彩民在购彩时表现出较高的愉悦体验和社会交往。这可能是因为，当同伴（彩友）表现出较高的购彩行为时，会在一定程度上影响对方也参与其中。在访谈中也发现，当和朋友一

---

① 参见王斌、郭冬冬、刘炼等《基于扎根理论的竞猜型彩民购彩感知价值概念模型研究》，《天津体育学院学报》2015年第4期。

起去购彩时会比自己在彩票店单独分析球队信息、预期比赛结果的效果会更好些，这种不断往复的购彩行为会使彩友之间产生一种认知，即一起商量着购彩会比自己单独分析购彩猜中的概率要大。反之，当同伴表现出较高的购彩行为时，竞猜型体育彩民在购彩时表现出较低的消极情绪和社会危害。当父亲表现出较高的购彩行为时，竞猜型体育彩民在购彩时表现出较高的愉悦体验、社会交往和理性控制，针对于此，在访谈中得到一个较为有趣的答复，如当父亲也购彩，且平时在家里观看比赛，分析投注技巧时会表现出一定的愉快体验，起码不会是因为瞒着家人购彩而产生的不愉快的情绪，也因此会表现出更多的积极认知，如理性控制购彩行为等。

综上而言，本部分研究主要得到四点研究结论。第一，男性购彩健康各维度均高于女性，且在愉悦体验维度均分上的差异达到了显著性水平。第二，高中学历的与本科学历的竞猜型体育彩民在社会交往维度上表现出显著的差异，且优于本科学历的彩民。随着学历的提高，其表现出更加理性的认知能力和更低的社会危害认知，除了研究生及以上学历的彩民得分不一致外。第三，竞猜型体育彩民购彩健康的愉悦体验和社会交往与购彩金额显著正相关。竞猜型体育彩民表现出更高的愉悦体验和社会交往时，会在购彩方面投入更多的金钱。第四，同伴购彩行为与愉悦体验和社会交往显著正相关，同伴表现出较高的购彩行为时，竞猜型体育彩民在购彩时表现出较高的愉悦体验和社会交往。父亲购彩行为与竞猜型体育彩民的愉悦体验、社会交往和理性控制显著正相关，当父亲表现出较高的购彩行为时，竞猜型体育彩民在购彩时表现出较高的愉悦体验、社会交往和理性控制。

第二节　数字乐透型体育彩民购彩健康的现状

数字乐透型彩票以其返奖率高、玩法简单等特点，吸引了众多购彩参与者，购彩群体日益壮大。尽管数字乐透型体育彩票发展态势见好，但随之产生的问题也日益凸显。巨额头奖会使体育彩民投注增加，进而产生购彩问题。

那么，数字乐透型体育彩民购彩健康现状、群体特征如何？既往研究对竞猜型体育彩票研究居多，而对占比最多的数字乐透型体育彩民的购彩状况的研究甚少。数字乐透型体育彩民的购彩健康亟待展开研究。

因此，本研究对北京、浙江、重庆、湖北、江西、陕西、云南、广西、黑龙江9个省（市）的1932名数字乐透型体育彩民进行问卷调查。被试基本情况见表6-10。

表6-10 调查对象基本信息表

类别	属性	人数	百分比（%）
地区	北京	255	13.10
	浙江	217	11.20
	重庆	117	9.20
	湖北	175	9.10
	江西	210	10.90
	陕西	171	8.90
	云南	265	13.70
	广西	301	15.60
	黑龙江	161	8.30
性别	男	1636	84.70
	女	296	15.30
年龄	20岁以下	23	1.20
	20—29岁	380	19.70
	30—39岁	496	25.70
	40—49岁	488	25.30
	50—59岁	332	17.20
	60岁及以上	213	11.0

续表

类别	属性	人数	百分比（%）
学历水平	初中及以下	397	20.50
	高中	774	40.10
	大专	475	24.60
	本科	265	13.70
	研究生及以上	21	1.10
购彩年限	1年以下	72	3.70
	1—3年	255	13.20
	3—5年	262	13.60
	5—7年	309	16.00
	7年以上	1033	53.50

本部分研究采用的工具有体育彩民购彩健康问卷、体育彩民购彩行为特征问卷、父母购彩行为问卷、同伴购彩行为问卷、体育彩票不当宣传暴露问卷，这些问卷的具体信息见前文"中国体育彩民购彩健康的现状"研究部分的介绍（第五章第二节）。

一 数字乐透型体育彩民购彩健康的总体水平

对数字乐透型体育彩民购彩健康总体水平进行分析，结果见表6-11。可知，我国偏好数字乐透型的体育彩民购彩的消极情绪得分最低，理性控制得分最高。

表6-11　　数字乐透型体育彩民购彩健康描述统计表

	均值	标准差
愉悦体验	2.854	1.030
社会交往	2.658	1.085
理性购彩	3.475	0.9042
消极情绪	1.824	0.8591
社会危害	1.578	0.7703

二 数字乐透型体育彩民购彩健康的群体特征

（一）性别差异

对数字乐透型体育彩民购彩健康的性别差异进行分析，结果见表6-12。可知，男性得分高于女性。[①] 愉悦体验、社会交往、理性控制和消极情绪在性别上的差异均未达到显著性水平。社会危害在性别上的差异达到显著性水平。

表6-12　数字乐透型体育彩民购彩健康的性别差异表

维度	男	女	F值	P值
愉悦体验	2.86±1.03	2.81±1.05	0.666	0.414
社会交往	2.65±1.08	2.68±1.13	0.161	0.699
理性控制	3.48±0.90	3.45±0.95	0.190	0.663
消极情绪	1.84±0.87	1.74±0.82	3.633	0.057
社会危害	1.60±0.78	1.46±0.70	7.668	0.006

（二）年龄差异

对数字乐透型体育彩民购彩健康的年龄差异进行分析，结果见表6-13。可知偏好数字乐透型的体育彩民购彩的愉悦体验、社会交往、理性控制、消极情绪和社会危害在年龄段上的差异均达到显著性水平。

表6-13　数字乐透型体育彩民购彩健康的年龄差异表

	年龄	M±SD	F	P
愉悦体验	20岁以下	1.94±0.68	20.080	0.000
	20—29岁	2.60±0.98		
	30—39岁	2.78±1.02		
	40—49岁	2.84±1.00		
	50—59岁	3.10±1.00		
	60岁及以上	3.25±1.06		

---

① 参见夏天《数字乐透型体育彩民购彩健康现状及影响因素研究》，硕士学位论文，华中师范大学，2018年。

续表

	年龄	M ± SD	F	P
积极交往	20 岁以下	2.00 ± 0.92	20.765	0.000
	20—29 岁	2.38 ± 1.01		
	30—39 岁	2.53 ± 1.05		
	40—49 岁	2.65 ± 1.04		
	50—59 岁	2.94 ± 1.11		
	60 岁及以上	3.10 ± 1.12		
理性控制	20 岁以下	2.90 ± 1.23	5.378	0.000
	20—29 岁	3.37 ± 0.98		
	30—39 岁	3.51 ± 0.85		
	40—49 岁	3.45 ± 0.86		
	50—59 岁	3.47 ± 0.90		
	60 岁及以上	3.68 ± 0.89		
消极情绪	20 岁以下	1.81 ± 1.10	2.521	0.028
	20—29 岁	1.96 ± 0.92		
	30—39 岁	1.80 ± 0.86		
	40—49 岁	1.80 ± 0.83		
	50—59 岁	1.80 ± 0.86		
	60 岁及以上	1.74 ± 0.87		
社会危害	20 岁以下	1.49 ± 0.69	3.169 2.662	0.007 0.021
	20—29 岁	1.71 ± 0.90		
	30—39 岁	1.57 ± 0.75		
	40—49 岁	1.55 ± 0.68		
	50—59 岁	1.55 ± 0.77		
	60 岁及以上	1.48 ± 0.74		

为了进一步分析购彩健康在年龄上的特征，对不同年龄段体育彩民的愉悦体验、社会交往、理性控制、消极情绪和社会危害进行了多重比较，结果见表6-14。由表可知，随着年龄的增加，数字乐透型体育彩民在愉悦体验、社会交往和理性控制三个购彩健康维度上的得

分显著增加，在消极情绪和社会危害上的得分显著减少。[1]

表6-14 数字乐透型体育彩民购彩健康年龄差异的多重比较表

维度	（I）年龄段	（J）年龄段	平均差（I—J）	P值
愉悦体验	20岁以下	20—29岁	-0.65	0.003
		30—39岁	-0.83	0.000
		40—49岁	-0.89	0.000
		50—59岁	-1.16	0.000
		60岁及以上	-1.31	0.000
	20—29岁	30—39岁	-0.18	0.008
		40—49岁	-0.24	0.000
		50—59岁	-0.51	0.000
		60岁及以上	-0.65	0.000
	30—39岁	50—59岁	-0.33	0.000
		60岁及以上	-0.47	0.000
	40—49岁	50—59岁	-0.27	0.000
		60岁及以上	-0.41	0.000
社会交往	20岁以下	30—39岁	-0.53	0.020
		40—49岁	-0.65	0.004
		50—59岁	-0.94	0.000
		60岁及以上	-1.10	0.000
	20—29岁	30—39岁	-0.14	0.047
		40—49岁	-0.27	0.000
		50—59岁	-0.56	0.000
		60岁及以上	-0.72	0.000
	30—39岁	50—59岁	-0.41	0.000
		60岁及以上	-0.58	0.000
	40—49岁	50—59岁	-0.28	0.000
		60岁及以上	-0.45	0.000

---

[1] 参见夏天《数字乐透型体育彩民购彩健康现状及其影响因素研究》，硕士学位论文，华中师范大学，2018年。

续表

维度	（I）年龄段	（J）年龄段	平均差（I—J）	P值
理性控制	20岁以下	20—29岁	-0.47	0.015
		30—39岁	-0.61	0.001
		40—49岁	-0.55	0.004
		50—59岁	-0.57	0.003
		60岁及以上	-0.78	0.000
	20—29岁	30—39岁	-0.14	0.021
		60岁及以上	-0.31	0.000
	30—39岁	60岁及以上	-0.17	0.021
	40—49岁	60岁及以上	-0.23	0.002
	50—59岁	60岁及以上	-0.21	0.007
消极情绪	20—29岁	30—39岁	0.15	0.008
		40—49岁	0.16	0.006
		50—59岁	0.16	0.016
		60岁及以上	0.22	0.002
社会危害	20—29岁	30—39岁	0.14	0.009
		40—49岁	0.16	0.002
		50—59岁	0.16	0.007
		60岁及以上	0.23	0.001

（三）学历差异

对数字乐透型体育彩民购彩健康的学历差异进行分析，结果见表6-15和表6-16。可知，偏好数字乐透型的体育彩民理性控制在学历上的差异达到显著水平，根据趋势可知，学历越高，购彩的危害程度越低，购彩理性控制越高。

为了深入地分析不同学历体育彩民的理性控制情况，对其进行多重比较分析，结果见表6-16。由此表可知，随着学历的提高，体育彩民的理性控制呈现持续上升的趋势。初中及以下的学历在理性控制上得分显著低于本科和研究生及以上学历的得分；高中学历得分显著低于大专、本科和研究生及以上学历的得分；大专和本科学历得分显著低于研究生及以上的学历的得分。

表6-15 不同学历数字乐透型体育彩民购彩健康的描述统计及方差分析表

维度	初中及以下 (M±SD)	高中 (M±SD)	大专 (M±SD)	本科 (M±SD)	研究生及以上 (M±SD)	F值	P值
愉悦体验	2.87±1.08	2.83±1.01	2.88±0.98	2.80±1.09	3.05±0.94	0.534	0.711
社会交往	2.73±1.07	2.70±1.07	2.61±1.10	2.53±1.12	2.58±1.11	1.938	0.102
理性控制	3.41±0.91	3.39±0.91	3.53±0.87	3.65±0.90	4.19±0.69	8.333	0.000
消极情绪	1.86±0.92	1.86±0.87	1.79±0.83	1.72±0.77	1.71±0.95	1.852	0.116
社会危害	1.64±0.78	1.61±0.80	1.51±0.72	1.51±0.75	1.49±0.73	2.345	0.053

表6-16 购彩健康在不同学历上的多重比较表

维度	（I）学历	（J）学历	平均差（I—J）	P值
理性控制	初中及以下	本科	-0.23	0.001
		研究生及以上	-0.78	0.000
	高中	大专	-0.14	0.008
		本科	-0.25	0.000
		研究生及以上	-0.80	0.000
	大专	研究生及以上	-0.66	0.001
	本科	研究生及以上	-0.54	0.008

三 数字乐透型体育彩民购彩健康与购彩行为和环境因素的关系

（一）购彩健康与购彩行为的相关分析

采用皮尔逊相关分析数字乐透型体育彩民购彩健康与购彩行为变量之间的关系，各研究变量的相关矩阵如表6-17所示。结果显示，购彩金额、购买频次和购彩年限与愉悦体验、积极交往之间均存在显著正相关，购彩研究时间与愉悦体验、积极交往和消极情绪之间均存在显著正相关。

表6-17 数字乐透型体育彩民购彩健康变量与购彩行为变量的皮尔逊相关系数表

	愉悦体验	积极交往	理性控制	消极情绪	社会危害
购彩金额	0.160**	0.146**	-0.026	0.012	0.022
购彩频次	0.124**	0.181**	0.006	-0.002	-0.014
购彩研究时间	0.077**	0.126**	0.018	0.064**	0.039
购彩年限	0.153**	0.131**	0.017	-0.033	-0.014

注：右上角** P<0.01；* P<0.05。

（二）购彩健康与环境变量的相关分析

采用皮尔逊相关法分析数字乐透型体育彩民购彩健康与购彩环境变量之间的关系，结果如表6-18所示，同伴购彩行为与数字乐透型体育彩民的愉悦体验（$r=0.105$，$P<0.01$）、积极交往（$r=0.107$，$P<0.01$）和理性控制（$r=0.053$，$P<0.05$）显著正相关，即当同伴表现出较高的购彩行为时，数字乐透型体育彩民在购彩时表现出较高的愉悦体验、积极交往和理性控制。父亲购彩行为与数字乐透型体育彩民的愉悦体验（$r=0.070$，$P<0.01$）显著正相关，即当父亲表现出较高的购彩行为时，数字乐透型体育彩民在购彩时表现出较高的愉悦体验。母亲的购彩行为均与数字乐透型体育彩民的愉悦体验（$r=0.056$，$P<0.05$）、积极交往（$r=0.051$，$P<0.05$）、消极情绪（$r=0.057$，$P<0.05$）、社会危害（$r=0.070$，$P<0.01$）显著正相关。不当宣传暴露除与购彩健康的愉悦体验（$r=0.241$，$P<0.01$）、积极交往（$r=0.350$，$P<0.01$）、理性控制（$r=0.087$，$P<0.01$）、消极情绪（$r=0.251$，$P<0.01$）和社会危害（$r=0.301$，$P<0.01$）五个维度均表现出显著的正相关关系，即当数字乐透型体育彩民接触不当宣传信息越多时，其购彩过程的愉悦体验和积极交往越强烈，同时也会表现出较多的消极情绪和社会危害等特征。

表 6-18　　数字乐透型体育彩民购彩健康变量与购彩环境
变量的皮尔逊相关系数表

	愉悦体验	积极交往	理性控制	消极情绪	社会危害
同伴购彩行为	0.105**	0.107**	0.053*	0.002	0.010
父亲购彩行为	0.070**	0.021	0.010	0.019	0.023
母亲购彩行为	0.056*	0.051	0.002	0.057*	0.070**
不当宣传暴露	0.241**	0.350**	0.087**	0.251**	0.301**

注：右上角 ** $P<0.01$，* $P<0.05$。

四　小结

（一）数字乐透型体育彩民购彩健康总体状况

我国数字乐透型体育彩民购彩的消极效应得分较低，积极效应得分较高，总体而言，我国数字乐透型体育彩民购彩健康良好。

（二）数字乐透型体育彩民购彩健康的群体特征

1. 数字乐透型体育彩民购彩健康在性别上的差异

本研究发现，在购彩的社会危害上，男性与女性的差异达到显著性水平，男性高于女性。这与既有研究发现相一致。分析其原因可能在于男性与在刺激寻求上的特征较为明显，尤其是购彩结果的不确定性在一定程度上满足了其追求刺激的需要，进而会忽视其所产生的经济损失等家庭、社会危害。在访谈中发现，女性购彩者多抱着好看、玩一玩的心态，在购彩的投入上相对有所控制。

2. 数字乐透型体育彩民购彩健康在年龄上的差异

结果发现，年龄越大，数字乐透型体育彩民的购彩的积极效应得分越高。臧鸣放和谷小丽认为，民众对体育彩票的理论认知程度，是其是否决定购买彩票的思想基础。[1] 彩民随着年龄的增长，以及多年的购彩经验，对体育彩票会形成较为理性的认知，另外，老年体育彩民在购彩的过程中，更为以打发时间、促进交往等为由参与购彩，购

---

[1] 参见臧鸣放、谷小丽《我国西北地区体育旅游资源市场营销策略研究》，《中国体育科技》2004 年第 5 期。

彩投入的金额少，购彩所带来的消极效应较少，而积极效应较多。

3. 数字乐透型体育彩民购彩健康在学历上的差异

本次调查结果显示，随着学历的升高，数字乐透型体育彩民购彩健康程度越高，具体体现为购彩愉悦体验越多、理性控制越强、购彩消极情绪和社会危害越少。根据实地访谈，分析其原因可能在于以下两个方面：第一，学历越高的数字乐透型体育彩民可能更为注重的是在购彩过程中获得的娱乐与刺激体验，而非中大奖，从而对于彩票的投入较为理性，不会过度投注；第二，相对低学历者，高学历体育彩民对彩票持理性的认知，购彩的风险感知程度更高，在购彩投注的过程中较为理性。同时，对于中奖结果的归因，高学历者倾向于中奖是运气，而低学历者往往会认为中奖了是自己会选，不中奖是因为运气不好。

(三) 数字乐透型体育彩民购彩健康与购彩行为和环境因素的关系

本书中对数字乐透型体育彩民购彩健康的各个变量与购彩行为（购彩金额、购彩频次、购彩研究时间和购彩年限）的关系进行了分析，结果发现，购彩金额、购彩频次和购彩年限与愉悦体验和积极交往显著正相关，即当数字乐透型体育彩民表现出更高的愉悦体验和积极交往时，会在购彩方面投入更多的金钱和时间，而与其余购彩健康维度不存在显著相关关系，购彩研究时间与愉悦体验、积极交往和消极情绪显著正相关，即当数字乐透型体育彩民购彩前研究时间越长，表现出更高的愉悦体验、积极交往和消极情绪。其原因可能在于，数字乐透型体育彩民要对中奖号码的趋势进行研究，会倾入大量的时间、金钱等。

在对购彩健康与购彩环境变量（同伴购彩行为、父母购彩行为、不当宣传暴露）之间的相关性分析时发现，当同伴表现出较高的购彩行为时，数字乐透型体育彩民在购彩时表现出较高的愉悦体验、积极交往和理性控制。其原因可能在于，当同伴（彩友）表现出较高的购彩行为时，会在一定程度上影响对方也参与其中，在访谈中也发现，当和朋友一起去购彩时会比自己在彩票店分析号码走势的效果会更好些,这种不断往复的购彩行为会给彩友之间形成一种认知,即一起商量着购彩会比自己单独分析购彩猜中的概率要大。当父亲表现出较高的购彩行为时,数字乐透型体育彩民在购彩时表现出较高的愉悦体验,针对于此,在访谈中得到一个较为有趣的答复,如当父亲也购彩,一起分析投注技巧时会表现出一定的愉悦体验,最起码不会是因为瞒着家人购彩而产生不愉快的情绪。不当宣传暴露越多时,数字乐透型体育彩民在购彩时表现出越高的愉悦体验、积极交往、理性控制、消极情绪和社会危害。数字乐透型彩票会出现奖池效应,相关部门对大奖进行不当宣传时,彩民愈加对大奖渴望,并且彩民之间的讨论愈加热烈,相应投入的精力和金钱也越多,极有可能带来负面影响。

综上而言,本部分研究主要得到两点结论。第一,我国体育数字乐透型体育彩民购彩的积极效应得分高于购彩的消极效应。第二,男性数字乐透型体育彩民购彩社会危害程度高于女性。老年体育彩民购彩健康的积极效应大于青年、成年。学历层次越高,购彩的理性控制水平越高。

第三节 高频型体育彩民购彩健康的现状

高频游戏是体育总局彩票中心发行的一种快速开奖类游戏,一般5—10分钟自开奖一次,返奖率高、中奖容易、娱乐性强,深受广大客户的喜欢。2007年高频型体育彩票上市以来,以固定返奖、开奖速度快的特点,吸引了众多彩民参与,推动了体育彩票业的快速发展。尤其2011年江苏省11选5上市,在很大程度上带动了全国体育彩票销量的大幅度增长。据财政部统计,截至2017年11月,高频型体育彩票近三年累计发行了1292亿元,成为继数字乐透型、竞猜型体育彩票第三大发行彩种。而且,2015—2017年三年发行量连续上涨,这也是其他两种彩种所不具有的景象。从长远来看,游戏化、过程化彩票设计,休闲娱乐的投注氛围,必将满足人们对彩票消费更高的娱乐性要求。但是高频型体育彩票开奖快、返奖率高、中奖容易、娱乐性强的特点,容易导致问题彩民的出现,所以对我国高频型

第六章 不同玩法偏好的体育彩民购彩健康的现状

体育彩民的购彩健康状况的调查就显得十分重要。

在中国期刊网上以"高频型体育彩票","快频型体育彩票"和"购彩健康"为关键词进行搜索,未发现有关此主题的研究,尽管国家层面呼吁我们进行体育消费以及对体彩的一系列改革等,但是研究者针对高频型体育彩民购彩健康此主题的研究仍相当匮乏。对我国高频型体育彩民购彩健康情况展开分析和研究,能够在很大程度上为购彩健康的理论探索和发展,以及为体彩部门在购彩健康上营销策略的研究与制定提供一定的参考价值。

研究对北京、浙江、重庆、湖北、江西、陕西、云南、广西、黑龙江9个省(市)的1103名高频型体育彩民进行调查。被试的基本信息见表6-19。其中,男性高频型体育彩民924人(83.80%),女性高频型体育彩民179人(16.20%);年龄为17—74岁,平均年龄约为38岁;20—50岁年龄段购买高频型体育彩票的居多,占80.40%;购买高频型体育彩票的彩民的学历主要集中在高中及以上学历层次,占整体的79.30%;其中,有88.40%的高频型体育彩民的个人月收入在6000以下;购买高频型体育彩票年限在4年以上的占整体的54.70%,其次是2—3年购彩年限,占20.20%。

表6-19　　　　　　　　被试基本信息

类别	属性	人数	百分比(%)
地区 (N=1103)	北京	80	7.20
	浙江	118	10.60
	重庆	104	9.40
	湖北	105	9.50
	江西	97	11.30
	陕西	27	2.40
	云南	293	26.50
	广西	115	10.40
	黑龙江	164	14.90

续表

类别	属性	人数	百分比（%）
性别 （N=1103）	男	924	83.80
	女	179	16.20
年龄 （N=1103）	20岁以下	17	1.50
	20—29岁	272	24.60
	30—39岁	319	28.90
	40—49岁	298	27.10
	50—59岁	135	12.30
	60岁及以上	62	5.50
学历水平 （N=1103）	初中及以下	253	22.80
	高中	396	37.00
	大专	278	25.20
	本科及以上	175	15.00
个人经济收入 （N=1103）	3000元以下	268	24.70
	3000—6000元	669	63.70
	6000—9000元	69	5.30
	9000元以上	79	6.30
购彩年限 （N=1103）	1年及以下	58	5.30
	2年	223	20.20
	3年	219	19.90
	4年及以上	603	54.70

本部分研究采用的工具有体育彩民购彩健康问卷、体育彩民购彩行为特征问卷、父母购彩行为问卷、同伴购彩行为问卷、体育彩票不当宣传暴露问卷，这些问卷的具体信息见前文"中国体育彩民购彩健康的现状"研究部分的介绍（第五章第二节）。

一　高频型体育彩民购彩健康的总体水平

对高频型体育彩民购彩健康各维度均分进行描述性统计，结果见表6-20。可以看出，我国高频型体育彩民的购彩健康各维度均分在

1.77—3.32 之间。购彩健康的消极危害得分越低，理性控制得分越高。

表 6-20　高频型体育彩民购彩健康总体情况的描述性分析表

	最大值	最小值	平均数	标准差
愉悦体验	5.00	1.00	2.80	0.98
社会交往	5.00	1.00	2.81	1.08
理性控制	5.00	1.00	3.32	0.92
消极情绪	5.00	1.00	1.98	0.85
社会危害	5.00	1.00	1.77	0.84

二　高频型体育彩民购彩健康的群体特征

（一）性别差异

采用单因素方差分析检验高频型体育彩民购彩健康各维度在性别上是否存在差异，描述性统计及显著性结果如表 6-21 所示。从分析得出的数据可以看出，男性高频型体育彩民购彩健康在愉悦体验、理性控制、消极情绪和社会危害四个维度的均值均高于女性，而在社会交往维度上，女性高频型体育彩民略高于男性高频型体育彩民，但是高频型体育彩民各维度在性别上不存在显著差异。

表 6-21　不同性别高频型体育彩民购彩健康的
描述性统计和方差分析表

	类别	平均数	标准差	F	P
愉悦体验	男	2.80	0.96	0.219	0.640
	女	2.77	1.06		
社会交往	男	2.80	1.07	0.103	0.748
	女	2.83	1.12		
理性控制	男	3.32	0.93	0.068	0.794
	女	3.30	0.91		
消极情绪	男	1.99	0.86	1.485	0.223

续表

	类别	平均数	标准差	F	P
消极情绪	女	1.91	0.85		
社会危害	男	1.77	0.82	0.028	0.868
	女	1.76	0.93		

(二) 年龄差异

对不同年龄阶段的高频型体育彩民购彩健康进行描述性统计、方差分析和多重比较分析，结果如表6-22和表6-23所示。根据分析结果可知，高频型体育彩民购彩健康各维度在年龄上的差异均达到显著性水平。通过事后多重比较分析可知，愉悦体验和社会交往两个维度在年龄阶段上的差异均达到显著性水平，即随着年龄阶段的增加，其购彩的愉悦体验和社会交往水平提高；20—29岁阶段与40—49岁阶段，60岁及以上的高频型体育彩民在理性控制维度上的差异显著，其他年龄阶段均不存在显著差异；20—29岁阶段与其他各年龄阶段的高频型体育彩民在消极情绪维度上的差异显著，其他年龄阶段均不存在显著差异；20—29岁阶段与30—39岁阶段、40—49岁阶段的高频型体育彩民在社会危害维度上差异显著，其他年龄阶段不存在显著差异。但总体趋势上，各维度在年龄段之间均表现出显著性的差异。

表6-22　　不同年龄阶段高频型体育彩民购彩健康的描述性统计和方差分析表

	年龄	M±SD	F	P
愉悦体验	20岁以下	2.65±1.02	7.163	0.000
	20—29岁	2.58±0.93		
	30—39岁	2.78±0.97		
	40—49岁	2.84±0.96		
	50—59岁	3.00±0.94		
	60岁及以上	2.80±0.98		

续表

	年龄	M ± SD	F	P
社会交往	20 岁以下	2.63 ± 1.33	9.740	0.000
	20—29 岁	2.57 ± 1.03		
	30—39 岁	2.75 ± 1.08		
	40—49 岁	2.86 ± 1.05		
	50—59 岁	3.00 ± 1.06		
	60 岁及以上	3.53 ± 1.06		
理性控制	20 岁以下	3.11 ± 1.02	2.616	0.023
	20—29 岁	3.18 ± 0.89		
	30—39 岁	3.33 ± 0.92		
	40—49 岁	3.39 ± 0.87		
	50—59 岁	3.32 ± 1.00		
	60 岁及以上	3.32 ± 0.92		
消极情绪	20 岁以下	1.94 ± 0.75	2.932	0.012
	20—29 岁	2.15 ± 0.88		
	30—39 岁	1.93 ± 0.87		
	40—49 岁	1.92 ± 0.80		
	50—59 岁	1.92 ± 0.90		
	60 岁及以上	1.87 ± 0.75		
社会危害	20 岁以下	1.96 ± 0.87	2.506	0.029
	20—29 岁	1.91 ± 0.92		
	30—39 岁	1.71 ± 0.84		
	40—49 岁	1.71 ± 0.76		
	50—59 岁	1.76 ± 0.79		
	60 岁及以上	1.71 ± 0.85		

表 6 - 23　高频型体育彩民购彩健康年龄差异的多重比较表

	（I）年龄	（J）年龄	均差（I—J）	标准误	P
愉悦体验	20 岁以下	60 岁及以上	-0.620	0.26	0.019
	20—29 岁	30—39 岁	-0.200	0.08	0.013
		40—49 岁	-0.268	0.08	0.001
		50—59 岁	-0.425	0.10	0.000

续表

	（I）年龄	（J）年龄	均差（I—J）	标准误	P
愉悦体验		60岁及以上	-0.069	0.14	0.000
	30—39岁	50—59岁	-0.225	0.10	0.024
		60岁及以上	-0.492	0.13	0.000
	40—49岁	60岁及以上	-0.424	0.13	0.002
理性控制	20—29岁	40—49岁	-0.217	0.08	0.005
		60岁及以上	-0.372	0.13	0.004
消极情绪	20—29岁	30—39岁	0.213	0.07	0.003
		40—49岁	0.230	0.07	0.001
		50—59岁	0.226	0.09	0.012
		60岁及以上	0.280	0.12	0.021
社会交往	20岁以下	60岁及以上	-0.902	0.29	0.002
	20—29岁	30—39岁	-0.185	0.09	0.035
		40—49岁	-0.292	0.09	0.001
		50—59岁	-0.436	0.11	0.000
		60岁及以上	-0.963	0.15	0.000
	30—39岁	50—59岁	-0.250	0.11	0.022
		60岁及以上	-0.778	0.14	0.000
	40—49岁	60岁及以上	-0.672	0.15	0.000
	50—59岁	60岁及以上	-0.528	0.16	0.001
社会危害	20—29岁	30—39岁	0.205	0.07	0.003
		40—49岁	0.207	0.07	0.003

（三）学历差异

对不同学历高频型体育彩民的购彩健康状况进行方差分析，结果如表6-24所示。可知，高频型体育彩民购彩健康各维度在学历上的差异均未达到显著性水平。

表 6–24　　高频型体育彩民购彩健康的学历差异表

	学历水平	M ± SD	F	P
愉悦体验	初中及以下	2.74 ± 1.03	1.487	0.216
	高中	2.74 ± 0.97		
	大专	2.90 ± 1.00		
	本科及以上	2.81 ± 0.95		
社会交往	初中及以下	2.85 ± 1.07	0.300	0.825
	高中	2.78 ± 1.12		
	大专	2.86 ± 1.12		
	本科及以上	2.82 ± 1.02		
理性控制	初中及以下	3.25 ± 0.95	1.873	0.132
	高中	3.30 ± 0.89		
	大专	3.41 ± 0.92		
	本科及以上	3.41 ± 0.90		
消极情绪	初中及以下	2.00 ± 0.90	0.097	0.962
	高中	1.96 ± 0.84		
	大专	1.97 ± 0.87		
	本科及以上	1.96 ± 0.80		
社会危害	初中及以下	1.83 ± 0.92	1.622	0.183
	高中	1.75 ± 0.79		
	大专	1.79 ± 0.90		
	本科及以上	1.65 ± 0.73		

三　高频型体育彩民购彩健康与购彩行为和环境因素的关系

（一）购彩健康与购彩行为变量的关系

采用皮尔逊相关法分析各变量之间的相关性，各研究变量的相关矩阵如表 6–25 所示。结果显示，购彩金额、购彩投入和购彩年限与愉悦体验、社会交往之间均存在显著正相关关系，购彩金额越多，高频型体育彩民表现出更加积极的情绪体验和社交倾向。购彩年限还与理性控制之间存在显著正相关关系，即当高频型彩民购彩越久，自控能力越强。

表 6-25 高频型体育彩民购彩健康变量与购彩行为变量的皮尔逊相关系数表

	愉悦体验	社会交往	理性控制	消极情绪	社会危害
购彩金额	0.060*	0.074*	0.004	-0.016	0.001
购彩频次	0.002	-0.031	-0.026	0.036	-0.004
购彩投入	0.080*	0.098**	-0.021	0.019	0.050
购彩年限	0.131**	0.141**	0.066*	-0.007	0.048

注：右上角** $P<0.01$，* $P<0.05$。

（二）购彩健康与购彩环境变量的关系

对购彩健康与购彩环境变量进行相关分析，结果如表 6-26 所示。由表可知，同伴购彩行为与购彩健康中的愉悦体验、社会交往和理性控制三个维度显著正相关，即当同伴表现出较高的购彩行为时，高频型体育彩民在购彩时表现出较高的愉悦体验、社会交往，同时具有较强的理性控制；父亲购彩行为除与消极情绪和理性控制两个维度没有显著相关性外，与愉悦体验、社会危害和社会交往三个维度均存在显著正相关，即当父亲表现出较高的购彩行为时，高频型体育彩民在购彩时表现出较高的愉悦体验和社会交往，并可能会对社会造成一定的危害；母亲自身的购彩行为与子女购彩的社会交往、消极情绪和社会危害呈显著正相关。高频型体育彩民不当宣传暴露与购彩健康各维度均表现出显著的正相关关系。

表 6-26 高频型体育彩民购彩健康变量与购彩环境变量的皮尔逊相关系数表

	愉悦体验	社会交往	理性控制	消极情绪	社会危害
同伴购彩行为	0.166**	0.134**	0.069*	0.011	0.002
父亲购彩行为	0.074*	0.075*	0.056	0.021	0.071*
母亲购彩行为	0.038	0.090**	0.015	0.077*	0.092**
不当宣传暴露	0.243**	0.312**	0.092**	0.197**	0.304**

注：右上角** $P<0.01$，* $P<0.05$。

四 小结

(一) 高频型体育彩民购彩健康的总体状况

高频型体育彩民购彩健康五个维度得分的高低排序依次为：理性控制、社会交往、愉悦体验、消极情绪、社会危害。理性控制得分最高，社会交往和愉悦体验得分次之，社会危害和消极情绪得分较低。

(二) 高频型体育彩民购彩健康的群体特征

1. 高频型体育彩民购彩健康的性别差异

本研究发现，男性高频型体育彩民购彩健康在愉悦体验、理性控制、消极情绪和社会危害四个维度的均值均高于女性，但在社会交往维度上，女性高频型体育彩民略高于男性高频型体育彩民，但是各维度在性别上不存在差异性。在对体育彩票的品牌个性感知进行实证研究时发现，"体育彩票特性"和"男性"是体育彩票购买者所认为其具有的特性。这两个特征涵盖了体育彩票的发行原则特点、部分体育彩票理念、玩法及消费人群的特点。

2. 高频型体育彩民购彩健康的年龄差异

本研究发现，高频型体育彩民购彩健康的愉悦体验和社会交往两个维度会随着年龄的增加表现出上升的趋势。分析原因这可能是因为，随着年龄的增加，高频型体育彩民的社会经历、生活阅历等更加丰富，对社会的认识和看法逐渐成熟，在购买体育彩票的过程中丰富生活、增添生活乐趣的同时也能理性地控制自己的购彩行为，通过访谈和观察也可以发现，尤其年龄稍微大点的高频型体育彩民会表现出更多的愉悦体验和社会交往。

(三) 高频型体育彩民购彩健康与购彩行为和环境因素的关系

本书中对高频型体育彩民购彩健康的五个变量与购彩行为的四个变量（购彩金额、购彩频次、购彩投入和购彩年限）之间的相关关系进行了分析，结果显示，购彩金额和购彩投入与愉悦体验、社会交往、社会危害之间均存在显著正相关关系，即当购彩金额越多时高频型体育彩民表现出更加积极的情绪体验和社交倾向，但与此同时也会表现出更多的社会危害。购彩年限与购彩健康各维度均存在显著正相关关系（除与理性控制之间为显著负相关外），即当购彩年限越高时，高频型体育彩民则不能更加理性地控制自己的购彩情况。购彩频次与社会交往之间存在显著正相关关系，即购买彩票为体育彩民社会交往提供了平台和机会，有助于促进体育彩民的社会交往。

在对购彩健康与购彩环境变量（同伴购彩行为、父母购彩行为、彩票宣传）之间的相关性进行分析时我们发现，当同伴表现出较高的购彩行为时，高频型体育彩民在购彩时表现出较高的愉悦体验、社会交往和理性控制。这可能是因为，当同伴（彩友）表现出较高的购彩行为时，会在一定程度上影响对方参与其中。在实地调研时也发现，当彩民和朋友一起去购彩时会比自己在彩票店单独分析、预期结果的效果更好些，这种不断往复的购彩行为会使彩友之间产生一种认知，即一起商量着购彩会比自己单独分析购彩猜中的概率要大，但在一定程度上也受自身的控制。当父亲表现出较高的购彩行为时，高频型体育彩民在购彩时表现出较高的愉悦体验、社会交往和社会危害。父亲购彩，彩民可能会与父亲一起谈论投注技巧，不会因为瞒着家人购彩而产生不愉快的情绪，同时在这个交流的过程中也促进了其人际的交往，但也会受一些负面的影响。当经常接触一些"彩票宣传"的购彩信息时，有的高频型体育彩民认为这是对自己购彩的一种"刺激"，抑或"鼓励""激励"，因此在接触类似这些信息时会表现出更多的愉悦体验和社会交往等积极心理；也有可能会因为自己购彩没有带来如彩票宣传里的结果而产生失落等消极情绪。另外，还有可能一味沉迷于这些宣传刺激的信息所带来的希望之中，过度投注，进而产生社会危害。

综上而言，本部分研究主要得到五点结论。第一，男性购彩健康各维度均高于女性，且各个维度均没有显著差异。第二，总体而言，高频型体育彩民购彩健康各维度均在年龄段之间表现出显著性差异。第三，高频型体育彩民购彩健康各维度在学历方面不存在显著差异。第四，高频型体育彩民购彩健康的购彩金额、购彩投入和购彩年限与愉悦体验、社会交往之间均存在显著正相关关系；除此以外购彩年限与理性控制存在显著正相关关系。第五，当同伴表现出较高的购彩行为时，高频型体育彩民在购彩时表现出较高的愉悦体验、社会交往和理性控制；父亲一方的购彩行为与愉悦体验、社会交往和社会危害均存在显著的正相关关系；母亲自身的购彩行为与子女购彩社会交往、消极情绪、社会危害成正相关关系；彩票宣传与购彩健康的各维度均表现出显著的正相关关系。

第七章 竞猜型、数字乐透型体育彩民购彩健康的影响因素

第一节 竞猜型体育彩民购彩健康的影响因素研究

一 既有研究总结与扎根理论研究方法

我国体育彩票为体育彩民带来裨益的同时也带来了一些危害,如何促进竞猜型体育彩民的购彩健康成为社会和研究者关注的重点。[①]因此,深入剖析其影响因素可以为竞猜型体育彩民的购彩健康提供理论依据和实践支撑。

根据前期文献综述,体育彩民购彩行为的影响因素主要包括个体因素和风险因素两大类。其中,个体因素有人口统计学变量[②]、人格特质[③]、

[①] 参见 Hing, N., Lamont, M., Vitartas, P. & Fink, E., "Sports bettors' responses to sports-embedded gambling promotions: implications for compulsive consumption", *Journal of Business Research*, Vol. 68, No. 10, 2015; Gassmann, F., Emrich, E. & Pierdzioch, C., "Who bets on sports? Some further empirical evidence using German data", *International Review for the Sociology of Sport*, 2015; 李刚、茚训诚《关于中国足球彩票发展的对策研究》,《体育科技文献通报》2006年第4期。

[②] 参见李海、吴殷、李安民等《我国体育彩票问题彩民现状调查——以上海、广州、郑州、沈阳、成都为例》,《成都体育学院学报》2011年第5期。

[③] 参见 Albein-Urios, N., Martinez-González, J. M., Óscar, Lozano. & Verdejo-Garcia, A., "Monetary delay discounting in gambling and cocaine dependence with personality comorbidities", *Addictive Behaviors*, Vol. 39, No. 11, 2014; 王斌、史文文、刘炼《我国体育彩民购彩心理与行为特征研究》,北京体育大学出版社2013年版。

第七章　竞猜型、数字乐透型体育彩民购彩健康的影响因素

情绪障碍和心理压力[1]、博彩动机[2]、认知偏差[3]等；环境因素有早期购彩经历[4]、同伴购彩[5]、广告宣传[6]、博彩场地的易接近性[7]等。这其中涉及的多为风险因素，保护因素的研究相对较少，如提高生活满意度[8]、拒绝自我效能感[9]、责任博彩政策[10]等。

分析发现，相关研究多侧重于风险因素的研究，保护因素较为鲜见。同时，既有研究多为西方文献，本土化研究较为少见。同时，对于竞猜型体育彩民研究的针对性不足。竞猜型体育彩民多基于赛事的掌握情况对比赛结果进行推理，一般认为自己是相关领域的"专家"，同时伴随更为强烈的情感体验，这使竞猜型体育彩民更容易出

---

[1] 参见 Kim, S. W., Grant, J. E., Eckert, E. D., Faris, P. L. & Hartman, B. K., "Pathological gambling and mood disorders: clinical associations and treatment implications", *Journal of Affective Disorders*, Vol. 92, No. 1, 2006。

[2] 参见 Heung-Pyo, L., Paul Kyuman, C., Hong-Seock, L. & Yong-Ku, K., "The five-factor gambling motivation model", *Psychiatry Research*, Vol. 150, No. 1, 2007。

[3] 参见王树明、叶林娟《体育彩票消费过程中消费者认知偏差的定量研究》，《上海体育学院学报》2011年第2期。

[4] 参见 Saugeres, L. & Moore, A. T. S., "'It wasn't a very encouraging environment': influence of early family experiences on problem and at-risk gamblers in Victoria, Australia", *International Gambling Studies*, Vol. 14, No. 1, 2014。

[5] 参见 Beckert, J. & Lutter, M., "Why the Poor Play the Lottery: Sociological Approaches to Explaining Class-based Lottery Play", *Sociology*, Vol. 47, No. 6, 2013。

[6] 参见 Hing, N., Lamont, M., Vitartas, P. & Fink, E., "Sports bettors' responses to sports-embedded gambling promotions: implications for compulsive consumption", *Journal of Business Research*, Vol. 68, No. 10, 2015。

[7] 参见 Thomas, S. A., Subramaniam, M., Wang, P., Soh, P., Vaingankar, J. A., Chong, S. A. & Browning, C. J "Prevalence and determinants of gambling disorder among older adults: a systematic review", *Addictive Behaviors*, Vol. 41, 2015。

[8] 参见 Oei, T. P. & Goh, Z., "Interactions between risk and protective factors on problem gambling in asia", *Journal of gambling studies / co-sponsored by the National Council on Problem Gambling and Institute for the Study of Gambling and Commercial Gaming*, Vol. 31, No. 2, 2015。

[9] 参见 Casey, L. M., Oei, T. P., Melville, K. M., Bourke, E. & Newcombe, P. A., "Measuring self-efficacy in gambling: the gambling refusal self-efficacy questionnaire", *Journal of Gambling Behavior*, Vol. 24, No. 24, 2008。

[10] 参见李海《基于公共健康视角的体育博彩社会责任研究》，《体育科研》2012年第3期。

现购彩健康问题。① 在风险因素的探讨上，多采用问卷调查法，对影响机制的探讨不够全面和深入。基于此，使用不同研究方法，开展我国竞猜型体育彩民购彩健康影响因素的研究十分必要。

扎根理论研究方法是自下而上，从实际具体事例中形成归纳性理论②的一种方法，相对问卷调查法，能够更深入地了解体育彩民的内心想法，进而提高研究价值。目前，我国关于竞猜型体育彩民购彩健康的影响因素处于探索阶段，尚没有针对性和适用中国文化背景的理论模型，运用扎根理论研究方法能够开放、深入地建构相差理论，挖掘潜在影响购彩健康的因素结构，为建构购彩健康环境和推行有效预防政策提供指导。③

本部分拟通过深度访谈法考察竞猜型体育彩民购彩健康的影响因素，并尝试构建竞猜型体育彩民购彩健康影响因素的形成机制模型。在此基础上，运用社会认知理论中人与环境相互作用的理论，展开小范围的试点调查，验证影响因素的作用路径。

二 基于扎根理论的竞猜型体育彩民购彩健康的影响因素

（一）被试

选取 26 名近一年内连续购买竞猜型体育彩票的彩民作为被试进行半结构化一对一的深度访谈。其中男性彩民 24 名，女性彩民 2 名。年龄为 24 岁至 63 岁，平均年龄 35.6 岁，购彩年限为 2 年至 14 年，平均购彩年限 8.2 年，访谈时间控制在 60 分钟以内④，受访者的基本

---

① 参见 Loo, J. M. Y., Raylu, N. & Oie, T. P. S., "Gambling among the chinese: a comprehensive review", *Clinical Psychology Review*, Vol. 28, No. 7, 2008。

② 参见 Lussier, I. D., Derevensky, J., Gupta, R. & Vitaro, F., "Risk, compensatory, protective, and vulnerability factors related to youth gambling problems", *Psychology of Addictive Behaviors*, Vol. 28, No. 2, 2013；黄显清、王斌、胡月等《基于扎根理论的竞猜型体育彩民健康购彩影响因素模型构建》，《北京体育大学学报》2019 年第 4 期。

③ 参见黄显清、王斌、胡月等《基于扎根理论的竞猜型体育彩民健康购彩影响因素模型构建》，《北京体育大学学报》2019 年第 4 期。

④ 参见 Loo, J. M. Y., Raylu, N. & Oie, T. P. S., "Gambling among the chinese: a comprehensive review", *Clinical Psychology Review*, Vol. 28, No. 7, 2008。

第七章 竞猜型、数字乐透型体育彩民购彩健康的影响因素

情况如表7-1所示。

表7-1 竞猜型体育彩民购彩健康受访者基本情况统计一览表（N=26）

受访者编号	年龄（岁）	购彩年限（年）	受访者职业
I01	35	4	服务业人员
I02	32	7	个体工商户
I03	32	10	服务业人员
I04	33	9	失业人员
I05	34	12	产业工人
I06	37	14	产业工人
I07	42	14	经理
I08	30	5	失业人员
I09	26	2	服务业人员
I10	39	13	技术人员
I11	26	2	在校学生
I12	26	4	技术人员
I13	63	14	退休人员
I14	46	10	农业劳动者
I15	30	5	办事人员
I16	40	10	产业工人
I17	30	7	个体工商户
I18	35	4	技术人员
I19	30	4	办事人员
I20	42	10	技术人员
I21	46	12	服务业人员
I22	53	10	服务业人员
I23	32	6	农业劳动者
I24	28	5	服务业人员
I25	35	7	个体工商户
I26	24	2	无业人员

（二）深度访谈结果分析

Strauss 和 Glaser 首次提出扎根理论的研究方法，该研究方法是运用系统化的程序，对某一现象进行深入研究，最终归纳出理论的定性方法。该理论根植于收集的现实资料，以及资料与分析的持续互动，在实质研究领域，与研究对象相关的任何信息，都可以当作数据不断进行比较，形成概念并最终挖掘其中所涉及的模式。陈向明[1]指出，扎根理论的操作程序一般包括：（1）从资料中产生概念，对资料进行逐级登录；（2）不断地对资料和概念进行比较，系统地询问与概念有关的生成性理论问题；（3）发展理论性概念，建立概念和概念之间的联系；（4）理论性抽样，系统地对资料进行编码；（5）建构理论，力求获得理论概念的密度、变异度和高度的整合性。对资料进行逐级编码是扎根理论中最重要的一环，包括三个级别的编码，即开放性编码、关联性编码和选择性编码。[2]

1. 开放性编码

对抽样的每个被试进行访谈，访谈结束后，将所有音频材料进行整理。为保证编码的准确性，在将音频信息转化为访谈文本后再由一名访谈员进行校对。单个访谈的平均时间约为 50 分钟，其中最长一次访谈录音时间为 62 分钟，最短一次访谈录音时间为 35 分钟，形成的访谈文本中最长达 4352 字，最短为 2899 字，共计 50000 余字。在访谈过程中，研究者记录观察笔记约 4000 字。

在开放性编码中，要求研究者以一种开放的心态，尽量抛开主观看法和研究界定，将所有的资料按其本身所呈现的状态进行编码。这是一个将收集的资料打散，赋予概念，然后再以新的方式重新组合起来的操作化过程。编码的目的是从资料中发现概念类属，对类属加以命名，确定类属的属性和维度，然后对研究的现象加以命名及类属化。开放式编码的过程类似一个漏斗，开始编码时范围比较

---

[1] 参见陈向明《扎根理论的思路与方法》，《教育研究与实验》1999 年第 4 期。
[2] 参见黄显清、王斌、胡月等《基于扎根理论的竞猜型体育彩民健康购彩影响因素模型构建》，《北京体育大学学报》2019 年第 4 期。

第七章 竞猜型、数字乐透型体育彩民购彩健康的影响因素

宽,随后不断地缩小范围,直至码号出现了饱和。在对资料进行编码时研究者应该就资料的内容询问一些具体的、概念上有一定联系的问题[1]。在此基础上,研究者整理文本50000余字,备忘录4000余字,归纳出自由节点363个,继续进行归纳,初步形成40个二级编码树的节点,最后形成概括化的11个核心范畴,并以参考点数依次排列如下:主观知识、足球情结、彩民同伴抑制、非彩民同伴促进、购彩拒绝自我效能感、认知偏差、感知风险、责任宣传、不当宣传暴露、易接近性、购彩健康。对每个范畴编码过程进行举例性分析(见表7-2)。

表7-2 竞猜型体育彩民购彩健康访谈材料开放性编码结果:
概念、范畴一览表[2]

范畴(节点)	概念(节点)	原始资料参考列举
G1 主观知识(90)	g1 懂得足球规则(15);g2 了解球队状态(26);g3 赛事信息(19);g4 熟悉球员(30)	看了十几年足球,懂得足球基本规则和球队信息;每一轮的联赛我基本上都会看,所以比较了解一些球队和球员的状态;每次购彩前,我都会上网看一些相关数据,分析比赛结果;经常会关注球队核心球员的状况
G2 足球情结(44)	g5 球迷(20);g6 喜欢踢球(14);g7 支持球队(10)	我从1998年法国世界杯开始喜欢足球,平时也经常和朋友一起踢球;从小就喜欢足球,喜欢参加一切跟足球有关的活动;我是米兰的球迷,最近成绩不好,但是我仍然支持
G3 彩民同伴抑制(99)	g8 同伴相约(18);g9 同伴中奖(29);g10 同伴激励(13);g11 同伴购彩金额(4);g12 同伴购彩频率(17);g13 同伴成瘾(7)	有时我会和同学一起约着去彩票网点看球购彩;我朋友买足彩中奖后,我有时候也会多买几注,也想试着中奖;有时候听说朋友去买彩票时,我会让他代买;在彩票网点的几个彩民朋友,他们加大投入和频繁中奖时,我有时候也会增加投注;看到身边的朋友经常买彩票,我也经常跟着买

---

[1] 参见陈向明《扎根理论的思路与方法》,《教育研究与实验》1999年第4期。
[2] 参见黄显清、王斌、胡月等《基于扎根理论的竞猜型体育彩民健康购彩影响因素模型构建》,《北京体育大学学报》2019年第4期。

续表

范畴（节点）	概念（节点）	原始资料参考列举
C4 非彩民同伴促进（36）	g14 朋友劝说（6）；g15 家人劝说（3）；g16 销售人员劝说（27）	身边人的劝说对我很重要，有时候我会听他们的劝说控制自己购彩；我的一个朋友在世界杯期间连续输了好多钱，他告诉我是假球不要买，我基本没买多少，这个彩票店还蛮人性化的，看我亏多了销售人员也会劝我少买
G5 购彩拒绝自我效能感（84）	g17 控制购彩心态（66）；g18 控制购彩行为（18）	当自己感觉最近买彩票有些频繁，购彩金额有些过高，自己也会有相应的控制；也知道自己每天总想着彩票的赔率、盘口、胜负关系什么的有点不正常，有时候会影响正常的工作和生活，我会相应地做出调整；也是为了娱乐，兴趣爱好，也没有报中奖的心态，对中奖结果无所谓
G6 认知偏差（95）	g19 急于翻本（38）；g20 过度自信（47）；g21 差点赢（10）	朋友买彩票，亏了十来万，她丈夫是做生意的，但她感觉购彩挣钱快；也会经常购彩的，买了彩票看球感觉就是球迷了，有利益关系了；购买之后比较后悔，后悔当时不该买这么多钱的彩票。下次多投入一些，把这次亏的钱赢回来；我和我的朋友总是差一场就能猜对结果
G7 感知风险（177）	g22 时间风险（40）；g23 身体风险（41）；g24 财务风险（42）；g25 心理风险（52）；g26 社会风险（2）	现在经常这样，买足彩控制不超过1000元一个月；看球很晚的时候，会影响家人休息，自己也经常休息不好，影响第二天的工作；工作的时候总想着买足彩的事情，有时候还偷偷跑出来买彩票；整天把时间耗在研究足彩和看球上，有时候家人会埋怨，我自己也能感觉到这样不好；心里边总是想着关于足彩的事情，想得最多的就是怎样买可以得到奖金
G8 责任宣传（121）	g27 公益性责任宣传（61）；g28 劝说性责任宣传（60）	浏览信息中看到中彩网设立的"警钟长鸣"专栏中有918条关于彩民购彩问题的新闻

第七章 竞猜型、数字乐透型体育彩民购彩健康的影响因素

续表

范畴（节点）	概念（节点）	原始资料参考列举
G9 不当宣传暴露（101）	g29 彩票店条幅宣传（50）；g30 中奖彩票张贴宣传（51）	比较大的彩票店里总会拉着一些横幅宣传一些中奖信息，一般都是大奖的形式；很多彩票店专门有一个中奖宣传栏，把以往中奖彩票的金额和中奖彩民的代号粘贴在上面，用以宣传
G10 易接近性（192）	g31 购彩方便（75）；g32 网络便利（58）；g33 互动便利（59）	我家旁边就是彩票网点，我有时间就过来买几注；离彩票网点离着远的时候，我就不想买了；关注竞猜网之后，手机每次都会有关于比赛的信息提示，并会有专家推荐场次；身边有好多朋友都是搞足球彩票的，平时谈论的总是这方面的事情
G11 购彩健康（182）	g34 积极的情绪体验（33）；g35 消极的情绪体验（34）；g36 交友促进（39）；g37 心理和行为控制（48）；g38 资金危害（11）；g39 家人危害（9）；g40 工作危害（8）	买足彩让我在精神上得到了放松，中奖后也可以提升我购彩的自信心；当我长时间不中奖的时候，我会有一种挫败感，自己的资金不多的时候，会有一些焦虑；经常在彩票店里买彩票，谈论经验也让我交到了一些朋友，都是球迷，有共同的语言；和同学或者朋友一起买彩票，研究赔率，特别是中奖以后都会请客吃饭庆祝；熬夜看球很晚会影响第二天的工作，有时候会被领导训斥；因为看球的事情，老婆经常跟我吵架；我能够理性地看待竞猜型彩票，以娱乐放松的心态购彩；当最近运气不好的时候，我自己会控制购彩的次数和金额；每次都想把过去输的钱赢回了，可是都是越输越多；买足彩是一个爱好，小赌怡情，给生活增添一些乐趣，很幸福

2. 关联性编码

关联性编码是运用"因果条件—现象—脉络—中介条件—行动/互动—结果"这一典范模型对开放式编码得到的范畴进行联结

的过程①，具体包括以下几个方面：首先，识别核心范畴，这一范畴能够涵盖其他所有的范畴；其次，开发研究现象的故事线，运用访谈资料及已有文献资料开发出范畴或者关系以说明研究现象；再次，通过典范模型联结范畴，使用访谈资料及文献资料检验范畴之间的联结关系；最后，回归访谈资料，获得范畴更具体的特征信息。② 基于此，本书对开放式编码的 11 个范畴进行不断的分析、比较，并结合原始访谈资料的反复验证，形成竞猜型体育彩民购彩健康程度影响过程示意图 7-1。

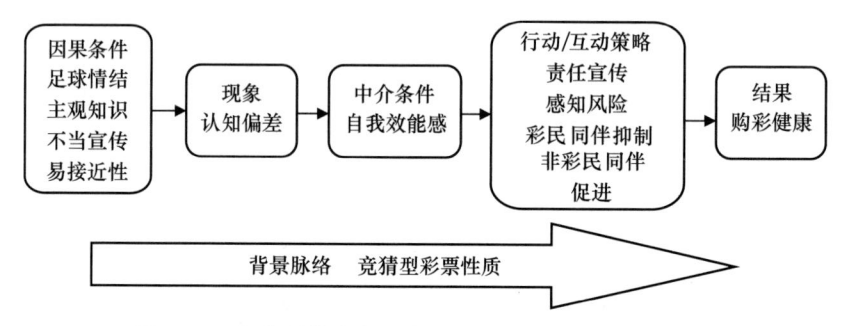

图 7-1　竞猜型体育彩民购彩健康程度形成过程示意图

注：由于篇幅限制，购彩拒绝自我效能感使用自我效能代替。

3. 选择性编码

选择性编码即对核心范畴进行针对性的选择，并与其他的范畴之间建立联系，进而形成具有逻辑关系的故事链，并进一步审核逐步形成的理论模型与各个子范畴的相关程度，遵循"理论饱和"的原则，继续对 11 个范畴进行考察，再结合原始资料进行比较，最终归纳出影响竞猜型体育彩民购彩健康的 4 个核心范畴，即影响竞猜型体育彩

---

① 参见李海《基于公共健康视角的体育博彩社会责任研究》，《体育科研》2012 年第 3 期。

② 参见 Mao, L. L., Zhang, J. J. & Connaughton, D. P., "Sports gambling as consumption: evidence from demand for sports lottery", *Sport Management Review*, Vol. 18, No. 3, 2014。

第七章　竞猜型、数字乐透型体育彩民购彩健康的影响因素

民购彩健康的个人风险与保护因素以及环境风险与保护因素。① 这些因素在访谈中的提及率情况见图7-2。

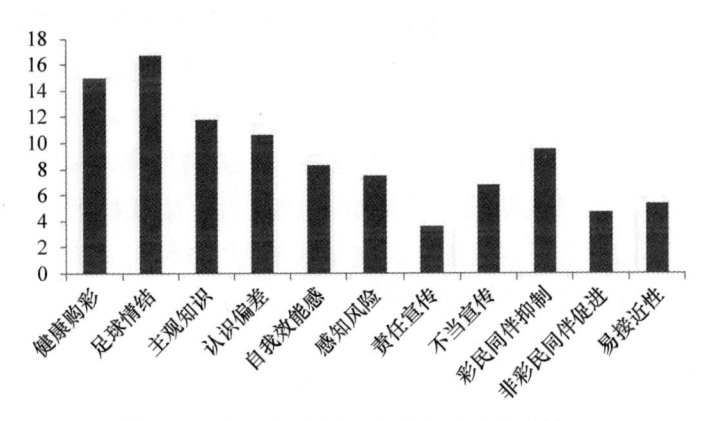

图7-2　竞猜型体育彩民购彩健康各影响因素
提及率情况（纵坐标为百分比）

注：横轴表示提及的范畴，纵轴表示提及的比例，购彩拒绝自我效能感使用自我效能感代替。

由图7-2可知，健康购彩节点为79，提及率占15.00%。个人风险因素中提及率最高的是足球情结，占16.70%，其次主观知识占11.80%，认知偏差占10.60%。个人保护因素中提及率最高的是购彩拒绝自我效能感，占8.30%，其次感知风险占7.50%。环境风险因素中提及率最高的是彩民同伴抑制，占9.50%，其次不当宣传暴露占6.80%，最后是易接近性，占5.30%。环境保护因素中提及率最高的是非彩民同伴促进，占4.70%，其次责任宣传占3.60%。②

三　主观知识、购彩拒绝自我效能与竞猜型体育彩民购彩健康的关系

前文利用扎根理论研究方法考察了竞猜型体育彩民购彩健康的影

---

① 参见黄显清、王斌、胡月等《基于扎根理论的竞猜型体育彩民健康购彩影响因素模型构建》《北京体育大学学报》2019年第4期。
② 参见黄显清、王斌、胡月等《基于扎根理论的竞猜型体育彩民健康购彩影响因素模型构建》《北京体育大学学报》2019年第4期。

响因素及其相互作用机制。接下来选取竞猜型体育彩民购彩健康的影响因素中较具竞猜特色的变量进行部分验证,即主观知识及其所在的一条路径进行验证分析。具体而言,主要考察主观知识、购彩拒绝自我效能感和购彩健康的关系。其他路径有待于后续研究验证或者由课题组其他成员进行验证。

竞猜型体育彩票与传统彩票玩法相比,竞猜结果与体育赛事信息直接相关,如球队状态、教练员执教能力、球员技术和比赛经验、历史交锋战绩、主客场、天气情况等。[①] 彩民对赛事相关知识掌握程度的自我感知即主观知识。主观知识是影响竞猜型体育彩民购彩健康的重要因素。购买彩票是一种消费行为,消费者(竞猜型体育彩民)掌握的知识越多,对自己的购买决定就越自信,购买的需求也越高。[②] Gordon 等人通过访谈发现当彩民认为自己掌握了某种球类运动的相关知识时,才会购买相应彩票。[③] Khazaal 等人发现,有关足球技能与知识掌握较多的足球运动员更容易出现购彩成瘾现象。[④] 总体而言,竞猜型体育彩民认为自己掌握的赛事相关知识和购彩技能越多,购买竞猜型体育彩票的需求和倾向越强,购买需求的满足可能使彩民体验到成就感和满足感,而购彩倾向的不断增加也容易使彩民沉溺其中,影响工作和家庭关系,降低自我控制。基于此,提出研究假设1:主观知识可以影响竞猜型体育彩民

[①] 参见 Mao, L. L., Zhang, J. J. & Connaughton, D. P., "Sports gambling as consumption: evidence from demand for sports lottery", *Sport Management Review*, Vol. 18, No. 3, 2014。

[②] 参见 Burnham, T. A., Frels, J. K. & Mahajan, V., "Consumer switching costs: a typology, antecedents, and consequences", *Journal of the Academy of Marketing Science*, Vol. 31, No. 2, 2003;桑辉《主观知识与顾客满意对顾客忠诚的影响研究》,《北京交通大学学报》(社会科学版) 2011 年第 1 期;Brucks, M., "The effects of product class knowledge on information search behavior", *Journal of Consumer Research*, Vol. 12, No. 1, 1985。

[③] 参见 Gordon, R., Gurrieri, L. & Chapman, M., "Broadening an understanding of problem gambling: the lifestyle consumption community of sports betting", *Journal of Business Research*, Vol. 68, No. 10, 2015。

[④] 参见黄显清、王斌、胡月等《基于扎根理论的竞猜型体育彩民健康购彩影响因素模型构建》《北京体育大学学报》2019 年第 4 期。

的购彩健康状况。[1]

购彩拒绝自我效能感可以成为竞猜型体育彩民主观知识和购彩健康之间关系的中介。自我效能感的概念源自 Bandura，是个体对自身能够完成某项行为所持的自信程度。在博彩领域，有研究针对博彩行为提出了购彩拒绝自我效能感的概念，即彩民对自己在某种情景下能够拒绝购买彩票的信心。[2] 首先，购彩拒绝自我效能感是购彩健康的保护因素，可以减少购彩问题进而作用于购彩健康。[3] Kaur 等人对 117 名澳大利亚成年人进行研究，发现购彩拒绝自我效能感水平高的个体购彩问题较少。[4] Oie 和 Goh[5] 对 310 名新加坡彩民进行研究，结果显示购彩拒绝自我效能感可以预测博彩问题严重程度。其次，主观知识可以影响购彩拒绝自我效能感。行为学家 Bandura 认为自我效能感是个体对自己在某一情景中能够有能力操作行为的预期，是知识、态度等认知资源与行为之间的中介因素，自我效能感的行为预测作用与个体所拥有的技能息息相关。竞猜型体育彩民感知到自己拥有的赛事和购彩技能相关信息越多，购彩的需求越强烈，拒绝购买彩票的信心就越低。基于此，提出研究假设 2：竞猜型体育彩民主观知识可以通过购彩拒绝自我效能感的中介作用影响购彩健康。

---

[1] 参见黄显清、王斌、胡月等《基于扎根理论的竞猜型体育彩民健康购彩影响因素模型构建》，《北京体育大学学报》2019 年第 4 期。

[2] 参见 Casey, L. M., Oei, T. P., Melville, K. M., Bourke, E. & Newcombe, P. A., "Measuring self-efficacy in gambling: the gambling refusal self-efficacy questionnaire", *Journal of Gambling Behavior*, Vol. 24, No. 24, 2008。

[3] 参见 Casey, L. M., Oei, T. P., Melville, K. M., Bourke, E. & Newcombe, P. A., "Measuring self-efficacy in gambling: the gambling refusal self-efficacy questionnaire", *Journal of Gambling Behavior*, Vol. 24, No. 24, 2008; Tang, C. S. K. & Wu, A. M. S., "Direct and indirect influences of fate control belief, gambling expectancy bias, and self-efficacy on problem gambling and negative mood among Chinese college students: A multiple mediation analysis", *Journal of Gambling Studies*, Vol. 26, No. 4, 2010。

[4] 参见 Kaur, I., Schutte, N. S. & Thorsteinsson, E. B., "Gambling control self-efficacy as a mediator of the effects of low emotional intelligence on problem gambling", *Journal of Gambling Behavior*, Vol. 22, No. 4, 2006。

[5] 参见 Oei, T. P. & Goh, Z., "Interactions between risk and protective factors on problem gambling in asia", *Journal of gambling studies / co-sponsored by the National Council on Problem Gambling and Institute for the Study of Gambling and Commercial Gaming*, Vol. 31, No. 2, 2015。

综上，本书提出一个中介模型（图7-3），具体来说：第一，竞猜型体育彩民主观知识可以直接影响购彩健康；第二，购彩拒绝自我效能感可以成为竞猜型体育彩民主观知识和购彩健康之间关系的中介。该模型是博彩风险保护因素模型的具体量化，不仅解释了主观知识、购彩拒绝自我效能感为何会影响购彩健康，同时也检验购彩拒绝自我效能感在主观知识与购彩健康之间的中介效应，对于竞猜型体育彩民购彩健康的预防具有重要理论意义。

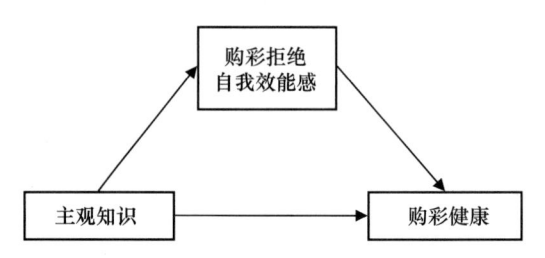

图7-3 主观知识、购彩拒绝自我效能感与购彩健康关系的假设模型

（一）被试与工具

本部分的调查对象为来自湖北省武汉市、恩施市和孝感市三个市的体育彩票销售点的竞猜型体育彩民。共计发放480份调查问卷，回收后对填答无效问卷进行剔除，最终获得有效问卷449份，有效率为93.50%。除去未填写项目后，体育彩民的平均年龄为37.39岁（SD=11.43）；男性238，女性211。

采用的调查工具有主观知识量表、购彩拒绝自我效能感量表和体育彩民购彩健康量表。

主观知识量表。自编主观知识问卷，包括3个项目："我熟悉竞猜型体育彩票的各种玩法"，"相比其他彩民，我也算竞猜型体育彩票方面的专家"，"相比其他彩民，我知道的竞猜型体育彩票知识更多"，本书中该问卷的内部一致性系数为0.80。[1]

---

[1] 参见黄显清、王斌、胡月等《基于扎根理论的竞猜型体育彩民健康购彩影响因素模型构建》《北京体育大学学报》2019年第4期。

体育彩民购彩拒绝自我效能感问卷。（详见前文第五章第一节）体育彩民购彩健康问卷。（详见前文第五章第一节的介绍）

（二）主观知识、拒绝自我效能感、购彩健康的相关分析

考虑到购彩健康有五个维度，在呈现这五个维度均值的基础上分别考察它们与主观知识和购彩拒绝自我效能感的关系（表7-3）。Pearson相关检验显示，主观知识与购彩拒绝自我效能感显著正相关，与购彩健康中的愉悦体验、社会交往、理性控制、消极情绪四个维度显著正相关；购彩拒绝自我效能感与购彩健康中理性控制维度显著正相关，与社会危害维度显著负相关。

表7-3　　主观知识、拒绝自我效能感、购彩健康描述统计及相关分析表

	均值	标准差	愉悦体验	社会交往	理性控制	消极情绪	社会危害	主观知识	拒绝自我效能感
愉悦体验	8.89	2.87	1						
社会交往	8.62	3.18	0.347**	1					
理性控制	13.86	3.51	0.157**	0.005	1				
消极情绪	5.84	2.49	0.175**	0.112*	-0.173**	1			
社会危害	6.91	3.26	0.148**	0.243**	-0.266**	0.570**	1		
主观知识	10.23	2.49	0.179**	0.169**	-0.246**	0.186**	0.256**	1	
拒绝自我效能感	38.31	8.46	-0.129**	-0.132**	0.280**	-0.082	-0.271**	0.501**	1

注：** $P<0.01$；* $P<0.05$。

（三）购彩拒绝自我效能感在主观知识与购彩健康间的中介效应

利用结构方程模型对购彩拒绝自我效能感在主观知识与购彩健康的愉悦体验、社会交往、理性控制、消极情绪、社会危害五个维度之间的中介效应进行进一步检验，得到影响模型与数据的拟合指数 $\chi^2/df = 2.12$，$CFI = 0.909$，$IFI = 0.910$，$RMSEA = 0.050$，拟合良好。拟合模型图见图7-4，拟合模型的各条路径检验系数见表7-4。

表 7 – 4   假设模型的路径系数检验表

路径	路径系数	SE	统计显著结果
主观知识→购彩拒绝自我效能感	-0.545	0.114	0.000
主观知识→愉悦体验	0.192	0.142	0.008
主观知识→社会交往	0.120	0.146	0.081
主观知识→理性控制	-0.148	0.098	0.036
主观知识→消极情绪	0.216	0.139	0.005
主观知识→社会危害	0.166	0.111	0.021
购彩拒绝自我效能感→愉悦体验	-0.066	0.094	0.338
购彩拒绝自我效能感→社会交往	-0.106	0.100	0.115
购彩拒绝自我效能感→理性控制	0.284	0.071	0.000
购彩拒绝自我效能感→消极情绪	-0.014	0.091	0.850
购彩拒绝自我效能感→社会危害	-0.244	0.077	0.000

由图 7 – 4 可知，竞猜型体育彩民主观知识与购彩健康理性控制维度的总体效应（Total Effect，$\beta = -0.302$，$P < 0.001$）、直接效应（Direct Effect，$\beta = -0.148$，$P < 0.05$）和间接效应（Indirect Effect，$\beta = -0.545 \times 0.284 = -0.155$，$P < 0.001$）均达到显著水平。这说明，竞猜型体育彩民购彩拒绝自我效能在主观知识与理性控制之间起部分中介作用，中介率为 $-0.155/-0.302 = 51.00\%$。竞猜型体育彩民主观知识对理性控制的影响效应有两种方式：一是通过主观知识的直接作用影响理性控制；二是通过购彩拒绝自我效能感的间接作用影响理性控制。[1]

竞猜型体育彩民主观知识与购彩健康社会危害维度的总体效应（Total Effect，$\beta = 0.299$，$P < 0.001$）、直接效应（Direct Effect，$\beta = 0.166$，$p = 0.05$）和间接效应（Indirect Effect，$\beta = -0.545 \times -0.244 = 0.133$，$P < 0.001$）均达到显著水平。这说明，竞猜型体育彩民购彩拒绝自我效能感在主观知识与社会危害之间起部分中介作用，中介率

---

[1] 参见黄显清、王斌、胡月等《竞猜型体育彩民主观知识对购彩健康的影响：拒绝自我效能感的中介作用》，《西安体育学院学报》2019 年第 2 期。

第七章 竞猜型、数字乐透型体育彩民购彩健康的影响因素

为 0.133/0.299 = 44.00%。竞猜型体育彩民主观知识对购彩社会危害的影响效应有两种方式：一是通过主观知识的直接作用影响社会危害；二是通过购彩拒绝自我效能感的间接作用影响社会危害。[①]

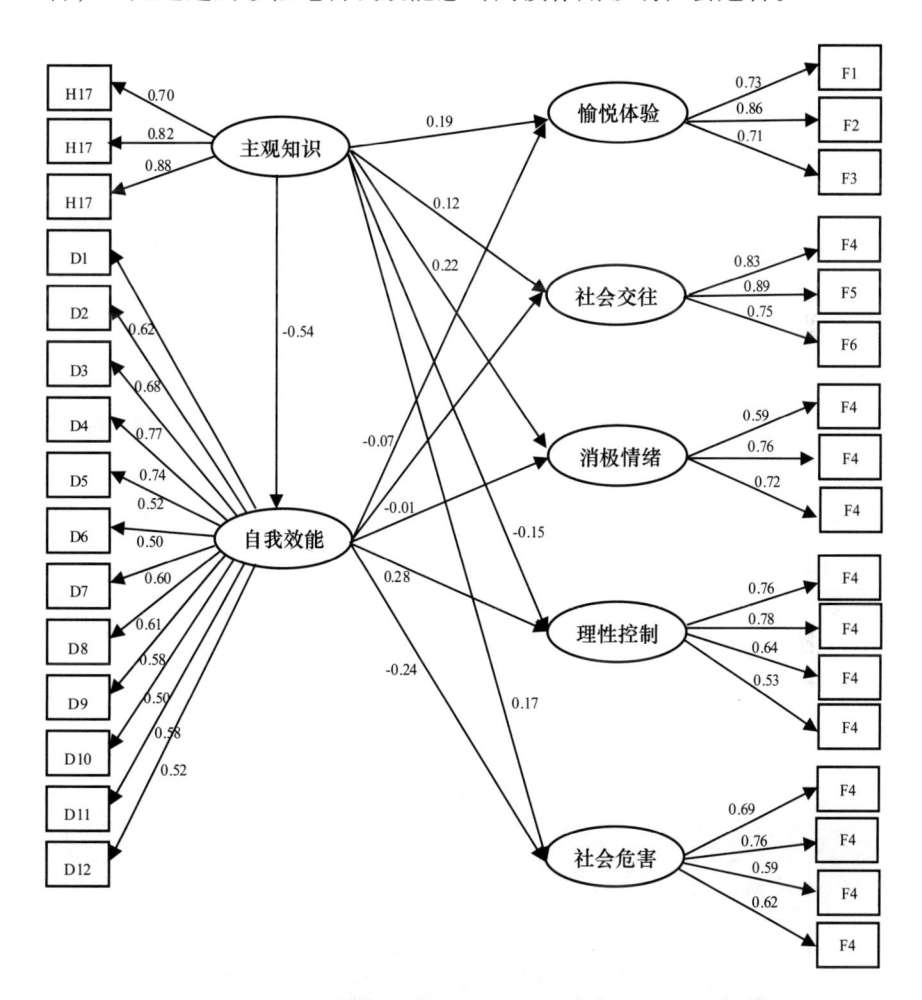

图 7-4 自我效能感在主观知识与购彩健康间的中介作用图

注：由于篇幅限制，购彩拒绝自我效能感使用自我效能代替。

---

① 参见黄显清、王斌、胡月等《基于扎根理论的竞猜型体育彩民健康购彩影响因素模型构建》《北京体育大学学报》2019 年第 4 期。

四 小结

（一）竞猜型体育彩民购彩健康影响因素理论模型

根据扎根理论研究，构建竞猜型体育彩民购彩健康影响因素模型（如图7-5）。其中购彩健康包含愉悦体验、理性控制、社会交往、消极情绪、社会危害五个方面。竞猜型体育彩民购彩健康影响因素可分为个人风险因素、个人保护因素、环境风险因素和环境保护因素四大类：个人风险因素包括足球情结、主观知识和认知偏差；个人保护因素包括购彩拒绝自我效能感和感知风险；环境风险因素包括不当宣传暴露、易接近性和非彩民同伴促进；环境保护因素包括责任宣传和彩民同伴抑制。此外，足球情结和主观知识（个人风险因素）、易接近性和不当宣传暴露（环境风险因素）不仅可以直接影响购彩健康，还可以通过认知偏差（个人风险因素）、购彩拒绝自我效能感（个人保护因素）间接影响购彩健康；责任宣传和非彩民同伴促进（环境保护因素）、感知风险（个人保护因素）、彩民同伴抑制（环境风险因素）可以调节足球情结等对购彩健康的作用。该模型体现了个人

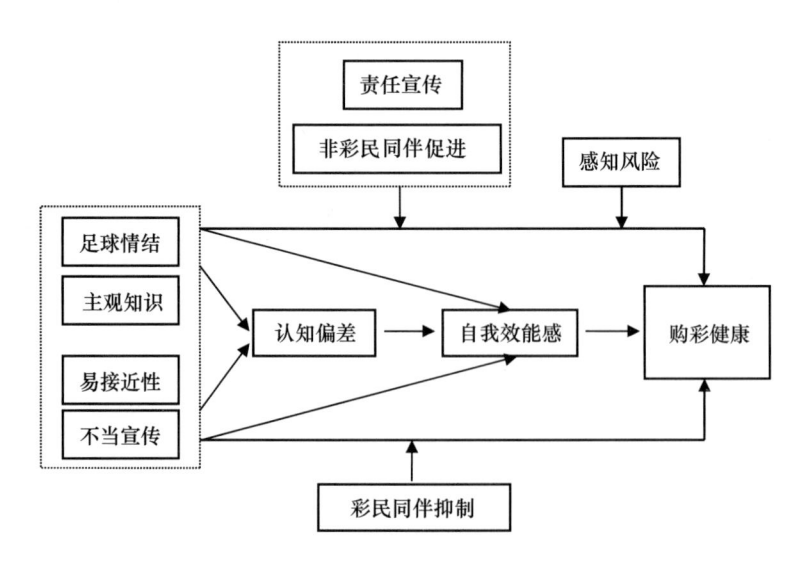

图7-5 竞猜型体育彩民购彩健康影响因素模型图

第七章 竞猜型、数字乐透型体育彩民购彩健康的影响因素

与环境因素、风险与保护因素相互作用、共同影响购彩健康。一方面支持了博彩路径模型,足球情结等个人风险因素与不当宣传暴露、彩民同伴抑制等环境风险因素相互作用影响购彩健康;另一方面验证了风险—保护模型,存在促进购彩健康、缓解风险因素作用的保护因素,如感知风险、责任宣传等。该模型综合考察了个人与环境、风险与保护因素对购彩健康的作用机制,有利于多方面、多角度预防购彩危害发生,促进竞猜型体育彩民的购彩健康。

1. 个体因素

竞猜型体育彩民购彩健康的影响因素中个体因素涉及足球情结和主观知识。足球情结包含"喜欢足球"和"支持球队"两方面,是竞猜型体育彩民特有的风险因素。首先,足球情结可以影响购彩健康。大多数竞猜型体育彩民是球迷,热爱足球及与足球相关的活动,如购买竞猜型体育彩票。Gassmann 等人对 634 名德国竞猜型体育彩民进行研究,他们发现彩民对体育运动的兴趣可以正向预测其购彩行为。[1] 其次,购买竞猜型体育彩票是球迷表达喜爱球队并支持球队的一种方式,竞猜结果意味着他们是否是一个真正的球迷[2]:"我会一直买轰炸机队,仅仅因为他是我喜欢的足球队,无论他们的比赛是否会赢……表达我对他们的支持。"[3] 足球情结是大多数彩民选择及不断购买竞猜型体育彩票的原因。最后,足球情结可以影响过度自信等认知偏差,"我从 1998 年法国世界杯开始喜欢足球……就说那个××队,这次肯定能赢,已经赢了两场,这次又在主场……"(I19)足球情结越深,对足球越热爱,对喜爱球队越"死忠",越容易产生自己可以控制竞猜结果的感知,产生过度自信等认知偏差,从而进一步增加购彩频率、加大资金投入,影响购彩健康。总之,足球情结作为竞

---

[1] 参见 Gassmann, F., Emrich, E. & Pierdzioch, C., "Who bets on sports? Some further empirical evidence using German data", *International Review for the Sociology of Sport*, 2015。

[2] 参见 Mao, L. L., Zhang, J. J. & Connaughton, D. P., "Sports gambling as consumption: evidence from demand for sports lottery", *Sport Management Review*, Vol. 18, No. 3, 2014。

[3] 参见 Gordon, R., Gurrieri, L. & Chapman, M., "Broadening an understanding of problem gambling: the lifestyle consumption community of sports betting", *Journal of Business Research*, Vol. 68, No. 10, 2015。

猜型体育彩民特有的风险因素，不仅可以直接影响购彩行为，还可以通过认知偏差等因素间接威胁购彩健康。

主观知识对竞猜型体育彩民购彩健康影响也较为突出。主观知识是彩民对足球规则、球队状态及赛事信息等知识掌握程度的感知，影响购彩行为的发生："如果我想猜一个球队输赢，我先要对球队信息进行了解，不然我不会购买……例如我感觉自己对足球不了解，那么我不会参与足球方面的竞猜，如果我对篮球很了解，我一般只会参与篮球方面的竞猜。"（I03）与传统彩票玩法相比，竞猜结果与体育赛事信息直接相关，如球队状态、教练员执教能力、球员技术和比赛经验、历史交锋战绩、主客场、天气情况等。[1] 只有当彩民认为自己掌握了某种球类运动的相关知识时才会进行购买。[2]

此外，主观知识影响过度自信等认知偏差作用于购彩健康。"我非常了解这个球队，他们一定会赢"（I06），竞猜型体育彩民一般认为自己掌握了相关信息，是该领域的"专家"，更相信自己对结果的预测，产生过度自信、控制幻觉等认知偏差，从而影响购彩健康状况。如 Weiss 和 Loubier[3] 对比美国退役运动员、现任运动员和非运动员的购彩行为，发现，退役运动员认为自己对曾经从事的体育运动更了解，倾向于认为自己能够控制竞猜结果，投入更多的时间和金钱。由上可知，主观知识不仅可以影响购彩健康，还可以通过认知偏差的间接作用影响购彩健康。

2. 环境因素

竞猜型体育彩民购彩健康的影响因素中环境因素涉及易接近性和不当宣传暴露。

---

[1] 参见黄显清、王斌、胡月等《基于扎根理论的竞猜型体育彩民健康购彩影响因素模型构建》，《北京体育大学学报》2019 年第 4 期。

[2] 参见 Gordon, R., Gurrieri, L. & Chapman, M., "Broadening an understanding of problem gambling: the lifestyle consumption community of sports betting", *Journal of Business Research*, Vol. 68, No. 10, 2015。

[3] 参见 Weiss, S. M. & Loubier, S. L., "Gambling habits of athletes and nonathletes classified as disordered gamblers", *Journal of Psychology Interdisciplinary & Applied*, Vol. 144, No. 6, 2010。

第七章 竞猜型、数字乐透型体育彩民购彩健康的影响因素

竞猜型体育彩票易接近性包含"购彩方便""网络便利"和"互动便利"三个方面。其中"购彩方便"是指彩票点地理位置、开放时间等物理条件便于购买彩票,一些竞猜型体育彩票店在赛事高峰期加长营业时间,吸引很多彩民夜间观看球赛。"网络便利"是指网络购彩和赛事信息网络发布的便利性,竞猜型体育彩票依托体育赛事,一些彩票店利用微信群、QQ群设置在线购买平台,便于彩民在家观看比赛的同时也能及时购买彩票,提高彩民购彩的积极性和热情。"互动便利"指的是彩票点提供彩民交流经验和情感的便利性,增加彩民归属感和金额投入。很多彩民表示彩票店越便利,他们越感觉无法控制自己购买彩票的行为并且更冲动,越没有信心控制自己购买彩票(I6,I7)。微信和QQ等提供的网络购彩平台便利性是竞猜型体育彩民购彩健康特有的风险因素。与其他类型彩票相比,如大乐透、排列3排列5等每周或每日定时开奖,购彩者多数去彩票店进行购彩,竞猜型体育彩票依托体育赛事,赛事时间相对分散,微信或QQ等网络购彩平台使他们可以一边在家观看比赛一边购彩;与国外彩票发行渠道相比,我国网络购彩平台尚不成熟,所以以微信或QQ构建的网络便利性是我国竞猜型体育彩民购彩健康特有的风险因素。此外,彩票点为竞猜型体育彩民提供的各种便利大大增加了"合买"这一购彩方式的使用,涉及金额数量之多也是其他类型彩票所不及。

此外,竞猜型体育彩票的易接近性在便利沟通和交流的同时,可以提高购彩冲动,降低购彩拒绝自我效能感,从而影响购彩健康。博彩易接近性对购彩健康的影响得到了一些研究的支持。Moore等人对303名澳大利亚博彩者的研究得出:易接近性可以增加赌博频次和赌博金额。[1] Thomas等人的质性研究发现博彩易接近性可以增加冲动性

---

[1] 参见Moore, S. M., Thomas, A. C., Kyrios, M., Bates, G. & Meredyth, D., "Gambling accessibility: a scale to measure gambler preferences", *Journal of Gambling Behavior*, Vol. 27, No. 1, 2011。

博彩的发生。①

竞猜型体育彩票不当宣传暴露种类多样,包括中大奖诱惑、容易中奖信息、头奖案例传播、专家推荐,以横挂条幅和海报、张贴彩票等方式呈现,前者主要针对大奖金额和案例进行传播,如"众人合伙中足彩497万,××省××市'三剑客'显神威"、"××彩民16元投注,幸运中得胜负彩158万"等。

首先,中大奖、头奖案例等不当宣传可以直接刺激彩民过度消费,影响购彩健康。一些竞猜型体育彩民表示看到这些中奖宣传信息会激发他们购买彩票的欲望,即使已经输了很多钱,过一段时间看到这些中奖信息还是会忍不住继续购彩(I5)。其次,容易中奖、专家推荐等宣传使彩民产生中奖联想、过度自信等认知偏差。彩民在彩票店购买彩票时最先接触的是各种中奖宣传信息,环境中充斥的奖金刺激使彩民产生丰富的中奖联想,并引发强烈的情感体验,提高了中奖在知觉或记忆中的可获得性程度,高估彩票的中奖概率。② 不当宣传暴露还可能导致彩民的过度自信,长期接触他人"容易中奖"的信息,彩民可能产生"他可以,我也可以中奖"(I13)的类比心理,高估自己中奖的能力。

3. 可能的中介机制

认知偏差是指在内、外部因素的影响下,个体的决策和判断偏离规则、标准和事实的心理倾向,竞猜型体育彩民的认知偏差主要表现为过度自信、回本和差点赢。购彩拒绝自我效能感是指彩民对自己拒绝购买彩票能力的信心程度。③ 研究分析发现,认知偏差可以通过降低购彩拒绝自我效能感对购彩健康的影响。

---

① 参见 Thomas, A. C., Bates, G., Moore, S., et al., "Gambling and the Multidimensionality of Accessibility: More Than Just Proximity to Venues", *International Journal of Mental Health & Addiction*, Vol. 9, No. 1, 2011。

② 参见王斌、史文文、刘炼《我国体育彩民购彩心理与行为特征研究》,北京体育大学出版社2013年版。

③ 参见 Casey, L. M., Oei, T. P., Melville, K. M., Bourke, E. & Newcombe, P. A., "Measuring self-efficacy in gambling: the gambling refusal self-efficacy questionnaire", *Journal of Gambling Behavior*, Vol. 24, No. 24, 2008。

第七章　竞猜型、数字乐透型体育彩民购彩健康的影响因素

认知偏差对购彩拒绝自我效能感的影响。"我对这××队特别了解，有时候感觉××队今天这场一定会赢，明知道已经输了很多钱，还是感觉控制不了自己……"（I17、I23）过度自信等认知偏差可以降低购彩拒绝自我效能感。竞猜型体育彩民通常认为自己是该领域的"专家"[1]，相信自己能够控制竞猜结果，这种替代性的购彩控制经验会降低彩民控制自身购彩行为的信心[2]，而个体自我控制的资源是有限的[3]，购彩拒绝自我效能感降低会进一步导致自我控制力丧失，冲动购彩，从而降低个体购彩健康水平。认知偏差对购彩拒绝自我效能感的影响得到了一些研究的支持。例如 Casey 等人研究发现认知偏差高的彩民与购彩拒绝自我效能感有显著负相关。[4] Tang 和 Wu[5] 对中国大学生彩民的研究显示自我效能感可以中介命运控制对问题博彩的影响，个体命运控制水平越高，越相信博彩能够带来积极的结果，越无法抵抗其诱惑，购彩健康水平越低。所以，认知偏差可以影响竞猜型体育彩民的购彩拒绝自我效能感。

购彩拒绝效能感对购彩健康的影响。"……也知道自己每天总想着足彩的赔率、盘口、胜负关系什么的有点不正常，有时候会影响正常的工作和生活，我会相应地做出调整……"（I26）购彩拒绝自我效能感是购彩健康的个人保护因素，彩民拥有的购彩拒绝自我效能感越

---

[1] 参见 Mao, L. L., Zhang, J. J. & Connaughton, D. P., "Sports gambling as consumption: evidence from demand for sports lottery", *Sport Management Review*, Vol. 18, No. 3, 2014。

[2] 参见 Bandura, A., "Self-efficacy: The Exercise of Control", *Journal of Cognitive Psychotherapy*, Vol. 604, No. 2, 1997。

[3] 参见 Baumeister, R. F., Heatherton, T. F. & Tice, D. M., "Losing control: How and why people fail at self-regulation", *Clinical Psychology Review*, Vol. 15, No. 4, 2008。

[4] 参见 Casey, L. M., Oei, T. P., Melville, K. M., Bourke, E. & Newcombe, P. A., "Measuring self-efficacy in gambling: the gambling refusal self-efficacy questionnaire", *Journal of Gambling Behavior*, Vol. 24, No. 24, 2008。

[5] 参见 Tang, C. S. K. & Wu, A. M. S., "Direct and indirect influences of fate control belief, gambling expectancy bias, and self-efficacy on problem gambling and negative mood among Chinese college students: A multiple mediation analysis", *Journal of Gambling Studies*, Vol. 26, No. 4, 2010。

高，完成某一行为的信心也越大，越能够控制自己的购彩行为。Bandura[①]的社会认知理论认为自我效能感是个体机能的重要部分，不仅可以直接影响个体行为还可以通过目标设定等因素间接作用于个体行为。购彩拒绝自我效能感对博彩行为的重要影响也得到一些实证研究的支持，例如 Kaur 等人在一项对 117 名澳大利亚成年人的研究中发现高拒绝自我效能感个体的购彩问题更少[②]。Oei 和 Goh[③] 对 310 名新加坡彩民进行研究，结果显示购彩拒绝自我效能感可以负向预测博彩问题的严重程度。由上可知，高拒绝自我效能感可以保护购彩健康。

4. 可能的调节机制

责任宣传是促进彩民购彩健康的宣传信息，分公益性和劝说性两种，可以调节认知偏差、易接近性等风险因素对购彩健康的影响。公益性责任宣传侧重公益价值的引导，如"体彩支持青少年足球，托起孩子的'世界杯梦想'"，"公益体彩，乐善人生"，"因公益而国彩"等。劝说性责任宣传侧重合理购彩，如"中奖欣喜，贵在参与"等。而西方国家则直面博彩风险问题，如"博彩过度等同吸毒"，"博彩危险，未成年止步"，与其相比，我国购彩责任宣传的关注不足、形式单一，且容易淹没于不当宣传。尽管如此，彩票发行公益性初衷的长期传播及近几年足球运动的推广，都在一定程度上缓解了认知偏差等风险因素对购彩健康的影响。"我没抱着中奖的心态，输钱了就当为公益为足球作贡献了"（I26），彩票公益性宣传可以缓解彩民对奖金的盲目追求，预防竞猜型体育彩民陷入追求大奖、容易中奖的误区；劝说性的责任宣传更为直接，以更为直接的方式提醒彩民理性购彩，而不是盲目地"死忠"追求的球队。有研究发现责任宣传可以

[①] 参见 Bandura, A., "Social cognitive theory: An agentic perspective", *Annual Review of Psychology*, Vol. 52, No. 1, 2001。

[②] 参见 Kaur, I., Schutte, N. S. & Thorsteinsson, E. B., "ambling control self-efficacy as a mediator of the effects of low emotional intelligence on problem gambling", *Journal of Gambling Behavior*, Vol. 22. No. 4, 2006。

[③] 参见 Oei, T. P. & Goh, Z., "Interactions between risk and protective factors on problem gambling in asia", *Journal of gambling studies / co-sponsored by the National Council on Problem Gambling and Institute for the Study of Gambling and Commercial Gaming*, Vol. 31, No. 2, 2015。

第七章 竞猜型、数字乐透型体育彩民购彩健康的影响因素

减少网络购彩问题,尤其是陷入"回本"的彩民[1],还有助于青少年了解博彩相关风险,通过感知风险影响购彩意图,减少后续购彩问题的发生[2],提高购彩健康水平。

竞猜型体育彩民对购彩风险的感知主要体现在金钱、时间和身体上,高感知风险体育彩民能够理性地认识彩票的中奖概率,并看到过度购彩可能产生的财务危机、耽误工作时间和失眠等消极后果,是购彩健康的保护因素之一,通过调节购彩拒绝自我效能感、认知偏差等因素发生作用。"想起之前的投注,可能都赢不回来,所以我不会投入很多,能控制自己的花销……每次来(彩票店)的时候,我都告诉自己只花十块钱。"(I25)可见,高感知风险体育彩民能够意识到购彩可能带来的风险,缓解过度自信、回本等认知偏差引发的购彩冲动,增加控制购彩的信心,进而提高购彩的健康水平。既往相关研究还比较少,但已经开始受到研究者的关注,如 Canale 等人对 594 名学生的研究显示感知风险可以调节冲动特质、动机对博彩问题的影响。[3]

非彩民同伴促进。非彩民同伴可以促进购彩健康,调节不当宣传、购彩拒绝自我效能感等的作用,是购彩健康的环境保护因素之一。虽然竞猜型体育彩民身边或多或少聚集一批彩民朋友,但这些彩民朋友不一定是社交的主要范围,那么当个体亲近朋友多为不购买彩票的非彩民时,为了维持同伴认同感,购彩之前会考虑自身购彩行为是否被同伴接纳,与非彩民朋友相处时,彩票一般不会作为交谈的主题,更不会选择购买彩票作为同伴社交的活动,尤其当朋友十分不赞

---

[1] 参见 Gainsbury, S., Parke, J. & Suhonen, N., "Consumer attitudes towards internet gambling: perceptions of responsible gambling policies, consumer protection, and regulation of online gambling sites", *Computers in Human Behavior*, Vol. 29, No. 1, 2012。

[2] 参见 Lemarié, L. & Chebat, J. C. Resist or comply: promoting responsible gambling among youth, *Journal of Business Research*, Vol. 66, No. 1, 2013。

[3] 参见 Canale, N., Vieno, A., Griffiths, M. D., Rubaltelli, E. & Santinello, M., How do impulsivity traits influence problem gambling through gambling motives? the role of perceived gambling risk/benefits, *Psychology of Addictive Behaviors*, Vol. 29, No. 3, 2015。

同购彩时，个体要么选择隐瞒购彩行为，要么降低购彩行为或不购彩，无论哪种情况，都会降低竞猜型体育彩票易接近性、大奖宣传等对彩民的吸引。此外，非彩民同伴如父母、配偶等也会劝说彩民不去购买彩票或者合理购彩，加强购彩拒绝自我效能感，提高购彩健康水平，"我老婆以前总是跟我吵，因为我那时候买得太多了，一天几千块钱不留神就进去了……后来吵得不行了自己也能控制下自己的行为……"（I22）Studer 等对 5521 名瑞士男性的饮酒行为进行调查，结果发现，同伴能降低个体的饮酒行为，主要表现在同伴参与和同伴一致性两方面。①

彩民同伴抑制。彩民同伴交往可以增加控制幻觉，降低购彩拒绝自我效能感，降低购彩健康水平。竞猜型体育彩民不同于其他类型彩民，多数为球迷，身边或多或少会聚集一些购买竞猜型体育彩票的朋友，基于社会网络理论的一致性原则，如果个体的亲密网络中竞猜型体育彩民朋友居多，为了保持群体一致性和被接纳感，一般也会购买彩票，而这种趋同性的一致行为趋向环境，对群体一致行为的追逐，可以降低购彩行为的控制信心；同时对赛事的讨论、竞猜结果可预测性的讨论、偶尔失败的外部归因都可能增加彩民可以控制比赛结果的认知偏差，从而降低购彩健康水平。Donati 等人对 994 名意大利青少年彩民进行调查，结果显示，同伴博彩行为可以显著预测男性青少年购彩问题。② 彩友同伴对个体购彩健康的影响还体现在购彩投入的金额上，为了增加赢钱的概率，竞猜型体育彩民之间经常出现"合买"一张彩票单的情况。Guillen 等人对这一行为的动机进行研究，发现其不仅仅为了最终的奖金回报，更是为

---

① 参见 Studer, J., Baggio, S. & Deline, S., "Peer pressure and alcohol use in young men: a mediation analysis of drinking motives", *International Journal on Drug Policy*, Vol. 25, No. 4, 2014。

② 参见 Donati, M. A., Chiesi, F. & Primi, C., "A model to explain at-risk/problem gambling among male and female adolescents: gender similarities and differences", *Journal of Adolescence*, Vol. 36, No. 1, 2013。

第七章 竞猜型、数字乐透型体育彩民购彩健康的影响因素

了群体凝聚力和友谊。购买竞猜型体育彩票可能使他们拥有共同的经验，形成了沟通交流的基础，即便输钱了，对他们随后的购彩参与度的影响也相对较低，反而因为偶尔"合买"得到的奖金刺激逐渐增加投入，降低购彩健康程度。①

（二）主观知识影响购彩健康的作用机制

1. 主观知识与购彩健康的关系

研究表明，竞猜型体育彩民主观知识与购彩健康中愉悦体验、社会交往、消极情绪、社会危害四个维度呈显著正相关关系，与理性控制呈显著负相关关系。进一步的回归分析和结构方程分析均发现，主观知识可以正向预测彩民的愉悦体验、社会交往、消极情绪和社会危害水平，显著负向预测个体的理性控制，这说明竞猜型体育彩民主观知识对彩民既有积极的促进作用也有消极危害，可以直接影响彩民的购彩健康。

竞猜型体育彩民主观知识可以增加彩民愉悦体验，促进积极交往。竞猜型体育彩票与其他彩票玩法的本质区别在于购买过程中会涉及个体的智力性因素，体育彩民除了要对竞猜赛事充分了解和熟悉，还需要对可能影响赛事的因素以及赛事的比赛结果进行考虑、推测，即可能会涉及竞猜赛事的技术分析等。随着竞猜型彩民主观知识的积累，为了提高竞猜的命中率，他们不得不花费大量时间来分析对阵双方球队的历史交战战绩、伤病情况、近期状态、盘口以及即时变化的"赔率"等信息，竞猜型体育彩民利用这些信息购买彩票而中奖时，自我价值得到提升，体验到愉悦和幸福。另一方面，竞猜型体育彩民在分析竞猜赛事时，多是与一群与自身年龄、购彩年限相近的彩民一起分析，在这个过程中，自身拥有的技术知识以及一起分析的过程中能够加强自身的社会交往。

主观知识过高的竞猜型体育彩民购彩也可能降低彩民的自我控制能力，增加消极情绪和社会危害，这与既往主观知识提高问题博

---

① 参见黄显清、王斌、胡月等《基于扎根理论的竞猜型体育彩民健康购彩影响因素模型构建》，《北京体育大学学报》2019年第4期。

彩水平的研究一致。首先，高主观知识的竞猜型体育彩民倾向认为自己是这方面的"专家"，产生过度自信等不良认知，进而投入过多金钱和精力，理性控制水平降低。其次，这些认为自己是"专家"的竞猜型体育彩民长时间不中奖后可能引发焦虑、后悔等消极情绪。在前期访谈的过程中，有彩民表达"我买了十多年的足彩，有着丰富的经验和技术，对相关的知识也非常了解，但是有时候也会引发焦虑，例如长时间不中奖时，我会控制不住自己加大购彩金额和购买频次，一直到中奖为止，有时自己的钱用完了还会借钱买彩票，就为了证明我的判断是正确的"。最后，竞猜型体育彩民多是忠实球迷，有自己长久支持的赛事队伍，这使他们会定期、频繁地关注赛事队伍的相关信息。

此外，竞猜赛事主要围绕欧洲足球"五大联赛"，彩民经常通宵达旦地观看赛事直播。例如，我们在全国实地调研的过程中，对部分竞猜型彩票的销售网点进行蹲点观察，发现每逢关键赛事时期，竞猜型体育彩票销售网点有很多人通宵看比赛，并不断投注购彩，这将直接影响其日常工作和身体健康状况。购彩过程中如果亏损较多，也会造成经济损失和产生消极情绪。

2. 购彩拒绝自我效能感的中介效应

多元回归分析和结构方程分析的结果显示，购彩拒绝自我效能感只能中介竞猜型体育彩民主观知识和购彩健康中的理性控制和社会危害的关系。具体来说，主观知识可以通过提高购彩拒绝自我效能感来提高竞猜型彩民的理性控制水平，减少购彩带来的社会危害。这支持了Bandura的观点，自我效能感作为行为操作的自我预期，可以中介知识和行为的关系。首先，竞猜型体育彩民主观知识可以降低个体的购彩拒绝自我效能感。根据Bandura对自我效能的最初定义，人们对自身行为的自信程度受到个体所拥有的知识和技能的影响。竞猜型体育彩民认为自己掌握的赛事相关信息和购彩技巧越多，其拒绝购买彩票的信心就会越低。其次，购彩拒绝自我效能感可以降低购彩的消极情绪和社会危害。一些研究者也发现高拒绝自我效能感的个体，他们

第七章 竞猜型、数字乐透型体育彩民购彩健康的影响因素

的购彩问题较少、成瘾水平较低[①]，购彩拒绝自我效能感是购彩健康的保护因素。前期访谈过程中，有彩民表示"我控制不住自己买彩票，看到朋友买或者觉得自己感觉可以猜中的比赛就会购买。有一段时间我一直是这个状态，严重影响家庭和工作"[②]，"我大学毕业以后有一份稳定的工作，后来觉得买彩票可以赚钱而且很容易，我就把工作辞去了，现在有充足的时间在彩票店里专心研究和购买彩票"。竞猜型体育彩民拒绝购买彩票的信心越低，越难以控制购彩行为，在买与不买挣扎的过程体验到焦虑、痛苦等消极情绪，同时也更容易沉溺于彩票，产生经济损失、工作效率降低等消极后果。

此外，研究从结构层面揭示了三大核心变量的内部关联，即竞猜型体育彩民主观知识既可以直接预测购彩健康，还可以通过购彩拒绝自我效能感这一中介变量间接预测购彩健康。数据表明，主观知识会降低竞猜型体育彩民购彩健康水平，这是影响购彩健康的一个风险因素；当考虑到购彩拒绝自我效能感时，竞猜型体育彩民购彩健康会因个体拒绝自我效能感的介入得到改善。因此，研究认为当考虑到竞猜型体育彩民主观知识对购彩健康的影响时，在控制主观知识这一变量的前提下，竞猜型体育彩民不同程度的购彩拒绝自我效能感可能表现出不同程度的购彩健康水平。研究结论既有利于解释竞猜型体育彩民主观知识与购彩健康之间的关系，又映射出拒绝自我效能感在促进购彩健康时的重要作用。事实上，竞猜型体育彩民主观知识对购彩健康的影响，会因为彩民个体内在的、外在的诸多因素更为复杂化。未来的研究应该着眼于更多的调节变量和中介变量的探讨，为更全面地揭示竞猜型体育彩民购彩健康的影响因素提供实践基础。

综上而言，本部分研究主要得到四点结论。第一，我国竞猜型体

---

① 参见 Kaur, I., Schutte, N. S. & Thorsteinsson, E. B., "Gambling control self-efficacy as a mediator of the effects of low emotional intelligence on problem gambling", *Journal of Gambling Behavior*, Vol. 22, No. 4, 2006; Tian, P. S. O. & Goh, Z., "Interactions Between Risk and Protective Factors on Problem Gambling in Asia", *Journal of Gambling Studies*, Vol. 31, No. 2, 2015.

② 参见黄显清、王斌、胡月等《竞猜型体育彩民主观认识对购彩健康的影响：拒绝自我效能感的中介作用》，《西安体育学院学报》2019年第2期。

育彩民购彩健康的开放性编码初步归纳了 11 个范畴、40 个概念,其中 11 个范畴为主观知识、足球情结、彩民同伴抑制、非彩民同伴促进、购彩拒绝自我效能感、认知偏差、感知风险、责任宣传、不当宣传暴露、易接近性、购彩健康。

第二,借助于分析事件的因果条件、现象、脉络、行动或策略、中介条件、结果六个方面,形成关联性编码的典范模型。选择性编码得出竞猜型体育彩民购彩健康影响因素的四个核心的范畴:个人风险因素、个人保护因素、环境风险因素、环境保护因素。其中个人风险因素包括足球情结、主观知识和认知偏差;个人保护因素包括购彩拒绝自我效能感和感知风险;环境风险因素包括不当宣传暴露、易接近性和非彩民同伴促进;环境保护因素包括责任宣传和彩民同伴抑制。

第三,足球情结和主观知识(个人风险因素)、易接近性和不当宣传暴露(环境风险因素)不仅可以直接影响购彩健康程度,还可以通过认知偏差(个人风险因素)、购彩拒绝自我效能感(个人保护因素)作用间接影响购彩健康;此外,责任宣传和非彩民同伴促进(环境保护因素)、感知风险(个人保护因素)、彩民同伴抑制(环境风险因素)可以调节足球情结等对购彩健康的影响。该模型体现了个人与环境因素、风险与保护因素相互作用、共同影响购彩健康。[①]

第四,竞猜型体育彩民的主观知识能够显著预测其购彩健康,购彩拒绝自我效能感与购彩健康的理性控制维度呈显著正相关;购彩拒绝自我效能感与购彩健康的社会危害维度呈显著负相关,购彩拒绝自我效能感在竞猜型体育彩民主观知识与购彩健康之间起部分中介作用。

---

① 参见黄显清、王斌、胡月等《基于扎根理论的竞猜型体育彩民健康购彩影响因素模型构建》《北京体育大学学报》2019 年第 4 期。

第二节 数字乐透型体育彩民购彩健康的影响因素研究

一 既有研究总结与分析

纵观既有相关研究,他们多探讨了数字乐透型体育彩民购彩的人群分布、人口学差异和购彩行为特征等内容。在购彩行为特征的探讨上,研究多涉及数字乐透型体育彩民购彩的金额、次数、时间、投注方式与选号方式等。已有研究表明,数字乐透型体育彩民月购买金额达到222.57元;月购买频次达到14.27次,位列所有彩种最高;研究时间达到28.22分钟,仅次于竞猜型彩民;投注方式基本上都是彩票店购买;以自选为主,经常会复式或者倍数投注。数字乐透型体育彩民购彩行为的特点是购买频次高、研究时间较长和投注的金额多,所以较容易产生购彩健康问题。在数字乐透型体育彩民的购彩人群分布、人口学差异的探讨上,既有研究描述了年龄、性别、社会经济地位(学历、职业)等人口统计学因素的影响。Volberg[1]的研究显示,购彩健康的风险性在中青年、男性、低学历群体中更大。樊荣[2]指出数字乐透型彩民的学历以高中、中专为主。[3]

由于数字乐透型彩票的玩法不同于国外博彩,因此数字乐透型体育彩民购彩健康的影响因素也具有一定的独特性和针对性。根据数字乐透型的特点,进一步对博彩的影响因素进行分析,挑选出可能影响数字乐透型体育彩民购彩健康的两大因素(感知技能与控制幻觉)并对其相关研究进行综述。所谓感知技能,是指体育彩民在购买数字乐透型彩票时对自己选择号码的技能或策略的知觉。感知技能高的个体,

---

[1] 参见 Volberg, Rachel. A., "The prevalence and demographics of pathological gamblers: implications for public health", American Journal of Public Health, Vol. 84, No. 2, 1994。

[2] 参见王斌、樊荣、刘炼等《不同玩法偏好体育彩民购彩心理与行为特征研究》,《西安体育学院学报》2016年第4期。

[3] 参见夏天《数字乐透型体育彩民购彩健康现状及其影响因素研究》,硕士学位论文,华中师范大学,2018年。

会倾向于认为自己在选号上是有策略、有技术的。Turner[①] 发现，由于在早期的"博彩生涯"中有过一些的赢的经历，因此问题博彩者相信他们应用在博彩中的"策略"和"技术"是正确的。Delfabbro 等人提出，问题彩民往往把中奖结果归功于自己的感知技能，即多年来的经验和技巧，问题彩民通常会高估自己对中奖结果的控制能力。[②] Tversky 和 Kahneman[③] 提出不确定情境下的判断理论，对彩民在购彩活动中对中奖概率和数字形式的知觉进行了解释，他们认为彩民在购买彩票投注时会把一些看起来随机的数字作为投注号码，这是出现购彩问题的重要原因。Holtgraves 和 Skeel[④] 指出，在印第安纳排列3（Pick - 3）玩法中，随机数字被彩民当作投注号码的频率非常高。Hardoon 等人做过一个实验，让被试在4组6/49彩票号码中选择：长序列号码、看似随机的数字、乱序的数字、以虚假心理次序排列的数字。[⑤] 其中，看似随机的数字被选中。但是当代表性启发式推理决策被采用时，那些问题彩民并没有意识到，每个购彩事件和其他事件都是独立存在的，过去发生的事和他们认为的幸运并不会帮助他们成功预测将来。[⑥] 还有数据显示，彩民一般不会选取重复的数字，比如111、222、333或444等成为自己的投注号码[⑦]，而且多数彩民认为那些成串的相邻的号码

[①] 参见 Turner, N. E., Zangeneh, M. & Littman-Sharp, N., "The Experience of Gambling and its Role in Problem Gambling", *International Gambling Studies*, No. 2, 2006。

[②] 参见 Delfabbro, P., Lahn, J. & Grabosky, P., "It's not what you know, but how you use it: statistical. knowledge and adolescent problem gambling", *Journal of Gambling Studies*, Vol. 22, 2006。

[③] 参见 Tversky, A. & Kahneman, D "Judgment under uncertainty: Heuristics and biases", *Science*, Vol. 185, 1974。

[④] 参见 Holtgraves, T. & Skeel, J., "Cognitive biases in playing the lottery: Estimating the odds and choosing the numbers", *Journal of Applied Social Psychology*, Vol. 22, 1992。

[⑤] 参见 Hardoon, K. K., Baboushkin, H. R., Derevensky, J. L. & Gupta, R., "Underlying cognitions in the selection of lottery tickets", *Journal of Clinical Psychology*, Vol. 57, 2001。

[⑥] 参见 Keren, G., Wagenaar, W. A., "Chance and skill in gambling: A search for distinctive features", *Social Behavior*, Vol. 3, 1988。

[⑦] 参见 Maitra, A. P., Sudderth, W. D., "Discrete Gambling and Stochastic Games", *Applications of Mathematics*, Vol. 32, 2012。

第七章 竞猜型、数字乐透型体育彩民购彩健康的影响因素

中奖概率不高。[①] 在控制幻觉上，不同的研究者从不同的角度对控制幻觉进行了界定，一些学者强调控制幻觉产生的情境，认为控制幻觉是个体认为自己可以控制随机事件或情景[②]；另一些研究者认为控制幻觉是个体高估自己对自身能力或情景的控制力而产生的现象[③]。Cowley 等人对博彩中的控制幻觉进行研究，他们指出，博彩控制幻觉是指博彩者相信自己的行为可以提高中奖的概率。[④] 控制幻觉普遍存在于购彩情景。例如，问题彩民总是将中奖结果与购彩中遇到的一些具有明显特点的事物联系在一起，如尝试建立"中大奖"时发生的背景，以此希望"大奖"出现，从而避免损失，实际上这两者之间没有任何的联系[⑤]；彩民更看重他们自己选择的彩票，而不是分发的彩票[⑥]。在表现形式上，护身符[⑦]、传家宝[⑧]、"幸运"（幸运笔、幸运色、幸运号码）[⑨] 等是博彩者控制幻觉的体现。除此以外，还有一些博彩者在博彩之前举行特殊的仪式或者一些其他特定的活动来增加中奖概率，如烧香拜佛、占卜号码、大声喊出自己下注的号码

[①] 参见 Rogers, P., "The cognitive psychology of lottery gambling: A theoretical review", *Journal of Gambling Studies*, Vol. 14, No. 2, 1998。

[②] 参见 Gaboury, A. & Ladouceur, R., "Erroneous perceptions and gambling", *Journal of Social Behaviour and Personality*, Vol. 4, 1989。

[③] 参见 Thompson, S. C., Armstrong, W. & Thomas, C., "Illusions of control, underestimations, and accuracy: a control heuristic explanation", *Psychological Bulletin*, Vol. 123, No. 2, 1998。

[④] 参见 Cowley, E., Briley, D. A. & Farrell, C., "How do gamblers maintain an illusion of control", *Journal of Business Research*, Vol. 68, No. 10, 2015。

[⑤] 参见 Gaboury, A. & Ladouceur, R., "Erroneous perceptions and gambling", *Journal of Social Behaviour and Personality*, Vol. 4, 1989。

[⑥] 参见 Langer, E. J., "The illusion of control", *Journal of Personality and Social Psychology*, Vol. 32, No. 2, 1975; Wohl, M. J. & Enzle, M. E., "The deployment of personal luck: Sympathetic magic and illusory control in games of pure chance", *Personality and Social Psychology Bulletin*, Vol. 28, No. 10, 2002。

[⑦] 参见 Toneatto, T., "Cognitive psychopathology of problem gambling", *Substance Use & Misuse*, Vol. 34, No. 11, 1999。

[⑧] 参见 King, K. M., "Neutralizing marginally deviant behaviour: Bingo players and superstition", *Journal of Gambling Studies*, Vol. 6, No. 1, 1990。

[⑨] 参见 Keren, G., Wagenaar, W. A., "Chance and skill in gambling: A search for distinctive features", *Social Behavior*, Vol. 3, 1988。

或者其他特定语句等。研究显示，我国彩民购彩时会倾向认为自己拥有可以影响彩票结果的选号技巧[1]，比西方博彩者表现出更强的控制幻觉[2]。

既往研究关注的重点在于探寻数字乐透型体育彩民购彩的人口学差异、行为特征和心理特征等，而对于购彩健康影响因素的关注较少。而且由于数字乐透型体育彩票本身的特点，其影响因素与其他玩法的彩票具有一定差异，如易受到感知技能等因素的影响而过度投注，继而影响购彩健康。因此，有必要对销量持续居高的数字乐透型体育彩民购彩健康的影响因素进行有针对性的实证研究。另外，数字型体育彩民购彩健康的影响因素处于探索验证阶段，尚没有针对性和适用中国特殊文化环境的理论结构，这可能是导致数字乐透型体育彩民购彩相关研究较少的主要原因。扎根理论研究方法是结合数据收集和分析，自下而上地从实际具体事例中形成一个关于某一实质领域的归纳性理论。[3] 运用的扎根理论研究方法能够开放、深入地建构相关理论，挖掘潜在影响购彩健康的影响因素，进而为建构购彩健康环境，推行有效预防政策提供指导。

二 基于扎根理论的数字乐透型体育彩民购彩健康的影响因素

（一）被试与方法

基于前期与彩票店负责人和部分彩民建立的良好联系，相互之间较为信任，与彩民商定时间并进行访谈。选取11名数字乐透型体育彩民，年龄范围为24岁至63岁，平均年龄46.9岁，平均购彩年限15.8年。受访者基本情况见表7-5。

---

[1] 参见曾忠禄、翟群、游旭群《国内彩票购买者的有限理性行为研究》，《心理科学》2009年第5期。

[2] 参见 Lam, J., "Enterprise risk management: from incentives to controls", *Wiley Finance Series*, 2014。

[3] 参见 Glaser, B. G. & Strauss, A. L., "The discovery of grounded theory: Strategies for qualitative research", *Chicago: Aldire*, 1967；费小冬《扎根理论研究方法论：要素、研究程序和评判标准》，《公共行政评论》2008年第3期。

第七章 竞猜型、数字乐透型体育彩民购彩健康的影响因素

表 7-5　　数字乐透型体育彩民购彩健康受访者
基本情况统计一览表（N=11）

受访者编号	年龄（岁）	购彩年限（年）	受访者职业
I01	53	13	医生
I02	45	5	自由职业
I03	53	24	房地产职员
I04	49	24	技术人员
I05	40	15	饭店老板
I06	53	24	失业人员
I07	50	20	个体户
I08	49	15	司机
I09	47	10	家电维修人员
I10	53	20	保安
I11	24	4	烟草公司职员

扎根理论研究方法被视为质性研究方法中较为科学的一种方法[1]，该方法由 Glaser 和 Strauss[2] 提出，注重搜集得到的研究资料与既有理论分析之间的持续比较和分析，其核心是从数据中而不是从预想的逻辑演绎的假设中建构分析类属并反映社会现象[3]。

（二）开放性编码

在资料分析的初始阶段，对所收集到的访谈资料进行整合分析，共整理文本文字1.8万字，备忘录0.2万字，最终归纳出362个自由节点。在剔除与本书无关语句的同时，选择出现3次及以上同时指向同一概念的语句，通过裂解、概念化形成40个概念，对40个概念进行进一步分析，最终形成11个范畴，这11个范畴分别是：购彩动机、感知技能、迷信信念、彩民同伴抑制、非彩民同伴促进、自我效

---

[1] 参见费小冬《扎根理论研究方法论：要素、研究程序和评判标准》，《公共行政评论》2008年第3期。

[2] 参见 Glaser, B. G. & Strauss, A. L., "The discovery of grounded theory: Strategies for qualitative research", Chicago: Aldire, 1967。

[3] 参见夏天《数字乐透型体育彩民购彩健康现状及其影响因素研究》，硕士学位论文，华中师范大学，2018年。

能、感知风险、责任宣传、不当宣传暴露、易接近性和认知偏差。具体内容见表7-6。

表7-6 **数字乐透型体育彩民购彩健康影响因素开放性编码列举一览表**

范畴	参考点	原始资料参考列举
G1 购彩动机	55	体彩发行时就买了，1994年吧，当时还是有一定投机心理，也是献爱心，扶贫嘛；增加生活乐趣，生活多元化，充实生活，对其他都不会带来麻烦，还可以广交朋友；消磨时间，对个人来说娱乐而已，总体来说还是比较积极的，其他方面没什么影响；想中大奖，等天上掉馅饼，哈哈
G2 感知技能	98	刚开始机选，熟悉后自己开始看，然后分析专家的推荐，现在还是自选；买前会研究30分钟左右，手机上网看信息，湖北体育彩票网，会对数据分析（大乐透的信息数据都看，走势图）；会看一些"推荐大师"，但是还是跟自己的想法结合的，经常会看这些"推荐大师"的分析意见，有时会看一些数字的出没规律，根据专家推荐后再买比自己瞎搞的中奖率会稍微高点
G3 彩民同伴抑制	50	有时候聊天，朋友说今天要去买彩票，我会让他帮我买几注；在彩票店的时候看到其他朋友都加注买，特别是他们中奖的时候，我也会加注买彩票；我看朋友都经常买，花的钱也不多，我也跟着买买玩玩
G4 非彩民同伴促进	17	我还是很在意朋友的看法的，他们觉得行就是行，不行就是不行，所以他们的建议，我都会考虑；2013年，亏了1000多元（主要是因为中了几百元后，还想赚更多钱），当时心态也不是很平静，就是想捞本才越陷越深；彩票站老板和其他人也会对我说算了，今天输了不少，别买了，后来就收手了，不买了；亏本后想捞本，接着买，几天都是亏几百元，后来自己反省，不能这样玩，可以当作爱好，每次买几元就行了
G5 自我效能	43	如果一段时候我买彩票很多，花了很多钱，我会稍微控制一下，不能瞎搞，稳着来；我买彩票对中不中奖要求不高，能中肯定好啊，但是没中也能接受，概率那么低，而且我买彩票主要是好玩，打发时间
G6 认知偏差	48	我朋友她丈夫做生意的，前段时间亏了不少，就想投机取巧，来买彩票，想搞个几百万，她觉得买彩票一下能赚那么多；大多时候买了之后才开始后悔，不应该一下子投这么多钱，事后晓得哦，但是事前总是想多搞进去一点，把上次损失的赚回来；我每次都是差一两个号码就中奖，气死人

— 200 —

第七章 竞猜型、数字乐透型体育彩民购彩健康的影响因素

续表

范畴	参考点	原始资料参考列举
G7 感知风险	88	平均一个月300元左右，不中那就是亏了呗，亏就亏了呗，在自己能接受的范围内；当时最喜欢买大乐透，也就是刺激，喜欢，现在要是不买晚上睡觉就会想这事；即使有风险也无所谓，因为投注的不是很多
G8 责任宣传	60	经常在体彩网首页上面看到"警钟长鸣"专栏里面有很多问题购彩的新闻，这就是提醒我们要理性一点购彩，我觉得还是蛮有用的
G9 不当宣传暴露	50	一般彩票点都会把中奖信息，特别是大奖的额度，用横幅拉起来宣传，来吸引彩民购买；甚至一些彩票店特意把中奖的彩票粘贴到墙上，来提示彩民很多人中奖了，快点来买彩票
G10 易接近性	80	谁会特意跑很远，就为了买彩票，在哪买不都是一样，我都是在离我家最近的彩票店买；我下班路上就有一家彩票店，我每天顺路回家都会进去买一两注彩票
G11 迷信信念	53	以前会有看自己的特殊日子（生日）去买这个号，就是凭感觉，试试；这个号就是做梦梦见的号，也会经常，只要梦见一般都会买那个号，无所谓，中不中没关系；相信9，因为喝酒嘛，有一点会在意这些不幸运的数字，不是很强烈

（三）关联性编码

关联性编码是依据概念类属之间的因果关系、情景关系、相似关系、类型关系、结构关系等，针对某一个类属寻找相关关系，把开放式编码所得的各范畴有机联结起来的过程。[①] 最终形成两个关联范畴，即个体因素和环境因素，其中个体因素包括，购彩动机、感知技能、迷信信念、自我效能、感知风险、认知偏差；环境因素包括彩民同伴抑制、非彩民同伴促进、责任宣传、不当宣传暴露和易接近性。

1. 个体因素

在开放性编码中，个体因素有385个参考点，主要涉及感知技

---

① 参见陈向明主编《质的研究方法与社会科学研究》，教育科学出版社2000年版。

能、购彩动机、购彩拒绝自我效能感、认知偏差、感知风险、控制幻觉六个概念。

感知技能是访谈对象提及频率最高的个体因素（25.50%）。数字乐透型体育彩民普遍认为彩票中奖号码是有规律可循的，这些感知技能强的数字乐透型体育彩民在购彩时会倾向使用各种技术手段来分析下一期中奖号码的规律及走势，并且根据他们所认为的理论知识采用多种多样的投注方式，如包号、合买等。访谈中被试曾提道："买前会研究30分钟左右，手机上网看信息，比如湖北体育彩票网，上面有数据分析（大乐透的信息数据都看，走势图），但是还是跟自己的想法结合的，经常会看这些'推荐大师'的分析意见，有时会看一些数字的出没规律，根据'专家'推荐后再买比自己琢磨出的号码的中奖率会稍微高点。"

感知风险是体育彩民购彩健康的保护因素，当感知到购彩所带来的风险时会控制自身的购彩行为，进而促进购彩健康。如"想起之前的投注，可能都赢不回来，所以我不会投入很多，能控制自己的花销……每次来（彩票店）的时候，我都告诉自己只花十块钱"。访谈对象提及的频率较高，为22.90%。

体育彩民购买动机主要指彩民在购彩前的心理过程，是促使个体去购买彩票的需求或意念，是激励个体行动的主观因素。① 购彩动机主要包括赢钱动机、娱乐动机、社交动机和公益动机等。在访谈中被试曾提道："献爱心，扶贫嘛；增加生活乐趣，生活多元化，充实生活，对其他都不会带来麻烦，还可以广交朋友；消磨时间，对个人来说娱乐而已，总体来说还是比较积极的，其他方面没什么影响；想中大奖。"这也是为什么在访谈过程中访谈对象对购彩动机这一个体因素有14.30%的提及频率。

迷信信念的提及率为13.80%。多数博彩者在博彩的过程中持有

---

① 参见王爱丰、王正伦、陈勇军等《南京体育彩民消费行为与动机的研究》，《广州体育学院学报》2004年第2期。

第七章 竞猜型、数字乐透型体育彩民购彩健康的影响因素

一定的迷信信念,如使用护身符①、传家宝②、自认为的有关"幸运"(幸运笔、幸运色、幸运号码)③ 等。除此以外,还有一些博彩者在博彩之前,会举行特殊的仪式或者其他一些特定的活动来增加中奖概率,如烧香拜佛、占卜号码、大声喊出自己下注的号码或者其他特定语句。大多访谈对象会提及其选好的方式,"以前会看自己的特殊日子(生日)去买这个号,就是凭感觉,试试;这个号就是做梦梦见的号,也会经常,只要梦见一般都会买那个号"。

认知偏差的提及率达到 12.50%。数字乐透型体育彩民认知偏差主要表现在差点赢和回本两个方面。数字乐透型体育彩民通常认为自己差一点就可以中奖,这种替代性的购彩控制经验会降低彩民控制自身购彩行为的信心。访谈对象提道:"下次多投入一些,把这次亏的钱赢回来,总是差几个数字就能猜对结果。"

购彩拒绝自我效能感是购彩健康的个人保护因素,彩民拥有的拒绝自我效能感越高,越能够控制自己的购彩行为。购彩拒绝自我效能感占个体因素提及频率的 11.10%。"当自己感觉最近买彩票有些频繁,购彩金额有些过高,自己也会相应地控制。"

2. 环境因素

在开放式编码中,环境因素有 257 个参考点,主要涉及彩民同伴抑制、非彩民同伴促进、易接近性、责任宣传和不当宣传暴露五个概念。

易接近性是访谈对象提及率最高的环境因素(31.10%)。易接近性主要指方便购彩、网上方便、互动方便三个方面。这里方便购彩是说彩民去购彩十分便利,包括了彩票店的位置,营业时间等,便于彩民买彩票;网上方便,是说网络购彩的便利性,有些彩票店老板会把

---

① 参见 Toneatto, T., "Cognitive psychopathology of problem gambling", *Substance Use & Misuse*, Vol. 34, No. 11, 1999。
② 参见 King, K. M., "Neutralizing marginally deviant behaviour: Bingo players and superstition", *Journal of Gambling Studies*, Vol. 6, No. 1, 1990。
③ 参见 Keren, G., Wagenaar, W. A., "Chance and skill in gambling: A search for distinctive features", *Social Behavior*, Vol. 3, 1988。

经常购彩的彩民拉到一个群里面，有人想买彩票，直接在网络上联系店主，进行购买；互动方便是说在彩票店里面，整个购彩的氛围很好，彩民直接交流十分融洽。

责任宣传也是访谈对象提及率较高的环境因素（23.30%）。责任宣传主要包括公益性和劝说性，可以促进购彩健康。我国彩票发行主要是为了公益，比如"东奥进入北京时间，体彩公益金让千年古都迸发新活力"，"公益体彩，快乐操场"和"践行公益，体彩携手爱心市民为河北再添新绿"等，而劝说性主要指理性购彩，如"重在参与"，"购彩有节制，请理性投注"等。这种责任宣传在一定程度上促进了购彩健康，例如"我买彩票就是献爱心的"。

不当宣传暴露比责任宣传的提及率低（19.50%）。彩票宣传是促进彩票发行的重要手段，但是为了促进彩票的销量，确实存在一些不恰当的宣传内容。如"2元钱的投入，500万的希望"，"要想生活不平淡，买注彩票试试看"，"体育彩票——靠知识、胆略与技巧改变人生"，"早买晚买早晚要买，早中晚中早晚能中"等。不当宣传暴露多种多样，主要有奖金额度高和中奖概率高的宣传，以及头等奖中奖事例宣传、"专家"推送、彩票店横幅或者海报宣传等。当彩民看到奖金额度很高，他们购彩彩票的赢钱动机就会高涨许多，即便投了很多钱没有中奖，但是看到这种信息，仍会忍不住购买，因为他们觉得一旦中奖了，以前亏损的都会赚回来。中奖概率高、"专家"推送等宣传会让彩民产生一些中奖联想，高估自己中奖的可能性。王斌等人[1]研究发现，彩民接触这类宣传后，会在潜意识中高估彩票的中奖概率。

彩民同伴抑制的提及率与不当宣传暴露一样，为19.50%。社会网络理论的一致性原则指出，个人为了跟群体保持一致，想被群体大多数人接纳，会使自己的行为跟群体大多人的行为一样。数字乐透型体育彩民为了保持跟群体的一致性，会增加购彩的频率，因而是数字

---

[1] 参见王斌、史文文、刘炼《体育彩民的界定及购彩心理与行为特征》，《华中师范大学学报》（人文社会科学版）2013年第2期。

第七章 竞猜型、数字乐透型体育彩民购彩健康的影响因素

乐透型体育彩民购彩健康的风险因素。

相比彩民同伴抑制，非彩民同伴促进这一环境因素的提及率较低，只有6.60%。虽然数字乐透型体育彩民会与群体保持一致，但是他们的日常生活中更多地与父母或配偶在一起。当数字乐透型体育彩民的好朋友或者亲人不是彩民时，为了维持同伴的认同感，购彩之前也会考虑购彩这个行为是否会被他们接受。一些彩民表示，在与不玩彩票的家人或朋友在一起的时候，基本上不会讨论彩票，尤其当这些人不赞同购彩这一行为时，数字乐透型体育彩民要么隐瞒购彩，要么减少购彩频率。因而，非彩民同伴促进可以降低购彩行为，提高购彩健康。"我老婆以前总是跟我吵，因为我那时候买得太多了，一天几千块钱不留神就进去了……后来吵得不行了自己也能控制下自己的行为……"

（四）选择性编码

选择性编码（三级编码）是在所有已发现的概念类属中经过系统分析后，选择一个能将大部分研究结果囊括在一个比较宽泛的理论范围，即核心类属。通过明确资料的故事线，对主次类属进行描述，挑选出核心概念类属，并与其他类属建立系统的联系，以达到理论饱和的要求，最终形成购彩影响因素核心内容，构建购彩影响因素内容结构，见图7-6。

由于数字乐透型体育彩民购彩健康影响因素内容结构的各维度并非同样重要，有主次类属之分，在访谈及资料整理分析过程中也发现，在整个结构模型中有一个或几个范畴起着关键性的作用，即被访谈对象提及的频率较高，反映出受访者的购彩健康影响因素与这些关键范畴的联系紧密，他们是内容结构模型的重要组成部分。为此，本书通过对选择性编码的结果进行频次统计排序，并通过卡方检验来判断各关联范畴的重要性。通过对影响因素二级维度进行频数排序可以发现，感知技能（98频次，占15.26%）所占百分比例最大，非彩民同伴促进（11频次，占2.65%）所占百分比列最小，通过卡方检验可以看出这11个二级维度的频次分布差异具有统计学意义（$X^2 = 88.318$，$P < 0.01$），如表7-7所示。

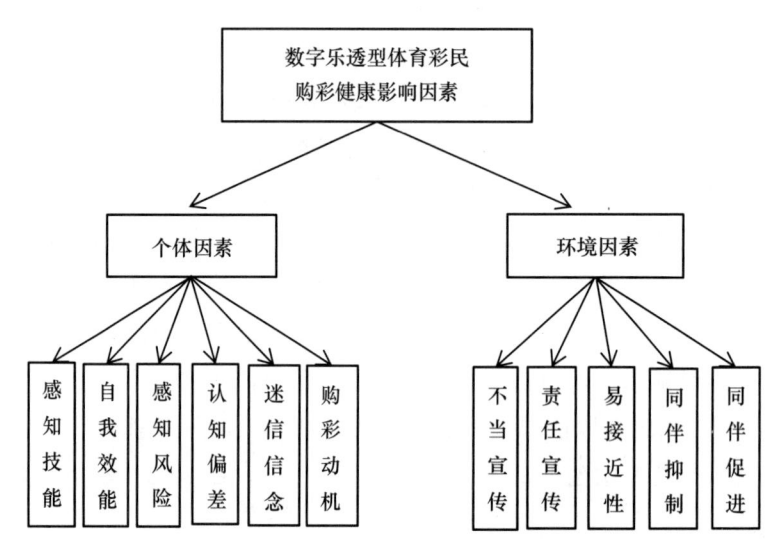

图7-6 数字乐透型体育彩民购彩健康的影响因素内容结构模型图

表7-7　购彩健康影响因素二级维度重要性排序表

二级维度	排序	频次	%	χ^2	P
感知技能	1	98	15.26		
感知风险	2	88	13.71		
易接近性	3	80	12.46		
责任宣传	4	60	9.35		
购彩动机	5	55	8.57		
迷信信念	6	53	8.26	88.318	0.000
不当宣传暴露	7	50	7.89		
彩民同伴抑制	8	50	7.89		
认知偏差	9	48	7.48		
自我效能	10	43	6.70		
非彩民同伴促进	11	17	2.65		

三　小结

本书运用扎根理论方法构建了数字乐透型体育彩民购彩健康影响因素的内容结构模型，包括个体因素和环境因素两个方面，个体因素包括购彩动机、感知技能、迷信信念、自我效能、认知偏差和感知风

第七章　竞猜型、数字乐透型体育彩民购彩健康的影响因素

险；环境因素包括易接近性、责任宣传、不当宣传暴露、彩民同伴抑制和非彩民同伴促进。①

（一）影响数字乐透型购彩健康的个体因素

1. 感知技能

感知技能是指数字乐透型体育彩民在购买彩票时，根据以往个人的经验和技巧，对下一期中奖号码推算能力的知觉。本书发现，感知技能是影响数字乐透型体育彩民购彩健康中提及频率最高的因素，即数字乐透型体育彩民的感知技能水平会影响个体的购彩健康。这与已有的研究一致。如 Turner 等人发现，早期的"博彩生涯"中有过一些赢的经历，促使问题博彩者相信他们应用在博彩中的"策略"和"技术"是正确的。② Delfabbro 等人提出，问题彩民往往把中奖结果归功于自己的感知技能，即多年来的经验和技巧，问题彩民通常会较高地估计自己对中奖结果的控制能力。③ 数字乐透型体育彩票是一种让彩民自己挑选号码进行抽奖的彩票，每个销售点基本都会张贴每一期中奖号码的走势图供彩民参考。数字乐透型体育彩民在选号之前，多数会拿着一张纸和一支笔坐在走势图前长时间研究中奖号码的走势，试图发现中奖号码的规律。并且大多数数字乐透型彩民都笃信自己分析出来的规律，过度投注进而影响其购彩健康。

2. 感知风险

感知风险水平较高的数字乐透型体育彩民会意识到合理购买彩票的重要性，了解不理智购买彩票的后果，比如过度购买彩票所带来的经济危机、过度研究彩票会导致工作分心、睡眠质量下降等问题。高感知风险彩民多把彩票看作一种娱乐方式，能够相对理性地购买彩票，一般不会在彩票上失控而投入过多的金钱和时间。相反，低感知

---

① 参见夏天《数字乐透型体育彩民购彩健康现状及其影响因素研究》，硕士学位论文，华中师范大学，2018 年。

② 参见 Turner, N. E., Zangeneh, M. & Littman-Sharp, N., "The Experience of Gambling and its Role in Problem Gambling", *International Gambling Studies*, No. 2, 2006。

③ 参见 Delfabbro, P., Lahn, J. & Grabosky, P., "It's not what you know, but how you use it: statistical. knowledge and adolescent problem gambling", *Journal of Gambling Studies*, Vol. 22, 2006。

风险的彩民，他们对购彩可能带来的风险考虑较少，投入较多的时间、精力和金钱，尤其当中奖结果与自己的预期出现偏差时，会出现较多的消极情绪，严重时做出危害社会的行为。

3. 迷信信念

迷信信念是一种思维方式，指个体认为两个独立的事件之间存在因果关系。[1] 中国文化背景下，很多数字乐透型体育彩民在购彩的过程中表现出一些迷信行为，例如，专门去一些特定的彩票销售点购买彩票；穿上特定颜色或带有特定号码的衣服去购买彩票；选择特定的一些数字来作为自己选号的依据；在买彩票的过程中因为忌讳某些特定的数字而不选带有此数字的号码；在开奖当天会进行一些仪式，甚至穿幸运颜色的衣服以增加中奖的概率等。

4. 认知偏差

认知偏差是彩民对彩票相关信息持有的不良认识或歪曲信念。既往研究发现，彩民的认知偏差包括过度自信、预期偏差、回本和差点赢等。通过访谈发现，数字乐透型体育彩民的认知偏差主要表现为回本和差点赢。相对于竞猜型体育彩票，数字乐透型体育彩票的不可控性和随机性更强，所以过度自信较少存在于数字乐透型体育彩民之中。数字乐透型体育彩民往往会觉得自己差一两个号码就能中奖，这种认知偏差会降低彩民的感知风险，使彩民投入过多的时间和金钱，继而降低购彩健康。

5. 自我效能感

自我效能感是一种主观判断，是指人在对一件事之前，对自己能不能成功地完成这个行为的一个判断。彩票中奖作为一种随机事件，当彩民能够正面看待自己中奖的概率，他们就会更加理性地购买彩票。一旦彩民理性地控制自己购买彩票的欲望，他们心里就得不到满足，容易产生消极情绪。一旦数字乐透型体育彩民感知技能较高，他

---

[1] 参见 Joukhador, J., Blaszczynski, A. & Maccallum, F., "Superstitious beliefs in gambling among problem and non-problem gamblers: Preliminary data", *Journal of Gambling Studies*, Vol. 20, No. 2, 2004。

们对自己选出来的号码格外有信心，这样的彩民往往不能客观地看待中奖概率，不能理性购彩，购彩健康水平越来越低。

（二）影响数字乐透型体育彩民购彩健康的环境因素

1. 易接近性

易接近性不仅可以增加赌博频次和赌博金额，而且可以增强博彩的冲动性。数字乐透型体育彩票的易接近性主要体现为方便购买和交流。一件事情的执行力往往取决于事情的难易程度和回报力度。一旦一件事比较容易完成，人们的行为意愿就会较高。当彩民购买彩票较为方便时，彩民购买彩票的频次和金额会更多。而且当看到其他彩民购买彩票中奖后，彩民会控制不住自己的冲动购买彩票，购彩自我效能感降低，继而影响其购彩健康。

2. 责任宣传

责任宣传可以促进彩民健康。Gainsbury 等人发现，对于那些一直想回本的彩民在接触责任宣传后，购彩问题会越来越少。[1] 责任宣传是减少彩民购彩问题，促进购彩健康的有效手段。

3. 不当宣传暴露

体彩相关部门一直以来对于数字乐透型彩票的宣传力度较大，经常打出一些振奋人心的标语和口号，尤其多期没有人命中头奖的时候，彩民往往十分兴奋，这些新闻也常常是彩民的聊天主题，他们聚在一起抱怨或者感叹。通过宣传看到别人中奖自己没有中奖，会大骂苍天不公，经历失落、焦虑等消极情绪的同时，更难控制自己的购买行为，投入更多的金钱继而导致经济损失。

4. 彩民同伴抑制

彩民同伴有可能会降低彩民自身的购彩健康，有些彩民购彩不仅是为了奖金，也是为了彩民之间的友谊。社会网络理论的一致性原则指出，个人为了与群体保持一致，被群体大多数人接纳，会使自己的行为与群体大多人的行为一样。数字乐透型体育彩民为了保持与彩民

---

[1] 参见 Gainsbury, S., Parke, J. & Suhonen, N., "Consumer attitudes towards internet gambling: perceptions of responsible gambling policies, consumer protection, and regulation of online gambling sites", *Computers in Human Behavior*, Vol. 29, No. 1, 2012。

群体的一致性，常常增加购彩次数和对中奖号码走势研究的时间，因此容易引发经济损失、工作效率较低等社会危害。

5. 非彩民同伴促进

虽然数字乐透型体育彩民会与群体保持一致，但是他们的日常生活中更多的是与父母或配偶在一起。当数字乐透型体育彩民的好朋友或者亲人不是彩民时，为了维持同伴的认同感，购彩之前也会考虑购彩这个行为是否会被他们接受。一些彩民表示，在与不玩彩票的家人或朋友在一起的时候，基本上不会讨论彩票，尤其当这些人不赞同购彩这一行为时，数字乐透型体育彩民会有意识地控制自身的购彩行为，保持较为健康的购彩状态。相关研究显示，非饮酒同伴交往可以减少个体的饮酒次数。①

综上本书利用扎根理论研究方法，构建了数字乐透型体育彩民购彩健康影响因素的内容结构模型，该模型包括个体因素和环境因素两个方面，个体因素包括购彩动机、感知技能、迷信信念、自我效能、认知偏差和感知风险；环境因素包括易接近性、责任宣传、不当宣传暴露、彩民同伴抑制和非彩民同伴促进。结合研究结果，提出促进数字乐透型彩民购彩健康具体建议②。

第一，规范体育彩票宣传。通过调研发现，部分体育彩民受到体育彩票店前横幅宣传的鼓动而投入更多金钱购买彩票，另一些彩民则通过手机 APP、报纸、公交站宣传海报等途径看到有关体育彩票中奖相关的夸大宣传而购买体育彩票。体育彩票相关管理部门应该减少不当宣传暴露，规范彩票宣传；制定有新意、有创意的彩票销售广告；扩大宣传角度，不仅仅是宣传鼓励广大群众购买体育彩票，还要适当提醒体育彩民理性购彩、适度购彩，以及未成年人不得购买体育彩票，为大家营造一个"绿色"的购彩环境。

---

① 参见 Studer, J., Baggio, S. & Deline, S., "Peer pressure and alcohol use in young men: a mediation analysis of drinking motives", *International Journal on Drug Policy*, Vol. 25, No. 4, 2014。

② 参见夏天《数字乐透型体育彩民购彩健康现状及其影响因素研究》，硕士学位论文，华中师范大学，2018 年。

第七章 竞猜型、数字乐透型体育彩民购彩健康的影响因素

第二，培养彩民健康理性的购彩观念。一些彩民购彩已经偏离了彩票发行的初衷，即公益性和游戏性，他们多冲着"中大奖""一夜暴富"购买彩票，这种心态无疑是将彩票视为了赌博或者一种投资手段。但是彩票中奖属于随机事件，彩票的发行是为了促进公益事业的发展。因此，彩民需要正确认识彩票的本质和发行初衷，将彩票视为一种娱乐游戏和献爱心活动，不要过度追逐大奖。

第三，客观认识中奖概率，引导彩民理性购彩。彩民购彩过程中容易滋生诸多不良购彩信念，体育彩票官网或其他相关地方彩票宣传平台需要增加彩票游戏本质的介绍，削弱中奖事件或大奖金额的宣传，增加购彩相关风险的宣传，促进彩民理性购彩和快乐购彩。

第四，避免从众行为。彩民同伴的购彩行为或态度可能会降低彩民对彩票的正确认知，加深彩票相关认知偏差，提高购彩冲动，投入过多的金钱。因而，对于数字乐透型彩民而言，应该警惕跟风或从众行为，根据自己的实际情况，合理、理智地购买彩票。

第八章 体彩高风险群体购彩健康的现状及影响因素

2006年,财政部、公安部等部门发布《关于制止彩票入侵校园有关问题的意见》,严禁向青少年学生出售彩票,严厉打击针对青少年学生的非法彩票销售行为,中小学校周围200米内不得设立彩票投注站点,以制止彩票入侵校园。① 各级部门已经通过各种途径、采取各种方法遏制青少年卷入博彩活动,然而依然有青少年由于好奇心、追求刺激或者受彩票大奖的宣传诱导而购买彩票,成为"彩迷一族",沉溺购彩继而引发诸多购彩问题。在前文我国体育彩民购彩健康的现状调查中发现,20—29岁的体育彩民有867人。进一步进行年龄阶段划分,11—25岁的青少年体育彩民有467人。可知,青少年参与购彩活动并不少见。由于青少年的价值观正在形成,心智也正在不断地发展,容易受到外界因素(如彩票广告的宣传、彩民同伴购彩)的影响而过度投注,从而沦为问题彩民。因此,青少年作为体育彩票消费的高风险群体,需得到人们的关注及重视。

另一方面,体育彩票发行本为筹集公益资金,帮扶低阶层人群,但低阶层人群(低收入、低教育水平和低职业地位)却成了购彩主力②;体育彩票发行本也为促进个体和社会的健康发展,但低阶层人

---

① 参见中华人民共和国中央人民政府:《财政部等联手打击针对青少年的非法彩票销售行为》,www.gov.cn.,2006年。
② 参见袁媛《控制幻觉对问题购彩的影响:购彩渴求的中介作用》,第二十届全国心理学学术会议——心理学与国民心理健康摘要集,中国心理学会,中国重庆,2017年。

第八章 体彩高风险群体购彩健康的现状及影响因素

群却成了问题彩民主体[1]，彩票发行初衷与其结果严重背离。可见，低阶层体育彩民作为体育彩票消费的高风险群体，也需得到人们的关注及重视。

本章拟对购彩健康高风险群体——青少年体育彩民、低阶层体育彩民的购彩健康现状及其影响因素进行分析，以期为促进青少年体育彩民、低阶层体育彩民的购彩健康提供理论依据和实践支持。

第一节 青少年体育彩民购彩健康的现状及影响因素

一 既有研究总结与分析

青少年作为社会中一个重要的群体，其健康成长关系着祖国的未来。那么何谓青少年体育彩民？这一概念的界定首先需对青少年有清晰的认识。Rovis 等人认为青少年时期包括少年期、青年初期及青年后期。[2] 其中，少年期为 11—15 岁，青年初期为 16—18 岁，青年后期为 19—25 岁。换句话说，青少年时期是指年龄为 11—25 岁的社会群体。本书将青少年体育彩民界定为，年龄 11—25 岁，持续购买彩票 3 个月或以上，且每月至少购买一次体育彩票的青少年。[3]

既有针对青少年购彩心理和行为影响因素的研究多为西方文献，本土化研究较为鲜见。涉及的影响因素有个体因素、家庭因素、同伴因素、社会因素等。在个体因素上，多涉及购彩认知、人格特征等。

---

[1] 参见史文文《体彩问题彩民的购彩特征及心理机制》，博士学位论文，华中师范大学，2013 年。

[2] 参见 Rovis, Darko., Bezinovic, Petar. & Basic, Josipa., "Interaction of School Bonding Distuebed Family Relationships, and Risk Behaviors Among Adolescents", *Journal of school health*, Vol. 85, No. 10, 2015。

[3] 参见徐建华《青少年体育彩民问题购彩现状及其影响因素研究》，硕士学位论文，华中师范大学，2017 年。

青少年对购彩的认知偏差被认为是其购彩行为的主要预测因素。[1] 在家庭因素上，研究显示，父母博彩行为会影响青少年问题博彩。84.00%的青少年自报帮助父母购买过彩票。在同伴因素上，青少年可能会将购彩视为其获得同伴同一性和认同感的有效方式而持续购买。研究发现，青少年与朋友一起博彩时其购彩的频率增大。[2] 同伴或朋友的购彩行为与态度在青少年的购彩危害方面起到重要作用。当青少年发现自己的同伴或朋友经常进行博彩活动时，他们较易受同伴影响进而参与这种活动，久而久之便会淡化对博彩危害的认识，降低对博彩活动的警惕性，不断加大博彩投入，最终出现问题博彩行为。[3] 其中，同伴的过度博彩行为是青少年问题博彩的风险因素。[4] 在社会因素上，宣传是青少年购彩态度形成的主要途径[5]，博彩广告宣传与青少年病理性博彩显著相关。[6]

综上，个体、家庭、社会等诸多因素均会对青少年购彩健康产生影响。但既有研究多为西方文献，是否适合于本土化青少年体育彩民

---

[1] 参见徐建华《青少年体育彩民问题购彩现状及其影响因素研究》，硕士学位论文，华中师范大学，2017年；Delfabbro, P., Winefield, A. H. & Anderson, S., "Once a gambler-always a gambler? A longitudinal analysis of gambling patterns in young people making the transition from adolescence to adulthood", *International Gambling Studies*, Vol. 9, No. 2, 2009; Delfabbro, P., Lahn, J. & Grabosky, P., "It's not what you know, but how you use it: statistical. knowledge and adolescent problem gambling", *Journal of Gambling Studies*, Vol. 22, 2006；李丹、孙延军、雷雳《大学生迷信心理的形成及其影响因素》，《心理科学进展》2016年第1期；赵璐、张迅、原献学《大学生迷信心理和心理控制源的相关研究》，《中国健康心理学杂志》2015年第5期。

[2] 参见 Magoon, M. E., Ingersoll, G. M., "Parental Modeling, Attachment, and Supervision as Moderators of Adolescent Gambling", *Journal of Gambling Studies*, Vol. 22, No. 1, 2006。

[3] 参见徐建华《青少年体育彩民问题购彩现状及其影响因素研究》，硕士学位论文，华中师范大学，2017年。

[4] 参见 Jacobs, D. F., "Juvenile gambling in North America: An analysis of long-term trends and future prospects", *Journal of Gambling Studies*, Vol. 16, No. 2-3, 2000。

[5] 参见 Ariyabuddhiphongs, V., "Adolescent Gambling: A Narrative Review of Behavior and Its Predictors", *International Journal of Mental Health and Addition*, Vol. 11, 2013。

[6] 参见 Griffiths, M. D., "Digital impact, crossover technologies and gambling practices", *Casino Gaming International*, Vol. 4, No. 3, 2008; King, D., Delfabbro, P., Griffiths, M., "The Convergence of Gambling and Digital Media: Implications for Gambling in Young People", *Journal of Gambling Studies*, Vol. 26, No. 2, 2010。

第八章 体彩高风险群体购彩健康的现状及影响因素

有待检验。本书拟对本土化青少年体育彩民购彩健康的现状进行调查，了解其状况及人口学差异，将有助于对青少年体育彩民进行购彩健康画像。另一方面，本书纳入购彩感知技能、父母购彩态度与行为、同伴购彩态度与行为体彩不当宣传暴露等。青少年购彩的风险因素，考察其对青少年体育彩民购彩健康的影响，为青少年购彩健康提供理论依据和实践指导。

研究从北京、重庆、陕西、黑龙江、湖北、云南、浙江、江西、广西9个省（市）的3770名体育彩民中选取符合青少年体育彩民标准的被试467人，其中男性379人，女性88人。最低年龄为16岁，根据国家法定年龄，满18周岁为成年人的节点划分青少年体育彩民年龄区段，同时参照青少年发展心理学观点，将青少年体育彩民划分为两个年龄段，即青年初期16—18岁，青年晚期19—25岁。青少年体育彩民基本信息见表8-1。

表8-1　　　　　青少年体育彩民基本信息一览表

类别	属性	人数	百分比（%）
性别	男	377	81.1
	女	88	18.9
年龄	16—18岁	30	6.5
	19—25岁	435	93.5

本部分研究采用的工具有体育彩民购彩健康问卷、父母购彩行为问卷、同伴购彩行为问卷、体育彩票不当宣传暴露问卷，这些问卷的具体信息见前文"中国体育彩民购彩健康的现状"研究相关内容（第五章第二节）。

除此以外，还使用《体育彩民感知技能问卷》。该量表使用"买彩票能够中奖主要靠技术"进行测量，采用5点计分，从"很不同意"到"很同意"分别计1—5分。

二 青少年体育彩民购彩的行为特征

（一）青少年体育彩民购彩的类型

体育彩票的种类繁多，包括排列3、排列5、22选5、七星彩、大乐透等数字性彩票，传统足彩、篮彩胜负/半场/比分的竞猜型彩票，刮奖形式的即开型彩票，以及视频互动形式的高频型彩票。对青少年体育彩民购彩的类型进行调查，结果如表8-2所示。由该表可知，青少年体育彩民在体育彩票玩法偏好上以混合型居多，他们通常选择多种玩法的彩票，混合型彩票购买比例达到52.00%，而单独购买某一类型的青少年体育彩民中以购买数字乐透型彩票为主（28.80%），这可能是由于其玩法简单、中奖金额高、返奖率高，因此对青少年体育彩民的吸引力更强。其他彩票类型的购买比例依次为竞猜型、即开型、视频型。竞猜型体育彩票在青少年中购买较多的原因可能是我国体育赛事的举办频率增加、竞技水平的提高及大众体育活动的普及率增加，青少年对体育事业的关注度提高，在对比赛规则有一定认识的基础上通过购买体育彩票来支持体育事业的发展。

表8-2　　青少年体育彩民购彩类型情况表（N=465）

购彩类型	竞猜型	数字乐透型	即开型	视频型	混合型
彩民人数	66	134	15	8	242
百分比（%）	14.20	28.80	3.20	1.70	52.00

（二）青少年体育彩民购彩的时间

对青少年体育彩民购彩的时间进行调查，结果见表8-3。结果发现，多数青少年体育彩民每次购彩前花费在彩票研究上的时间在10分钟之内，约占总人数的65.20%，且约87.90%的青少年体育彩民在购彩前用于研究彩票的时间少于30分钟，这部分人群相对而言购彩较为理性。但在调研中，很多彩民反映他们一般会在家中研究彩票的走势并做记录，选好号码后再去彩票店打票。调查发现，多数彩民研究彩票时间在 10 分钟之内，这可能只是在彩票店研究的时间。访谈过程中也发现，大部分被试表示，在来彩票店之前他们会分析一下要买的号码。每次研究彩票在半小时、甚至一小时以上的彩民多数为竞猜型体育彩票的购买者，竞猜型体育彩票本身的特性需要彩民对比赛双方的实力、近期状况、球员信息等有一定的了解，这就使得他们需要花费更多的时间，但这是关注体育赛事本身，并不是过多地将时间消耗在彩票本身。

表 8-3　　青少年体育彩民每次购买彩票研究时间基本情况表（N=449）

时长（分钟）	0—5	6—10	11—20	21—30	31—60	60 分钟以上
彩民人数	190	103	48	54	30	24
百分比（%）	42.30	22.90	10.70	12.00	6.50	5.60

（三）青少年体育彩民月购彩频次

对青少年体育彩民月购彩频次进行调查，结果见表 8-4。由该表可知，每月购买体育彩票 10 次之内的青少年占总人数的 54.00%，说明至少一半以上的青少年体育彩民每周至少购买两次体育彩票。这可能与他们购买数字乐透型彩票有关，数字乐透型彩票的开奖时间一般为每周的一、三、六，因而一周可能至少购买两次彩票。研究还发现月购买频次在 20 次以上的青少年达到 20.60%，说明这些青少年体育彩民可能每天都在购买彩票，购彩已经成为其日常生活不可或缺的一部分。

表 8-4　　我国青少年体育彩民月购彩频次基本情况表（N=456）

月购彩频（次）	1—5	6—10	11—15	16—20	20 次以上
彩民人数	117	129	61	55	94
百分比（%）	25.70	28.30	13.40	12.10	20.60

(四) 青少年体育彩民月购彩金额

对青少年月购彩金额进行调查，结果见表 8-5。可以看出，青少年体育彩民月购彩金额在 50 元及以下的有 131 人，占总人数的 28.60%，近一半的青少年月购彩金额在 100 元以下，购彩金额在 200 元以下的青少年体育彩民达到总人数的 73.40%，说明大部分青少年体育彩民的购彩行为相对理性。但根据调查发现每月购买彩票在 500 元以上的青少年体育彩民达到 15.90%（甚至存在每月购彩金额为 1 万—2 万元之间的青少年彩民），过多的彩票消费和较低的返奖率相比，必然出现入不敷出的情形，从而影响青少年个人及其家庭成员的生活。针对青少年体育彩民中出现的过度购彩行为，彩票销售人员应适当制止，协助青少年形成健康的购彩习惯，促进彩票事业的健康发展。

表 8-5　　青少年体育彩民月购彩金额基本情况表 (N=458)

月购彩金额(元)	50 元及以下	51—100	101—200	201—300	301—500	500 元以上
彩民人数	131	89	70	46	49	73
百分比 (%)	28.60	19.40	15.30	10.00	10.70	15.90

三　青少年体育彩民购彩健康的现状

(一) 青少年体育彩民购彩健康的总体水平

对青少年体育彩民购彩健康的总体情况进行分析，结果如表 8-6 所示。可知，我国青少年体育彩民理性控制得分最高、社会危害得分最低。

表 8-6　　　　青少年体育彩民购彩健康描述统计表

项目	平均分 (M)	标准差 (SD)
愉悦体验	2.54	0.95
社会交往	2.39	1.04
理性控制	3.31	1.00
消极情绪	2.55	0.72
社会危害	1.87	0.95

第八章　体彩高风险群体购彩健康的现状及影响因素

（二）青少年体育彩民购彩健康的群体特征

1. 性别差异

对青少年体育彩民购彩健康在性别上的差异进行分析，结果见表8-7，可知，青少年男性体育彩民与女性体育彩民在社会交往、社会危害维度上存在显著的差异，青少年男性的社会交往以及社会危害水平比女性要高。而在愉悦体验、理性控制、消极情绪维度上并不存在显著的差异。

表8-7　不同性别青少年体育彩民健购彩健康描述统计及方差分析表

维度	男性彩民	女性彩民	F值	P值
愉悦体验	2.57±0.95	2.40±0.95	2.34	0.13
社会交往	2.45±1.05	2.12±0.97	7.45	0.01
理性控制	3.30±0.97	3.37±1.13	0.38	0.54
消极情绪	2.57±0.72	2.46±0.72	1.47	0.23
社会危害	1.92±0.94	1.66±0.97	5.35	0.02

2. 年龄差异

通过对青少年体育彩民购彩健康各维度的年龄上的差异进行分析可知，其购彩健康的愉悦体验和社会危害均在年龄上存在显著性的差异，即在此年龄区间，随着年龄的增加青少年体育彩民的购彩愉悦体验更加明显和强烈，但是其购彩的社会危害也相应增加。结果见表8-8。

表8-8　不同年龄青少年体育彩民购彩健康描述统计及方差分析表

维度	16—18岁（N=30）	19—25岁（N=435）	F值	P值
愉悦体验	2.07±0.89	2.57±0.95	7.99	0.01
社会交往	2.14±1.15	2.41±1.04	1.76	0.19
理性控制	3.34±1.24	3.31±0.98	0.03	0.87
消极情绪	2.39±0.90	2.56±0.71	1.52	0.22
社会危害	1.39±0.57	1.90±0.96	8.13	0.01

四 青少年体育彩民购彩健康的影响因素

(一) 青少年体育彩民购彩健康影响因素与购彩健康的相关分析

对青少年体育彩民购彩健康与体彩宣传暴露、感知技能、父母购彩态度与行为、同伴购彩态度与行为进行相关分析,结果可见表8-9,可知愉悦体验与不当宣传暴露、母亲购彩行为、同伴购彩行为、父亲购彩态度、感知技能和同伴购彩态度显著正相关;社会交往与不当宣传暴露、母亲购彩行为、同伴购彩行为、父母购彩态度以及感知技能呈显著正相关;理性控制与父亲购彩行为、父母购彩态度、母亲购彩态度、同伴购彩态度呈显著正相关;消极情绪与不当宣传暴露和感知技能呈显著正相关。社会危害与不当宣传暴露、母亲购彩行为、感知技能呈显著正相关,与父母购彩态度呈显著负相关。

表8-9 青少年体育购彩健康与其影响因素的相关分析表

项目	愉悦体验	社会交往	理性控制	消极情绪	社会危害
彩票宣传	0.34**	0.41**	0.01	0.37**	0.51**
父亲购彩行为	0.09	0.09	0.10*	0.06	0.04
母亲购彩行为	0.10*	0.11*	0.07	0.09	0.12**
同伴购彩行为	0.13**	0.11*	0.20	-0.00	0.06
父亲购彩态度	0.10*	0.10*	0.17**	0.02	-0.11*
母亲购彩态度	0.05	0.06	0.21*	0.02	-0.11*
同伴购彩态度	0.09*	0.09	0.12*	-0.06	-0.07
感知技能	0.19*	0.20*	-0.00	0.10*	0.18*

注:右上角 ** $P<0.01$,* $P<0.05$。

(二) 购彩健康的影响因素与购彩健康的回归分析

为进一步明确影响青少年体育彩民购彩健康的关系,将各相关变量作为自变量,购彩健康作为因变量,建立回归分析模型,考察各自变量对青少年购彩健康的影响程度。结果见表8-10。结果发现,愉悦体验模型可以解释总变异的26.40%,$F_{(10,415)}=16.229$,$P<0.001$,不

第八章 体彩高风险群体购彩健康的现状及影响因素

当宣传暴露、感知技能正向预测愉快体验。社会交往模型可以解释总变异的17.10%，$F_{(8,417)} = 11.945$，$P < 0.001$，不当宣传暴露正向预测社会交往。理性控制模型可以解释总变异的4.80%，$F_{(7,444)} = 4.258$，$P < 0.001$，学历和母亲购彩态度正向预测理性控制。消极情绪模型可以解释总变异的11.50%，$F_{(5,439)} = 12.557$，$P < 0.001$，不当宣传暴露正向预测消极情绪。社会危害模型可以解释总变异的27.3%，$F_{(8,425)} = 21.350$，$P < 0.001$，不当宣传暴露和母亲购彩行为正向预测社会危害。

表8-10　　　　　　　多元回归分析结果表

项目	B	SE	β	P
愉悦体验				
性别	0.089	0.106	0.037	0.405
年龄	0.097	0.170	0.025	0.567
学历	0.035	0.039	0.039	0.375
不当宣传暴露	0.038	0.010	0.178	0.000
母亲购彩行为	0.031	0.066	0.466	0.641
同伴购彩行为	0.044	0.040	0.051	0.267
父亲购彩态度	0.144	0.083	0.112	0.083
同伴购彩态度	0.014	0.058	0.012	0.804
感知技能	0.032	0.004	0.415	0.000
社会交往				
性别	-0.142	0.123	-0.054	0.251
年龄	0.027	0.197	0.006	0.891
学历	-0.058	0.046	-0.058	0.207
不当宣传暴露	0.093	0.011	0.393	0.000
母亲购彩行为	0.099	0.064	0.071	0.123
同伴购彩行为	0.040	0.045	0.041	0.373
父亲购彩态度	0.118	0.065	0.083	0.071
感知技能	0.001	0.002	0.035	0.430
理性控制				

续表

项目	B	SE	β	P
性别	0.014	0.119	0.006	0.905
年龄	-0.110	0.193	-0.026	0.569
学历	0.111	0.045	0.116	0.015
父亲购彩行为	0.055	0.050	0.054	0.270
父亲购彩态度	-0.010	0.095	-0.007	0.920
母亲购彩态度	0.220	0.090	0.163	0.015
同伴购彩态度	0.082	0.065	0.063	0.205
消极情绪				
性别	-0.012	0.084	-0.006	0.889
年龄	0.013	0.131	0.005	0.920
学历	0.001	0.031	0.001	0.983
不当宣传暴露	0.058	0.007	0.352	0.000
感知技能	0.026	0.001	0.002	0.964
社会危害				
性别	-0.107	0.100	-0.045	0.282
年龄	0.234	0.160	0.061	0.145
学历	-0.033	0.038	-0.038	0.378
不当宣传暴露	0.103	0.009	0.487	0.000
母亲购彩行为	0.118	0.053	0.095	0.026
父亲购彩态度	-0.105	0.074	-0.083	0.156
母亲购彩态度	-0.059	0.075	-0.047	0.427
感知技能	-0.001	0.001	-0.021	0.612

五 小结

(一) 青少年体育彩民购彩行为特征

青少年体育彩民在购彩类型的选择上以混合型居多，超过一半的青少年体育彩民选择购买多种类型的彩票，单一选择某一类型的购买者更倾向于数字型彩票，其次是竞猜型和即开型。这可能是因为数字型彩票玩法简单、中奖率高和返奖率高，对青少年的吸引力更强。而竞猜型体育彩票相对于其他类型的彩票，需要对比赛双方近期状况和比赛的胜负、赔率等有所了解,所以相对数字型购买者较少,但是由于竞猜型体育彩票独有的体育特色魅力也备受青少年体育彩民喜欢。

有关于青少年体育彩民的购彩研究时间这一问题,调查发现,一半以上的青少年体育彩民购彩研究时间在10分钟之内,且大部分在30分钟之内,说明我国青少年体育彩民自制力较强,他们相对于以往研究发现的中年人用于彩票研究的时间更短。这可能与青少年体育彩民较重的学业任务有关,所以他们用于彩票研究的时间较少,而对于社会工作人员来说,他们正处于创业奋斗的最佳时期,生活压力较大,生活节奏较快,所以用于彩票研究的时间会低于其他年龄阶段。然而不可忽视的是,青少年体育彩民中也存在每次购彩前研究彩票60分钟及以上的人群,这部分人群有可能已经或将发展为问题彩民,这需要彩票销售人员适时提醒并加以警示,从而对青少年问题购彩起到预防作用。

月购彩频次多数在10次之内,购彩金额在200元之内,但也有少数青少年购彩频次达每月25次以上,购彩金额在500元以上。说明青少年体育彩民可能存在一定的购彩问题,这可能是由于青少年学业或生活压力较重,想要通过购彩来缓解,同时希望通过中奖改变生活现状,投入的金钱会逐渐增多,彩票消费的增多反过来又加大其压力,从而陷入一个难以自拔的旋涡。所以无论青少年还是其他彩民都应树立健康的购彩观念,将购彩作为一种娱乐活动,转变彩票可以盈利的错误观念。

(二)青少年体育彩民购彩健康的现状

青少年体育彩民购彩理性控制得分最高,社会危害得分最低,健康状态总体较好。

在青少年体育彩民购彩健康的性别差异上,发现男女在购彩健康上存在某些维度上的差异。青少年男性体育彩民与女性体育彩民在社会交往、社会危害维度上存在显著的差异,青少年男性的社会交往及社会危害水平比女性要高。而在愉悦体验、理性控制、消极情绪维度上并不存在显著的差异。分析其原因可能在于:首先,男性青少年购彩者多于女性。Stinchfield[①]的研究显示，有 8.20% 的男性青少年每天博彩，仅仅有 1.00% 的女性青少年博彩；其次，相关研究显示，男性比女性网络博彩者风险更高[②]；最后，在男女情感寻求特征上存在差异，男性更偏向于寻求刺激，可能会通过购彩获得满足。女性购彩则相对理性，可能会使用日常生活开支以外的资金去购买彩票，相对男性购彩频次与金额较少，出现社会危害的风险降低。男性在社会交往方面与女性也存在差异，青少年男性的社会交往水平比女性要高，这与之前成年体育彩民的研究结果相反，这显示，青少年男性在参与彩票的购买活动中很大一部分是为了扩大自己的交友圈，将购彩作为自己社交的一个重要途径。

在青少年体育彩民购彩健康的年龄差异上，发现年龄越大的青少年体育彩民的愉悦体验水平越高。同样年龄越大的青少年体育彩民的社会危害的水平越高。本身购彩就会带来轻松、愉快情绪和减少负面情绪，而年龄较大的购彩者之所以可以持续这一行为就是因为体验到了持续的购彩的愉快体验。但是，青少年群体又会因为自身的控制能力有限而无法合理地控制购彩行为，购彩的社会危害程度也较高。

（三）青少年体育彩民购彩健康的影响因素

本研究发现，在诸多影响青少年购彩因素上，不当宣传暴露、父母购彩行为和态度对青少年购彩健康的影响较大。具体而言，不当宣传暴露可以正向预测愉悦体验、社会交往、消极情绪以及社会危害；感知技能可以正向预测愉悦体验、社会交往；父亲购彩态度可以正向预测社会交往；母亲购彩态度可以正向预测理性控制；母亲购彩行为可以正向预测社会危害。

---

① 参见 Stinchfield, R., "Gambling and Correlates of Gambling Among Minnesota Public School Students", *Journal of Gambling Studies*, Vol. 16, No. 2 - 3, 2000。

② 参见 Griffiths, M. D., "Digital impact, crossover technologies and gambling practices", *Casino Gaming International*, Vol. 4, No. 3, 2008; Volberg, R. A., Gupta, R., Griffiths, M. D., Olason, D. T. & Delfabbro, P., "An international perspective on youth gambling prevalence studies", *International Journal of Adolescent Medicine & Health*, Vol. 22, No. 1, 2010; Wong, Irene. & Lai, Kuen., "Internet gambling: A school-based survey among Macau students", *Social Behavior and Personality*, Vol. 38, No. 3, 2010。

第八章 体彩高风险群体购彩健康的现状及影响因素

不当宣传暴露正向预测青少年体育彩民的愉悦体验和社会交往。彩票购买行为本身就是博彩性质的活动，购买彩票会带来愉悦的体验，而与之相关的鼓励彩票购买行为的社会影响因素（如彩票的宣传），多是通过展现购买彩票的愉悦来吸引青少年彩民，从而促进青少年购彩的。彩票宣传中往往呈现出的都是彩票的中奖信息、彩民中大奖"一夜暴富"的案例以及彩票可预测的信息等，会给予彩民这种良好感觉和期待的愉快体验，即使宣传会诱发购彩结果预期相关的认知偏差。同时还易诱发对于概率的认知偏差[①]，认为购买的越多中奖的概率就会越大，产生中奖会变得容易的错误认知，因此增加了购彩行为，延长了在彩票点逗留的时间，从而在购彩活动中扩大了社交，使之成为一种社交途径。

但是需要明确的是，彩票是一种机遇游戏，多数研究者认为彩票的宣传不断地提醒购彩者：这是新玩法、头奖金额巨大、特殊的回报等，会导致购彩者的购彩冲动增加，购彩投入更多。Derevensky等人[②]研究发现，青少年对博彩的态度主要来源于博彩相关的宣传，长期暴露在不当信息内容的宣传环境下会使青少年购彩抵御能力降低，进而卷入购彩。彩票的不当宣传通过鼓吹中奖信息等会引起青少年购彩态度的转变，激发或者增加购彩的行为，而彩票中奖的结果往往与广告中描述的情况相差甚远，于是又带来消极的情绪体验。有些遇到挫折的彩民可能会因此放弃购买，而更多的青少年彩民因为还处于世界观、人生观、价值观形成和不稳定的阶段，不能正确地认知彩票，同时他们对彩票中奖信息的掌握相对有限，又容易高估自己，觉得自己具备一定的技巧能够中奖不断增加彩票投注，最终导致问题购彩甚至社会危害。

---

① 参见 Binde, P., "Gambling across Cultures: Mapping Worldwide Occurrence and Learning from Ethnographic Comparison", *International Gambling Studies*, Vol. 5, No. 1, 2005; Mumpower, J. L., Schuman, S. & Zumbolo, A., "Analytical mediation: An application in collective bargaining", *Organizational Decision Support Systems*, 1988。

② 参见 Derevensky, J., sklar, A., cupta, R. et al., "An empirical study examining the impact of gambling advertisements on adolescent gambling attitudes and behaviors", *Int J Mental Health Addie*, Vol. 8, 2010。

在研究中还发现，父母购彩的态度是青少年购彩健康的保护因素。父亲的态度正向预测青少年体育彩民的社会交往，母亲的态度正向预测理性控制。① 父母越支持孩子购彩，青少年体育彩民的理性控制和社会交往水平越高。出现本书调查结果的原因可能有两点。首先，青少年属于人生比较叛逆的阶段，对青少年的教育应该以疏导为主。父母应该以正确的态度教育孩子以娱乐的心态参与到购彩活动中，这会促进青少年理性购彩。若父母将彩票看作"洪水猛兽"，坚决加以制止，会引起孩子的抵触和逆反心理，导致问题购彩行为。另外，根据社会学习理论，态度对个体行为的影响需要先内化为内在的认知，从而产生行为；当个体对他人态度并不认同，或很难产生相同的认知时就很难出现类似行为，有时甚至与预期行为相反②，在青少年的逆反阶段，父母对于彩票的态度比较健康，对孩子也并非严厉禁止，更容易让孩子理解并接受，所以父母购彩态度在一定程度上对青少年购彩健康起到保护作用。

母亲购彩行为正向预测青少年体育彩民的社会危害。班杜拉的社会学习理论强调，个体通过模仿学习他人的行为而出现与之相似的行为，在社会情境中个体的行为容易受他人的影响而改变。在青少年的观察学习中，会对情境中的个体行为进行模仿，尤其是家庭中的父母，会被视为楷模。母亲的购彩行为可以预测到青少年购彩的社会危害程度，而母亲较少购彩行为会降低青少年购彩社会危害的程度。这可能是因为母亲在青少年成长发展过程中更多陪伴在孩子身边，与孩子朝夕相处，其过多的购彩行为更容易被孩子模仿，而父亲的购彩行为经常是在出行的途中，在为数不多的陪伴子女的时候不会特意带孩子去购买彩票，所以父亲购彩行为相比母亲购彩行为对青少年的影响更小。因此，减少母亲购彩行为是预防青少年过度购彩的重要途径之

---

① 参见 Gupta, R. & Derevensky, J. L., "The relationship between gambling and video-game playing behavior in children and adolescents", *Journal of Gambling Studies*, Vol. 12, No. 4, 1996。

② 参见徐建华《青少年体育彩民问题购彩现状及其影响因素研究》，硕士学位论文，华中师范大学，2017年。

一。目前,母亲购彩行为与态度和父亲购彩行为与态度对于青少年购彩健康是否存在不同作用机制还有待后续研究。

感知技能可以正向预测青少年体育彩民的愉快体验和社会交往水平。青少年购彩的主要特点是金额小和研究时间短,青少年体育彩民多将购买体育彩票作为愉悦身心和舒缓压力的一种方式,将彩票作为一种消遣的手段,并通过购买彩票彰显自己的技巧,获得心理上的满足感。感知技能强的体育彩民认为买彩票能够中奖主要靠技术,彩票只是体现自己对于体育赛事或者彩票玩法的熟悉和了解的程度,通过彩票来展现自己的技术,进而获得满足、愉悦等积极体验,并在不断参与的过程中增加与他人的交往。

综上而言,本部分研究得到三点结论。第一,青少年体育彩民购彩类型以混合型为主,单独购买彩票类型上由高到低依次为数字乐透型、竞猜型、即开型、视频型;一半以上的青少年体育彩民购彩时间在10分钟之内,多数低于30分钟;青少年体育彩民月购彩频次多数在10次之内,月购彩金额在200元之内。

第二,愉悦体验与彩票宣传、母亲购彩行为、同伴购彩行为、父亲购彩态度、感知技能和同伴购彩态度显著正相关;社会交往与彩票宣传、母亲购彩行为、同伴购彩行为、父亲购彩态度以及感知技能呈显著正相关;理性控制与父亲购彩行为、父亲购彩态度、母亲购彩态度、同伴购彩态度显著正相关;消极情绪与彩票宣传、感知技能呈显著正相关。社会危害与彩票宣传、母亲购彩行为、感知技能呈正相关,与父母购彩态度显著负相关。

第三,彩票宣传正向预测愉快体验、社会交往、消极情绪及社会危害。感知技能正向预测愉快体验、社会交往。父亲态度正向预测社会交往。母亲态度正向预测理性控制。母亲行为正向预测社会危害。

基于以上结论,本书提出两点建议。第一,正确宣传,引导青少年形成正确的购彩认知。由于青少年阶段,价值观正在形成,易受社会环境等外界因素的影响。因此,在体育彩票的宣传上要注意正确、合理地宣传。从中大奖及奖池累计金额的宣传,转变为彩票的中奖比率、公益金使用情况宣传,而且还应对购彩导致的青少年犯罪案件进行一定宣传,以引起民众的重视,从而有效地预防青少年问题购彩。彩票销售点作为青少年彩民直接接触信息的来源地,也应该减少中奖彩票的张贴和夸大其词的蛊惑,而应采取更为有效的手段引导彩民理性购彩。另外,需要对体育彩票的票面设计进行改进,目前体育彩票的票面上多呈现的是中大奖的文字信息,以中大奖这种随机的概率事件激发体育彩民购彩的动机、欲望及渴求。可以考虑在体育彩票文字内容的宣传上重视体现一定的传统文化底蕴,如在票面上印上唐诗、宋词等,或者印上购彩公益性的相关内容,如"小钱中小奖,小钱大贡献",进而帮助青少年正确地认识体育彩票,也使得体育彩票具有一定的收藏意义和价值。

第二,鼓励高学历人群购彩。父母购彩态度会在很大程度上影响其购彩认知,提高青少年理性控制水平。因此,父母应该正确地看待购彩行为,向孩子传达彩票的娱乐性以及公益性,开诚布公的态度更容易让青少年接受,避免出现逆反心理,避免孩子因为父母禁止购彩产生肆意购彩的报复性行为,减少问题购彩的产生,避免社会危害。同时高学历的青少年体育彩民体现出了健康购彩的行为,因此应该发掘这部分群体的购彩潜力,促进彩民群体的整体健康发展。

第二节 低阶层体育彩民购彩健康的现状及影响因素

一 既有研究总结与分析

美国社会学家发现低收入群体在购彩上的花费高于高收入人群,这与我国学者的研究结果不期而同,即购彩群体多表现出低收入、低学历、低职业地位的特征,而且由于他们缺乏理性的购彩意识,较易导致购彩成瘾等问题,那么,"三低"(低收入、低学历、低职业地位)为何会成为购彩大军?又为何"锲而不舍""越陷越深",陷入"越穷越买"的致命循环中?低阶层体育彩民由于环境的限制和资源的有限性,对金钱更为看重(金钱价值观),更容易受到环境的影响(彩票宣传、同伴购彩行为),更加渴望中大奖改变当前生活状态

第八章 体彩高风险群体购彩健康的现状及影响因素

(购彩预期),本部分结合已有相关研究的成果,将性别、年龄、购彩预期、感知风险、金钱价值观、彩票宣传作为低阶层体育彩民购彩健康可能的影响因素。

此外,学者尚未对低阶层体育彩民进行明确定义。社会阶层的划分往往采用较为综合的标准,以教育学历水平、收入、职业等作为研究指标。国外研究者多把客观的物质资源(财富、教育、工作等)与主观心理感受(对权力、尊重、接纳的感知等)作为划分社会阶层的标准。[①] 国内研究者在社会阶层定义和划分上多以职业为主要参考指标,把中国的社会群体划分为三大阶层:优势地位阶层、中间地位阶层及基础阶层。其中基础阶层(在各类社会资源的拥有量上极少、处于弱势地位)包括商业服务业员工阶层、产业工人阶层、农业劳动者阶层和城乡无业、失业、半失业者阶层。[②] 综上所述,本书将彩民中符合低收入、低学历、低职业地位三个条件中任意一条者称为"低阶层群体"(不包括在校学生)。关于低阶层群体的划分依据如下,低学历者为初中及以下学历者;低职业地位者为中国社会群体十大阶层基础阶层人群;低收入者为年收入低于地区贫困线水平的人群。

低阶层体育彩民基于其自身的特殊性,且作为购彩大军的组成部分,对我国体育彩票的健康稳定发展起着至关重要的作用,但以往关于彩民群体的研究多体现在"三高"群体、女性群体等,较少涉及低阶层群体,相关研究与理论尚不充分,难以全面、深入地把握体育彩民的整体特征,而对低阶层体育彩民的相关探究不仅在理论意义上对体育彩票的长远与宏观性发展存在指导性意义,更有益于在实践上对低阶层彩民的购彩健康实行有效干预,从而促进体育彩票的和谐健康发展。

因此,本部分研究对北京、浙江、重庆、湖北、江西、陕西、云南、广西、黑龙江9个省(市)的913名低阶层体育彩民进行问卷调

---

① 参见谢飞燕《论当代中国社会阶层分化及其影响》,《大连海事大学》2012年。
② 参见陆学艺《当代中国社会阶层研究报告》,社会科学文献出版社2002年版。

查。被试的基本信息见表 8-11。低阶层体育彩民以男性居多，女性所占比例较低；按照年龄层次划分，所占比重依次为 20—29 岁：16.40%，30—39 岁：19.70%，40—49 岁：28.40%，50—59 岁：18.90%，60 岁及以上：16.50%。

表 8-11　　　　　　被试情况一览表（N=913）

	类别	人数	比例
性别（%）	男	761	83.60
	女	149	16.40
年龄	20—29 岁	150	16.40
	30—39 岁	180	19.70
	40—49 岁	259	28.40
	50—59 岁	173	18.90
	60 岁以上	151	16.50

本部分研究采用的工具有体育彩民购彩健康问卷和体育彩票不当宣传暴露问卷（见第五章第二节）、体育彩民感知风险问卷（第五章第一节相关描述）、体育彩民购彩预期问卷、体育彩民金钱价值观问卷。

体育彩民购彩预期问卷、体育彩民感知风险问卷，参考 li 等[1]编制的博彩风险感知问卷，该问卷采用了 5 点计分，很不同意计 1 分，不同意计 2 分，不确定计 3 分，同意计 4 分，很同意计 5 分。测量题目为"买彩票是有风险的"。

体育彩民金钱价值观问卷，参考 Tang 等人编制的心理健康工作者的金钱价值观问卷，包含 6 道题目，分别是"我花钱很有计划""我花钱谨慎""钱是万恶之源""钱是有害的""钱是成功的象征""钱代表一个人的成就"。每道题目采用 5 点计分，从"很不同意"

---

[1] 参见 Li, X., Lu, Z. L., D'argembeau, A., Ng, M. & Bechara, A., "The Iowa gambling task in fMRI images", *Human Brain Mapping*, Vol. 31, No. 3, 2010。

到"很同意"分别计 1—5 分,本书中,该问卷内部一致性系数为 0.69。

二 低阶层体育彩民购彩健康现状

对低阶层体育彩民购彩健康水平的分析见表 8-12。可以看出:低阶层体育彩民购彩健康水平在愉悦体验、社会交往、理性控制、消极情绪、社会危害五个维度上的平均数与总体平均数出现显著差异,且低阶层体育彩民在愉悦体验、理性控制维度上的得分低于彩民总体,在消极情绪、社会危害两个维度得分高于彩民总体。这在一定程度上说明了相较于总体,低阶层体育彩民购彩健康水平较低。

表 8-12　低阶层体育彩民购彩健康水平的平均数检验表

		均值	标准差	t
愉悦体验	低阶层体育彩民	2.74	0.88	-2.944**
	彩民总体	2.83	0.98	
社会交往	低阶层体育彩民	2.72	0.97	0.010
	彩民总体	2.72	1.08	
理性控制	低阶层体育彩民	3.23	0.85	-7.004***
	彩民总体	3.43	0.90	
消极情绪	低阶层体育彩民	1.97	0.85	3.352**
	彩民总体	1.88	0.86	
社会危害	低阶层体育彩民	1.75	0.82	3.389**
	彩民总体	1.66	0.81	

注:右上角***,在 0.001 水水平上显著相关;**,在 0.01 水平上显著相关;*,在 0.05 水平上显著相关,下同。

三 低阶层体育彩民购彩健康的群体特征

(一)性别差异

采用独立样本 T 检验分析低阶层体育彩民购彩健康在性别上是否存在差异,描述性统计及显著性结果如表 8-13 所示。社会交往、消极情绪、社会危害在性别上的差异达到显著性水平,男性的积极社交水平低于女性，消极情绪、社会危害水平高于女性。

表8-13　不同性别低阶层体育彩民购彩健康水平分析表

	性别	均值	标准差	T	P
愉悦体验	男	2.76	0.88	0.646	0.422
	女	2.65	0.91		
社会交往	男	2.71	0.95	4.381	0.037
	女	2.76	1.02		
理性控制	男	3.25	0.84	0.268	0.605
	女	3.16	0.84		
消极情绪	男	2.02	0.85	5.313	0.021
	女	1.70	0.75		
社会危害	男	1.81	0.84	44.014	0.000
	女	1.44	0.57		

（二）年龄差异

对不同年龄阶段低阶层体育彩民进行了描述统计、方差分析、多重比较分析，结果见表8-14。由该表可知，低阶层体育彩民购彩健康所有维度在不同年龄阶段水平上都表现出显著性差异。通过事后多重比较分析可以得出（由于篇幅受限，在此不再呈现表格）：愉悦体验维度上，20—29岁与30—39岁年龄段为边缘显著性水平，40—49岁与30—39岁，50—59岁与60岁及以上年龄段不存在显著性差异。随着年龄的增长，其购彩的愉悦体验也在不断提升；社会交往维度上，20—29岁与30—39岁、30—39岁与40—49岁、50—59岁与60岁及以上三个年龄段不存在显著性差异，其他各年龄段均呈现显著性差异，社会交往体验随着年龄增大而增大；理性控制维度上，各年龄阶段体育彩民均与20岁及以下年龄段的低阶层体育彩民存在显著性差异，此外，40—49岁与60岁及以上阶段低阶层体育彩民存在显著性差异。60岁及以上理性购彩维度得分最高。消极情绪维度上，60

岁及以上与20—29岁、30—39岁、40—49岁、50—59岁存在显著差异，其他年龄段在此维度上均没有显著性差异，随着年龄增长而减小；社会危害维度上，20—29岁与40—49岁、30—39岁与40—49岁、60岁及以上，40—49岁与60岁及以上存在显著性差异。20—29岁年龄段社会危害最大。

表8-14 不同年龄阶段低阶层体育彩民购彩健康水平方差分析表

	年龄	均值	标准差	F	P
愉悦体验	20—29岁	2.44	0.91	10.732	0.000
	30—39岁	2.70	0.91		
	40—49岁	2.66	0.82		
	50—59岁	2.97	0.88		
	60岁及以上	2.99	0.86		
社会交往	20—29岁	2.45	0.92	9.852	0.000
	30—39岁	2.57	0.98		
	40—49岁	2.67	0.95		
	50—59岁	2.95	0.93		
	60岁及以上	2.98	0.86		
理性控制	20—29岁	3.04	0.85	3.365	0.010
	30—39岁	3.28	0.80		
	40—49岁	3.20	0.81		
	50—59岁	3.26	0.87		
	60岁及以上	3,38	0.89		
消极情绪	20—29岁	2.06	0.87	2.845	0.023
	30—39岁	1.95	0.81		
	40—49岁	2.02	0.86		
	50—59岁	2.03	0.90		
	60岁及以上	1.77	0.77		

续表

	年龄	均值	标准差	F	P
社会危害	20—29 岁	1.91	0.93	4.356	0.002
	30—39 岁	1.66	0.73		
	40—49 岁	1.73	0.76		
	50—59 岁	1.87	0.89		
	60 岁及以上	1.59	0.75		

四 低阶层体育彩民购彩健康的影响因素

（一）低阶层体育彩民购彩健康的影响因素与购彩健康的相关分析

了解购彩健康在人口学变量上的差异后，进一步探究购彩健康的影响因素。相关性分析结果如表 8-15 所示：愉悦体验与感知风险不具有显著相关性，与其他影响因素呈显著正相关；社会交往与所有影响因素呈显著正相关；理性控制与金钱价值观不具有显著相关性；消极情绪与不当宣传暴露显著正相关、与感知风险显著负相关；社会危害与不当宣传暴露呈正相关，与感知风险呈显著负相关，与购彩预期、金钱价值观没有显著相关关系。

表 8-15　　购彩健康影响因素的皮尔逊相关分析表

	愉悦体验	社会交往	理性控制	消极情绪	社会危害
不当宣传暴露	0.138**	0.267**	0.096**	0.249**	0.322**
购彩预期	0.396**	0.285**	0.150**	-0.011	-0.022
感知风险	0.024	0.106**	0.136**	-0.086**	-0.138**
金钱价值观	0.122**	0.080*	-0.047	0.009	0.003

注：右上角 ** $P<0.01$，* $P<0.05$。

（二）低阶层体育彩民购彩健康的影响因素对购彩健康的回归分析

在相关分析的基础上，选择与购彩健康显著相关（$P<0.05$）的购彩特征变量对购彩健康 5 个因子分别做多元线性回归，见表 8-16。

结果发现，愉悦体验模型可以解释总变异的 18.40%，$F_{(4,908)} = 52.374$，$P<0.01$，年龄、不当宣传暴露、购彩预期可以显著正向预测购彩的愉悦体验，而购彩预期的解释力最高；社会交往模型可以解释总变异的 16.40%，$F_{(6,903)} = 30.731$，$P<0.01$，年龄、不当宣传暴露、购彩预期可以显著正向预测积极社交水平；理性控制模型可以解释总变异的 4.00%，$F_{(4,908)} = 10.435$，$P<0.01$，年龄、不当宣传暴露、购彩预期、感知风险可以显著正向预测个体的理性购彩水平；消极情绪模型可以解释总变异的 8.80%。$F_{(4,905)} = 23.024$，$P<0.01$，性别、感知风险显著负向预测消极情绪，不当宣传暴露显著正向预测消极情绪；社会危害模型可以解释总变异的 14.80%，$F_{(4,905)} = 40.335$，$P<0.01$，性别、感知风险可以显著负向预测社会危害，不当宣传暴露显著正向预测社会危害。

表 8-16　　　　购彩健康影响因素的回归分析表

	B	SE	β	P
愉悦体验				
年龄	0.088	0.021	0.129	0.000
不当宣传暴露	0.094	0.025	0.111	0.000
购彩预期	0.424	0.036	0.360	0.000
金钱价值观	0.052	0.046	0.035	0.253
社会交往				
性别	0.051	0.080	0.019	0.525
年龄	0.113	0.023	0.152	0.000
不当宣传暴露	0.234	0.028	0.252	0.000
购彩预期	0.305	0.042	0.238	0.000
感知风险	0.021	0.030	0.022	0.487
金钱价值观	0.008	0.051	0.005	0.879
理性控制				
年龄	0.044	0.021	0.068	0.039
不当宣传暴露	0.070	0.026	0.087	0.008

续表

	B	SE	β	P
购彩预期	0.117	0.039	0.105	0.002
感知风险	0.081	0.028	0.098	0.004
消极情绪				
性别	-0.302	0.073	-0.132	0.000
年龄	-0.035	0.021	-0.054	0.094
不当宣传暴露	0.201	0.026	0.248	0.000
感知风险	-0.073	0.026	-0.088	0.006
社会危害				
性别	-0.341	0.068	-0.154	0.000
年龄	-0.025	0.019	-0.040	0.195
不当宣传暴露	0.250	0.024	0.320	0.000
感知风险	-0.114	0.025	-0.143	0.000

五 小结

（一）低阶层体育彩民购彩健康现状

本书发现，低阶层体育彩民约占我国体育彩民总体的24.10%，低阶层体育彩民以男性居多，所占比例为83.60%，女性彩民相对较少。这一结果源于我国体育彩民中男性基数较大，且因购彩所具有的冒险性与风险性特征，更符合男性冲动、寻求刺激的特质。在年龄层次上，30—39岁、40—49岁两个年龄段所占比例最高，分别为19.70%、28.40%，这一年龄阶段的人群，多处于职业与收入的稳定期，但是由于生活或工作压力，尚不满足于自身当前的社会经济地位，迫切希望通过购彩中奖来改善现状。同时，与总体彩民对比分析得出，低阶层体育彩民购彩健康水平较低，在愉悦体验、理性控制维度上的得分低于彩民总体，在消极情绪、社会危害维度上得分高于彩民总体。所以，低阶层购彩群体的购彩现状及存在的诸多问题更值得研究者的关注与思考。

(二) 低阶层体育彩民购彩健康的群体特征

低阶层男性体育彩民在社会交往、消极情绪、理性控制三个维度上与女性彩民差异达到显著水平，其中男性社会交往水平低于女性，说明男性购彩中人际关系建立水平与社交水平低于女性彩民；男性的消极情绪、社会危害水平高于女性，男性的竞争性使其更倾向于接受挑战、追求刺激，容易失去理性，当购彩结果与预期存在偏差、入不敷出时，极易导致消极情绪的迸发，如果不能及时疏导或调整，有可能产生社会危害，给个人、家庭和社会带来不良影响。随着年龄的增长，愉悦体验、社会交往、理性控制水平提高，消极情绪、社会危害水平随之降低。

较为年轻的体育彩民更容易出现购彩问题。随着人生阅历与社会经验的增长，人们在购彩的同时，能够合理地控制购彩渴求，树立正确的购彩理念，在享受购彩带来乐趣的同时，也避免了问题购彩的发生。同时，与他人、朋友相处交往水平也随年龄增长而提高，购彩可以作为沟通交流的桥梁，使彩民多了一份和朋友分享喜悦、增进感情的机会。由于社会交际圈的缩小、子女工作繁忙等原因导致老年人普遍存在缺乏社会支持的问题，使其主观幸福感降低，所以对于老年人来说，购彩能在一定程度上打发空闲时间，为他们的生活增加乐趣。[①] 20—29 岁年龄阶段的低阶层体育彩民理性控制问题较为突出，一方面是由于年龄尚小，没有形成正确的金钱价值观；另一方面，这一年轻彩民群体可能也存在着半途而废、荒废学业的情况，从而滋生不劳而获、好逸恶劳的心理。

(三) 低阶层体育彩民购彩健康的影响因素分析

首先，体育彩民不当宣传暴露对消极情绪、社会危害具有正向预测作用。已有研究支持该结果，例如，Derevensky 发现，广告宣传是吸引和维持个体注意力最有效的方式，且能改变个体对于产品

[①] 参见邵继萍、刘炼、王斌《老年体育彩民购彩心理与行为特征》，《武汉体育学院学报》2012 年第 7 期。

的态度和认识。[①] 目前，各种媒体、销售点大肆渲染体育彩票"低投入，高收入"的特点，虚假性、误导性的信息传播极易使彩民导致问题购彩，诱发消极情绪。另外，彩票宣传也正向预测彩民的社会交往。个体长期暴露在彩票的宣传信息中，会被诱导或激发投注彩票，投注的过程为其人际交往提供了平台和机会。其次，购彩预期对愉悦体验具有正向的预测作用。购买彩票最重要的不是结果，而是参与过程中的乐趣，在心中留存一份希冀，憧憬着美好的发生，也会在无形中产生幸福感；此外，低阶层体育彩民的娱乐活动相对单一枯燥，所以购彩也成为他们平淡生活的一剂调味品，带来愉悦、快乐的体验。另外，感知风险对理性控制具有正向预测作用，对消极情绪、社会危害具有负向预测作用，即个体对购彩风险的感知水平越高，越能理性控制自己的购彩行为，购彩行为的消极后果就越少。感知风险可能是购彩健康的重要保护因素，能够促进个体减少消极情绪、降低社会危害，形成健康购彩行为。最后，命运控制对社会危害具有正向预测作用。

综上而言，本部分研究得到三点结论。（1）低阶层体育彩民购彩健康水平低于彩民总体，以男性彩民居多。（2）低阶层体育彩民群体中男性彩民的消极情绪、社会危害水平显著高于女性彩民；且随着年龄增长，愉悦体验、积极社交水平随之提高，消极情绪、社会危害水平随之降低。（3）在影响低阶层体育彩民购彩健康水平的因素中，购彩预期显著正向预测低阶层体育彩民的愉悦体验、积极社交和理性购彩水平，感知风险显著负向预测消极情绪和社会危害水平。

基于以上结论，本书特提出三点建议。第一，科学引导，树立正确购彩价值观。低阶层体育彩民由于其低收入、低学历、低社会阶层的群体特征，在购买体育彩票时具有较大的依赖性和不确定性，尤其是对年轻彩民采取正确引导，引导其形成积极、正确的认知及金钱价

---

① 参见 Derevensky, J., sklar, A., cupta, R. et al., "An empirical study examining the impact of gambling advertisements on adolescent gambling attitudes and behaviors", *Int J Mental Health Addie*, Vol. 8, 2010。

值观，能够从源头上减少消极情绪和社会危害的产生。第二，公益宣传，弱化彩票功利性宣传。现有彩票宣传中"中大奖""一夜暴富"等的宣传，易误导彩民产生错误的购彩认知，诱发其投机心理，相关部门应该把体育彩票当成一种文化进行宣传，并突出其公益性、娱乐性以及公益金使用的透明度，使消费者在文化上认同体育彩票，健康消费、爱心消费。第三，提供帮助，建立彩民救助中心。低阶层体育彩民的消费倾向和习惯很有可能使其陷入问题彩民的旋涡，所以在正确引导的同时，也要对那些已经产生购彩问题的低阶层体育彩民进行救助。可以借鉴国外发达国家的经验，建立专门的彩民服务站或救助中心。为低阶层体育彩民予以帮助，引导他们走向健康的购彩之路。

第九章 体育彩民购彩健康"风险—保护"因素的作用机制

第一节 体育彩民购彩健康的个体影响因素

一 既有研究总结与分析

2016年10月中共中央、国务院印发《"健康中国2030"规划纲要》,提议把促进人民身心健康作为国家与政府的重要工作任务之一。随着体育彩票业的发展,体育彩民群体规模已较为庞大,体育彩民购彩健康问题也成为学术界关注的对象。因此,了解彩民自身因素对购彩健康的影响,能够为促进彩民积极、健康购彩提供理论依据和实践策略。[1] 通过对前期研究的梳理,以往在体育彩民购彩成瘾影响因素的研究中,主要围绕人口学、个体的认知、情绪、意志和行为等因素进行初步探讨。

尽管目前的主要探讨点在于问题博彩的影响因素及影响机制,但是彩票作为博彩众多玩法中的一种,与博彩有着较大的不同。这提示我们影响博彩者问题博彩的因素未必是彩民购彩健康的影响因素。本书中的购彩健康除购彩的消极危害(如消极情绪等)外,还涵盖购彩裨益(如购彩获得的愉悦体验、社会交往等),其内涵也与问题博彩有较大的区别。此外,体育彩民个体作为自身购彩行为的执行者,其影响因素的探讨将更具研究意义和价值。因此,有必

---

[1] 参见孙悦、李改、胡月等《体育彩民购彩健康个体影响因素和促进策略》,《河北体育学院学报》2018年第5期。

第九章 体育彩民购彩健康"风险—保护"因素的作用机制

要在既有研究的基础上,结合中国体育彩票的现实状况,探索影响体育彩民购彩健康的个体因素,并在此基础上提出适合我国国情的体育彩民购彩健康的促进策略,从而有效提升体育彩民的购彩健康水平。

选取北京、浙江、重庆、湖北、江西、陕西、云南、广西、黑龙江9个省(市)的3770名体育彩民进行调查,被试基本情况见第五章第二节表5-8。本部分研究采用的工具有体育彩民购彩健康问卷、体育彩民感知风险问卷、体育彩民购彩拒绝自我效能感问卷(见第五章第一节内容)和体育彩民购彩预期问卷(见第八章第二节内容)以及体育彩民购彩激情问卷、体育彩民购彩控制幻觉问卷。

体育彩民购彩激情问卷,该问卷用于评估彩民对购买体育彩票的激情,分为强迫型激情及和谐型激情两个维度,包含16道题目。和谐型激情维度有5道题目,分别是"买彩票使我拥有一些难忘的经历""买彩票与我生活中的其他活动相和谐""买彩票过程中发现的新事物让我更喜欢它""买彩票展现了我的个人优势""买彩票让我经历丰富多样的体验"。强迫型激情维度有11道题目,包含"我总想着去买彩票""不买彩票是一件很困难的事""现在能去买彩票实在是太好了"等。均采用5点计分,从"很不同意"到"很同意"分别计1—5分,分数越高,表明彩民对购买彩票的激情越强烈。本书中,该问卷的内部一致性系数为0.932,这表明该问卷可靠性较高。[①]

体育彩民购彩控制幻觉问卷使用博彩认知量表中的控制幻觉分量表,包含4个条目,如"祈祷能够帮助我中奖",问卷采用李克特五点式计分。1表示"很不同意",2表示"不同意",3表示"不确定",4表示"同意",5表示"很同意",本书中该问卷的α系数为0.93,表明可靠性较高。

[①] 参见孙悦、李改、胡月等《体育彩民购彩健康个体影响因素和促进策略》,《河北体育学院学报》2018年第5期。

二 个体因素对体育彩民购彩健康积极因子的作用

(一) 相关分析

对个体层面的影响因素与购彩健康进行相关分析,结果如表9-1所示。研究发现,愉悦体验与性别显著负相关,与年龄、预期、感知风险、赢钱动机、控制幻觉、强迫型激情、和谐型激情和月购彩金额显著正相关;社会交往与学历显著负相关,与年龄、预期、感知风险、赢钱动机、控制幻觉、强迫型激情、和谐型激情和月购彩金额显著正相关;理性控制与强迫型激情显著负相关,与学历、年龄、购彩预期、感知风险、和谐型激情和拒绝自我效能呈显著正相关。

表9-1 愉悦体验、社会交往、理性控制与个体层面影响因素相关矩阵表

变量		愉悦体验	社会交往	理性控制
人口学	性别	-0.040*	-0.020	-0.023
	学历	0.014	-0.045**	0.087**
	年龄	0.188**	0.189**	0.074**
认知	预期	0.438**	0.324**	0.115**
	感知风险	0.070**	0.087**	0.120**
	赢钱动机	0.231**	0.144**	-0.004
	控制幻觉	0.216**	0.166**	0.007
情绪	强迫型激情	0.363**	0.241**	-0.101**
	和谐型激情	0.505**	0.441**	0.170**
意志	拒绝自我效能	0.017	0.026	0.170**
购彩行为	月购彩金额	0.054**	0.075**	-0.017

注:右上角 ** $P<0.01$,* $P<0.05$。

(二) 回归分析

以购彩健康的积极因子(愉悦体验、社会交往、理性控制)三个

第九章 体育彩民购彩健康"风险—保护"因素的作用机制

因子作为因变量,第一步将性别、学历和年龄三个人口学变量作为控制变量进入回归方程,第二步将控制变量及月购彩金额、购彩拒绝自我效能感、预期、感知风险、赢钱动机、控制幻觉、强迫型激情以及和谐型激情等共11个自变量纳入回归方程,检验结果见表9-2。

表9-2 愉悦体验、理性控制、社会交往在个体心理影响因素上的回归分析表

变量	愉悦体验 1a	愉悦体验 1b	社会交往 2a	社会交往 2b	理性控制 3a	理性控制 3b
控制变量—性别	-0.034*	-0.006	-0.013	0.007	-0.021	-0.026
控制变量—学历	0.054**	0.062***	-0.008	-0.016	0.106***	0.067***
控制变量—年龄	0.198***	0.062***	0.187***	0.078***	0.094***	0.058**
预期		0.263***		0.166***		0.083***
感知风险		-0.062***		-0.021		0.055**
赢钱动机		0.006		-0.030		-0.047**
控制幻觉		0.000		0.016		-0.026
强迫型激情		0.098***		-0.017*		-0.221***
和谐型激情		0.333***		0.363***		0.250***
购彩拒绝自我效能感		0.026		0.025		0.113***
月购彩金额		0.026		0.056***		-0.016
F	51.463	168.721	46.998	100.277	21.345	42.684
调整 R^2	0.039***	0.329***	0.035***	0.225***	0.016***	0.111***
$\triangle R^2$	0.039***	0.291***	0.036***	0.191***	0.017***	0.094***

注:右上角 *** $P<0.001$,** $P<0.01$,* $P<0.05$。

在愉悦体验回归模型上,模型1a的F值为51.463($P<0.001$),表示通过F检验,调整的R^2为0.039,说明控制变量解释了3.90%的方差,其中性别($\beta=-0.034$)、学历($\beta=0.054$)和年龄($\beta=0.198$)对愉悦体验的影响较为显著。模型1b的F值为168.721($P<0.001$),表示通过F检验,调整的R^2为0.329,说明控制变量解释了32.90%的方差,相对于模型1a来说,额外增加了29.10%的方差,

表明个体因素对愉悦体验有影响。其中预期影响愉悦体验的回归系数为 β = 0.263（P < 0.001）、感知风险 β = -0.062（P < 0.001）、强迫型激情 β = 0.098（P < 0.001）、和谐型激情 β = 0.333（P < 0.001），说明预期、强迫型激情、和谐型激情正向影响愉悦体验，感知风险负向影响愉悦体验，而月购彩金额（β = 0.026，P = 0.058）、购彩拒绝自我效能感（β = 0.026，P = 0.065）、赢钱动机（β = 0.006，P = 0.698）和控制幻觉（β = 0.000，P = 0.984）对愉悦体验不存在显著影响。

在社会交往回归模型上，模型 2a 的 F 值为 46.998（P < 0.001），表示通过 F 检验，调整的 R^2 为 0.035，说明控制变量解释了 3.50% 的方差，其中年龄（β = 0.187）对社会交往的影响较为显著，性别（β = -0.013，P = 0.406）和学历（β = -0.008，P = 0.634）对社会交往不存在显著影响。模型 2b 的 F 值为 100.277（P < 0.001），表示通过 F 检验，调整的 R^2 为 0.225，说明控制变量解释了 22.50% 的方差，相对于模型 2a 来说，额外增加了 19.10% 的方差，表明个体因素对社会交往有影响。其中月购彩金额影响社会交往的回归系数为（β = 0.056，P < 0.001）、预期（β = 0.166，P < 0.001）、和谐型激情（β = 0.363，P < 0.001），说明月购彩金额、购彩预期以及和谐型激情正向影响愉悦体验，而购彩拒绝自我效能感（β = 0.025，P = 0.095）、感知风险（β = -0.021，P = 0.169）、赢钱动机（β = -0.030，P = 0.071）、控制幻觉（β = 0.016，P = 0.315）和强迫型激情（β = -0.017，P = 0.362）对社会交往不存在显著影响。

在理性控制的回归模型上，模型 3a 的 F 值为 21.345（P < 0.001），表示通过 F 检验，调整的 R^2 为 0.016，说明控制变量解释了 1.60% 的方差，其中学历（β = 0.106）和年龄（β = 0.094）对愉悦体验的影响较为显著，性别（β = -0.021，P = 0.193）对理性控制不存在显著影响。模型 3b 的 F 值为 42.684（P < 0.001），表示通过 F 检验，调整的 R^2 为 0.11，说明控制变量解释了 10.80% 的方差，相对于模型 3a 来说，额外增加了 9.40% 的方差，表明个体因素对理性控制有影响。其中购彩拒绝自我效能感影响理性控制的回归系数为

第九章 体育彩民购彩健康"风险—保护"因素的作用机制

($\beta=0.113$,$P<0.001$)、预期($\beta=0.083$,$P<0.001$)、感知风险($\beta=0.055$,$P<0.001$),赢钱动机($\beta=-0.047$,$P<0.01$),强迫型激情($\beta=-0.221$,$P<0.001$),和谐型激情($\beta=0.250$,$P<0.001$),说明购彩拒绝自我效能感、预期、感知风险及和谐型激情正向影响理性控制,赢钱动机和强迫型激情负向影响理性控制,而月购彩金额($\beta=-0.016$,$P=0.294$)和控制幻觉($\beta=-0.026$,$P=0.134$)对理性控制不存在显著影响。

三 个体因素对体育彩民购彩健康消极因子的作用

(一)相关分析

对个体层面影响因素与购彩健康消极因子(消极情绪和社会危害)进行相关分析,结果见表9-3。研究发现:消极情绪与性别、年龄、感知风险显著负相关,与预期、赢钱动机、控制幻觉、强迫型激情、和谐型激情和拒绝自我效能显著正相关;社会危害与性别、学历、年龄和感知风险显著负相关,与赢钱动机、控制幻觉、强迫型激情和月购彩金额显著正相关。

表9-3 消极情绪、社会危害与个体层面影响因素相关矩阵表

	变量	消极情绪	社会危害
人口学	性别	-0.040*	-0.050**
	学历	0.003	-0.057**
	年龄	-0.036**	-0.081**
认知	预期	0.082**	0.028
	感知风险	-0.040**	-0.107**
情绪	赢钱动机	0.147**	0.162**
	控制幻觉	0.163**	0.158**
	强迫型激情	0.209**	0.343**
	和谐型激情	0.166**	0.113**
意志	购彩拒绝自我效能感	0.100**	-0.012
购彩行为	月购彩金额	0.028	0.046**

注:右上角** $P<0.01$,* $P<0.05$。

（二）回归分析

以购彩健康的消极情绪和社会危害两个因子为因变量，第一步将性别、学历和年龄三个人口学变量作为控制变量纳入回归方程，第二步将控制变量及月购彩金额、购彩拒绝自我效能感、预期、感知风险、赢钱动机、控制幻觉、强迫型激情以及和谐型激情等共11个自变量纳入回归方程，检验结果见表9-4。

表9-4　消极情绪、社会危害在个体心理影响因素上的回归分析表

变量	消极情绪 4a	消极情绪 4b	社会危害 5a	社会危害 5b
控制变量—性别	-0.042*	-0.028	-0.053**	-0.030*
控制变量—学历	-0.004	0.008	-0.076***	-0.036*
控制变量—年龄	-0.038*	-0.079***	-0.098***	-0.133***
预期		-0.064**		-0.121***
感知风险		-0.066***		-0.096***
赢钱动机		0.059**		0.080***
控制幻觉		0.108**		0.105***
强迫型激情		0.188***		0.396***
和谐型激情		0.079***		-0.050**
购彩拒绝自我效能感		0.140***		0.079***
月购彩金额		0.022		0.031*
F	3.792	35.705	19.179	75.789
调整 R^2	0.002**	0.092***	0.014***	0.179***
$\triangle R^2$	0.003*	0.092***	0.015***	0.167***

注：右上角 *** P<0.001，** P<0.01，* P<0.05。

在消极情绪的回归模型上，模型4a的F值为3.792（P<0.01），表示通过F检验，调整的 R^2 为0.002，说明控制变量解释了0.20%的方差，其中性别（β=-0.042）和年龄（β=-0.038）对消极情绪的

第九章 体育彩民购彩健康"风险—保护"因素的作用机制

影响较为显著,学历（$\beta = -0.004$,$P = 0.802$）对消极情绪不存在显著影响。模型 4b 的 F 值为 35.705（$P < 0.001$），表示通过 F 检验,调整的 R^2 为 0.092,说明控制变量解释了 9.20% 的方差,相对于模型 4a 来说,额外增加了 9.20% 的方差,表明个体因素对消极情绪有影响。其中,购彩拒绝自我效能感影响消极情绪的回归系数为（$\beta = 0.140$,$P < 0.001$）、预期（$\beta = -0.064$,$P < 0.001$）、感知风险（$\beta = -0.066$,$P < 0.001$）、赢钱动机（$\beta = 0.059$,$P < 0.01$）、控制幻觉（$\beta = 0.108$,$P < 0.001$）、强迫型激情（$\beta = 0.188$,$P < 0.001$）、和谐型激情（$\beta = 0.079$,$P < 0.001$），说明购彩拒绝自我效能感、赢钱动机、控制幻觉、强迫型激情及和谐型激情正向影响消极情绪,预期和感知风险负向影响消极情绪,而月购彩金额（$\beta = 0.022$,$P = 0.169$）对消极情绪不存在显著影响。

在社会危害的回归模型上,模型 5a 的 F 值为 19.179（$P < 0.001$），表示通过 F 检验,调整的 R^2 为 0.014,说明控制变量解释了 1.40% 的方差,其中性别（$\beta = -0.053$）、学历（$\beta = -0.076$）和年龄（$\beta = -0.098$）对社会危害的影响较为显著。模型 5b 的 F 值为 75.789（$P < 0.001$），表示通过 F 检验,调整的 R^2 为 0.179,说明控制变量解释了 17.90% 的方差,相对于模型 5a 来说,额外增加了 16.70% 的方差,表明个体因素对社会危害有影响。其中月购彩金额影响社会危害的回归系数为 $\beta = 0.031$（$P < 0.05$）、购彩拒绝自我效能感（$\beta = 0.079$,$P < 0.001$）、预期（$\beta = -0.121$,$P < 0.001$）、感知风险（$\beta = -0.096$,$P < 0.001$）、赢钱动机（$\beta = 0.080$,$P < 0.001$）、控制幻觉（$\beta = 0.105$,$P < 0.001$）、强迫型激情（$\beta = 0.396$,$P < 0.001$），和谐型激情（$\beta = -0.050$,$P < 0.01$），说明月购彩金额、购彩拒绝自我效能感、赢钱动机、控制幻觉和强迫型激情正向影响社会危害,预期、感知风险及和谐型激情负向影响社会危害。

四 小结

（一）人口学变量与购彩健康的关系

首先,性别、学历和年龄对体育彩民购彩健康具有重要影响,其中年龄的影响最大，年长的体育彩民购彩健康状况更佳，购彩过程中拥有更多积极的愉悦体验、社会交往，理性控制能力更强，享受购彩的同时出现的购彩问题（消极情绪和社会危害）较少。体育彩民随着年龄的增长会更理性地看待购彩，更享受购彩的积极效应，避免购彩的消极后果。这与刘炼等人的研究结论相一致，老年人购彩行为相对其他群体而言表现得更加理性，且理性的购彩行为对老年人的身心健康能起到一定的积极作用。[1]

其次，高学历的体育彩民购彩健康状况更好，购彩过程中愉悦体验更多，理性购彩水平更高，同时购彩产生的社会危害更少。李娜等人的研究指出，相比学历较低的体育彩民，高学历体育彩民认为彩票产生的收益较小，购买彩票多是为了解闷和娱乐，能够理性地看待中奖事件。[2] Raylu 和 Oei 的研究显示，博彩者的教育水平可以显著负向地预测其问题博彩的严重程度。[3]

最后，男性体育彩民购彩健康水平相比女性体育彩民更低，虽然男性体育彩民愉悦体验更多，但也经历了更多的消极情绪和社会危害。分析其原因可能在于：第一，竞猜型体育彩票以其智力型因素获得许多对体育赛事较为感兴趣的男性的青睐，故男性彩民在购买竞猜型体育彩票过程中收获的愉悦体验会更多[4]；第二，男女性购彩投入上存在差异，女性购彩多保持一定的额度，重视的是"量入为出"式的稳健消费，而男子在冒险、冲动等方面特征比较明显，更乐于尝试和主动参与[5]，大量的购彩投入会带来更多的消极情绪和

---

[1] 参见刘炼、王斌、叶绿等《老年人购买体育彩票的积极心理效应——幸福度的促进机制研究》，《天津体育学院学报》2014年第1期。

[2] 参见李娜、罗小兵、史文文等《博彩动机研究：测量、影响因素及效应》，《中国临床心理学杂志》2014年第1期。

[3] 参见 Raylu, N., Oei, T. P., "Pathological gambling. A comprehensive review", *Clinical Psychology Review*, Vol. 22, No. 7, 2002。

[4] 参见张德涛《我国体育竞猜型彩票的发展现状与营销对策研究》，硕士学位论文，华中师范大学，2009年。

[5] 参见王燕《安徽省体育彩票消费者的现状调查与分析》，《辽宁体育科技》2009年第6期。

社会危害。

（二）个体行为变量与购彩健康的关系

彩民的购彩行为与购彩健康息息相关。彩民购彩行为的加强会扩大社会交往，但是彩民的社会危害也在加强。彩民在体育彩票上花费大量的时间和金钱，在彩票点的时间越长越容易与他人熟识，从而建立社会交往。但购彩行为一旦过度，投入过多的金钱就会产生消极情绪和社会危害，这些是问题彩民的主要行为表现。例如，Currie 等人研究表明，随着博彩者博彩活动参与和金钱投入的增加，博彩产生的消极后果也增加了。[1] 刘炼等人研究表明体育彩民月购彩金额对购彩危害具有显著的预测作用，且月购彩金额是否超过 100 元可作为体育彩民购彩危害的低风险阈限值。[2]

（三）个体心理变量与购彩健康的关系

第一，购彩预期、感知风险、赢钱动机和控制幻觉四个认知变量对购彩健康的影响。从社会学的相关理论来看，人类很多行为在一定程度上是以认知作为媒介的。[3] 认知因素对体育彩民购彩健康同样具有显著影响。首先，购彩预期能够显著正向预测愉悦体验、社会交往和理性控制三个积极因子，同时还能显著负向预测消极情绪和社会危害两个消极因子。这与 Smith 和 Wiseman 的研究相一致，感知到幸运与积极情绪正相关，并且感知成功与购彩频率并不显著相关。其次，感知风险水平越高，愉悦体验和理性控制水平越高，而消极情绪和社会危害越低。感知风险可能是购彩健康的保护因素，可以促进购彩的积极结果，减少消极影响。由于彩票本身所蕴含的博彩本质，过度购彩会引发严重的病态博彩问题，感知风险高的彩民能够理性地看

---

[1] 参见 Currie, S. R., Hodgins, D. C., Wang, J. L., El-Guebaly, N., Wynne, H. & Chen, S., "Risk of harm among gamblers in the general population as a function of level of participation in gambling activities", *Addiction*, Vol. 101, No. 4, 2006。

[2] 刘炼、王斌、黄显涛等：《体育彩民低风险购彩行为阈限与危害的剂量——反应关系研究》，《天津体育学院学报》2015 年第 5 期。

[3] 参见 Smith, M. D., Wiseman, R., Machin, D., Harris, P. & Joiner, R., "Luckiness, competition, and performance on a psi task", *The Journal of Parapsychology*, Vol. 61, No. 1, 1997。

待彩票并合理控制个人购彩行为，保持健康积极的购彩行为。[1] 再次，赢钱动机越高，彩民理性控制能力越差，且承受的消极情绪和社会危害越多。这与已有研究相符，博彩动机与博彩参与[2]、博彩成瘾[3]显著正相关。国内体育彩民购彩动机的相关研究指出，购买体育彩票大多数是为了中大奖，一夜暴富[4]，持这种外在购彩动机的人为了赢钱会导致内疚和压力[5]，从而会出现加大购彩投入等非理性的行为，进而产生消极情绪和社会危害。因此，树立正确的购彩动机对于体育彩民的购彩健康具有重要意义。最后，控制幻觉越高的体育彩民越容易出现消极情绪和社会危害。根据控制感补偿理论和毕生发展理论，控制幻觉可以缓解彩票情景中自身无法控制的中奖结果带来的焦虑感以及中奖失败后体验到的情绪沮丧或自尊心受挫[6]，降低彩民对购彩可能带来的风险的感知，进而驱使个体产生不负责的购彩行为，提升问题购彩发生的可能性[7]，从而导致彩民出现消极情绪和社会危害。因此，降低体育彩民控制幻觉是提升彩民购彩健康水平的一条重要途径。

---

[1] 参见孙悦、李改、胡月等《体育彩民购彩健康个体影响因素和促进策略》，《河北体育学院学报》2018年第5期。

[2] 参见 Ladouceur, R., Sylvain, C., Boutin, C., Lachance, S., Doucet, C. & Leblond, J., "Group therapy for pathological gamblers: A cognitive approach", *Behaviour Research and Therapy*, Vol. 41, No. 5, 2003。

[3] 参见 Tao, V. Y., Wu, A. M., Cheung, S. F., et al., "Development of an Indigenous Inventory GMAB (Gambling Motives, Attitudes and Behaviors) for Chinese gamblers: an exploratory study", *Journal of Gambling Studies*, Vol. 27, No. 1, 2011。

[4] 参见朱世国《临海市体育彩票彩民购彩动机调查》，《佳木斯职业学院学报》2001年第8期；王爱丰、王正伦、陈勇军等《南京体育彩民消费行为与动机的研究》，《广州体育学院学报》2004年第2期。

[5] 参见 Chantal, Y., Vallerand, R. J. & Vallieres, E. F., "Motivation and gambling involvement", *The Journal of Social Psychology*, Vol. 135, No. 6, 1995。

[6] 参见 Heckhausen, J. & Schulz, R., "A life-span theory of control", *Psychological Review*, Vol. 102, No. 2, 1995。

[7] 参见 Rothbaum, F., Weisz, J. R. & Snyder, S. S., "Changing the World and changing the Self: A Two-Process Model of Perceived Control", *Journal of Personality & Social Psychology*, Vol. 42, No. 1, 1982; Cowley, E., Briley, D. A. & Farrell, C., "How do gamblers maintain an illusion of control", *Journal of Business Research*, Vol. 68, No. 10, 2015。

第二，体育彩民购彩激情对于购彩健康的影响较大。体育彩民和谐型激情越高，愉悦体验、社会交往和理性控制越高，社会危害越少。强迫型激情越高，社会交往和理性控制水平越低，消极情绪和社会危害越大。不难看出，强迫型激情是购彩健康的风险因素，而和谐型激情是购彩健康的保护因素。因此，有效识别彩民的激情种类对于购彩健康的构建具有重要的影响和作用。

第三，体育彩民购彩拒绝自我效能感在购彩健康中也扮演着重要的角色。研究结果显示购彩拒绝自我效能感越高的彩民，其理性控制的水平越高，同时消极情绪也越高。购彩拒绝自我效能感高的彩民会有意识地控制自己有关购彩的不健康的想法以及行为，可以成功地抵制自己对于彩票的不合理想法，从而控制自己的购彩行为，可见购彩自我效能感作为个体因素在购彩健康中是重要的保护因素。但与此同时，购彩自我效能高感的人在购彩过程中，会产生消极情绪。依据弗洛伊德的阻抗理论，当个体已从既有的行为中获得益处时，也会不由控制地产生阻抗等障碍。故购彩时会感到快乐，但若要控制自己的购彩行为时又会带来很多的负面情绪。因此，购彩健康并不仅仅只有消极或者是积极的方面，而是需要同时考虑购彩可能的积极和消极影响。①

综上而言，本部分研究得出以下结论：感知风险、购彩拒绝自我效能感、和谐型激情是购彩健康的保护因素，强迫型激情则是购彩健康的风险因素，其中和谐型情绪凸显了重要的保护作用。

第二节 体育彩民购彩健康的环境影响因素

一 既有研究总结与分析

环境心理学指出环境对人的行为的发生具有重要影响，体育彩民购彩行为的发生也会受到环境的影响。既有关于体育彩民购彩影响因素的分析多聚集于个体影响因素，少数研究从环境层面探索了体育彩

---

① 参见孙悦、李改、胡月等《体育彩民购彩健康个体影响因素和促进策略》，《河北体育学院学报》2018年第5期。

民购彩健康的影响因素,而这些研究大致集中在家庭影响、同伴影响及社会环境影响等方面。

以往研究往往仅考虑单一层面环境因素对体育彩民购彩健康的影响,并未考虑多个层面环境因素的综合影响。本书拟纳入多个层面的环境因素,对其影响进行探索,以期能够促进我国体育彩票行业的健康发展,促进体育彩民健康购彩。因此,本书将综合分析家庭、同伴和社会三个层面的环境因素对体育彩民购彩健康的影响和作用,为体育彩民购彩健康风险与保护作用机制奠定前期理论基础。

选取北京、浙江、重庆、湖北、江西、陕西、云南、广西、黑龙江9个省(市)的3770名体育彩民进行调查,被试基本情况见第五章第二节表5-8。本部分研究采用的工具有体育彩民购彩健康问卷、父母购彩行为问卷、同伴购彩行为问卷、体育彩票不当宣传暴露问卷,这些问卷的具体信息见前文"中国体育彩民购彩健康的现状"相关内容(第五章第二节)。

二 环境因素对体育彩民购彩健康积极因子的影响

(一)相关分析

对环境层面的影响因素与购彩健康积极因子进行相关分析,结果如表9-3所示。研究发现,愉悦体验和社会交往与8个环境变量均显著正相关。理性控制与父亲购彩态度、母亲购彩态度、同伴购彩行为、同伴购彩态度、区域经济水平和不当宣传暴露均显著正相关,见表9-5。

表9-5 愉悦体验、社会交往、理性控制与环境影响因素相关矩阵表

	项目	愉悦体验	社会交往	理性控制
	父亲购彩行为	0.055**	0.051**	0.018
家庭	父亲购彩态度	0.125**	0.112**	0.125**
家庭	母亲购彩行为	0.041**	0.068**	-0.003
	母亲购彩态度	0.108**	0.098**	0.132**

第九章 体育彩民购彩健康"风险—保护"因素的作用机制

续表

	项目	愉悦体验	社会交往	理性控制
同伴	同伴购彩行为	0.106**	0.118**	0.035*
	同伴购彩态度	0.169**	0.189**	0.139**
社会	区域经济水平	0.089**	0.098**	0.077**
	不当宣传暴露	0.239**	0.344**	0.059**

注：右上角 ** $P<0.01$，* $P<0.05$。

（二）回归分析

以购彩健康的愉悦体验、社会交往、理性控制三个因子作为因变量，第一步将性别、学历和年龄三个人口学变量作为控制变量纳入回归方程，第二步将控制变量及父亲购彩行为、父亲购彩态度、母亲购彩行为、母亲购彩态度、同伴购彩行为、同伴购彩态度、区域经济水平和不当宣传暴露等共11个自变量纳入回归方程，检验结果见表9-6。

表9-6 **愉悦体验、社会交往、理性控制在环境影响因素上的回归分析表**

因变量 自变量	愉快体验		社会交往		理性控制	
	1c	1d	2c	2d	3c	3d
控制变量—性别	-0.034*	-0.025	-0.013	0.000	-0.021	-0.019
控制变量—学历	0.054**	0.026	-0.008	0.041**	0.106***	0.083***
控制变量—年龄	0.198***	0.177***	0.187***	0.157***	0.094***	
父亲购彩行为		0.031		0.004		0.015
父亲购彩态度		0.058*		0.043		0.034
母亲购彩行为		-0.013		0.027		-0.046*
母亲购彩态度		0.019		0.010		0.078**
同伴购彩行为		0.041*		0.043**		-0.012
同伴购彩态度		0.102***		0.123***		0.099**

续表

自变量 \ 因变量	愉快体验		社会交往		理性控制	
	1c	1d	2c	2d	3c	3d
区域经济水平		0.041**		0.044**		0.054**
不当宣传暴露		0.208***		0.316***		0.035*
F	51.463	46.510	46.998	83.004	21.345	15.451
调整 R^2	0.039***	0.117***	0.035***	0.178***	0.016***	0.045***
$\triangle R^2$	0.039***	0.080***	0.036***	0.145***	0.017***	0.031***

注：右上角 *** $P<0.001$，** $P<0.01$，* $P<0.05$。

在愉悦体验回归模型上，模型 1d 的 F 值为 46.510（$P<0.001$），表示通过 F 检验，调整的 R^2 为 0.117，说明控制变量解释了 11.70% 的方差，相对于模型 1c 来说，额外增加了 8.0% 的方差，表明环境因素对愉悦体验有影响。其中父亲购彩态度影响愉悦体验的回归系数（β=0.058，$P<0.05$）、同伴购彩行为（β=-0.0441，$P<0.05$）、同伴购彩态度（β=0.102，$P<0.001$）、区域经济水平（β=0.041，$P<0.01$）、购彩冲动（β=0.208，$P<0.001$），说明父亲购彩态度、同伴购彩行为、同伴购彩态度、区域经济水平和不当宣传暴露正向影响愉悦体验，而父亲购彩行为（β=0.031，$P=0.118$）、母亲购彩行为（β=-0.013，$P=0.503$）和母亲购彩态度（β=0.019，$P=0.448$）对愉悦体验不存在显著影响。

在社会交往回归模型上，模型 2d 的 F 值为 83.004（$P<0.001$），表示通过 F 检验，调整的 R^2 为 0.178，说明控制变量解释了 17.80% 的方差，相对于模型 2c 来说，额外增加了 14.50% 的方差，表明环境因素对社会交往有影响。其中同伴购彩行为影响社会交往的回归系数（β=0.043，$P<0.01$）、同伴购彩态度（β=0.123，$P<0.001$）、区域经济水平（β=0.044，$P<0.05$）、不当宣传暴露（β=0.316，$P<0.001$），说明同伴购彩行为、同伴购彩态度、区域经济水平和不当宣传暴露正向影响社会交往，父亲购彩行为（β=0.004，$P=0.821$）、父亲购彩态度（β=0.043，$P=0.078$）、母亲购彩行为

($\beta=0.027$，$P=0.150$）和母亲购彩态度（$\beta=0.010$，$P=0.666$）对社会交往不存在显著影响。

在理性控制回归模型上，模型 3d 的 F 值为 15.451（$P<0.001$），表示通过 F 检验，调整的 R^2 为 0.045，说明控制变量解释了 4.50% 的方差，相对于模型 3c 来说，额外增加了 3.10% 的方差，表明环境因素对理性控制有影响。其中母亲购彩行为影响理性控制的回归系数（$\beta=-0.046$，$P<0.05$）、母亲购彩态度（$\beta=0.078$，$P<0.01$）、同伴购彩态度（$\beta=0.099$，$P<0.001$）、区域经济水平（$\beta=0.054$，$P<0.01$）、不当宣传暴露（$\beta=0.035$，$P<0.05$），说明母亲购彩态度、同伴购彩态度、区域经济水平和不当宣传暴露正向影响理性控制，母亲购彩行为负向影响理性控制，而父亲购彩行为（$\beta=0.015$，$P=0.457$）、父亲购彩态度（$\beta=0.034$，$P=0.189$）和同伴购彩行为（$\beta=-0.012$，$P=0.467$）对理性控制不存在显著影响。

三 环境因素对体育彩民购彩健康消极因子的影响

（一）相关分析

对环境层面的影响因素与购彩健康消极因子（消极情绪和社会危害）进行相关分析，结果见表 9-7。研究发现：消极情绪与区域经济水平和不当宣传暴露显著正相关，与母亲购彩行为和母亲购彩态度显著负相关。社会危害与父亲购彩行为、母亲购彩行为和不当宣传暴露显著正相关，与父亲购彩态度、母亲购彩态度和同伴购彩态度显著负相关。

表 9-7 消极情绪、社会危害与环境影响因素相关矩阵表

	项目	消极情绪	社会危害
	父亲购彩行为	0.021	0.048**
家庭	父亲购彩态度	-0.014	-0.114**
	母亲购彩行为	-0.051**	0.077**
	母亲购彩态度	-0.012*	-0.113**

续表

项目		消极情绪	社会危害
同伴	同伴购彩行为	0.014	0.006
	同伴购彩态度	0.022	-0.059**
社会	区域经济水平	0.033**	-0.017
	不当宣传暴露	0.222**	0.306**

注：右上角 ** $P<0.01$，* $P<0.05$。

（二）回归分析

以购彩健康的消极情绪和社会危害两个因子作为因变量，第一步将性别、学历和年龄三个人口学变量作为控制变量纳入回归方程，第二步将控制变量及父亲购彩行为、父亲购彩态度、母亲购彩行为、母亲购彩态度、同伴购彩行为、同伴购彩态度、区域经济水平和不当宣传暴露等共11个自变量纳入回归方程，结果见表9-8。

表9-8 消极情绪、社会危害在环境影响因素上的回归分析表

因变量 自变量	消极情绪		社会危害	
	4c	4d	5c	5d
控制变量—性别	-0.042*	-0.036*	-0.053**	-0.046**
控制变量—学历	-0.004	-0.015	-0.076***	-0.075***
控制变量—年龄	-0.038*	-0.052**	-0.098***	-0.105***
父亲购彩行为		-0.012		0.025
父亲购彩态度		-0.029		-0.097***
母亲购彩行为		0.053**		0.081***
母亲购彩态度		-0.010		-0.055*
同伴购彩行为		-0.007		0.003
同伴购彩态度		0.018		-0.039*
区域经济水平		0.010		-0.040*
不当宣传暴露		0.221***		0.321***

第九章 体育彩民购彩健康"风险—保护"因素的作用机制

续表

自变量 \ 因变量	消极情绪		社会危害	
	4c	4d	5c	5d
F	3.792	26.327	19.179	68.702
调整 R^2	0.002**	0.053***	0.014***	0.138***
$\triangle R^2$	0.003**	0.053***	0.015***	0.126***

注：右上角 *** P<0.001；** P<0.01；* P<0.05。

在消极情绪回归模型上，模型 4d 的 F 值为 26.327（P<0.001），表示通过 F 检验，调整的 R^2 为 0.053，说明控制变量解释了 5.30% 的方差，相对于模型 4c 来说，额外增加了 5.30% 的方差，表明环境因素对消极情绪有影响。其中母亲购彩行为影响消极情绪的回归系数（β=0.053，P<0.01）、不当宣传暴露（β=-0.221，P<0.001），说明母亲购彩行为和不当宣传暴露正向影响消极情绪，而父亲购彩行为（β=-0.012，P=0.550）、父亲购彩态度（β=-0.029，P=0.263）、母亲购彩态度（β=0.-010，P=0.679）、同伴购彩行为（β=-0.007，P=0.694）、同伴购彩态度（β=0.018，P=0.316）和区域经济水平（β=0.010，P=0.550）对消极情绪不存在显著影响。

在社会危害回归模型上，模型 5d 的 F 值为 68.702（P<0.001），表示通过 F 检验，调整的 R^2 为 0.138，说明控制变量解释了 13.80% 的方差，相对于模型 5c 来说，额外增加了 12.60% 的方差，表明环境因素对社会危害有影响。其中父亲购彩态度影响社会危害的回归系数（β=-0.097，P<0.001）、母亲购彩行为（β=0.081，P<0.001）、母亲购彩态度（β=-0.055，P<0.05）、同伴购彩态度（β=-0.039，P<0.05）、区域经济水平（β=-0.040，P<0.01）、不当宣传暴露（β=0.321，P<0.001），说明母亲购彩行为和不当宣传暴露正向影响社会危害，父亲购彩态度、母亲购彩态度、同伴购彩态度和区域经济水平负向影响社会危害。而父亲购彩行为（β=0.025，P=0.197）和同伴购彩行为（β=0.003，P=0.859）对社会危害不存在显著影响。

四 小结

(一) 父母购彩态度与行为对个体购彩健康的影响

结果显示,父母购彩态度与行为对子女的购彩健康有影响,尤其是母亲的购彩行为对子女购彩健康的影响较大,母亲购彩行为越高,体育彩民理性控制越低,且消极情绪和社会危害越多。格里菲斯(Griffith)表明父母购买刮刮卡与青少年购彩行为显著相关。[①] 家庭成员参与购彩是青少年参与线上博彩游戏的有效预测源之一。[②] 父母是子女的榜样,母亲频繁的购彩行为会诱发体育彩民不理性的购彩行为的出现,从而引发购彩健康问题。此外,父母对购彩行为的态度也会影响子女的购彩健康。父母对购彩的态度越积极,子女购彩过程中获得的愉悦体验越多,而父母对购彩的态度越消极,子女购彩的社会危害得分越高。Downs 和 Woolrych 的研究指出,博彩者最终出现问题,多与博彩者向家人隐瞒、欺骗、撒谎自身的博彩行为有关,而最终也影响了家庭关系,如因购彩而夫妻离异、家人分离等。[③] 因此,作为体育彩民的家人并不能盲目持反对意见,而应当在他们遇到困难时,选择与他们保持联系,帮助他们渡过难关。有研究表明,作为问题博彩者的家人会因为情感联结、家庭关系等与问题博彩者共同面对博彩产生的消极后果。[④]

(二) 同伴购彩态度与行为对个体购彩健康的影响

同伴购彩行为和态度对体育彩民购彩健康有一定影响。同伴购彩的行为及其态度均能够正向预测购彩健康的积极因子。但同伴购彩的态度同时也负面预测体育彩民购彩的社会危害。Hira 和 Monson 的研

[①] 参见 Griffith, M., "Scratch card gambling among adolescent males", *Gambling Studies*, Vol. 16, No. 1, 2000。

[②] 参见 Parsons, K. & Webster, D., "The consumption of gambling in everyday life", *Consumer Studies & Home Economics*, Vol. 24, No. 4, 2000。

[③] 参见 Downs, C. & Woolrych, R., "Gambling and debt: the hidden impacts on family and work life", *Community, Work & Family*, Vol. 13, No. 3, 2010。

[④] 参见 Dickson - Swift, V. A. & James, E. L., Kippen S., *The experience of living with a problem gambler: Spouses and partners speak out*, Journal of Gambling Issues, 2005。

究表明，大学生博彩行为与朋友博彩紧密相关。① 因受他人影响而参与购彩的人数比例为 21.80%。② 同伴对于购彩的支持态度会带来消极情绪与社会危害。

(三) 不同区域体育彩民购彩健康状况不同

研究发现，经济水平高的区域，其体育彩民购彩健康积极因子得分也越高，同时社会危害也相对更少。城乡差异对人们的消费观念和消费水平产生深远的影响。我国各省份经济发展极其不平衡。各区域的消费水平和结构差异巨大。一般认为，经济越发达的地区，人均收入越高，受教育程度也越高，彩民在购彩中越能做到理性控制，收获更多的愉悦体验和社会交往，购彩社会危害性也就越低。

(四) 不当宣传暴露对体育彩民购彩健康有一定影响

体育彩民接触较多的不当宣传，越会导致其购彩行为的失控，从而增加购彩的消极情绪和社会危害。Lee 和 Chang 的研究表明，博彩广告的不当宣传，会滋生博彩者的投机心理。③ 而适当的宣传会增加彩民购彩健康的心理愉快体验，促进彩民的社会交往，学会理性控制。当前彩票宣传中过度渲染彩票大奖，如"发财就在一瞬间""500 万元仅在 2 元间"，容易让体育彩民滋生不劳而获的想法，而且过分夸大中奖概率，如"早中晚中早晚得中"怂恿侥幸心理，导致彩民因过度购彩行为引发大量消极情绪和社会危害。李刚研究发现，彩票相关机构或个人对购彩进行的不当宣传，会强化彩民购彩的不健康心理。④

---

① 参见 Hira, T. K. & Monson, K. W., "A social learning perspective of gambling behavior among college students at Iowa State University, USA", *Consumer Studies & Home Economics*, Vol. 24, No. 1, 2000。

② 参见牛云杰、王相飞《对体育彩民消费行为的研究》，《湖北体育科技》2001 年第 4 期。

③ 参见 Lee, Y. K. & Chang, C. T., "A social landslide: Social inequalities of lottery advertising in Taiwan", *Social Behavior and Personality: an International Journal*, Vol. 36, No. 10, 2008。

④ 参见李刚《传播学视角下中国彩票购买者心理不健康成因及对策的研究》，《体育科学》2011 年第 2 期。

综上而言，本部分研究得出四点结论。

第一，人口学变量对体育彩民购彩健康有重要影响。年龄能够正向预测购彩愉悦体验、社会交往和理性控制，负向预测消极情绪和社会危害；学历能够正向预测购彩愉悦体验和理性控制，负向预测社会危害；性别能够负向预测愉悦体验、消极情绪和社会危害。

第二，个体购彩心理对购彩健康有重要影响。购彩预期能够正向预测愉悦体验、社会交往和理性控制，负向预测消极情绪和社会危害；感知型风险能够正向预测理性控制，负向预测愉悦体验、消极情绪和社会危害；赢钱动机能够正向预测消极情绪和社会危害，负向预测理性控制；控制幻觉能够正向预测消极情绪和社会危害；强迫型激情能够正向预测消极情绪和社会危害，负向预测社会交往和社会危害；和谐型激情能够正向预测愉悦体验、社会交往、理性控制和消极情绪，负向预测社会危害；购彩拒绝自我效能感能够正向预测理性控制、消极情绪和社会危害。

第三，个体购彩行为对购彩健康具有一定影响。月购彩金额越高的体育彩民社会交往越多，遭遇的社会危害也越多。

第四，环境变量会影响体育彩民的购彩健康。母亲的购彩行为会导致体育彩民购彩消极效应的增加以及理性控制水平的降低。同伴的购彩行为会导致体育彩民购彩积极效应的增加。高经济水平的区域彩民购彩的积极效应更高，消极效应更低。不当的彩票宣传对购彩的积极效应和消极效应均具正向影响。

根据以上结论，提出三点建议。第一，培养体育彩民健康的博彩观念：我国的体育彩票管理部门，应客观公正，普及概率；实事求是，满足公众知情权，引导彩民健康购彩。

第二，构建体育彩民购彩风险预防与干预体系：建立体育彩民救助专项基金、志愿者组织等，对体育彩民购彩健康不同风险水平进行相应的预防和干预，保障体育彩民的总体健康水平。

第三，改进我国体彩发行机构的不当宣传：我国体育彩票宣传部门和有关媒体不应将报道目光集中在中奖、选号等片面的宣传，这样

第九章 体育彩民购彩健康"风险—保护"因素的作用机制

极易引发彩民的"发财梦"。应注重彩票本质的公益宣传、文化宣传，这样才能让彩民的心理得到有效的放松，让他们以一种行善、娱乐的心态参与购彩。

第三节 其于社会生态理论的体育彩民购彩健康"风险—保护"因素整合模型

提出研究假设 H1、假设 H2 和假设 H3，见图 9-1：假设 H1：感知风险在控制幻觉与购彩健康消极因子之间具有负向调节作用；假设 H2：感知风险在父母购彩行为与购彩健康消极因子之间具有负向调节作用；假设 H3：感知风险在不当宣传暴露与购彩健康消极因子之间具有负向调节作用。

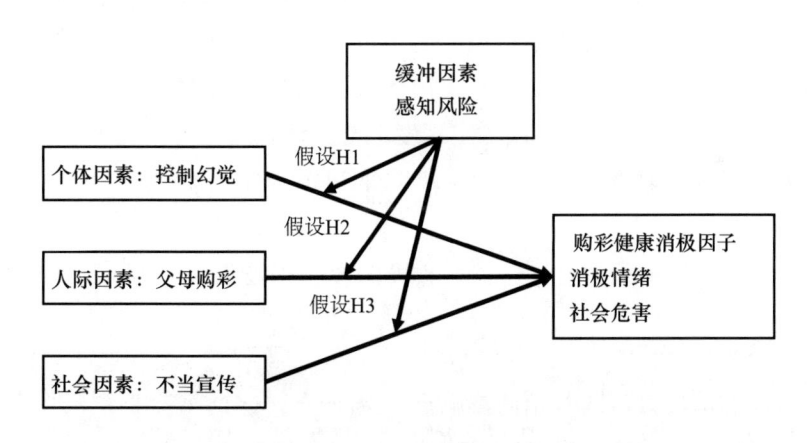

图 9-1 社会生态系统视域下体育彩民购彩健康消极缓冲机制假设模型

此外，前期研究分析了影响体育彩民购彩健康的个体、环境层面的因素，主要涉及个体的和谐型激情、同伴购彩态度、区域经济发展水平等，会对体育彩民购彩的愉悦体验、社会交往、理性控制产生正向影响。个体的购彩预期在一定程度上能够促进其产生积极效应。基于此，本书基于生态理论，以以上三个生态系统变量作为自变量，探索其与购彩预期这一保护因素对体育彩民购彩健康因子的交互影响。

首先，和谐型激情会影响体育彩民购彩的积极效应。和谐型激情往往与个体积极意义的经验紧密相关。[1] 研究显示，老年群体的和谐型激情能够带来积极效应，促进社会交往等，同时对其认知能力和感官也有益处。[2]

其次，同伴关系会预测少年个体的积极情绪体验。高同伴支持的个体通常能够获得更多积极的情绪体验。[3] 对于尤为重视人际关系的中国彩民而言，能够获得朋友的理解和支持的态度是能够激发他们获得购彩积极效应的关键，研究也表明朋友规范对购彩意向和行为具有显著预测作用。[4]

再次，彩民购彩行为与区域经济发展水平紧密相关，研究发现，博彩个体的收入会影响其博彩的频率，当收入达到30000美元时，博彩者的博彩活动参与频率最高，之后便呈下降趋势。[5] 此外，研究者还发现，人均收入对人均博彩支出的弹性系数为1.347，且具有累进的特征。[6] 个体收入水平在一定程度上与该地区的经济发展水平有关，可见，地区经济发展水平对购彩健康积极因子可能具有正向预测作用。

最后，购彩预期会促进体育彩民购彩的积极效应。Isen的研究指

---

[1] 参见 Vallerand, R. J., Blanchard, C., Mageau, G. A., Koestner, R., Latelle, C., Leonardo, M., et al., "Les passions del'Ame: On obsessive and harmonious passion", *Journal of Personality and Social Psychology*, Vol. 85, No. 4, 2003。

[2] 参见 Desai, R. A., Maciejewski, P. K., Dausey, D. J., et al., "Health correlates of recreational gambling in older adults", *American Journal of Psychiatry*, Vol. 161, No. 9, 2004。

[3] 参见邱勇、朱瑜《青少年同伴关系对锻炼态度的影响》，《西南师范大学学报》（自然科学版）2014年第12期。

[4] 参见 Martin, R. J., Usdan, S., Nelson, S., et al., "Using the theory of planned behavior to predict gambling behavior", *Psychology of Addictive Behaviors*, Vol. 24, No. 1, 2010。

[5] 参见 Frank, Scott. & John, Garen, "Probability of Purchase, Amount of Purchase, and the Demograp-hic Incidence of the Lottery Tax", *Public Economics*, Vol. 54, No. 1, 1994。

[6] 参见 Garrett, T. A., "An International Comparison and Analysis of Lotteries and The Distrib-ution of Lottery Expenditures", *Int Rev App l Eco*, Vol. 15, No. 2, 2001。

第九章 体育彩民购彩健康"风险—保护"因素的作用机制

出人们通过回想积极的事件和积极的联系来维持积极的情绪状态。[①] 结果预期不仅能够调节积极情绪的产生,还能激发积极行为的出现。[②] 同理,在体育彩民购彩行为研究中,预期会促进青少年的购彩行为,同时所带来的愉悦和乐趣还能抑制问题购彩。[③] 此外,积极的预期会产生积极的心理效应,尤其是对于低阶层而言,预期还有助于提高其希望、乐观水平。[④] 因此,预期可能会有促进购彩健康积极因子的作用。

综合以上提出研究假设 H4、假设 H5 和假设 H6,见图 9-2:

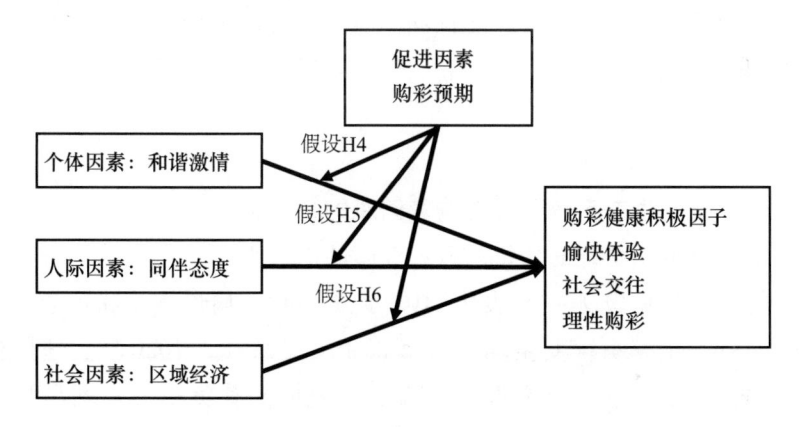

图 9-2 社会生态系统视域下体育彩民购彩健康
积极促进机制假设模型

假设 H4:购彩预期在和谐型激情与购彩健康积极因子之间具有

[①] 参见 Isen, A. M., Shalker, T. E., Clark, M. & Karp, L., "Affect, accessibility of material in memory, and behavior: A cognitive loop", *Journal of personality and social psychology*, Vol. 36, No. 1, 1978。

[②] 参见芦学璋、郭永玉、李静《社会阶层与亲社会行为:回报预期的调节作用》,《心理科学》2014 年第 5 期。

[③] 参见 St-Pierre, R. A., Walker, D. M., Derevensky, J. & Gupta, R., "How availability and accessibility of gambling venues influence problem gambling: A review of the literature", *Gaming Law Review and Economics*, Vol. 18, No. 2, 2014。

[④] 参见 Downs, C., "Selling hope: Gambling entrepreneurs in Britain 1906–1960", *Journal of Business Research*, Vol. 68, No. 10, 2015。

正向调节作用；假设 H5：购彩预期在同伴态度与购彩健康积极因子之间具有正向调节作用；假设 H6：购彩预期在区域经济水平与购彩健康积极因子之间具有正向调节作用。

本书将通过社会生态系统视域下购彩健康缓冲和促进机制假设模型来深入考察体育彩民社会生态层面购彩风险和保护因素对购彩健康的交互影响，这有助于推动彩民公共健康预防与促进理论的发展，为提升体育彩民公共健康提供理论依据。

研究被试与第五章第二节采用的被试相同。研究工具有体育彩民购彩健康问卷、体育彩民购彩预期问卷、体育彩民购彩激情问卷、体育彩民购彩拒绝自我效能感问卷、体育彩民感知风险问卷、父母购彩行为问卷。

一 社会生态系统变量与购彩健康的相关关系

对社会生态系统的变量与购彩健康的消极因子、积极因子进行相关分析，结果见表 9 - 9、表 9 - 10。数据显示：愉悦体验和社会交往与所有社会生态系统变量均呈显著正相关关系（$P<0.01$）；理性控制与所有社会生态系统变量（除强迫型激情显著负相关）均呈显著正相关关系（$P<0.01$）；消极情绪与强迫型激情、不当宣传暴露和感知风险呈显著负相关关系（$P<0.05$）；社会交往与强迫型激情和不当宣传暴露呈显著正相关关系（$P<0.01$），与感知风险呈显著负相关关系（$P<0.01$）。

表 9 - 9　　　各个变量与购彩健康消极因子的相关关系表

变量	消极因子	控制幻觉	父母购彩行为	不当宣传暴露	感知风险
1. 消极因子	1				
2. 控制幻觉	0.204**	1			
3. 父母购彩行为	0.076**	0.080**	1		
4. 不当宣传暴露	0.322**	0.196**	0.064**	1	
5. 感知风险	-0.095**	0.047**	0.015**	0.082**	1

注：右上角 ** $P<0.01$，* $P<0.05$。

表9-10　　各个变量与购彩健康积极因子的相关关系表

变量	积极因子	和谐型激情	同伴购彩态度	区域经济水平	购彩预期
1. 积极因子	1				
2. 和谐型激情	0.495**	1			
3. 同伴购彩态度	0.229**	0.187**	1		
4. 区域经济水平	0.120**	0.094**	0.030	1	
5. 购彩预期	0.386**	0.434**	0.148**	082**	1

注：右上角 ** P<0.01，* P<0.05。

二　生存理论下体育彩民购彩健康消极因子"风险—保护"机制验证

运用层次回归分析考察调节变量对于体育彩民购彩健康消极因子的调节作用。步骤如下：首先，对所有变量进行去中心化处理。其次，建立回归分析模型，以体育彩民购彩健康积极因子与消极因子为结果变量，以性别、年龄、学历为控制变量进入模型。最后，让自变量、调节变量以及两者的交互项逐级进入回归模型，若自变量与调节变量的交互项回归分析系数显著，则说明存在调节效应。

对体育彩民购彩健康消极因子的"风险—保护"模型进行分析，结果见表9-11，模型1至模型10是以购彩健康消极因子为因变量的层次回归分析模型，其中模型1、模型2、模型3、模型4以控制幻觉为自变量，模型1、模型5、模型6、模型7以父母购彩行为为自变量，模型1、模型8、模型9、模型10以彩民不当宣传暴露为自变量。可知，其交互项系数分别为-0.036、-0.047和-0.095，在0.01水平上达到显著。从模型拟合度来看，三个交互项在模型4、模型7、模型10的ΔR^2分别为0.001、0.002和0.009，模型拟合度增加显著。说明感知风险在控制幻觉、父母购彩行为、不当宣传暴露与购彩消极因子之间均起到负向调节作用，假设H1、假设H2和假设H3得到统计结果支持。

三 体育彩民购彩健康研究

表9-11 感知风险在社会生态系统因素与购彩健康消极因子关系中的调节效应表

因变量：购彩健康消极因子

	变量	模型1	模型2	模型3	模型4	模型5	模型6	模型7	模型8	模型9	模型10
控制变量	性别	-0.057^c	-0.065^c	-0.068^c	-0.067^c	-0.063^c	-0.065^c	-0.065^c	-0.048^b	-0.051^b	-0.050^b
	学历	-0.057^b	-0.045^b	-0.040^a	-0.040^a	-0.060^b	-0.056^b	-0.056^b	-0.073^c	-0.069^c	-0.070^c
	年龄	-0.088^c	-0.096^c	-0.089^c	-0.089^c	-0.084^c	-0.077^c	-0.077^c	-0.107^c	-0.098^c	-0.097^c
自变量	控制幻觉		0.208^c	0.213^c	0.214^c						
	父母购彩行为					0.078^c	0.080^c	0.078^c			
	不当宣传曝露								0.328^c	0.337^c	0.342^c
调节变量	感知风险			-0.100^c	-0.103^c		-0.092^c	-0.090^c		-0.116^c	-0.116^c
交互项	幻觉×风险				-0.036^c						
	购彩×风险							-0.047^b			
	宣传×风险										-0.095^c
	F	15.264^c	54.652^c	52.174^c	44.387^c	17.244^c	20.346^c	18.395^c	127.384^c	114.935^c	103.287^c
	调整 R^2	0.011	0.054	0.064	0.065	0.017	0.025	0.027	0.118	0.131	0.140
	$\triangle R^2$	0.012	0.043	0.010	0.001	0.006	0.008	0.002	0.107	0.013	0.009

注：右上角"a"表示 $P<0.05$，^{b}表示 $P<0.01$，^{c}表示 $P<0.001$。

第九章 体育彩民购彩健康"风险—保护"因素的作用机制

为进一步揭示感知风险对控制幻觉、父母购彩行为及不当宣传暴露和购彩健康消极因子之间的调节效应，计算出感知风险为平均数正负一个标准差时，控制幻觉、父母购彩行为以及不当宣传暴露对购彩健康消极因子的效应值（即简单斜率检验），并据此绘制简单效应分析图（见图9-3、图9-4、图9-5）。检验发现，当感知风险水平较低时，控制幻觉对购彩健康消极因子正向预测作用显著（B=0.66，SE=0.06，P<0.001）；当感知风险水平较高时，控制幻觉对购彩健康消极因子正向预测作用显著（B=0.57，SE=0.04，P<0.001），见图9-3，说明感知风险在控制幻觉和购彩健康消极因子间起到一定的缓冲作用。

当感知风险水平较低时，父母购彩行为对购彩健康消极因子正向预测作用显著（B=0.42，SE=0.08，P<0.001）；当感知风险水平较高时，父母购彩行为对购彩健康消极因子正向预测作用不显著（B=0.12，SE=0.08，p=0.115），见图9-4，说明感知风险在父母购彩行为和购彩健康消极因子间起到较强的缓冲作用[1]。

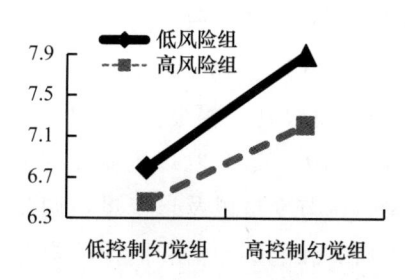

图9-3 感知风险对控制幻觉影响购彩健康消极因子的调节作用图

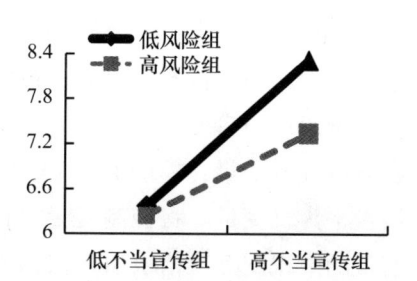

图9-4 感知风险对父母购彩行为影响购彩健康消极因子的调节作用图

当感知风险水平较低时，不当宣传暴露对购彩健康消极因子正向预测

---

[1] 参见刘炼、王斌、李改等《体育彩民购彩健康消极缓冲与积极促进机制研究——基于社会生态系统理论》，《天津体育学院学报》2020年第1期。

作用显著（B=0.23，SE=0.01，P<0.001）；当感知风险水平较高时，不当宣传暴露对购彩健康消极因子正向预测作用显著（B=0.13，SE=0.01，P<0.001），见图9-5。因此，感知风险在不当宣传暴露和购彩健康消极因子间均起到一定的缓冲作用，假设H1、假设H2、假设H3得到验证。①

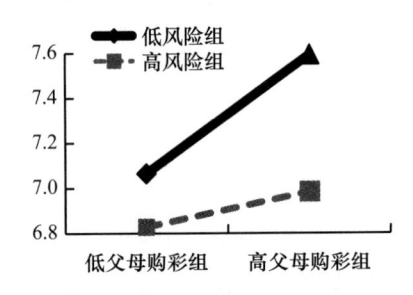

图9-5 感知风险对不当宣传暴露影响购彩健康消极因子的调节作用图

三 生态理论体育彩民购彩健康消极因子风险—保护机制验证

如表9-12所示，模型11至模型20以购彩健康积极因子为因变量的层次回归分析模型，其中模型11、模型12、模型13、模型14以和谐型激情为自变量，模型11、模型15、模型16、模型17以同伴购彩态度为自变量，模型11、模型18、模型19、模型20以区域经济发展水平为自变量。将控制变量、自变量、调节变量以及自变量与调节变量的乘积交互项依次引入回归方程中后，和谐型激情和同伴购彩态度与购彩健康消极因子的交互项回归系数结果分别为0.030和0.029，且都在P<0.05水平上显著，而地区经济水平与购彩健康消极因子的交互项回归系数不显著，因此，假设H6未得到统计结果支持。且从模型拟合度上来看，和谐型激情、同伴购彩态度和购彩健康消极因子的乘积交互项模型14、模型17的ΔR^2分别为0.001和

---

① 参见刘炼、王斌、李改等《体育彩民购彩健康消极缓冲与积极促进机制研究——基于社会生态系统理论》，《天津体育学院学报》2020年第1期。

第九章 体育彩民购彩健康"风险—保护"因素的作用机制

表9-12 购彩预期在生态因素影响购彩积极效应中的调节效应

因变量：购彩健康积极因子

	变量	模型11	模型12	模型13	模型14	模型15	模型16	模型17	模型18	模型19	模型20
控制变量	性别	-0.031	-0.006	-0.008	-0.009	-0.026	-0.023	-0.023	-0.030	-0.025	-0.025
	学历	0.072^c	0.067^c	0.071^c	0.071^c	0.062^c	0.068^c	0.067^c	0.064^c	0.068^c	0.068^c
	年龄	0.215^c	0.102^c	0.088^c	0.087^c	0.202^c	0.147^c	0.147^c	0.208^c	0.146^c	0.147^c
自变量	和谐型激情		0.473^c	0.387^c	0.389^c						
	同伴态度					0.216^c	0.169^c	0.168^c			
	区域经济水平								0.073^c	0.075^c	0.074^c
调节变量	购彩预期			0.206^c	0.209^c		0.339^c	0.340^c		0.363^c	0.363^c
交互项	和谐×预期				0.030^a						
	态度×预期							0.029^b			
	经济×预期										-0.015
	F	61.138^c	325.187^c	309.164^c	258.658^c	96.484^c	190.509^c	159.569^c	549.948^c	164.188^c	136.817^c
	调整 R^2	0.046	0.256	0.290	0.291	0.092	0.201	0.202	0.051	0.179	0.179
	$\triangle R^2$	0.046	0.210	0.034	0.001	0.201	0.109	0.001	0.005	0.128	0.000

注：右上角 ^{a} 表示 $P<0.05$，^{b} 表示 $P<0.01$，^{c} 表示 $P<0.001$。

0.001，模型拟合度增加显著。表明预期在和谐型激情以及同伴购彩态度和购彩消极因子之间均起到正向调节作用，因此，假设 H4 和模型 H5 得到统计结果支持。

为进一步揭示购彩预期对和谐型激情以及同伴态度和购彩健康积极因子之间的调节效应，计算出购彩预期平均数正负一个标准差时，和谐型激情和同伴态度对购彩健康积极因子的效应值（即简单斜率检验），并据此绘制简单效应分析图（见图 9-6、图 9-7）。检验发现，当购彩预期水平较低时，和谐型激情对购彩健康积极因子正向预测作用显著（B = 0.13，SE = 0.01，P < 0.001）；当购彩预期水平较高时，和谐型激情对购彩健康积极因子正向预测作用显著（B = 0.16，SE = 0.01，P < 0.001）（见图 9-6），说明购彩预期在和谐型激情和购彩健康积极因子间起到一定的促进作用。

当购彩预期水平较低时，同伴态度对购彩健康积极因子正向预测作用显著（B = 0.46，SE = 0.06，P < 0.001）；当购彩预期水平较高时，同伴态度对购彩健康积极因子正向预测作用显著（B = 0.66，SE = 0.06，P < 0.001）（见图 9-7），说明购彩预期在同伴态度和购彩健康积极因子间起到一定的促进作用。

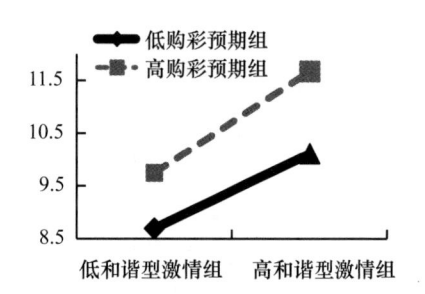

图 9-6　购彩预期对和谐型激情影响购彩健康积极因子的调节作用图

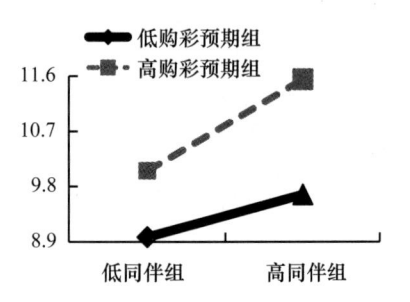

图 9-7　购彩预期对同伴购彩影响购彩健康积极因子的调节作用图

第九章 体育彩民购彩健康"风险—保护"因素的作用机制

四 小结

（一）感知风险对生存因素影响购彩消极效应的缓冲作用

感知风险在控制幻觉与购彩健康消极因子之间具有负向调节缓冲保护作用。人们在接受关于一个高风险的情境信息时会倾向于减少风险[1]，这也说明高感知风险体育彩民出现高控制幻觉时，即使会高估自己中奖的可能性，但也会权衡资金投入风险，会主动控制购彩资金的投入或提前做好损失的心理准备，因此，他们出现购彩健康消极影响较少。相反，低感知风险体育彩民缺乏对购彩风险的合理认识，一旦出现高控制幻觉则会大量投入资金，遭受突如其来的巨大损失，从而出现诸多购彩健康消极影响。研究显示，加强购彩感知风险认知，能有效缓冲问题彩民中最为常见的认知偏差——控制幻觉的消极影响。

感知风险在父母购彩行为与购彩健康消极因子之间具有负向调节缓冲作用。家庭环境被视为决定青少年是否会出现不良行为的重要根源因素[2]，其中父母行为影响是不良行为生态系统理论中微观层面中最为重要的环境因素[3]。本书亦发现父母购彩行为对彩民购彩健康消极因子具有正向预测作用。此外，对于成瘾行为问题，生态系统理论强调导致成瘾行为的是这些系统因素之间的交互作用[4]。我国彩票管理条例明确规定禁止18岁以下未成年人购彩。因此，彩民群体大多具有独立思考的能力，其对彩票高风险的自我感知会缓冲父母大量购彩行为引发的购彩健康消极因子。研究显示，帮助

---

[1] 参见吴燕、周晓林、罗跃嘉《跨期选择和风险决策的认知神经机制》，《心理与行为研究》2010年第1期。

[2] 参见 Ladouceur, Robert., Sylvain, Caroline., Boutin, Claude., et al.，"Cognitive Treatment of Pathological Gambling"，*Nervous & Mental Disease*, Vol. 189, No. 11, 2001。

[3] 参见 Bronfenbrenner, U.，*The ecology of human development*，Harvard University Press, 1979。

[4] 参见 Stormshak, E. A., Connell, A. & Dishion, T. J.，"An adaptive approach to family-centered intervention in schools: linking intervention engagement to academic outcomes in middle and high school"，*Prev Sci*, Vol. 10, No. 3, 2009。

彩民尤其是青少年彩民树立购彩风险意识能够减少不良家庭环境的消极影响。

感知风险在不当宣传暴露与购彩健康消极因子之间具有负向调节缓冲作用。不当宣传暴露对彩民的消极影响受到了彩票研究者的广泛关注，当前我国彩票发行机构不当宣传加剧了我国彩票业的负面效应[1]。在对瑞典彩民的研究中发现广告对于触发问题博彩或停止博彩行为均有显著的作用[2]，且所有的问题博彩者比非问题博彩者更可能回忆起博彩广告，并更容易引发他们的购彩想法、情绪和冲动[3]。研究显示，可以通过普及概率和投资常识等方法提高彩民对购彩风险的认知，从而降低不当宣传的消极影响。

（二）购彩预期在生存因素影响购彩积极效应中的促进作用

购彩预期对购彩健康积极因子具有促进作用。当前购彩预期对购彩健康的影响研究存在两种观点，部分研究者从成瘾的角度进行研究，认为过于乐观的购彩预期属于不良认知，容易引发个体做出不合理的决策，影响问题购彩行为的发生、发展和维持[4]。但结果预期模型认为，虽然个体对特定行为所带来的结果预期会导致其行为的产生，甚至成瘾，但这种预期可能是活动参与过程中带来的积极情绪，缓冲或缓解了活动中的消极情绪[5]，这一结果亦被本书部分证实，购彩预期可以正向预测购彩健康积极因子。

购彩预期在和谐型激情与购彩健康积极因子间具有调节促进作用。本书发现，积极的购彩预期能够促进和谐型体育彩民购彩健康积

---

[1] 参见李刚、汤景泰《当前我国彩票发行机构不当宣传的表现形式及其改进措施》，《首都体育学院学报》2010年第1期。

[2] 参见 Binde, P., "Exploring the Impact of Gambling Advertising: An Interview Study of Problem Gamblers", *International Journal of Mental Health and Addiction*, Vol. 7, No. 4, 2009。

[3] 参见 Binde, P., "Selling dreams—causing nightmares? On gambling advertising and problem gambling", *Electronic Journal of Gambling Issues*, Vol. 20, No. 20, 2007。

[4] 参见 Taylor, R. N., Parker, J. D. A., Keefer, K. V., Kloosterman, P. H. & Summerfeldt, L. J., "Are Gambling Related Cognitions in Adolescence Multidimensional?: Factor Structure of the Gambling Related Cognitions Scale", *Journal of Gambling Behavior*, Vol. 30, No. 2, 2014。

[5] 参见 Kouimtsidis, C., Reynolds, M., Drummond, C., Davis, P. & Tarrier, N., *Cognitive-behavioural therapy in the treatment of addiction*, Chichester, UK: Wiley, 2007。

第九章 体育彩民购彩健康"风险—保护"因素的作用机制

极因子的产生,这可能与本书编制的购彩预期工具以"希望"与"乐观"因素为主,这符合和谐型激情个体的心理,即将活动自主性地内化到自我中的结果,而不对活动产生意外的依赖[①],彩民的积极预期更多的是积极体验价值,而这是彩票赋予的娱乐功能。这与当前积极心理学研究的观点一致,研究者认为对未来的积极预期被看作获得积极心理健康的潜在机制而备受瞩目。[②] 体育彩票作为一种娱乐和公益的手段,可通过提升彩民情感体验预期,采用体验营销模式来促进彩民购彩健康。

购彩预期在同伴购彩态度与购彩健康积极因子间具有调节促进作用。中国作为传统的人情社会,同伴关系在人们的社会生活中具有重要影响。[③] 而同伴态度常常是引发个体强烈情绪反映的一个重要因素,个体需要以他人能够接受的方式行事,形成和完善在他人眼中的积极形象,以避免拒绝或减少拒绝导致的消极影响。[④] 由此可见,同伴积极的态度能够帮助彩民提升积极体验并减少认知失调等消极情绪,竞猜型体育彩民购彩过程中同伴之间的交流有助于彩民体验价值的提升。[⑤] 此外社会对彩民群体普遍存在偏见,提起彩票往往会与"赌博""不劳而获""不健康心理"等联系在一起,此时同伴的认可对于他们至关重要,当彩民处于积极的购彩预期时,同伴积极的态度更能促进购彩健康积极因子的产生,而当同伴处于反对态度时,彩民会

---

① 参见 Vallerand, R. J. & Houlfort, N. Passion at work: Toward a new conceptualization. In D. Skarlicki, S. Gilliland & D. Steiner (Eds.), *Research in Social Issues in Management*. Greenwich: CT: Information Age Publishing Inc, 2003。

② 参见肖倩、吕厚超、华生旭《希望和乐观——两种未来指向的积极预期》,《心理科学》2013年第6期。

③ 参见侯珂、邹泓、刘艳等《同伴团体对青少年问题行为的影响:一项基于社会网络分析的研究》,《心理发展与教育》2014年第3期。

④ 参见王璇《同伴拒绝对小学生消极情绪的影响——社会支持的保护作用》,硕士学位论文,东北师范大学,2018年。

⑤ 参见王斌、郭冬冬、刘炼等《基于扎根理论的竞猜型彩民购彩感知价值概念模型研究》,《天津体育学院学报》2015年第4期。

处于一种认知失调的冲突状态，可能会触发消极情绪。①

综上而言，本部分研究主要得到两点结论：

第一，感知风险在控制幻觉、父母购彩行为和不当宣传暴露三个因子与购彩健康消极因子间起负向调节保护作用，即当感知风险达到一定程度后，会缓冲彩民个体、人际和社会三个层面风险因素带来的消极影响。第二，购彩预期在和谐型激情和同伴态度两个因子与购彩健康积极因子间起正向调节促进作用，即当购彩预期达到一定程度后，会促进彩民个体和人际两个层面的影响因素产生积极影响。

---

① 参见刘炼、王斌、李改等《体育彩民购彩健康消极缓冲与积极促进机制研究——基于社会生态系统理论》，《天津体育学院学报》2020年第1期。

第十章　我国体育彩民购彩健康的促进

第一节　我国体育彩民购彩健康的风险剖析

不管国内抑或国外，购买彩票都是比较普遍的活动，这也使购买者一般都不将其考虑为赌博。① 彩票在世界范围的流行，很大程度上是由于它们操作的简单性、购买的方便性及宣传的广泛性，加之大部分人对中奖概率规则的普遍误解。② 另外，彩票被视为一种游戏，尽管其获胜的概率极低，但人们可以梦想一个原本几乎无法实现的状态。③

Binde 对 18 项世界各地关于博彩流行的全国性研究进行了回顾④，除了极少数外，彩票是与问题赌博联系最弱的赌博活动。当与那些参与购买彩票和其他形式赌博的人进行具体比较时发现，彩票购买者不太可能是问题赌徒或病态赌徒，并且表现出明显较低的抑郁、其他精

---

① 参见 Ariyabuddhiphongs, V., "Lottery gambling: a review", *Journal of Gambling Studies*, Vol. 27, No. 1, 2011。

② Grifths, M. & Wood, R., "The psychology of lottery gambling. International Gambling Studies", *International Gambling Studies*, Vol. 1, No. 1, 2011; Rogers, P., "The cognitive psychology of lottery gambling: A theoretical review", *Journal of Gambling Studies*, Vol. 14, No. 2, 1998。

③ 参见 Beckert, J. & Lutter, M., "Why the Poor Play the Lottery: Sociological Approaches to Explaining Class-based Lottery Play", *Sociology*, Vol. 47, No. 6, 2013。

④ 参见 Binde, P. (2011), "What are the most harmful forms of gambling? Analyzing problem gambling prevalence surveys", CEFOS Working Paper, Retrieved 12 Feb 2018 from University of Gothenburg website, http://130.241.16.4/handle/2077/26165。

神障碍和酒精使用障碍的概率。[1] 尽管如此,彩票购买者仍存在一定程度的问题,造成重大伤害。[2] 例如,Petry 指出,寻求治疗的彩票参与者表现出很高的药物使用率和心理健康问题。[3] 此外,Subramaniam 等人强调,尽管完全单一的彩票购买者可以被认为是相对无害的,但研究发现,这是可能通向其他赌博活动和危险行为的一个潜在通道。[4] 一般来说,博彩的危害是连续不断的,重要的是要考虑各级博彩的危害,而不仅仅是问题赌徒或病态赌徒所经历的危害。[5] 预防悖论框架指出,经常处于小风险的人比少数处于高风险的人可能导致更多的疾病[6],相关的低水平伤害的总和可能与在问题赌徒中观察到的严重伤害的影响一样重要。

鉴于我国体育彩票的高普遍性和高"流行性",同时必须考虑购买体育彩票可能会出现伤及自身的消极后果、波及旁人的潜在危害及危及社会的不利影响等购彩健康问题,本部分将对我国体育彩民的购彩健康风险进行剖析,以期找到问题的根源和解决思路。

一 组织机构不合理

"彩票发行是一种企业性质的经营活动",这是美国《乔治亚教育彩票法》第 50 章中着重提出的。彩票作为一种商品,具有投机性

---

[1] 参见 Subramaniam, M., Tang, B., Abdin, E., Vaingankar, J. A., Picco, L. & Chong, S. A., "Sociodemographic correlates and morbidity in lottery gamblers: Results from a population survey", *Journal of Gambling Studies*, Vol. 32, No. 1, 2016。

[2] 参见 Binde, P. (2011), "What are the most harmful forms of gambling? Analyzing problem gambling prevalence surveys", CEFOS Working Paper. Retrieved 12 Feb 2018 from University of Gothenburg website, http://130.241.16.4/handle/2077/26765。

[3] 参见 Petry, N. M., "A comparison of treatment-seeking pathological gamblers based on preferred gambling activity", *Addiction*, Vol. 98, No. 5, 2003。

[4] 参见 Subramaniam, M., Tang, B., Abdin, E., Vaingankar, J. A., Picco, L. & Chong, S. A., "Sociodemographic correlates and morbidity in lottery gamblers: Results from a population survey", *Journal of Gambling Studies*, Vol. 32, No. 1, 2016。

[5] 参见 Canale, N., Vieno, A. & Griffths, M. D., "The extent and distribution of gambling-related harms and the prevention paradox in a British population survey", *Journal of Behavioral Addictions*, Vol. 5, No. 2, 2016。

[6] 参见 Rose, G., "Sick individuals and sick populations", *International Journal of Epidemiology*, Vol. 30, No. 3, 2001。

的特点，因此，商业经营活动的范畴也包括彩票在市场上的发行销售。而企业作为商业经营活动的主体，自然也承担着彩票发行销售的任务，这也是市场经济体制发展的必然。国外彩票的发行和销售大多由彩票公司来负责运营。我国是带有中国特色的市场经济体制，在这一体制下，带有事业性质的彩票机构主要负责彩票的发行销售，例如体育、民政部门等。由此带来了三个方面的问题：一是扭曲了彩票发行销售的行为；二是彩票机构受到双重行为标准支配；三是彩票机构无力承担发行销售彩票的财务风险。

至于监管方面的问题，彩票发行权是由国务院授予的，财政部门负责监管体育彩票的发行和销售，但体育部门和财政部门是平级的政府部门，财政部门无权对体育部门采取强制性措施，在管理中发现问题，首先，需向政府或上级主管部门报告，缺乏相应明确的制度来赋予财政部门履行监管责任。其次，体育彩票机构的行政、人事、财务都由体育部门负责，财政部门无权对其进行干涉与决策，即使发现体育彩票机构有任何违规操作或行为，财政部门也只能对其提出批评或由地方政府或体育行政部门进行协调与解决。这样不合理的组织结构和监管结构，使各方权力交叉、责权不分，未能使各部门的权力发挥到位。发行彩票和监管彩票市场，都是各级行政、财政部门和彩票机构在充分考虑本地区的利益下合理进行的。若与地方利益相冲突，则采取有利于本地区的选择。例如，地方财政部门出于对本地区利益的考虑，对当地彩票机构的违规行为不予纠正，或发生问题后不报告，甚至纵容地方彩票机构的违规行为，这在源头上就给彩民的购彩造成了隐患，难以为彩民提供一个安全的环境，难以形成健康的购彩行为。负责监管彩票市场和彩票机构活动的财政部门无权取消违规彩票机构的发行权和销售权，也无权通过竞争的方式引入更具竞争力的彩票机构。最后，不但财政部门无法对彩票机构进行有效的监管约束，而且为了保持彩票市场的稳定，不得不对竞争中处于弱势但又不能退出市场的彩票机构提供政策保护，严重损害了市场规则和大幅降低了效率。

二 购彩环境不健全

在规范彩票市场、减少购彩危害方面，我国积极采取了一些降低彩票社会负面影响的措施,发挥了正面的作用。但是仍然存在一些问题。首先,缺乏完整的彩票管理制度。我国的彩票管理一直由政府主导,依靠政府的行政规章来管理,虽然我国有《彩票管理条例》,但条例终究不是法律。我国的彩票相关的条例一般由财政部颁布,内容主要集中于彩票的发行和销售的监管,而针对彩民个人的条例基本没有,也没有明确的法律处罚规定,对于一些彩票相关的犯罪行为并没有明确的判断。我国需要建立完整的彩票法律体系,加强对彩票市场的监管,规范彩民的购彩行为,保证一个健康的法律环境。其次,未充分调动利益相关者的力量。当前我国体育彩票业的利益相关者主要包括彩民、政府部门、负责体育彩票销售、供应、传播甚至是专注于学术研究的部门、机构或者从业者等。在预防和减少购彩危害方面,彩民自身并未建立问题购彩和责任购彩的意识;体育销售部门也仅仅将其职责定位于销售彩票,寻求销量的增加,而并没有认识到对于产品、宣传、服务、监督和救助方面的责任;体育彩票学术研究机构虽一直对问题博彩和责任博彩进行研究,但研究并未与实践相结合并形成具体的政策和措施,也并未转化为实际的成果;媒体方面宣传主要集中于彩票广告及一些可以引起噱头的新闻报道,对于负责任博彩、提示民众购彩有风险的信息内容很少;彩票供应商在为民众提供多样化的产品的同时,较少考虑产品的风险程度,缺少对产品的测试。因此保证一个健康的购彩环境,预防和减少购彩危害,需要发挥多方利益主体的联动作用。而目前我国并未形成系统性的联动机制。再次,对于问题博彩,目前没有系统性的解决办法。从欧美研究案例中可以看出,降低彩票社会负面影响在一定程度上涵盖多个层面,例如研究、预防、救助、资金支持等,它是一个多方位的系统性工程。而我国主要将关注点放在问题彩民的救助层面。在预防方面,从访谈体彩中心专业人员的过程中发现,由于我国彩票购买本身并没有身份的证明,财务无记名投注,我国的体育彩票单笔虽设置了不超过倍投99倍及20000元为上限的单笔购彩限制,但彩民可通过选择不同的投注站加大投注量,有了扩大投注量的机会。此外,我国缺乏对未成年人购彩的管理性措施。我国虽明确规定对未成年人限制购彩,禁止向未成年人出售彩票,但并未落实到各个零售门店上,由于购彩无须任何身份凭证，难以界定年龄，这样给零售商以可乘之机。最后，我国彩民普遍缺乏对于购彩健康的理念，社会上缺乏对于责任购彩的宣传，缺乏相关的教育，使得彩民在购彩初期就产生了购彩风险。这些方面都使得我国缺乏一个健康的购彩环境，难以保证彩民在购彩时形成一种健康的购彩行为。

三 购彩宣传不得当

不当宣传是指由彩票管理机构、彩票销售人员、各类媒体及借助彩票宣传盈利的个体等各种传播主体借助不同渠道进行虚假性、误导性以及欺骗性的宣传。对于彩票行业的不当宣传主要体现在三个方面：首先，彩票管理机构宣传的关注点集中于公益性而对博彩性很少提及。公益性是发行彩票的主要目的，但是不正视其博彩性也是一种错误的态度。公众对彩票产生一些错误的认识在一定意义上也是这种长期公益性宣传带来的后果，认为购彩并不会带来危害，无须控制自身行为。然而问题博彩是由无博彩行为逐渐发展而来的，若不加以预防和控制，便会形成购彩危害，产生严重的后果。因此，彩票管理机构在宣传体育公益性的同时，更应加强社会民众对彩票博彩性的教育，提高认知，这样才更有利于形成一种正确的购彩观念和态度。其次，彩票销售机构在进行彩票宣传时往往采用中大奖的攻略，凸显彩票的可投资性。这种宣传在短期内会诱发彩民过度投入，增加彩票销量，不可避免地会产生众多购彩危害。同时从长期来看，彩民经过长时间的购彩，发现体育彩票并未达到他们预想赚钱的结果，经历长期的"亏本"后，彩民会对体育彩票产生不满意和不信任感，最终会影响整个彩票产业的稳定。最后，新媒体时代的到来为体育彩票的宣传提供了更多的渠道，为追求阅读和点击量，"中大奖""暴富""加倍"成为关键词。由于许多报纸和网站对于预测结果技术进行夸张、虚假宣传，产生大量带有购彩轻松赚大奖、加大投注倍数翻番等内容的信息，各种内部消息、专家推荐号码等信息层出不穷，这种过分夸大事实的宣传很容易导致体育彩民产生不健康的购彩行为，从而忽视购彩的风险。

此外，问题博彩的加剧往往是由于彩民容易相信出现的大量有关于彩票的负面新闻，使彩民产生了怀疑甚至不信任的想法，导致他们不去购买彩票，或者转去投注私彩。这些不负责的行为最终都促成了彩民购彩危害的形成。不当宣传的方式加剧了体育彩民购彩危害出现的广度和深度。因此，让体育彩民的购彩认知回归公益和娱乐，并不是物质奖励，是需要体育彩票管理与经营的机构引起重视的行为。采取有效的营销策略，促进彩民责任购彩，这样才能使体育彩民群体有序、健康发展，也能更好地使体育彩票得以宣传。

第二节 博彩发达国家或地区的发展策略

在中国文化中，像买彩票或家庭"赌博"这样的小赌注活动长期以来被视为一种娱乐，并非我国法律禁止的"赌博"。但所谓的这种积极的"社会性活动"，如随处可见的体育彩票店，可能会增加人们面对问题博彩时的脆弱性。与物质成瘾类似，问题博彩是一种行为成瘾，与许多有害后果相关联。

责任博彩（Responsible Gambling，RG）为问题博彩的干预提供了机遇和挑战。这种做法旨在将与赌博相关的损害降低到社会可接受的程度。已有研究发现，RG 在打击西方赌场中的问题博彩方面具有重要的潜在或实际价值。[①] 此外，RG 培训还提高了加拿大赌场员工对

[①] 参见 Giroux, I., Boutin, C., Ladouceur, R., Lachance, S. & Dufour, M., "Awareness training program on responsible gambling for casino employees", *International Journal of Mental Health and Addiction*, Vol. 6, No. 4, 2008; Hing, N., *An assessment of member awareness, perceived adequacy and perceived effectiveness of responsible gambling strategies in Sydney clubs* 2003; Wohl, M. J., Gainsbury, S., Stewart, M. J. & Sztainert, T., "Facilitating responsible gambling: The relative effectiveness of education-based animation and monetary limit setting pop-up messages among electronic gaming machine players", *Journal of Gambling Studies*, Vol. 29, No. 4, 2013; Wood, R. T. & Wohl, M. J., "Assessing the effectiveness of a responsible gambling behavioural feedback tool for reducing the gambling expenditure of at-risk players", *International Gambling Studies*, Vol. 15, No. 2, 2015。

机会、风险和问题博彩的认识。[1] 尽管 RG 在改变博彩行为（包括频率、持续时间和支出）方面的有效性受到包括赌徒[2]在内的一些利益相关者的质疑，但考虑到中国文化中对购买彩票的积极社会规范，RG 是降低中国问题购彩的有效方法。

世界彩票协会（WLA）科学制定了四个等级认证的系统性的责任彩票体系，它倡导责任理念，给彩票行业制造了良好的氛围和环境，在安全合理的运营彩票行业等方面提供指导。我国体育彩票责任彩票工作得到了世界彩票协会责任彩票独立评审委员会的赞扬，在我国体育彩票责任彩票整体建设上既表示了肯定，还大力承认和认同我国体育彩票责任彩票工作实施的成就和亮点，表现在开展多样化调查研究、全面实施员工培训、严格审批游戏产品、严格制定广告宣传制度、清晰划分利益相关者、有效推进相关报告和衡量等众多方面。

虽然我国责任体彩在 2019 年刚刚达到 WLA 的三级认证，但是离比较完善的四级认证还有一段距离。因此，我国体育彩票在践行责任体彩的道路上还需要借鉴博彩业发达国家或地区的成功经验。

一 澳门地区的责任博彩实践

我国澳门地区在 2009 年发起了一场 RG 运动，旨在保持博彩业大幅增长的同时，减少和遏制赌博对社会的危害。尽管博彩参与率从 2003 年到 2010 年有所下降，但澳门居民病态赌博率从 1.80% 上升到 2.80%。[3] 政府、赌徒、赌博经营者、治疗中心和教育或社区组织作为主要的利益相关者，负责任的赌博组织委员会（2015 年）建议赌博者将游戏视为娱乐活动，并拒绝将其用作投资或赚钱的工具，其他利益相关方也要积极宣传和推广 RG。近年来，澳门地区公众对 RG

---

[1] 参见 Giroux, I., Boutin, C., Ladouceur, R., Lachance, S. & Dufour, M., "Awareness training program on responsible gambling for casino employees", *International Journal of Mental Health and Addiction*, Vol. 6, No. 4, 2008。

[2] 参见 Hing, N., *An assessment of member awareness, perceived adequacy and perceived effectiveness of responsible gambling strategies in Sydney clubs*, 2003。

[3] 参见 Fong, K. C. & Ozorio, B., *Research report in gambling participation among Macao residents*, Macao: IAS, 2010。

的认识一直在增加,从 2009 年的 23.70% 增加到 2013 年的 60.50%。① 2013 年,可能的赌博障碍患病率下降至 2.10%。② 然而,寻求帮助的问题赌徒总数不到 500 人。③ 尽管报告的赌博障碍患病率有所下降,但很难确定 RG 是否像人们想象的那样在澳门有效,因为与问题赌徒的估计总数相比,寻求帮助的比率较低。事实上,2005—2014 年寻求帮助的总人数只有 700 人左右,每年报告的新病例不到 150 例。其他统计数据也表明,2010 年 RG 政策执行相对无效。例如,澳门居民尽管对 RG 有所了解,但平均只能说出 1.70 项当地的 RG 政策措施,即使在城市进行了大规模推广,RG 知识也没有显著提高。④ 再如,在 RG 培训后的 6 个月内,赌场员工对 RG 措施的知识、信心和依恋的丧失是显而易见的。⑤ 因此,有必要对 RG 有效性进行更多的研究,以帮助设计未来的干预策略。

  对赌博知识的掌握和认知会显著影响个人对相关问题认识、治疗及公共政策的参与态度。⑥ 媒体宣传在促进健康风险行为的积极变化方面是有效的,但不确定这是否同样适用于 RG 宣传。尽管大众媒体是提高认识的好渠道,但如果信息难以理解或公众对其兴趣不大,它可能就不是促进行为改变的最佳平台。但宣传材料还可以规定寻求帮助的程序,并详细解释实际做法。简而言之,公众可以更多地了解提供咨询服务的实际情况和技术细节,以减少寻求治疗的障碍。为了增强人们对政府和非政府组织的信任,研究各种 RG 措施的有效性,并与公众分享,以帮助提高他们使用服务的信心和动机。澳门居民对

---

 ① Responsible Gambling Organizing Committee, 2014.
 ② 参见 Wu, A. M. S., Lai, M. H. & Tong, K. K., "Gambling disorder: Estimated prevalence rates and risk factors in Macao", *Psychology of Addictive Behaviors*, Vol. 28, No. 4, 2014。
 ③ Responsible Gambling Organizing Committee, 2015.
 ④ ISCG 国际标准分类,2010 年。
 ⑤ 参见 Giroux, I., Boutin, C., Ladouceur, R., Lachance, S. & Dufour, M., "Awareness training program on responsible gambling for casino employees", *International Journal of Mental Health and Addiction*, Vol. 6, No. 4, 2008。
 ⑥ Spurrier, M. & Blaszczynski, A., "Risk perception in gambling: A systematic review", *Journal of Gambling Studies*, Vol. 30, No. 2, 2014。

RG概念的认知可能与政府的设想不同，部分原因可能是他们的知识有限，以及对利益相关者（如运营商）缺乏信心。参与者对咨询服务机构的信任度也很低，这可能是寻求帮助过程不透明的结果，也可能是由于人们对RG的误解，包括对RG的实际含义和如何实施的认识有限。[1] 博彩参与者包括接受过RG培训的赌场员工，认为问题赌博主要是个人问题，因此政府和非政府组织倡导的RG政策将毫无用处。

就澳门地区的RG教育而言，与以往的研究一致，大多数参与者都知道RG，因为它们在公共媒体上广泛宣传。研究发现，澳门居民在电视、街道横幅和公共汽车上可随处看到RG宣传材料，尽管他们中的大多数人建议应该投入更多的努力，但是他们认为大众媒体是提高认识的好渠道。[2]

二 澳大利亚问题博彩政策

在澳大利亚，博彩管理委员会负责本州博彩业的经营、管理工作，为公众提供博彩服务。澳大利亚各州彩票等管理部门隶属于州财政部，由财务部的部长担任总经理或者主席，州政府因为控制管理当地合法博彩市场，所以在责任博彩的实施方面扮演着重要角色。1999年12月16日，澳大利亚首相John Howard MP发布声明宣称联邦对解决问题博彩问题的支持，这一声明关注点集中于利用责任博彩减少问题博彩对于个人、家庭和社会的影响。自声明发布，众多州陆续颁布了责任博彩政策法规。

2000年，由澳大利亚政府委员会（COAG）建立的博彩内阁委员会（Min Co）采取了改进预防措施，持续资金支持，政府、行业、社会和个人共同承担责任等一系列全面措施。构建了系统全面的战略框架，从而减少了问题博彩消极作用。各州依据具体情况制定相应政

---

[1] 参见 Tong, K. K., Hung, E. P., Lei, C. M. & Wu, A. M., "Public Awareness and Practice of Responsible Gambling in Macao", *Journal of Gambling Studies*, Vol. 34, No. 4, 2018。

[2] 参见 Tong, K. K., Hung, E. P., Lei, C. M. & Wu, A. M., "Public Awareness and Practice of Responsible Gambling in Macao", *Journal of Gambling Studies*, Vol. 34, No. 4, 2018。

策，使得责任博彩相继推行，这也是澳大利亚各州肯定博彩内阁委员会构建的战略框架的表现。以彩票发行量位居第二的维多利亚州为例，以最新颁布的维多利亚问题博彩16年至17年行动政策加以论述，该政策的制定主体是维多利亚博彩管理委员会，它是维多利亚州政府唯一授权的机构。其使命在于与政府和社会团体进行广泛的合作，采取基于实证的措施去预防博彩危害和为问题博彩者提供相应的帮助。

该行动策略提出：从整个社会层面去理解具有高风险的博彩群体，通过举措影响他们的态度，并推广更为健康的博彩活动和为那些正在经历博彩危害的人群提供相关服务。这一策略是建立在公共健康理论和社会管理理论基础之上的。社会管理理论强调管理的重要性，强调博彩企业需要提高责任意识和管理能力，通过消费者保护策略、管理框架改变策略等方式去形成企业的社会责任；公共健康理论则强调一般彩民的风险防范和问题彩民的指导救济，通过意识干预、社会推广和社区发展等策略来减少博彩危害。在具体操作上，为满足问题博彩者、受博彩危害的家庭和广大维多利亚州社会团体的需要，该策略制定了八个商业规则来指导策略的开展，从而达到减少博彩危害的目的。这八个商业规则分别是：（1）建立多方位的平台为博彩者提供相关服务和救助措施；（2）针对易受博彩风险影响的弱势群体提供不同场景的预防活动；（3）创造一个更为健康的博彩环境；（4）通过宣传推广等措施来影响社会民众对于博彩的态度和行为；（5）建立博彩知识基地，提高对问题博彩方面研究的能力，从而采取有效措施去减少危害；（6）加强与健康部门和社会团体之间的合作能力；（7）积极支持对问题博彩有兴趣的利益相关者和网络媒体的参与；（8）采纳基于实证旨在为政府提供有关减少博彩风险建议的政策。

在具体实施上，针对易受风险影响的人群，维多利亚州政府联合相关机构在生活上提供不同场景的预防措施。澳大利亚的研究者发现，受博彩危害的并不局限于严重的问题博彩者，还有大部分是青少年、老人和女性等弱势群体。2015年澳大利亚国家研究报告显示，在维多利亚，受博彩危害的人中85.00%是低风险和中度风险博彩者。澳大利亚将视野扩展到整个社会，关注点集中于所有参加博彩活动的人。力求采用公共健康的方式去预防和减少博彩风险，实施了三个健康项目。

第一，体育俱乐部项目。该项目是由委员和俱乐部共同合作的，旨在通过体育俱乐部去提升青少年的健康意识，同时帮助俱乐部保留它们体育运动的本质，将博彩从运动游戏中分离出来，从而创造一个更为安全和健康的俱乐部环境，对抗不断上升的博彩文化。通常开展一些顶尖体育团体间的合作，举办一些竞技活动加强地区体育社团与体育俱乐部之间的联系。例如2017年以"爱上运动"为主题的板球巡回赛在维多利亚各地区开展，通过帮助改变俱乐部的关注点转向爱运动来对抗日益增长的博彩文化，以减少青少年对于博彩的关注。这些项目对于青少年健康意识的提升和运动的参与度有很大帮助。

第二，学校教育项目。该项目由委员与教育相关利益者合作，旨在帮助年轻人和他们的家庭去了解博彩风险进而做出明智的购彩决定。维多利亚博彩委员会和数学协会、教育主管部门应用学习协会发起一个题为"教育博彩"的课程活动。该课程包含11节基础课程、一部有关健康博彩的视频和学校健康博彩政策的样板。该活动同样为父母提供了相关教育资源，例如问题博彩表格和知识手册等。委员会通过邮件将这些资源发送给维多利亚的初高中，这些资源在网上也可以进行浏览，该项目的资源成为澳大利亚州青少年博彩教育最充足的资源。到目前为止，共有2943个学生参与课程之中。

第三，同伴支持关系项目。该项目是自身具有博彩问题者自发形成的，在地区的社团进行，问题博彩者自愿为他人提供免费的电话匿名帮助，通过个人的博彩经历和专业性的知识来帮助咨询者。一方面，由于其自身已经经历博彩风险带来的危害，能更加理解咨询者的处境，更好地为处于问题博彩的人提供指导和救助；另一方面，两者都具有博彩风险、相同或类似的经历，相互诉说，对方的引导支持能使其更加容易恢复，打破了羞耻感。这一活动旨在通过自身形成的社团去提高博彩风险的意识、鼓励那些经历博彩风险的人寻求帮助、电话支持那些正在经历博彩危害的人。同辈引导支持可能对一些人更实用，而有些人可能会觉得有现实经历的组织和专业的咨询者更有效。2017 年，维多利亚问题博彩委员会同政府、公共健康部门共同经营，将具有问题博彩经历的人、博彩救助中心和社会团体三者汇聚在一起，共同合作帮助问题博彩者走出购彩困境。

除此之外，维多利亚博彩管理委员会同由政府资助的博彩者救助机构（Gambler's Help Agency）进行紧密合作，该救助机构为维多利亚问题彩民以及有博彩风险的群体提供服务。为达到多元化提供救助服务，具体措施如下：（1）为博彩者提供面对面的博彩咨询服务，并提供多种语言服务，包括阿拉伯语、中文和越南语还有针对专门土著居民的语言；（2）提供 24 小时博彩服务热线进行博彩信息的相关咨询；（3）提供基于邮件咨询的网站服务；（4）提供网络信息和自我帮助工具包括与博彩救济和其他支持项目相关的服务。

澳大利亚每年还会开展负责任博彩意识周的活动，该活动旨在提升人们对于博彩风险的意识，从个人、公司和社会多个层面了解负责任博彩的重要性。这一活动同博彩救助机构、当地议会、社会团体、博彩公司和其他利益团体联合举办。相关负责人表示，这一活动建立在一些意见领袖的基础上去讨论责任博彩的定义和责任博彩对于博彩者意味着什么。这些意见领袖来自政府、传媒和商业等各大领域，通过互联网、社会媒体和传统媒体渠道进行讨论。开展活动的同时，委员会还会开展如何避免博彩危害和采取负责任博彩措施的广告活动。例如"玩得更顺利"这一活动的开展使得责任博彩网站的点击量提高了 51.00%。据调查，经过策略的实施，2018 年实施健康和安全博彩俱乐部从 184 个上升到 276 个，民众参与网上博彩问题咨询的人数提高了 46.00%，来自问题博彩志愿者的电话同伴支持服务客户满意度达到 95.00%。

三 加拿大健康购彩政策

在加拿大，博彩的发展历史和加拿大刑法典紧密相关。1985 年刑法修正案授权省级政府专有的彩票经营权。1999 年刑法修正案通过省级政府管理和经营彩票计划，在政府许可的情况下慈善团体允许经营彩票。因此,加拿大各地区都在一定程度上进行并承办着博彩活动。并且各个州都有相关的政策、指南和措施用于告知博彩者有关责任博彩和问题博彩的事项。"责任博彩办公室"在2004年成立,它成为社会问题和行政部门之间的纽带,并且使问题博彩与公共卫生计划产生了紧密联系,问题博彩被包含其中。以安大略省为例,2005年安大略省经济发展与贸易部门(The Ministry of Economic Development and Trade)和健康医疗部门联合发布问题博彩和责任博彩行动政策,经济发展与贸易部门的主要职能是指定博彩政策和管理博彩公司的运营。健康医疗部门主要负责该政策的执行。两大政府部门联合责任博彩委员会共同讨论制定相关问题博彩的相关政策,要求所制定的政策不仅能达到责任博彩的目的,也能对博彩者产生最大的利益,该政策确定了五大核心领域。

第一,责任博彩政策

健康购彩政策必须在责任博彩政策框架下制定,负责任博彩的政策是加拿大早期针对问题博彩提出的一项政策,旨在规范彩票经营者的行为,明确其社会责任,更好地履行预防和减少博彩危害的义务。其中包括:彩票经营者必须明确承诺执行责任博彩的相关政策;彩票公司明确承诺推广责任博彩和预防问题博彩,并采取责任博彩的行为;禁止向未成年人销售彩票;彩票公司明确承诺发布没有误导性的广告,不可以将问题博彩者或未成年人作为目标对象;彩票公司制定完整的政策措施并公开承诺帮助购彩者在选择彩票产品时做出明智的决定;彩票公司需要有政策措施对于那些正在经历博彩问题的购彩者采取救助措施;在任何彩票点、任何时间内彩票产品都具有最大购买量的限制;对于没有履行责任博彩政策的零售商和彩票公司需进行处罚;彩票相关工作人员需要学习责任博彩政策;彩票公司所制定的政策都必须与责任博彩政策保持一致;责任博彩的相关政策要随时根据市场情况进行更新。

第二,广告限制

加拿大所有管辖区都有大量关于彩票广告宣传的政策,这些政策一方面对广告宣传进行限制;另一方面宣传关于责任博彩的相关信息。大多数地区政策的内容包括:彩票广告内容不能涉及青少年,不能通过图像和主题来对其进行"诱引";不能鼓励过度或不负责任的购彩行为;不鼓励彩民进行超额购彩;不能夸大获奖的概率;不能误导博彩结果;不能具有暗示确定性现金收入的信息;将名人和购彩联系起来;广告内容上不能宣传博彩是获得更好生活的方式。另外,一些管辖区还要求所有的彩票广告必须包含问题博彩和责任博彩的信息,例如负责任标语、救助热线和救助地点等信息。许多地区规定彩票广告不能出现在学校附近,播放的时间段不能安排在青少年放学后观看电视的时间段。还有一些限制某类目标人群的重要政策,例如广告宣传不能面向问题博彩者、未成年人、宗教组织和有经济困难等一些具有博彩风险或潜在风险的人群。这些广告宣传的政策使得彩票公司通过责任博彩的维度反思其广告宣传的内容,从而保证将其营销措施与责任博彩政策标准结合起来。虽然这些政策在加拿大已经实施了几十年,有关研究人员仍表示,随着彩票产业的迅速扩张,包括更多的一些地区合法化的彩票销售点和网上博彩,在预防彩票问题方面,更需要一个监管系统来监管所有的广告以满足责任博彩政策的要求,同时责任博彩信息应以最少的时间、最大化的效果出现在所有电视和视频报道中,从而来推广健康购彩。

第三,明智的选择

健康购彩政策要求彩票经营者必须明确承诺承担社会责任,保证购彩者能够获得购买彩票产品所需要了解的基本信息,从而做出明智的选择。所有的彩票公司都会在官网上展示关于如何博彩、获奖概率、购彩风险、博彩的随机性和如何安全购彩等信息。在具体的彩票购买点,购彩者都可以获得一本关于购彩安全、输赢率和问题博彩救助点信息的小册子,售卖点还会张贴一些起警示作用的问题博彩和责任博彩的标语。在购彩场所外,有关问题博彩和责任博彩的信息会通过电子标识牌、海报、报纸和ATM机等形式进行展示。此外,所有彩票上都会显示负责任博彩的信息,还有责任博彩的小测试。这些信息针对所有的购彩者,用于教育具有潜在风险的购彩者、他们的朋友以及家人。除英语之外,博彩海报和小册子被译成阿拉伯语、中文、希腊语、意大利语和越南语等多种语言,以满足不同人群的需要,目的就是让购彩者能够做出明智的选择。

第四，彩民救助

为了能够满足客户对于问题博彩信息的要求，所有的员工都必须清楚知道各个地方的博彩救助中心位置。零售商需要了解客户的信息以协助去管理购彩者，为他们提供购彩和问题博彩救助的信息。零售商不会向那些有问题博彩风险的人销售彩票产品，当购彩者出现问题的时候，前端的员工不会鼓励博彩者继续购买。除此之外，所有购彩者在购彩现场都可以获得一本关于购彩安全、输赢率和问题博彩救助点信息的小册子。为了保证彩票运营商的行为，政府会对大型的彩票公司进行监督审查，彩票公司也会对各个零售商店进行审查，以监管其推广责任博彩的行为。

第五，员工培训

在加拿大，所有管辖区开展针对零售商和相关员工的培训和认证项目。大多数培训都是由博彩运营商开展的，主要目的在于指导零售商有关责任博彩的相关内容。主要的培训内容有：不同博彩类型的特点，包括胜负率和随机性等；问题博彩的警告标志；问题博彩者可获得的救助资源；如何负责任博彩；当购彩者咨询关于责任和问题博彩信息时应如何回应。培训课程长度从30分钟到3个小时不等，培训的方式和内容取决于负责任的程度与管辖区的不同。彩票公司所有者和经理需要参加现场培训课程，而前端员工只需要参加网络课程。一些地区采用"培训培训者"的方法，指由培训过的员工将这一消息传递给新员工。培训巨大的挑战在于彩票零售商店（如便利店、加油站等），员工的高轮换率会影响课程的培训周期与学习效果。培训是一个连续性的过程，培训的内容需要根据政策的变化随时更新。这种形式在世界多个地区均可见到，如英国哥伦比亚和新斯科舍，零售商还会被告知如何对待表现出博彩问题的玩家；在美国，彩票领域的代表会通过报纸等各大媒体宣传持续性的培训课程和责任博彩的信息；彩票代表人每个月会定期开展问题博彩联合会议，彩票运营商需要对其员工进行培训。

四 美国博彩危害最小化措施

从1993年内华达州赌场合法化到现在,除夏威夷州和犹他州外,其他各州都已实现博彩合法化。目前,美国14个州共开设445家商业赌场,缴税47.4亿美元。美国博彩业在管理方面发展比较快速,体制也较为全面,处于世界的前列。它的博彩制度是州与州之间一级级递进传递的,作为一个联邦制国家,博彩业制定一些公共政策、阐述其独特的价值、确定其发展的方向等都是由美国的政府来制定实施的。所以,各州之间在博彩业上都形成了相对独立的监管机构。例如内华达州,主要有内华达博彩委员会和州博彩控制局两个机构共同负责博彩监管工作,州博彩控制局的范围主要是在审计、执法、调查、收税、颁发执照、检查博彩设备等方面,而内华达博彩委员会只有博彩法律立法这一个主要方面的职能。

美国最高法院明确表示,州博彩监管机构有权利、资源和能力去监管合法化的体育博彩。为回应这一裁决,内华达州以法律条例形式做出声明,承诺将尽全力以最高的标准监管体育博彩活动,并提出五点指南性意见帮助体育博彩业的管理,其中第四条提出"采取责任博彩的措施对于保证体育博彩活动的可信度和管理具有重要意义,创造一个负责任博彩的有效环境"。内华达的州负责任博彩政策主要由其博彩委员(Nevada Council On Problem Gambling)会来制定并执行。这些规章政策包括五点。第一,只有获得授权的博彩经营者才能开展限制或非限制的博彩经营活动。第二,每个获得授权的博彩经营者应该在博彩经营场所、电子博彩机或者ATM机上张贴或者提供有关问题博彩症状和本质相关的信息以及国家问题博彩委员会的热线电话。第三,博彩经营者应该执行一套员工培训的完整程序。培训的内容包括博彩行为的本质和症状、帮助博彩者获得有关问题博彩项目的信息。这一部分不要求雇员去识别问题博彩者,但要求博彩经营者指定独立部门负责培训项目的执行。每个博彩经营者的员工培训每年都需要定期向内华达问题博彩委员会提供充足的培训报告,以监管其项目执行情况。第四,博彩经营者参与贷款发放、现金核准和现金信件营销，每一个项目具体内容包括宣传负责任博彩信息的书面材料；允许博彩者参与活动的书面表格；博彩者禁止参与贷款发放、现金核准和信件营销的标准和程序；要求博彩者十天之内告知指定博彩机构其财务信息和相关材料。第五，内华达博彩委员会所制定的决策需要符合国家博彩委员会的相关条例。在政策的指引下，采取了有效的措施。雇员培训项目"WHEN THE FUN STOPS"是一个一小时的培训项目，旨在解释问题博彩的本质和症状以及可寻求的帮助。这一项目最特别的地方在于23分钟视频，这个视频是4个内华达问题博彩者被成功治愈的故事，通过这一经历来探索问题博彩的情形。这一课程的内容包括四点：第一，博彩经历——人们参与博彩的原因和它所提供的娱乐性；第二，何时应停止——问题博彩的细节解释；第三，问题博彩的影响——对个人、家庭和工作的影响；第四，问题博彩的应对方式——承担个人责任和寻求社会帮助。针对个人的培训课程的类型，博彩经营者可为员工登记参加每月在委员会拉斯维加斯培训项目，每个人40美元，每名员工需要收到参与者表格认证登记。针对30—75名员工，博彩经营者提供团队培训课程，相对于个人参与者费用会低一些。对于超过75名的雇员推荐参与年度认证课程，这一个课程在一年之内没有限制，同时博彩委员会实施4小时的培训培训者课程（Train the Trainer）来认证公司培训者。每一个认证的培训者收到完整的培训指南，充足的资源包括ppt、参与者测试和手册。

1996年，"美国博彩业协会"（American Gaming Association，AGA）设立了国家责任博彩中心（NCRG），这是一个具有独立性、公益性、非营利性的部门，长期从事于资助问题博彩预防及治疗方面的工作。责任博彩政策由AGA的会员共同负责并且实施，NCPG是美国国家博彩委员会的简称，成立于1972年，是非营利性的组织，致力于宣传有关责任博彩的项目并提供相关服务，用以帮助问题博彩者及其家庭。NCPG和37个州共同合作为问题博彩者提供希望和帮助。NCPG制定了责任博彩的原则，其想要将这些原则纳入各种类型的博彩立法之中，呼吁 NCPG 的成员和利益相关者让州和联邦政府代表宣传实施这些原则。

这些原则在 2018 年 2 月 NCPG 董事会上通过，对于立法和管理者提出相关要求，包括保证由博彩所得的收入应用于问题博彩的预防和救助；博彩经营者需严格执行责任博彩项目包括人员培训、自我排除机制、限制博彩时间和花费及外界的预防信息；设置具体监管机构监管其执行情况；定期进行问题博彩的广泛性调查，以实证为基础提出相关救助措施；保持不同类型博彩游戏年龄限制的一致性。除此之外，国家问题博彩委员会还开展了多个项目来处理问题博彩的问题，以执行联邦政府提出的责任博彩政策。其中比较有代表性的有三个。

（一）互联网责任博彩认证项目

ICAP 是美国互联网责任博彩认证项目（International Compliance Assessment Program），用来证实博彩网站是否符合美国国家博彩委员会（NCPG，National Council on Problem Gambling）的网上责任博彩标准（IRGS）（如表 10-1 所示）。NCPG 回顾了当前全世界互联网责任博彩的法律条例来指导这一标准的编制，这是美国网上责任博彩的最高标准。在制定该标准之前，NCPG 梳理了美国 40 年以来的博彩问题，现有的有关博彩法律规范，以及来自不同领域包括博彩经营者、研究者、医生和各大媒体专家的经验及反馈。同时也参考了当前全世界网络责任博彩的政策、规章和措施。此外，NCPG 还考虑了联邦法律管理网上购买烟酒的立法，主要目的就是致力于推动网络博彩立法、监管与技术不断地发展。互联网责任博彩标准中的原则被植入美国各种立法、管理和平台的建设，从而使网络博彩合法化和标准化。

NCPG 积极鼓励立法者和监管者将 IRGS 的标准植入网络博彩要求之中，使用 IRGS 的标准和 ICAP 程序使博彩公司获得授权。NCPG 认为授权的博彩公司可能会采取更为健康的态度，实施责任博彩的政策。同时，这样可以通过网络途径使博彩的参与者选择安心的网站，减少购买的风险。

表 10-1　　美国互联网责任博彩认证项目表

	项目内容
政策	经营者承诺遵守责任博彩政策；经营者为问题博彩救助和研究提供资金支持
员工培训	高层员工遵守问题博彩政策和程序；网站展示保持安全限制的实用性建议；网站展示关于如何使用问题博彩工具的信息；网站展示有关博彩风险的信息；网站展示博彩类型玩法的信息；网站提供博彩限制的时间和花费；当博彩者达到上限，网站是否会停止其博彩行为
帮助博彩者	经营者具有处理问题博彩者的政策和程序；经营者具有向第三方报告的政策和程序
自我排出	网站提供自我排出登记；网站提供 NCPG 提供的第三方自我排出登记；禁止长度不少于 30 天；自我排出的博彩者不会收到广告宣传的信息；进入自我排出的博彩者会收到问题博彩和责任博彩的相关信息；网站具有自我排出博彩者的恢复政策和程序；网站具有自我排出博彩者的更新政策和程序
广告宣传	广告不具有误导性
博彩网站	网站显示博彩者的博彩时间；网站保证博彩者不进行超额博彩；新的博彩程序需要进行严格的审核和监管；博彩者在登记时会提示问题博彩和责任博彩的相关信息；网站提供免费博彩的机会；经营者执行严格的年龄限制的政策和程序
相关研究	所在地承担网上问题博彩的研究

（二）问题博彩意识周

问题博彩意识周在每年 3 月份举行，截至 2018 年已经开展 17 年，目的在于提高公众问题博彩的意识、鼓励人们主动寻求预防和救助的措施及鼓励健康部门对问题博彩者进行监管，增加个人、公司和社会对责任博彩重要性的认识。问题博彩意识周联合博彩机构、当地委员会和社团共同开展，除了宣传之外，这一项目还会邀请各个领域的意见领袖来讨论如何定义责任博彩及如何利用其减少博彩危害等问题，这些意见领袖来自学术界、博彩公司、社会团体及问题博彩者。这一项目会通过网络、社会媒体和传统媒体各大渠道进行讨论。与问题博彩者相联系的还有一个广告宣传活动，此活动主要提供关于如何避免博彩危害和进行负责任博彩的有效措施。例如健康博彩活动的开展使得问题博彩意识周网页的浏览量提升了51.00%，问题博彩意识周的参与者会自愿通过他们自己的网络和媒体进行宣传推广。

（三）彩票假日活动

彩票假日活动是基于国家问题博彩委员会、少儿问题博彩国际中心和加拿大 McMill 大学高风险博彩行为研究所联合开展的针对彩票社会责任的活动。这一活动得到了世界博彩协会（WLA）、北美博彩协会（NASPL）和欧洲博彩协会（EL）的授权支持，彩票假日活动鼓励父母和同伴将彩票作为礼物送给未成年人。研究表明，大量的青少年博彩具有偶然性，彩票产品可能是问题博彩的来源。青少年问题博彩可能会引发如抽烟、酗酒和吸毒等问题行为。该活动至今已开展 11 年，NCPG 和少儿问题博彩国际中心联合开展了博彩教育活动。参加活动是免费的，开展活动的彩票机构会利用一系列的资源如海报、手工品等进行宣传，每个组织可以根据自身地区的需要自行设计主题，开展活动。过去几年，大部分彩票机构开展了大量的活动，通过网页广告、社会媒体、印刷品、电视和音频宣传健康博彩的信息。对于最具创新性的活动，NCPG 会给予相应的奖励。目前，全世界共有 201755 个彩票机构参加并支持这一活动，这一活动产生了巨大的社会影响力，为博彩危害最小化带来了可观的效果。

五 新西兰博彩公共健康政策

2004 年，新西兰政府颁布了博彩法案，首次提出将博彩作为公共健康问题对待和处理。委员会负责彩票的全面政策和发展方向，根据政府授权和博彩法案的有关规定经营管理彩票业。新西兰彩票委员会规定每个代理商先交纳一定费用获得出售彩票的权利，并为新的销

第十章　我国体育彩民购彩健康的促进

售代理商提供培训，定期进行审查，若业绩不佳或违反相关规定的，则会收回其权力。① 随后又颁布了预防和减少博彩危害的相关政策，这一政策确定了预防、宣传和危害最小化三大策略，通过三种方式来实现。控制供给，采取一些政策法律措施去限制博彩危害，包括限制参与博彩的最低年龄，减少博彩机器的数量和使用一些排他性的措施；减少需求，利用社会媒体进行宣传，从而提升民众对于购彩健康的意识来减少其对博彩的需求；危害最小化，实施一些预防博彩者过度博彩的技巧，如建议人们在博彩一段时间后进行中场休息，此外还提供一些救助治疗的措施。该项目由四个部分组成。第一，制定并实施预防和减少博彩危害的措施，从而提升国民整体的公共健康水平。第二，为问题博彩者个人、家庭以及外来人群提供相应的救济服务。第三，进行与博彩相关的科学研究，例如针对不同文化种族开展对博彩社会经济影响的长期研究。第四，政策措施的执行情况。该计划总目标是调动政府、博彩机构，社区家庭等的力量，共同预防问题博彩及健康的不公平性。具体包含十个子目标，分别是：减少与问题博彩相关的不公平现象；为毛利人（新西兰原住民和少数民族）家庭提供相关救助来实现其健康和幸福的最大化；公众参与相关预防和减少博彩危害的政策制定；在国家、地区和社区多层面采取公共健康政策；使各政府部门、机构、公众认识到博彩给我们的工作和生活带来的不良影响和负面作用；培养具备相关博彩健康知识的员工；使民众具备生活能力并更好地进行娱乐；创造有利于预防和减少博彩危害的环境；有效提升问题博彩服务质量；实施可操作性的、负责任的干预措施；项目研究和评估需以实证为基础。待项目实施完毕后，政府会对计划的实施进行评估，并根据评估结果提出不同的加强措施，如表 10 - 2 所示。

---

① 参见赵凯《新西兰人一年赌掉 22 亿　但这才算取之于民用之于民》，《先驱报》2017 年 3 月 3 日。

表10-2　　　　新西兰博彩公共健康措施表——目标1：
多层面利用公共健康政策

短到中期措施	长期措施	评估
向相关政府部门和机构（社会服务部门、教育部门、经济发展和消费者保护部门）普及博彩健康知识，从而使其理解并认同将预防和减少博彩相关的政策与相关领域的政策结合起来	1. 制定有效的政策框架去指导国家、地方和社团制定和执行预防和减少博彩危害相关政策 2. 与相关政府部门和机构（社会服务部门、教育部门、经济发展和消费者保护部门）合作制定政策，系统性地解决预防和减少博彩危害的问题	1. 政府部门积极参与或与健康部门、博彩管理部门合作制定实施措施减少博彩危害的数量（6年/次） 2. 分析政府部门致力于解决博彩相关风险的政策文件（年度报告和相关条例）（6年/次） 3. 分析当地政府议员对于问题博彩的意识和博彩危害理念的态度调查（6年/次） 4. 分析参与预防和减少问题博彩和博彩危害政策制定相关人员的行为调查（如政策制定者、博彩公司领导者、慈善机构领导者、教育领导者等）（6年/次） 5. 回顾反映具有潜在博彩危害积极意识的地区博彩政策的比例（6年/次） 6. 分析博彩公司博彩健康广告的成本和赞助活动（每年）

表10-3　　　　新西兰博彩公共健康措施表——目标2：
创造预防和减少博彩危害的环境

短到中期措施	长期措施	评估
1. 继续与健康部门、博彩内部事务部门和博彩企业开展紧密合作；制定和完善对于博彩经营者积极有效预防和减少危害的博彩政策的指南 2. 制定和完善对于博彩经营者在博彩环境中（实体、网上和电话博彩）实施负责任博彩项目的博彩政策的指南 3. 提高毛利人、太平洋人和亚洲人对于博彩内部事务部门监管的参与度 4. 支持博彩公司博彩者数据收集的数据开发和问题博彩者及风险者的识别系统	1. 支持公众对于所有博彩场所和博彩环境责任博彩项目的监督，支持责任博彩项目和问题博彩干预服务来预防和减少博彩危害 2. 开发相关系统和制定政策使得有关博彩公司搜集的普通博彩者数据和问题博彩者及风险者的数据供研究者和利益相关者使用	1. 总结健康部门、博彩内部事务部门和博彩公司的合作发展（每年） 2. 分析不同阶段利益相关者对于健康部门、博彩内部事务部门和博彩公司的合作满意度的调查（6年/次） 3. 分析帮助实施责任博彩项目和培训的数据（每年） 4. 分析博彩内部事务部门调查各博彩场所履行法律要求的数据（每年） 5. 分析来自博彩场所的客户数据（每年） 6. 回顾识别问题博彩和博彩风险者产业机制的有效性（每年） 7. 回顾那些具体针对关键博彩风险者政策赌场的数量（6年/次）

新西兰善于运用公共健康的方法来解决博彩问题。认为博彩问题是一个连续变化的过程，并不能依靠某一种方式针对某一类人群，预防和减少措施连续性并不是完全明晰的，必须利用整体性和系统性的方法来实施，而不是单纯用某一个政策措施再去对待某一类人群。新西兰善于去理解，并善于利用不同策略之间的联系来达到预防和减少博彩危害的目的。例如成功的博彩健康宣传活动不仅可以提升普通博彩者的健康意识，同时还有利于问题博彩者寻求相关救助治疗。在执行方面，这些政策是由多方机构和利益主体共同实践的，不仅包括政府还包括公共服务机构、教育部门、博彩内部事务部门和博彩公司及其他利益相关人员。

与博彩问题相关预防、治疗、社区发展、产业规范、消费者保护和相关研究的整体性政策措施的制定也是随环境变化而灵活变动的。针对2008年的经济危机，2010—2012年博彩政策面对全球范围经济不确定的背景下进行调整。在新西兰，传统意义的博彩被认为是经济的保护屏障，之前的政策大多有利于博彩产业的发展。但面对全球经济大环境经济下滑对新西兰博彩的影响，新西兰及时调整了博彩政策，特别重视对少数族裔的保护。研究发现，毛利人家庭是博彩风险的关键人群，调查发现其对博彩健康的需求更加强烈。特别是在2006年和2007年的新西兰健康调查中发现毛利人男性从他们自身所受到的博彩危害要比女性多30.00%，然而女性受到来自他人的伤害是男性的两倍。政府意识到毛利人女性是其家庭的核心，这一问题关系到整个社会的健康，会带来一系列的问题，如孩子贫穷和食品安全问题。新西兰政府针对他们特别制定了特殊的政策，考虑到只有解决不同博彩者的问题，才能实现新西兰整体的公共健康和幸福感的提升。

第三节 我国体育彩民购彩健康的促进策略

我国体育彩票在践行责任体彩的道路上虽已初见成效，但与世界博彩发达国家和地区的一系列博彩政策及实践相比，"健康"两字具体落实到我国体育彩民购彩健康的促进上还需"一大步"。

近年来,尽管彩票市场环境不断得到改善,但依然存在一些不健康购彩现象,例如出现擅自利用互联网销售彩票、大额投注、非理性控制、购彩消极情绪等态度和行为。本书也发现,虽然我国体育彩民购彩积极效应大于消极效应。但是部分体育彩民在购买体育彩票前后依然存在一定的潜在危害行为甚至"问题行为""病态行为"等。正确处理出现的问题,中国体育彩票必须要以责任彩票建设为出发点,积极宣传责任彩票的核心和目的,勇敢承担彩票责任,使得依法治彩顺利实现向公众呈现公益性的体育彩票,以敢于承担的方式募捐更多的体育彩票公益金,积极借鉴国际有益经验,研发和推出一系列切实保障体育彩民购彩健康的促进策略。

一 完善责任彩票体系建设,规范体育彩民购彩行为

随着 2017 年《中国体育彩票责任彩票工作三年实施纲要(2018—2020)》的正式出炉,我国责任彩票的开展如火如荼。2017年提出"建设负责任、可信赖、健康持续发展的国家公益彩票"愿景。2018 年,国家体彩中心将"责任彩票"建设列为重点工作,全面实施"责任彩票"规划并指导各省市体彩中心开展责任彩票工作。上下联动,形成合力,共同推动"责任彩票"建设工作。[①] 例如,《责任彩票公众手册(理性购彩篇)》一书于 2008 年在全国各地的体彩网点进行销售。这本书向体育彩民介绍了快乐购彩、理性购彩的观点和方向,并且是以提问或警示等有趣的方法进行的。在这些体育彩票发行销售的地区,出现了大量销售员劝购彩者"少买一点"的现象。其目标是强化责任理念、掌握合规红线、制定责任底线,2018年,系统构建了适合中国实际与实践的责任彩票内容体系框架,使责任彩票建设工作取得圆满成功,我国体育彩票在 2018 年 12 月 21 日得到了由世界彩票协会(WLA)责任彩票承认的三级认证,其共有四个等级。这不仅是承认中国体育彩票在践行责任理念、坚持合规运

---

① 《中国体育彩票做了哪些体现社会责任的事?》,《海都报》2019 年 3 月 20 日。

营等方面做出的成绩，也是一种对我国体育彩票积极承担社会责任的赞同。而且，它还是我国体育彩票与世界彩票接轨的象征，也是中国彩票发展史上的一个极具价值的标志，更是证明中国体育彩票作为国家彩票履行社会责任的强大力量。2012年和2016年，我国体育彩票取得了世界彩票协会责任彩票一级认证和二级认证。

虽然我国体育彩票已经通过WLA的三级认证，但是从我国责任体彩发展目标和定位推出以来可以看出，我国体育彩票离世界范围公认的四级认证还有一段路要走，因此我国体育彩票积极开展全方位调查研究进程，科学全面地对员工进行培训，严格把关游戏产品，广告宣传制度健全分明，利益相关者权责清晰，使报告得以顺利实施推进，争取打造"责任体彩"形象，推动体育彩民购彩健康。

二 政府与体彩机构联手抓，建立健全彩票法律法规

刘炼指出，为减少体育彩票购彩危害、政府与体彩机构要形成合力，为购彩建立健全的法律常规。例如，要设置一些禁限规则，如禁止未成年人购彩，禁止欺骗性或诱导性的广告宣传，限制投注额度，限制重度彩民继续购彩等。同时，政府要建立健全以上行为的责任监督，监督检查其执行效果，对相应的不合法、不合规的行为进行严肃处罚。最后，合理控制彩票发行规模，强化彩票公益性质，优化彩票玩法，严厉打击地下私彩，加大彩票公益金使用的监督管理。[①]

三 因地制宜创新推出玩法，协调平衡体育彩票发展

从本书和实地调研来看，我国体彩产业区域发展不均衡的主要原因是东部区域（或同一区域不同地区）的经济文化水平、消费水平，甚至体彩店的硬软件设施均高于其他区域，以致对购买体育彩票具有不同的认识，出现不均衡现象。因此，在科学布局、完善落后地区体彩发展的硬软件基础设施建设的同时，各地区应根据自己独特的文化

---

① 参见刘炼《体育彩民购彩危害的界定、风险特征和影响因素研究》，博士学位论文，华中师范大学，2015年。

特色和城市品牌代表，积极研发符合当地"口味"的体育彩票，刺激消费者购买体育彩票。如充分利用东部地区诸多国际体育赛事、西部地区民族传统体育等各地极具特色的体育文化氛围，带动区域间体育彩票事业协调发展，让体育彩票全面辐射。体彩机构要抓住女性对爱美、节日、时尚、特殊日子等的"青睐"来设计多种玩法、多种样式的体育彩票，科学合理地刺激女性购彩。

四 加强体彩销售人员培训，提高责任体彩宣传意识

在信息的宣传上，体育彩票销售者是接触彩民群体的一线服务人员，其职业道德的教育和责任购彩意识的培养有待加强。对于已经或可能出现问题的体育彩民，尤其是中青年男性体育彩民为主的问题彩民，帮助他们树立负责任博彩观念，正确引导或劝导其健康购彩，清除男性群体为主的"问题购彩"现象。要合理宣传中奖信息，不夸大对中大奖的宣传与引导，这是彩票销售点需要做到的。有一些彩票销售点对所售出的中奖号码过分夸张宣传，极力游说这些小概率事件的好处，这些宣传行为与方式都会误导彩民，诱惑彩民沉溺于中大奖的幻想中，从而不断购买彩票，从而可能会出现一些负面消极的影响和危害。因此，社会各界人士应对其重视和关注。例如彩票销售人员要适当提醒和制止大量购彩的彩民，以免造成严重后果；政府、体育部门应该完善体育彩票监管制度，监督彩民合理合法购彩；互联网、报纸、电视等新闻媒体应多多宣传合理的购彩行为和购彩理念，宣传公益彩票的作用，抵制一些虚假性、夸张性的宣传报道，保障彩民健康、文明购彩。

五 积极有效识别购彩风险，建立问题购彩排除条例

在公共健康框架下，问题博彩者是由一般博彩者发展而来的，问题博彩是一个从"非问题博彩"到"经历一定风险"，到具有"一定问题"，直至具有"严重问题"的连续过程。如果自身或者他人能提前觉知其风险，问题博彩者的程度可以受到控制，不至于发展到严重程度，早期发现加上早期的预防，对于预防和减少问题博彩有很大作

用。为了便于博彩者自身进行评估，美国问题博彩委员会基于 DSM - Ⅳ量表，联合学术机构研制了问题博彩自我评估工具。旨在帮助个人评估自身是否需要寻求帮助和是否存在博彩问题。加拿大 Ferris 和 Wynne 制定了 CPGI 量表[①]，用于测量问题博彩发生率以及问题程度的变化，9 项条目共 27 分，8 分及以上诊断为问题博彩者，此量表取得了较为可靠的结果，最终证明了责任博彩措施实施的有效性，了解了造成的社会负面影响程度。新西兰利用共有 9 道题的 PGSI 量表对问题博彩的严重程度进行检测。澳大利亚博彩研究广泛使用 SOGS 量表对博彩者的行为状态进行判断，共 16 题，每题 1 分，5 分或 5 分以上判断为问题博彩者。此外，一些国家还列举了日常生活中可用于判断问题博彩和具有风险者的情形，让博彩者和他人进行判断，并指出存在这些现象越多，问题越大。早期识别博彩者风险及对博彩者不同风险的判断有利于采取针对性的措施进行干预治疗。

自我排除规则是当博彩者自身具有问题博彩风险或者已经是问题博彩者，博彩经营者可向有需要的博彩者提供自愿选择自我排除程序，排除期一般是 3 个月至 5 年。申请该程序的博彩者需要提供完整的个人登记信息，以及对于自愿退出博彩活动的承诺书。参与者一旦选择该程序，就会被排除在所有博彩场所之外（包括所有位于其中的游戏区、酒吧和餐厅），同时博彩经营者向他们提供问题博彩救助中心的相关信息，鼓励被排除博彩者从其他具有自我排除制度的经营场所进行一致性的排除。在排除过程中，博彩经营者禁止向这些人提供博彩推广宣传的信息广告，需要向他们发布有关问题博彩和责任博彩的相关信息。关于自我排除的相关程序，不同地区有所不同。自我排除者可在体育彩票点领取相关自我干预的资料包括需要提供的资料，若参与者想要撤销计划，则需要提供专业机构对其自我管理博彩行为评估的证明。在未达到严重程度时，专业人员对其信息进行登记，观察其行为，鼓励参与者根据自身情况，提前设定参与的时间和花费的金额，

---

① 参见 Ferris, J. & Wynne, H. J., *The Canadian Problem Gambling Index Final Report*, Ottawa, ON: Canadian Centre on Substance Abuse, 2001。

以负责任的心态并在自己的能力及收入范围内购买彩票,若发现其有问题博彩的倾向,则建议采取自我排除程序。

六 加强利益相关主体联系,监督自我他人购彩行为

预防和减少博彩危害并不能仅靠一方来实现,这一问题的解决需要多方来共同完成,这就需要纽带将各方联系起来,以国外博彩运营商作为连接枢纽为例,博彩运营商是负责任政策实施的一个重要枢纽,博彩发达国家十分重视博彩运营商的角色,并将其职责写入政策内容,这其中的联系包括博彩运营商与各地区的联系、与消费者的联系、与政府之间的联系。在与各地区联系方面,博彩发达国家一般会建立有效的联络机制,博彩经营者会与当地博彩救助中心进行合作,博彩场所放置的责任博彩手册包含附件救助中心的相关信息,博彩网站上也有各地区的相关链接,如此形成一个巨大的社会网络,从而解决与博彩相关的问题。在消费者联系方面,博彩经营者一般会指定几名员工扮演联络员的角色,登记博彩者的相关信息,如年龄、家庭背景、是否有问题博彩风险,为问题博彩者及有博彩问题的员工提供基础的救助帮助。此外,为了向博彩者提供更好的服务,多数博彩运营商建立了良好的消费投诉处理机制,对消费者的反应进行反馈。与政府之间的联系,博彩经营者是政府与消费者之间的中介,政府发布负责任政策,博彩经营者承诺遵守该政策,于是制定与之相关的条例以及采取相关措施来推行责任博彩。

利益相关者主体间要相互构建联系,体育彩民应建立良性的购彩目的和动机,了解彩票销售的目的、价值。首先,体育彩民不应该幻想通过购彩中奖一夜暴富、中大奖如九牛一毛。概率几乎为零。彩民不能以这样不健康的心态去购买彩票,而应带着娱乐、放松、公益的心态去购买彩票。其次,体育彩民偶然中奖不要过于激动,保持一颗平常心。控制自己不仅是控制自己的购彩行为,使购彩危害行为阈限处于合理范围内,而且可以控制过度自信、翻本等冲动型行为对自身的不利影响。最后,要时刻自我监督或者他人监督,当发现自身出现购彩危害的倾向时,要迅速向他人寻求帮助和引导,例如拨打亲友电

话寻求帮助。作为体育彩民的亲友应该关注彩民的购彩行为,在适当的情况下给予提醒,尤其发现当出现购彩问题倾向时,应给予一定的社会支持。对于一些问题严重的体育彩民,可以帮助他们寻求专业治理治疗。[①]

七 借力用力促营销,让体彩"河润千里,恩泽普度"

首先,为促进体育彩票业的繁荣发展,要借助各大比赛周期及知名赛事的广泛影响力。例如,可利用足球世界杯这一时期积极宣传彩票,尤其要多宣传体育彩票的娱乐性、刺激性、公益性等特征。同时,在宣传时也要注意避免信息标题、内容的诱惑性,过度追踪报道中奖新闻等以避免体育彩民产生一些认知的偏差或者不切实际的认识,牢固体育彩票的社会价值和公信力。其次,对于问题购彩者,体彩销售人员要注意对其进行合理引导。最后,社会媒体要鼓励更多高学历(高收入)的群体参与体彩公益事业。总之,引导广大体育彩民积极、健康购彩,让体育彩票"河润千里,恩泽普度"。

---

① 参见刘炼《体育彩民购彩危害的界定、风险特征和影响因素研究》,博士学位论文,华中师范大学,2015年。

附　　录

附录1：购彩健康问题相关量表条目

1. DSM

表1　　　　　　　　　DSM-3 原文条目

DSM-3（1980）

A. The individual is chronically and progressively unable to resist impulses to gamble
B. Gambling compromises, disrupts, or damages family, personal, and vocational pursuits as indicated by at least three of the following:
① arrest for forgery, fraud, embezzlement, or income taxevasion due to attempts to obtain money for gambling;
② default on debts or other financial responsibilities;
③ disrupted family or spouse relationship due to gambling;
④ borrowing of money from illegal sources (loan sharks);
⑤ Inability to account for loss of money or to produce evidence of winning money, if this is claimed;
⑥ Loss of work due to absenteeism in order to pursue gambling activity;
⑦ Necessity for another person to provide money to relieve a desperate financial situation:
C. The gambling is not due to Antisocial Personality Disorder

表2　　　　　　　　DSM-3-R 原文条目

DSM-3-R（1987）

1. Frequent preoccupation with gambling or obtaining money to gamble;
2. Often gambles larger amounts of money or over a longer period thaninte;
3. Need to increase the size or frequency of bets to achieve the desired excitement;
4. Restlessness or irritability if unable to gamble;

续表

5. Repeatedly loses money gambling and returns another day to win back losses ("chasing");
6. Repeated efforts to cut down or stop gambling;
7. Often gambles when expected to fulfill social, educational or occupational obligations;
8. Has given up some important social, occupational or recreational activity in order to gamble;
9. Continues to gamble despite inability to pay mounting debts, or despite other significant Soc social al, occupational, or legal problems that the individual knows to be exacerbated by gambling.

表3　　　　　　　　　　DSM-4 原文条目

DSM-4（1994）

A. **Persistent and recurrent maladaptive gamblingbehaviour is indicated if the individual has five (or more) of the following:**
① Is preoccupied with gambling;
② Needs to gamble with increasing amounts of money;
③ Has repeated unsuccessful efforts to control, cut back, or stop gambling;
④ Is restless or irritable when attempting to cut down or stop gambling;
⑤ Gambles as a way of escaping from problems or of relieving a dysphoric mood;
⑥ After losing money gambling, often returns another day to get even (i.e, "chasing one's losses");
⑦ Lies to conceal the extent of involvement with gambling;
⑧ Has committed illegal acts to finance gambling;
⑨ Has jeopardised or lost an important relationship, job, or educational or career opportunity becauseofgambling;
⑩ Relies on others to provide money to relieve a desperate financial situation caused by gambling;
B. **The gamblingbehaviour is not better accounted for by a manic episode**

2. SOGS

表4　　　　　　　　　SOGS 成人版原文条目

SOGS 条目

1. Please indicate which of the following types of gambling you have done in your lifetime. For each type, mark one answer:
　　not　　　　less than once　once a week
　　at all　　　a week　　　　or more
a. play cards for money
b. bet on horses, dogs, or other animals (at OTB, the track or with a bookie)
c. bet on sports (parlay cards, with a bookie, or at Jai Alai)

d. played dice games (including craps, over and under, or other dice games) for money
e. gambled in a casino (legal or otherwise)
f. played the numbers or bet on lotteries
g. played bingo for money
h. played thestock, options and/or commodities market
i. played slot machines, poker machines or other gambling machines
j. bowled, shot pool, played golf or some other game of skill for money
k. pull tabs or "paper" games other than lotteries
l. some form of gambling not listed above (please specify)

2. What is the largest amount of money you have ever gambled with on any one day?
____ never have gambled
____ $1 or less
____ more than $1 up to $10
____ more than $10 up to $100
____ more than $100 up to $1,000
____ more than $1,000 up to $10,000
____ more than $10,000

3. Check which of the following people in your life has (or had) a gambling problem.
____ father
____ mother
____ brother or sister
____ grandparent
____ myspouse ~ partner
____ my child (ren)
____ another relative
____ a friend or someone else important in my life

4. When you gamble, how often do you go back another day to win back money you lost?
____ never
____ some of the time (less than half the time I lost)
____ most of the time I lost
____ every time I lost

5. Have you ever claimed to be winning money gambling but weren't really? In fact, you lost?
____ never (or never gamble)
____ yes, less than half the time I lost
____ yes, most of the

6. Do you feel you have ever had a problem with gambling?
____ no
____ yes, in the past, but not now
____ yes

7. Did you ever gamble more than you intended to?
____ yes
____ no

8. Have people criticized your betting or told you had a gamblingproblem, regardless of whether or not you though it was true?
____ yes
____ no

9. Have you ever felt guilty about the way you gamble or what happens when you gamble?
　____ yes
　____ no
10. Have you ever felt like you would like to stop gambling but didn't think you could?
　____ yes
　____ no
11. Have you ever hidden betting slips, lottery tickets, gambling money, or other signs of gambling from your spouse, children, or other important people in your life?
　____ yes
　____ no
12. Have you ever argued with people you live with over how you handle money?
　____ yes
　____ no
13. (If you answered yes to question 12): Have money arguments ever centered on your gambling?
　____ yes
　____ no
14. Have you ever borrowed from someone and not paid them back as a result of your gambling?
　____ yes
　____ no
15. Have you ever lost time from work (or school) due to betting money or gambling?
　____ yes
　____ no
16. If you borrowed money to gamble or to pay gambling debts, who or where did you borrow from? (check "yes" or "no" for each)

	Yes	no
a. from household money	( )	( )
b. from your spouse	( )	( )
c. from other relatives or in-laws	( )	( )
d. from banks, loan companies, or credit unions	( )	( )
e. from credit cards	( )	( )
f. from loan sharks (Shylocks)	( )	( )
g. you cashed in stocks, bonds, or other securities	( )	( )
h. you sold personal or family property	( )	( )
i. you borrowed on your checking account (passed badchecks)	( )	( )
j. you have (had) a credit line with a bookie	( )	( )
k. you have (had) a credit line with a casino	( )	( )

体育彩民购彩健康研究

表 5　　　　　　　　　　　　SOGS 计分方式

Scores on the South Oaks Gambling Screen itself are determined by adding up the number of questions that show an "at risk" response:

Questions 1-3、Question 12、Questions 16j and 16k are not counted.

__ Question 4: most of the time I lost, or every time I lost

__ Question 5: yes, less than half the time I lost, or yes, most of the time

__ Question 6: yes, in the past, but not now, or yes

__ Question 7-11、Question 13-16i：yes

Total = __ （20 questions are counted）

5 or more = probable pathological gambler

表 6　　　　　　　　　　SOGS 青少年版原文条目

SOGS-RA

1 Indicate how often, if at all, you have done these activities in your lifetime and in the past 12 months

	Never	At Least Once	Never	Less than Monthly	Monthly	Weekly	Daily
Play cards for money							
Flipped coins for money							
Bet on games of personal skill like pool, golf or bowling							
Bet on sports teams							
Bet on horse or dog races							
Played bingo for money							
Played dice gamed (such as craps or over and under)							
Played slot machined, poker machines, or other gambling machines							
Played scratch tabs							
Played the lottery by picking numbers							
Played pull tabs							

2. What is the largest amount of money you have every gambled in the past 12 months?

   __ $1 or less

   __ More than $1, up to $10

   __ More than $10, up to $49

   __ $50-$99

   __ $100-$199

   __ $200 or more

3. Do either of your parents play any games of chance for money?

   __ Yes

   __ No

   __ I don't know`

   If yes, which one?

   __ Mother only

   __ Father only

   __ Both mother and father

4. Do you think that either of your parents gamble too much?

   __ Yes

   __ No

   __ I don't know

   If yes, which one?

   __ Mother only

   __ Father only

   __ Both mother and father

5. In the past 12 months, how often have you gone back another day to try to win back the money you lost?

   __ Every time

   __ Most of the time

   __ Some of the time

   __ Never`

6. In the past 12 months when you were betting, have you ever told others you were winning money when you really weren't winning?

___ Yes

___ No

7. Has your betting money, in the past 12 months, ever caused any problems for you such as arguments with family and friends, or problems at school or work?

___ Yes

___ No

8. In the past 12 months, have you ever gambled more than you had planned to?

___ Yes

___ No

9. In the last 12 months, has anyone criticized your betting or told you that you had a gambling problem, regardless of whether you thought it was true or not?

___ Yes

___ No

10. In the past 12 months, have you ever felt bad about the amount you bet, or about what happens when you bet money?

___ Yes

___ No

11. Have you ever felt, in the past 12 months, that you would like to stop betting money but didn't think you could?

___ Yes

___ No

12. In the last 12 months, have you ever hidden from family or friends any betting slips, I.O.U.s, lottery tickets, money that you've won, or other signs of gambling?

___ Yes

___ No

13. In the past 12 months, have you had money arguments with family or friends that centered on gambling?

___ Yes

___ No

14. In the past 12 months, have you borrowed money to bet and not paid it back?

___ Yes

___ No

15. In the past 12 months, have you ever skipped or been absent from school or work due to betting activities?

___ Yes

___ No

16. In the last 12 months, have you ever hidden from family or friends any betting slips, I.O.U.s, lottery tickets, money that you've won, or other signs of gambling?

　__ Yes

　__ No

17. In the past 12 months, have you had money arguments with family or friends that centered on gambling?

　__ Yes

　__ No

18. In the past 12 months, have you borrowed money to bet and not paid it back?

　__ Yes

　__ No

19. In the past 12 months, have you ever skipped or been absent from school or work due to betting activities?

　__ Yes

　__ No

20. Have you borrowed money or stolen something in order to bet or to cover gambling debts in the last 12 months?

　__ Yes

　__ No

　If yes, mark from whom or where you got the money or goods (mark all that apply):

　A. __ Parents

　B. __ Brother(s) or sister(s)

　C. __ Other relatives

　D. __ Friends

　E. __ Loan sharks

　F. __ You sold personal or family property

　G. __ You passed a bad check on y o u r checking account

　H. __ You stole from some one

表7　　　　　　　　　SOGS 青少年版计分方式

A. Items 1, 2, 3, 4, and 16a - 16h are not counted.

B. These items are scored as either 0（no affirmative）or 1（affirmative）：

　__ Item 5（every time or most of the time）

　__ Item 6-16（Yes）

3. PGSI

表 8　　　　　　　　　　　　　　PGSI 条目

PGSI 条目

1. How often have you felt guilty about the way you gamble or what happens when you gamble? (Felt guilty);
  ____ Never
  ____ Sometimes
  ____ Most of the time
  ____ Almost always
2. How often has your gambling cause any financial problems for you or your household? (Financial problem);
  ____ Never
  ____ Sometimes
  ____ Most of the time
  ____ Almost always
3. How often have you bet more than you could afford to lose? (Bet);
  ____ Never
  ____ Sometimes
  ____ Most of the time
  ____ Almost always
4. How often have you borrowed money or sold anything to get money to gamble? (Borrowed);
  ____ Never
  ____ Sometimes
  ____ Most of the time
  ____ Almost always
5. How often have you needed to gamble with larger amounts of money to get the same feeling of excitement? (Tolerance);
  ____ Never
  ____ Sometimes
  ____ Most of the time
  ____ Almost always
6. How often have you gone back another day to try win back the money you lost? (Chase);
  ____ Never
  ____ Sometimes
  ____ Most of the time
  ____ Almost always
7. How often have you felt you might have a problem with gambling? (Felt problem);
  ____ Never
  ____ Sometimes
  ____ Most of the time
  ____ Almost always

8. How often have people criticized your betting or told you that you had a gambling problem, regardless of whether or not you thought it wastrue? (Criticized);
____ Never
____ Sometimes
____ Most of the time
____ Almost always

9. How often has gambling caused you any health problems, including stress oranxiety? (Health);
____ Never
____ Sometimes
____ Most of the time
____ Almost always

4. SAPG

表9　　　　　　　　　　　　　　SAPG 条目

	Never	Little	Sometimes	most of the time	almost always
1. Playing the sports lottery has caused family financial crises					
2. You use others' money to buy sports lottery tickets					
3. You cut down your family time for sports lottery purposes					
4. The sports lottery activity causes trouble with family members					
5. You give up entertainment or social life for sports lottery purposes					
6. Your work or life is impacted by involving in sports lottery					
7. You spend more on the sports lottery than you can afford					
8. You cut down on other expenditures for sports lottery					
9. If you believe you may win a prize, you will buy more sports lottery					
10. You feel excited about spend more on sports lottery					
11. You often end up spending more on sports lottery than planned					
12. You buy sports lottery hoping to win back the money you have spent					
13. You keep buying sports lottery even if you doubt the credibility of the lottery administration					
14. You keep buying sports lottery regardless of its bad consequences					
15. You keep buying sports lottery despite family members' dissuasion					
16. You attempt to cut down your sports lottery buying but fail					
17. You attempt not to recall your unhappy experiences related to the sports lottery but fail					
18. When you fail to win a prize through sports lottery, you attempt to conceal your disappointment but fail					
19. You feel frustrated when you fail to win a prize through sports lottery					

5. 问题彩民诊断标准

表10　　　　　　　　问题彩民诊断标准条目

条目	是	否
1. 购彩的次数和金额越来越多		
2. 研究彩票的时间常常超出我的计划		
3. 因持续不中奖，而加大投入，期望一次捞回成本		
4. 每次开奖前，都坚信选定号码能博取大奖		
5. 见到任何有关数字的事物都会联想到中奖号码		
6. 曾试图说服自己不再购彩，但都不成功		
7. 当错过购彩时间时，而感到十分沮丧		
8. 减少或停止购彩时往往感到压抑或焦虑		
9. 脑海里总是想着彩票的事，影响到工作和生活		
10. 因购彩而与家人或亲友发生冲突		
11. 曾借钱购彩，且经常拖欠债务		
12. 曾使用公款、家庭预算之外、信用卡透支、高利贷等购彩		

6. 体育彩民购彩危害问卷

表 11 体育彩民购彩危害问卷

	题目	是	否
1	减少或停止购彩时往往感到压抑或焦虑？		
2	曾使用公款(家庭预算之外、信用卡透支、高利贷等)购买彩票？		
3	曾借钱购彩，且经常拖欠债务？		
4	购彩的次数越来越多，购彩金额占用了生活开支的绝大部分？		
5	因购彩而与家人或亲友发生冲突？		
6	曾因持续不中奖，而自暴自弃？		
7	脑海里总是想着彩票的事，影响到工作和生活？		

附录2：体育彩民购彩心理与行为问卷

体育彩民购彩心理与行为问卷调查　编号：_____

尊敬的彩民朋友：

衷心感谢您参与这项由国家社会科学基金项目资助的调查研究。该问卷旨在调查体育彩民购彩行为与相关影响因素。本次调查为匿名调查，不涉及任何个人信息。调查资料仅用于科学研究。请您填写此问卷时，细心阅读并真实地表达您的感受。如果您有不清楚的问题，请咨询调查员。您所提供的资料对于研究会有很大的帮助。对您的参与再次表示衷心的感谢！

华中师范大学体育彩民心理和行为研究小组

第一部分：基本信息与购彩行为（请您在合适的选项上打"√"，或直接填写）

1. 性别：①男　②女
2. 年龄：_____周岁
3. 学历：①初中及以下　②高中　③大专　④本科　⑤研究生及以上
4. 个人经济收入：_____元/月
5. 您购买体育彩票已有：_____年，或___月（不足一年者填写）
6. 最近一年内平均每月购买体育彩票____次，平均每月____元；平均每次研究____分钟
7. 最近一年内平均每月购买竞猜型____次，平均每月____元；数字乐透型每月____次，每月____元
8. 最近一年内平均每月购买即开型____次，平均每月____元；视频型每月____次，每月____元
9. 您的父亲买彩票吗？

①从不　②偶尔　③有时　④经常　⑤总是

10. 您的母亲买彩票吗？

①从不　②偶尔　③有时　④经常　⑤总是

11. 您身边的最要好的同伴买彩票吗？

①从不　②偶尔　③有时　④经常　⑤总是

12. 您的父亲对购买彩票的态度是：

①非常不赞同　②不赞同　③中立　④赞同　⑤非常赞同

13. 您的母亲对购买彩票的态度是：

①非常不赞同　②不赞同　③中立　④赞同　⑤非常赞同

14. 您最要好的同伴对购买彩票的态度：

①非常不赞同　②不赞同　③中立　④赞同　⑤非常赞同

第二部分：价值与文化观念（请您在方框内对应数字上打"√"）

条目	很不同意	不同意	不确定	同意	很同意
1. 我花钱有计划	1	2	3	4	5
2. 我花钱谨慎	1	2	3	4	5
3. 钱是万恶之源	1	2	3	4	5
4. 钱是有害的	1	2	3	4	5
5. 钱是成功的象征	1	2	3	4	5
6. 钱代表一个人的成就	1	2	3	4	5

第三部分：购彩动机与感知质量（请您在方框内对应数字上打"√"）

条目	很不同意	不同意	不确定	同意	很同意
1. 我买彩票是因为它赚钱容易	1	2	3	4	5
2. 我买彩票是因为可以花小钱中大奖	1	2	3	4	5

续表

条目	很不同意	不同意	不确定	同意	很同意
3. 我买彩票是因为想赚大钱	1	2	3	4	5
4. 我买彩票是因为只有彩票才能改变我的生活	1	2	3	4	5
5. 我买彩票是因为可以马上赚很多钱	1	2	3	4	5
6. 买彩票能够中奖主要靠技术	1	2	3	4	5
7. 买彩票是有风险的	1	2	3	4	5
8. 买彩票让我更快乐	1	2	3	4	5
9. 买彩票让生活变得更美好	1	2	3	4	5
10. 买彩票让我感觉看到了未来	1	2	3	4	5
11. 买彩票能够帮助我减少紧张和压力	1	2	3	4	5
12. 祈祷能够帮助我中奖	1	2	3	4	5
13. 特定的数字或颜色可以增加我中奖的机会	1	2	3	4	5
14. 我会收集一些可以增加我中奖机会的物品	1	2	3	4	5
15. 我会进行一些特定的仪式和行为以增加我中奖的机会	1	2	3	4	5

第四部分：购彩自我效能（请您在方框内对应数字上打"√"）

条目	很不同意	不同意	不确定	同意	很同意
1. 当我在常去的彩票销售点时，我能够控制自己不去买彩票	1	2	3	4	5
2. 当朋友正在买彩票时，我能控制自己不去买彩票	1	2	3	4	5
3. 当我看见他人正在买彩票时，我能控制自己不去买彩票	1	2	3	4	5
4. 当有人约我买彩票时，我能控制自己不去买彩票	1	2	3	4	5

续表

条目	很不同意	不同意	不确定	同意	很同意
5. 当我觉得自己会中奖时，我能控制自己不去买彩票	1	2	3	4	5
6. 当我缺钱时，我能控制自己不去买彩票	1	2	3	4	5
7. 当我无聊时，我能控制自己不去买彩票	1	2	3	4	5
8. 当我想起以前中奖时，我能控制自己不去买彩票	1	2	3	4	5
9. 当我感觉到有好运气时，我能控制自己不去买彩票	1	2	3	4	5
10. 当我想通过什么方式解决缺钱问题时，我能控制自己不去买彩票	1	2	3	4	5
11. 当我想到买彩票已经亏了多少钱时，我能控制自己不去买彩票	1	2	3	4	5
12. 当我想到一些能够帮助我中奖的方法时，我能控制自己不去买彩票	1	2	3	4	5

第五部分：购彩个体特征（请您在方框内对应数字上打"√"）

条目	很不同意	不同意	有点不同意	不确定	有点同意	同意	很同意
1. 我总想着去买彩票	1	2	3	4	5	6	7
2. 不买彩票是一件很困难的事	1	2	3	4	5	6	7
3. 现在能去买彩票实在是太好了	1	2	3	4	5	6	7
4. 买彩票的欲望十分强烈	1	2	3	4	5	6	7
5. 买彩票比现在任何事情都重要	1	2	3	4	5	6	7
6. 我现在就想去买彩票	1	2	3	4	5	6	7
7. 我的生活离不开彩票	1	2	3	4	5	6	7
8. 我在情感上依赖彩票	1	2	3	4	5	6	7

续表

条目	很不同意	不同意	有点不同意	不确定	有点同意	同意	很同意
9. 我很难控制自己买彩票的想法	1	2	3	4	5	6	7
10. 我对买彩票很着迷	1	2	3	4	5	6	7
11. 买彩票的欲望如此强烈以致我无法自拔	1	2	3	4	5	6	7
12. 买彩票使我拥有一些难忘的经历	1	2	3	4	5	6	7
13. 买彩票与我的生活中的其他活动相和谐	1	2	3	4	5	6	7
14. 买彩票过程中发现的新事物让我更喜欢它	1	2	3	4	5	6	7
15. 买彩票展现了我的个人优势	1	2	3	4	5	6	7
16. 买彩票让我经历丰富多样的体验	1	2	3	4	5	6	7

第六部分：健康购彩评价与彩票宣传（请根据您过去1年的购彩经历，在方框内对应数字上打"√"）

条目	从未如此	偶尔如此	有时如此	通常如此	总是如此
1. 买彩票让我感到愉快	1	2	3	4	5
2. 买彩票让我感到轻松	1	2	3	4	5
3. 买彩票让我感到幸福	1	2	3	4	5
4. 我能控制自己买彩票的次数	1	2	3	4	5
5. 我能控制自己买彩票的金钱投入	1	2	3	4	5
6. 我能合理安排自己的购彩时间	1	2	3	4	5
7. 我能理性地看待彩票	1	2	3	4	5
8. 买彩票引发了我的焦虑	1	2	3	4	5
9. 买彩票让我感到痛苦	1	2	3	4	5

续表

条目	从未如此	偶尔如此	有时如此	通常如此	总是如此
10. 我为自己买彩票的行为及其后果感到自责	1	2	3	4	5
11. 买彩票让我认识了很多朋友	1	2	3	4	5
12. 买彩票增进了我与朋友之间的感情	1	2	3	4	5
13. 买彩票提高了我与他人交往的能力	1	2	3	4	5
14. 买彩票使我自己或家庭的财务状况出现问题	1	2	3	4	5
15. 买彩票的资金超过能够承受的损失	1	2	3	4	5
16. 我借钱买彩票	1	2	3	4	5
17. 买彩票影响了家庭的日常开支	1	2	3	4	5
18. 我利用工作时间买彩票	1	2	3	4	5
19. 我工作时想着和彩票有关的事情	1	2	3	4	5
20. 买彩票让我感觉工作没什么意义	1	2	3	4	5
21. 买彩票减少了我与家人相处的时间	1	2	3	4	5
22. 输钱后总想着把钱赢回来	1	2	3	4	5
23. 我认为自己的购彩存在问题	1	2	3	4	5
24. 有人批评或告诉我购彩存在问题	1	2	3	4	5
25. 买彩票引发一些健康问题，包括压力和焦虑	1	2	3	4	5
26. 接触到彩票投注技巧的信息	1	2	3	4	5
27. 接触到彩票号码可预测性的报道和宣传信息	1	2	3	4	5
28. 接触到中大奖的宣传信息	1	2	3	4	5
29. 接触到容易中奖的宣传信息（如张贴中奖彩票）	1	2	3	4	5

第七部分：竞猜型体育彩民主观知识（请您在方框内对应数字上打"√"）

条目	很不同意	不同意	不确定	同意	很同意
1. 当我在常去的彩票销售点时，我能够控制自己不去买彩票	1	2	3	4	5
2. 当朋友正在买彩票时，我能控制自己不去买彩票	1	2	3	4	5
3. 当我看见他人正在买彩票时，我能控制自己不去买彩票	1	2	3	4	5

如可能，请留下您的 QQ：＿＿＿＿＿＿手机号＿＿＿＿＿＿＿；
再次感谢您对我们工作的支持与帮助！

附录3：竞猜型、数字乐透型体育彩民访谈提纲

1. 竞猜型体育彩民访谈提纲

尊敬的彩民朋友：

衷心感谢您参与这项由教育部人文社会科学研究项目和华中师范大学优秀博士论文培育基金资助的研究课题。本次访谈旨在调查您在购买体育彩票过程中的一些基本情况和体会。本次访谈为匿名访谈，您无需填写自己姓名。您所提供的资料对于我的研究会有很大的帮助。对您的参与再次表示衷心的感谢！

华中师范大学体育学院博士研究生刘炼
2014年8月

采访时间：　　　　采访地点：　　　　访谈时长：

访谈对象基本情况

1. 性别：男　女
2. 年龄：＿＿＿＿＿＿岁
3. 学历：＿＿＿＿
4. 婚姻状况：＿＿＿＿
5. 职业：＿＿＿＿
6. 个人平均月收入约：＿＿＿＿＿＿元
7. 家庭人均月收入约：＿＿＿＿＿＿元

访谈题目

1. 您第一次购买竞猜型彩票是在什么时候？当时是出于什么原因购买的？
2. 您大概从什么时候开始经常看球？您喜欢看哪些体育赛事？

附 录

最喜欢哪些球队？您认为看球对您买竞猜型彩票有没有影响？如果有请具体说明？

3. 您购买过哪些竞猜型彩票玩法？最经常的玩法有哪些？一般竞猜哪些赛事？您为什么选择这些玩法和赛事？

玩法：胜平负、比分、总进球数、半全场胜平负、任9、14场、6场半全场胜负。

4. 进球等联赛：英超、意甲、德甲、西甲、法甲、欧罗巴、阿根廷甲级联赛、日职联赛、巴甲、挪超、瑞超等。杯赛或冠军赛：世界杯、亚洲杯、欧冠、亚冠等。篮球：NBA、欧洲联盟杯赛、NCAA、美国女篮联赛、亚锦赛等。

5. 请您回忆从您开始购买竞猜型彩票起，每年的投入大约多少，赚或亏多少？

6. 请您大致描述一下从您一开始买彩票到现在购买竞猜型彩票前的研究时间和研究材料的情况？比如研究时间多久，看哪些网站，分析哪些数据信息等。

7. 您一般一次购买多少钱？购买竞猜型彩票中过最大的一次奖是什么时候，中了多少元？当时心里的感受怎样？如想跟他人分享，对今后投注信心的影响等。

8. 购买竞猜型彩票亏损最大的一次是什么时候，亏损多少钱？当时心里的想法怎样？如为什么要投入这么多钱，亏损后内心的想法等。

9. 您在购买彩票前感觉到了哪些风险（如彩票性能、对自己或他人的健康、财务、他人疏远、情绪等方面的危害。请举例）

10. 对竞猜型彩票的总体印象怎样？给您带来了哪些方面的价值，如彩票有哪些功能、社会价值（即与一个或多个特定的社会群体相关）、情感性价值（即唤起感情或情感）、认知价值（好奇、新奇，或满足对知识的渴望）和情境价值（即一个特定情况的结果或决策人所面临的环境）？

11. 您现在继续购买竞猜型彩票的原因有哪些？您周围的朋友、家人如何看待您购彩？您在乎他们的感受吗？（如果他们不支持您怎么想？）

12. 总体而言，购买竞猜型彩票给您带来哪些影响，具体是在什么时候发生的？（个人、朋友、家庭、社会、工作、生活等方面）积极或消极，请举例说明？

13. 世界杯期间您有没有购买竞猜型彩票？总共投入了多少，赢利或亏损多少？

14. 世界杯期间您是否经常购买好彩票再去看球？买了彩票看球与没买彩票看球的感觉有区别吗？

15. 世界杯期间有没有与其他竞猜型彩民一起看球？看球过程中的体会有哪些？

16. 您周围有没有您认为出了某些问题的竞猜型彩民？他们都有哪些心理与行为表现？（请举例说明）可能是什么原因导致他们产生这种心理与行为？

17. 您能谈谈您最有信心的一些技术吗？您对竞猜型彩票发展的建议有哪些。

2. 数字乐透型体育彩民访谈提纲

尊敬的彩民朋友：

衷心感谢您参与这项由国家社会科学基金项目资助的研究课题。本次访谈旨在调查您在购买体育彩票过程中的一些基本情况和心理体会。本次访谈为匿名访谈，您无须填写自己的姓名。您所提供的资料对于我们的研究会有很大的帮助。对您的参与再次表示衷心的感谢！

华中师范大学体育彩民心理和行为研究小组
2014 年 8 月

访谈对象基本情况

1. 性别：男　女
2. 年龄：_____岁
3. 学历：_____
4. 婚姻状况：_____

5. 职业：_____
6. 个人平均月收入约：_____元
7. 家庭人均月收入约：_____元
8. 一般一次购买_____元彩票

    1. 请您回忆一下您第一次购买乐透型彩票大概是什么时候？当时是出于什么原因购买的？
    2. 您购买过哪些乐透型彩票玩法？最经常、最喜欢的玩法有哪些？为何选择这些玩法？（大乐透、7星彩、22选5、31选7等）
    3. 您购买乐透型彩票的形式以机选为主还是以自主选号为主？
    4. 您在购买乐透型彩票选号时，选号的依据主要是什么？
    5. 请您回忆一下您刚开始购买乐透型彩票的时候对乐透型彩票的总体印象怎样？给您带来了哪些方面的影响？
    6. 您在购买乐透型彩票前感觉到了哪些风险（如彩票性能，对自己或他人的健康、财务、他人疏远、情绪等方面的危害。请举例）
    7. 您现在继续购买乐透型彩票的原因有哪些？
    8. 请您回忆一下您购买乐透型彩票中过最大的一次奖是什么时候，中了多少钱？当时您心里的感受如何？如想与他人分享喜悦，对今后投注信心的影响等。
    9. 请您回忆一下您购买乐透型彩票亏损最大的一次是什么时候，亏损了多少钱？当时您心里的想法如何？如感到自责后悔、捞本，对今后投注信心的影响等。
    10. 您的家人或朋友中有购买乐透型彩票的吗？他们购买的频率和金额如何？（一次投注的金额，每年购彩的金钱投入）。他们中最大的奖时您心里的感受如何？如对自己投注的信心的影响等。
    11. 请您回忆一下从您开始购买乐透型彩票起，每年的投入大约多少，赚或亏了多少？
    12. 您有过增加购买乐透型彩票投注金额的经历吗？是在什么情况下增加的？如有信心中奖时，号码走势图明显时，特殊的日子等。
    13. 请您大致描述一下从您一开始买乐透型彩票到现在为止，购买乐透型彩票前的研究时间和研究材料的情况？如研究多长时间？是否观看网站，观看哪些网站？从网站获得哪些信息？是否对一些数据进行分析？主要分析哪些数据？

14. 您在购买乐透型彩票时，会考虑采用网传"推荐大师"等您认为可能会预测到中奖号码人的意见吗？这种行为的频率如何？您会分析、计算一些数据，如以往中奖号码的趋势，试图从中获得一些中奖号码出没的规律吗？这种行为的频率如何？开奖后，因此而中奖的频率如何？对您以后继续购彩有何影响？

15. 您在购买乐透型彩票的过程中有过追号的经历吗？最长追过多长时间？您是如何考虑的？如因何种原因追这个/些号？

16. 您在购买乐透型彩票的过程中有胆码的经历吗？您选择"胆"的方式主要有哪些？如追热号、追冷号、追连号、追重号。

17. 您有过做梦梦见一些数字前去购买彩票选择这些数字作为号码的经历吗？这种经历的频率如何？您是如何考虑的？是否中奖过？是否追过这些号码？

18. 您有过特意在某个特殊的日子，如生日、节日等购买彩票的经历吗？这种行为的频率如何？是否中奖过？是否追过这些号码？您有过选号时以自身或重要的人的生日等特殊日子作为号码的经历吗？您是如何考虑的？

19. 您在购买乐透型彩票选号的过程中，有您认为的一些可能会带来好运气的幸运数字吗？如"8"，若有，主要有哪些？有您认为的一些可能不会带来好运气的不幸运的数字吗？如"4"，若有，主要有哪些？

20. 您会因为感觉某个彩票点可能会给您带来好运而特意去此彩票点购买乐透型彩票的经历吗？您是如何考虑的？

21. 总体而言，购买乐透型彩票给您带来了哪些影响，具体是在什么时候发生的？（个人、朋友、家庭、社会、工作、生活等方面）积极或消极，请举例说明？

22. 您周围是否有您认为因买乐透型彩票而出了某些问题的彩民？他们都有哪些心理与行为表现？您觉得可能是什么原因导致他们产生这种心理与行为的？

参考文献

中文参考文献

白彩梅、王树明、马文飞等：《体育彩票消费中问题博彩的认知偏差研究》，《体育科学》2009年第10期。

曾忠禄、翟群、游旭群：《国内彩票购买者的有限理性行为研究》，《心理科学》2009年第5期。

陈美兰、王华明：《市场经济与集体主义价值观》，《现代管理科学》2010年第10期。

陈向明（主编）：《质的研究方法与社会科学研究》，教育科学出版社2000年版。

陈向明：《扎根理论的思路与方法》，《教育研究与实验》1999年第4期。

陈永英、任建惠、李莉：《体育彩票消费动机及其影响因素的分析》，《中国商贸》2009年第21期。

丁陶：《"从亿元彩票"引发政府规范彩票市场的思考》，《消费导刊》2008年第4期。

范翠英、孙晓军：《青少年心理发展与教育》，华中师范大学出版社2012年版。

费小冬：《扎根理论研究方法论：要素、研究程序和评判标准》，《公共行政评论》2008年第3期。

侯珂、邹泓、刘艳等：《同伴团体对青少年问题行为的影响：一项基于社会网络分析的研究》，《心理发展与教育》2014年第3期。

胡月、王斌、马红宇等：《彩民命运控制与问题购彩的关系：基于意义维持模型的视角》，《心理学报》2018年第5期。

黄建榕、熊艺：《现代迷信对大学生的影响研究》，《高等教育管理》2011年第4期。

黄建始：《从美国没有SARS大流行看美国的突发公共卫生事件应对体系》，《中华医学杂志》2003年第19期。

李丹、孙延军、雷雳：《大学生迷信心理的形成及其影响因素》，《心理科学进展》2016年第1期。

李刚、茆训诚：《关于中国足球彩票发展的对策研究》，《体育科技文献通报》2006年第4期。

李刚、汤景泰：《当前我国彩票发行机构不当宣传的表现形式及其改进措施》，《首都体育学院学报》2010年第1期。

李刚：《传播学视角下中国彩票购买者心理不健康成因及对策的研究》，《体育科学》2011年第2期。

李刚：《乐透型彩票购买者心态的定量研究——兼论我国彩票的可投资性》，《体育科学》2007年第9期。

李刚：《数字型彩票购买者心理健康程度在国际和中国省际比较及其影响因素的定量研究》，《体育科学》2019年第10期。

李海、陶蕊、傅琪琪等：《上海市体育彩票问题彩民现状调查》，《体育科研》2011年第3期。

李海、吴殷、李安民等：《我国体育彩票问题彩民现状调查——以上海、广州、郑州、沈阳、成都为例》，《成都体育学院学报》2011年第5期。

李海：《基于公共健康视角的体育博彩社会责任研究》，《体育科研》2012年第3期。

李娜、罗小兵、史文文等：《博彩动机研究：测量、影响因素及效应》，《中国临床心理学杂志》2014年第1期。

李仁军：《山东省彩民心理健康状况及病理性赌博问题的初步研究》，硕士学位论文，山东大学，2008年。

李少华、赵冠明、杨松涛：《试论体育彩票》，《云南师范大学学报》

（对外汉语教学与研究版）2001 年第 4 期。

李欣华、郑涌：《人格与病理性赌博研究述评》，《心理科学进展》2008 年第 5 期。

林丹华、方晓义：《青少年个性特征、最要好同伴吸烟行为与青少年吸烟行为的关系》，《心理发展与教育》2003 年第 1 期。

刘炼、王斌、黄显涛等：《体育彩民低风险购彩行为阈限与危害的剂量——反应关系研究》，《天津体育学院学报》2015 年第 5 期。

刘炼、王斌、史文文等：《我国体育彩民群体发展的区域性特征研究》，《武汉体育学院学报》2013 年第 12 期。

刘炼、王斌、叶绿、罗时、樊荣：《老年人购买体育彩票的积极心理效应——幸福度的促进机制研究》，《天津体育学院学报》2014 年第 1 期。

刘圣文：《体育彩票销量影响因素研究——以山东省为例》，《武汉体育学院学报》2016 年第 3 期。

芦学璋、郭永玉、李静：《社会阶层与亲社会行为：回报预期的调节作用》，《心理科学》2014 年第 5 期。

陆学艺：《当代中国社会阶层研究报告》，社会科学文献出版社 2002 年版。

罗喆慧、万晶晶、刘勤学等：《大学生网络使用、网络特定自我效能与网络成瘾的关系》，《心理发展与教育》2010 年第 6 期。

马红宇、吴艳萍、刘炼等：《不同性别体育彩民购彩行为现状分析》，《北京体育大学学报》2012 年第 6 期。

牛云杰、王相飞：《对体育彩民消费行为的研究》，《湖北体育科技》2001 年第 4 期。

邱勇、朱瑜：《青少年同伴关系对锻炼态度的影响》，《西南师范大学学报》（自然科学版）2014 年第 12 期。

桑辉：《主观知识与顾客满意对顾客忠诚的影响研究》，《北京交通大学学报》（社会科学版）2011 年第 1 期。

邵继萍、刘炼、王斌：《老年体育彩民购彩心理与行为特征》，《武汉体育学院学报》2012 年第 7 期。

史文文、王斌、刘炼等：《体育彩票消费中问题彩民判断标准的研制》，《北京体育大学学报》2013年第6期。

史文文：《体彩问题彩民的购彩特征及心理机制》，博士学位论文，华中师范大学，2013年。

王爱丰、王正伦、陈勇军等：《南京体育彩民消费行为与动机的研究》，《广州体育学院学报》2004年第2期。

王斌、樊荣、刘炼等：《不同玩法偏好体育彩民购彩心理与行为特征研究》，《西安体育学院学报》2016年第4期。

王斌、郭冬冬、刘炼等：《基于扎根理论的竞猜型彩民购彩感知价值概念模型研究》，《天津体育学院学报》2015年第4期。

王斌、刘炼、杨柳等：《高收入体育彩民购彩心理与行为特征研究》，《天津体育学院学报》2012年第1期。

王斌、史文文、刘炼：《体育彩民的界定及购彩心理与行为特征》，《华中师范大学学报》（人文社会科学版）2013年第2期。

李刚：《数字型彩票购买者心理健康程度在国际和中国省际比较及其影响因素的定量研究》，《体育科学》2009年第10期。

王斌、史文文、刘炼等：《体育彩民购彩成瘾的影响因素及作用机制》，《中国体育科技》2016年第6期。

王斌、史文文、刘炼：《我国体育彩民购彩心理与行为特征研究》，北京体育大学出版社2013年版。

王国华、潘国廷：《由"彩票热"看大学生价值观的变化趋向》，《山东省青年管理干部学院学报》2004年第4期。

王树明、叶林娟：《体育彩票消费过程中消费者认知偏差的定量研究》，《上海体育学院学报》2011年第2期。

王璇：《同伴拒绝对小学生消极情绪的影响——社会支持的保护作用》，硕士学位论文，东北师范大学，2018年。

王燕：《安徽省体育彩票消费者的现状调查与分析》，《辽宁体育科技》2009年第6期。

王毅、高文斌：《彩票购买者认知偏差量表初步编制及信效度检验》，《中国临床心理学杂志》2009年第5期。

文书锋、汤冬玲、俞国良：《情绪调节自我效能感的应用研究》，《心理科学》2009 年第 3 期。

吴燕、周晓林、罗跃嘉：《跨期选择和风险决策的认知神经机制》，《心理与行为研究》2010 年第 1 期。

肖倩、吕厚超、华生旭：《希望和乐观——两种未来指向的积极预期》，《心理科学》2013 年第 6 期。

谢飞燕：《论当代中国社会阶层分化及其影响》，硕士学位论文，大连海事大学，2012 年。

许汉云：《网络游戏成瘾青少年感觉寻求水平和事件相关电位 CNV 实验研究》，硕士学位论文，安徽医科大学，2011 年。

袁媛：《控制幻觉对问题购彩的影响：购彩渴求的中介作用》，第二十届全国心理学学术会议——心理学与国民心理健康摘要集，中国心理学会，中国重庆，2017 年。

臧鸣放、谷小丽：《我国西北地区体育旅游资源市场营销策略研究》，《中国体育科技》2004 年第 5 期。

张春泉、刘雪芹：《"民"作为一种后缀——以"彩民"、"股民"、"网民"、"烟民"等为例》，《新疆大学学报》（哲学·人文社会科学版）2006 年第 2 期。

张德涛：《我国体育竞猜型彩票的发展现状与营销对策研究》，硕士学位论文，华中师范大学，2009 年。

张建国：《ROC 曲线分析的基本原理以及在体质与健康促进研究中的应用》，《体育科学》2008 年第 6 期。

张军彦、高文斌：《中国彩票购买者的成瘾倾向》，《中国心理卫生杂志》2009 年第 5 期。

张林、朱南俊、刘炜等：《上海市足球彩票消费者构成与消费特征》，《上海体育学院学报》2003 年第 4 期。

张祺、刘钰劼：《从我国竞猜型体育彩票的玩法变迁看政策走向》，《运动》2012 年第 13 期。

赵璐、张迅、原献学：《大学生迷信心理和心理控制源的相关研究》，《中国健康心理学杂志》2015 年第 5 期。

周雁翔:《中国彩票的前世今生》,《金融博览》(财富) 2012 年第 10 期。

朱世国:《临海市体育彩票彩民购彩动机调查》,《佳木斯职业学院学报》2001 年第 8 期。

英文参考文献

Abbott, M. & Volberg, R., *Gambling and problem gambling in New Zealand*, Wellington, New Zealand, 1991.

Afifi, T. O., Cox, B. J., Martens, P. J., Sareen, J. & Enns, M. W., "The relation between types and frequency of gambling activities and problem gambling among women in Canada", *The Canadian Journal of Psychiatry*(*La Revue canadienne de psychiatrie*), Vol. 55, 2010.

Afifi, T., LaPlante, D., Taillieu, T., Dowd, D. & Shaffer, H., "Gambling Involvement: Considering frequency of play and the moderating effects ofgender and age", *International Journal of Mental Health and Addiction*, Vol. 12, No. 3, 2014.

Ajzen, I., "The Theory of Planned Behavior", *Organizational Behavior and Human Decision Processes*, Vol. 50, No. 2, 1991.

Albein-Urios, N., Martinez-González, J. M., Óscar, Lozano. & Verdejo-Garcia, A., "Monetary delay discounting in gambling and cocaine dependence with personality comorbidities", *Addictive Behaviors*, Vol. 39, No. 11, 2014.

Ariyabuddhiphongs, V., "Lottery gambling: a review", *Journal of Gambling Studies*, Vol. 27, No. 1, 2011.

Ariyabuddhiphongs, V. & Chanchalemipom, N., "A Test of Social Cognitive Theoiy Reciprocal and Sequential Effects: Hope, Superstitious Belief and Environmental Factors among Lottery Gamblers in Thailand", *Journal of Gambling Studies*, Vol. 23, No. , 2007.

Ariyabuddhiphongs, V. & Phengphol, V., "Near miss, gambler's fallacy and entrapment: Theirinfluence on lottery gamblers in Thailand", *Gambling Studies*, Vol. 24, No. 3, 2006.

Ariyabuddhiphongs, V., "Adolescent Gambling: A Narrative Review of Behavior and Its Predictors", *International Journal of Mental Health and Addition*, Vol. 11, 2013.

Arthur, D., Tong, W. L., Chen, C. P. et al., "The validity and reliability of four measures of gambling behaviour in a sample of Singapore university students", *Journal of Gambling Studies*, Vol. 24, 2008.

Ashrafioun, L., McCarthy, A. & Rosenberg, H., "Assessing the impact of cue exposure on craving to gamble in university students", *J Gambl Stud*, Vol. 28, No. 3, 2012.

Bagby, R. M., Vachon, D. D., Bulmash, E. L. et al., "Pathological gmnbling and the five-factor model of personality", *Personality and Individual Differences*, Vol. 43, No. 4, 2007.

Bandura, A., "Self-efficacy: The Exercise of Control", *Journal of Cognitive Psychotherapy*, Vol. 604, No. 2, 1997.

Bandura, A., "Social cognitive theory: An agentic perspective", *Annual Review of Psychology*, Vol. 52, No. 1, 2001.

Bauer, R. A., "Consumer Behavior as Risk Taking", In: Hancock, R. S., (Ed.), *Dynamic Marketing for a changing World*, Proceedings of the 43rd, 389 – 398, Conference of the American Marketing Association, 1960.

Baumeister, R. F., Heatherton, T. F. & Tice, D. M., "Losing control: How and why people fail at self-regulation", *Clinical Psychology Review*, Vol. 15, No. 4.

Beckert, J. & Lutter, M., "Why the Poor Play the Lottery: Sociological Approaches to Explaining Class-based Lottery Play", *Sociology*, Vol. 47, No. 6, 2013.

Billieux, J., Lagrange, G., Linden, M. V. D., Lançon, C., Adida, M. & Jeanningros, R., "Investigation of impulsivity in a sample of treatment-seeking pathological gamblers: a multidimensional perspective", *Psychiatry Research*, Vol. 198, No. 2, 2012.

Binde, P. (2011), "What are the most harmful forms of gambling? Analyzing problem gambling prevalence surveys", CEFOS Working Paper. Retrieved 12 Feb 2018 from University of Gothenburg website, http://130.241.16.4/handle/2077/26165.

Binde, P., "Exploring the Impact of Gambling Advertising: An Interview Study of Problem Gamblers", *International Journal of Mental Health and Addiction*, Vol. 7, No. 4, 2009.

Binde, P., "Gambling across Cultures: Mapping Worldwide Occurrence and Learning from Ethnographic Comparison", *International Gambling Studies*, Vol. 5, No. 1, 2005.

Binde, P., "Selling dreams—causing nightmares? On gambling advertising and problem gambling", *Electronic Journal of Gambling Issues*, Vol. 20, No. 20, 2007.

Blaszczynski, A. & Nower, L., "Instrumental tool or drug: Relationship between attitudes to money and problem gambling", *Addiction Research and Theory*, Vol. 18, No. 6, 2010.

Blaszczynski, A., Ladouceur, R. & Shaffer, H. J., "A Science-Based Framework for Responsible Gambling: The Reno Model", *Journal of Gambling studies*, Vol. 20, No. 3, 2004.

Boldero, J. M. & Bell, R. C., "An evaluation of the factor structure of the Problem Gambling Severity Index", *International Gambling Studies*, Vol. 12, No. 1, 2012.

Breen, H. M., "Risk and protective factors associated with gambling consequences for indigenous Australians in north Queensland", *International Journal of Mental Health & Addiction*, Vol. 10, No. 2, 2010.

Breen, H., Hing, N. & Gordon, A., "Indigenous gambling motivations, behaviour and consequences in northern new south wales, australia", *International Journal of Mental Health and Addiction*, Vol. 9,

No. 6, 2011.

Bronfenbrenner, U., *The ecology of human development*, Harvard University Press, 1979.

Browne, M. W. & Cudeck, R., "Single sample cross-validation indices for covariance structure", *British Journal of Mathematical and Statistical Psychology*, Vol. 37, 1993.

Brucks, M., "The effects of product class knowledge on information search behavior", *Journal of Consumer Research*, Vol. 12, No. 1, 1985.

Burnham, T. A., Frels, J. K. & Mahajan, V., "Consumer switching costs: a typology, antecedents, and consequences", *Journal of the Academy of Marketing Science*, Vol. 31, No. 2, 2003.

Callan, M. J., Shead, N. W. & Olson, J. M., "The relation between personal relative deprivation and the urge to gamble among gamblers is moderated by problem gambling severity: A meta-analysis", *Addictive Behaviors*, Vol. 45, No. 1, 2015.

Canale, N., Vieno, A. & Grifths, M. D., "The extent and distribution of gambling-related harms and the prevention paradox in a British population survey", *Journal of Behavioral Addictions*, Vol. 5, No. 2, 2016.

Canale, N., Vieno, A., Griffith, M. D., Rubaltelli, E. & Santinello, M., "How do impulsivity traits influence problem gambling through gambling motives? the role of perceived gambling risk/benefits", *Psychology of Addictive Behaviors*, Vol. 29, No. 3, 2015.

Casey, L. M., Oei, T. P., Melville, K. M., Bourke, E. & Newcombe, P. A., "Measuring self-efficacy in gambling: the gambling refusal self-efficacy questionnaire", *Journal of Gambling Behavior*, Vol. 24, No. 24, 2008.

Castellani, B. & Rugle, L., "A comparison of pathological gamblers to alcoholics and cocainemisusers on impulsivity, sensation seeking, and craving", *International Journal of the Addictions*, Vol. 30, No. 3, 1995.

Cavanna, A. E., Mula, M., Strigaro, G., Servo, S., Tota, G., Barbagli, D. & Monaco, F., "Clinical correlates of pathological gambling symptoms in patients with epilepsy", *Epilepsia*, Vol. 49, No. 8, 2008.

Chantal, Y., Vallerand, R. J. & Vallieres, E. F., "Motivation and gambling involvement", *The Journal of Social Psychology*, Vol. 135, No. 6, 1995.

Chen, E. Z., Dowling, N. A. & Yap, K., "An Examination of Gambling Behaviour in Relation to Financial Management Behaviour, Financial Attitudes, and Money Attitudes", *International Journal of Mental Health and Addiction*, Vol. 10, No. 2, 2010.

Chiesi, F., Donati, M. A., Galli, S. & Primi, C., "The suitability of the South Oaks Gambling Screen-Revised for Adolescents (SOGS–RA) as a screening tool: IRT-based evidence", *Psychology of Addictive Behaviors*, Vol. 27, No. 1, 2013.

Clarke, D., "Factors leading to substance abuse, and implications for gambling in New Zealand", *International Journal of Mental Health & Addiction*, Vol. 3, No. 1, 2005.

Cocker, P. J. & Winstanley, C. A., "Irrational beliefs, biases and gambling: exploring the role of animal models in elucidating vulnerabilities for the development of pathological gambling", *Behavioural Brain Research*, Vol. 279, No., 2015.

Corbin, J. M. & Strauss, A. L., "Basics of qualitative research: Techniques and procedures for developing grounded theory", *Los Angeles, California: Sage Publications*, 2008.

Coups, E., Haddock, G. & Webley, P., "Correlates and predictors of lottery play in the United Kingdom", *Journal of Gambling Studies*, Vol. 14, No. 3, 1998.

Coventry, K. Brown, R. I. F., "Sensation seeking, gambling and gambling addiction", *Addiction*, Vol. 88, No. 4, 1993.

Cowley, E., Briley, D. A. & Farrell, C., "How do gamblers maintain an illusion of control", *Journal of Business Research*, Vol. 68, No. 10, 2015.

Cox, B. J., Enns, M. W. & Michaud, V., "Comparisons between the South Oaks Gambling Screen and a DSM-IV—based interview in a community survey of problem gambling", *The Canadian Journal of Psychiatry*, Vol. 49, No. 4, 2004.

Cox, D. F., Risk taking and information handling in consumer behavior, 1967.

Crockford, D., Quickfall, J., Currie, S., Furtado, S., Suchowersky, O. & El-Guebaly, N., "Prevalence of problem and pathological gambling in Parkinson's disease", *Journal of Gambling Studies*, Vol. 24, 2008.

Currie, S. R., Hodgins, D. C. & Casey, D. M., "Validity of the Problem Gambling Severity Index Interpretive Categories", *Journal of Gambling Studies*, Vol. 29, No. 2, 2013.

Currie, S. R., Hodgins, D. C., Wang, J. L., El-Guebaly, N., Wynne, H. & Chen, S., "Risk of harm among gamblers in the general population as a function of level of participation in gambling activities", *Addiction*, Vol. 101, No. 4, 2006.

Custer, R. L., An overview of compulsive gambling. In P. A. Carone, S. F. Yoles, S. N. Kiefer and L. Krinsky (Eds.), *Addictive Disorders Update: Alcoholism, Drug Abuse, Gambling*, New York: Human Sciences Press, 1982.

Dave, C., "Gambling and the trait of addiction in a sample of New Zealand university students", *New Zealand Journal of Psychology*, Vol. 3, No. 1, 2003.

Delfabbro, P. & Thrupp, L., "The social determinants of youth gambling in South Australian adolescents", *Journal of Adolescence*, Vol. 26, No. 3, 2003.

Delfabbro, P., King D. L., Derevensky J. L., "Adolescent Gambling and Problem Gambling: Prevalence, Current Issues, and Concerns", *Cur-*

rent Addiction Reports, Vol. 3, No. 3, 2016.

Delfabbro, P., Lahn, J. & Grabosky, P., "It's not what you know, but how you use it: statistical. knowledge and adolescent problem gambling", *Journal of Gambling Studies*, Vol. 22, 2006.

Delfabbro, P., Winefield, A. H. & Anderson, S., "Once a gambler-always a gambler? A longitudinal analysis of gambling patterns in young people making the transition from adolescence to adulthood", *International Gambling Studies*, Vol. 9, No. 2, 2009.

Dellis, Andrew, Sharp, Carla, Hofmeyr, Andre, et al., "Criterion-related and construct validity of the Problem Gambling Severity Index in a sample of South African gamblers", *South African Journal of Psychology*, Vol. 44, No. 2, 2014.

Derevensky, J. L. & Gupta, R., "Adolescents with gambling problems: A synopsis of our current knowledge", *Journal of Gambling Issues*, Vol, No. 10, 2004.

Derevensky, J., sklar, A., cupta, R. et al., "An empirical study examining the impact of gambling advertisements on adolescent gambling attitudes and behaviors", *Int J Mental Health Addie*, Vol. 8, 2010.

Desai, R. A., Maciejewski, P. K., Dausey, D. J., et al., "Health correlates of recreational gambling in older adults", *American Journal of Psychiatry*, Vol. 161, No. 9, 2004.

Dickerson, M., "Internal and external determinants of persistent gambling: Problems in generalising from one form of gambling to another", *Journal of Gambling Studies*, Vol. 9, No. 3, 1993.

Dickerson, M. & O'Connor, J., Emotional and cognitive functioning in chasing gambling losses, Responsible Gambling: A Future Winner, 1998.

Dickerson, MG, Problem gambling: Future directions in research, treatment, prevention and policy initiatives. In J O' Connor (Ed.), *High Stakes in the Nineties*, *Proceedings of the Sixth National Confer-*

ence of the National Association of Gambling Studies. Fremantle: National Association for Gambling Studies, 1995.

Dickson, L., Derevensky, J. L. & Gupta, R., "Youth gambling problems: Examining risk and protective factors", *International Gambling Studies*, Vol. 8, No. 1, 2008.

Dickson, L. M., Derevensky, J. L. & Gupta, R., "Harm reduction for the prevention of youth gambling problems: Lessons learned from adolescent high-risk behavior prevention programs", *Journal of Adolescent Research*, Vol. 19, No. 2, 2004.

Dickson, L. M., Derevensky, J. L. & Gupta, R., "The prevention of gambling problems in youth: A conceptual framework", *Journal of Gambling studies*, Vol. 18, No. 2, 2002.

Dickson, L., Derevensky, J. L. & Gupta, R., "Youth gambling problems: The identification of risk and protective factors", *Report prepared for the Ontario Problem Gambling Research Centre, Guelph, Ontario, Canada*, 2003.

Dickson-Swift, V. A. & James, E. L., "Kippen S. The experience of living with a problem gambler: Spouses and partners speak out", *Journal of Gambling Issues*, 2005.

Dignam, J. T. & West, S. G., "Social support in the workplace: Tests of six theoretical models", *American Journal of Community Psychology*, Vol. 16, No. 5, 1988.

Donati, M. A., Chiesi, F. & Primi, C., "A model to explain at-risk/problem gambling among male and female adolescents: gender similarities and differences", *Journal of Adolescence*, Vol. 36, No. 1, 2013.

Dowling, N. A., Suomi, A., Jackson, A. C. & Lavis, T., "Problem gambling family impacts: development of the problem gambling family impact scale", *Journal of Gambling Behavior*, 2015.

Downs, C., "Selling hope: Gambling entrepreneurs in Britain 1906 – 1960", *Journal of Business Research*, Vol. 68, No. 10, 2015.

Downs, C. & Woolrych, R., "Gambling and debt: the hidden impacts on family and work life", *Community, Work & Family*, Vol. 13, No. 3, 2010.

Downs, C., "Selling hope: Gambling entrepreneurs in Britain 1906 – 1960", *Journal of Business Research*, Vol. 68, No. 10, 2015.

Drummond, D. C., Litten, R. Z., Lowman, C. & Hunt, W. A., "Craving research: Future directions", *Addiction*, Vol. 95, No. 2, 2000.

Duvarci, I., Varan, A., Coşkunol, H., et al., "DSM – IV and the South Oaks Gambling Screen: Diagnosing and Assessing Pathological Gambling in Turkey", *Journal of Gambling Studies*, Vol. 13, No. 3, 1997.

Emerson, M. O. & Laundergan, J. C., "Gambling and problem gambling among adult Minnesotans: Changes 1990 to 1994", *Journal of Gambling Studies*, Vol. 12, No. 3, 1996.

Faregh, N., Derevensky, J., "Gambling Behavior Among Adolescents with Attention Deficit/Hyperactivity Disorder", *Journal of Gambling Studies*, Vol. 27, No. 2, 2011.

Featherman, M. S. & Pavlou, P. A., "Predicting e-services adoption: a perceived risk facets perspective", *International Journal of Human-Computer Studies*, Vol. 59, No. 4, 2003.

Felsher, J. R., Derevensky, J. L. & Gupta, R., "Lottery playing amongst youth: implications for prevention and social policy", *Journal of Gambling Studies*, Vol. 20, No. 2, 2004.

Felsher, J. R., Derevensky, J. L. & Gupta, R., "Parental influences and social modeling of youth lottery participation", *Journal of Community and Applied Social Psychology*, Vol. 13, No. 5, 2003.

Ferris, J. & Wynne, H. J., *The Canadian Problem Gambling Index Final Report*, Ottawa, ON: Canadian Centre on Substance Abuse, 2001.

Flack, M. & Morris, M., "Gambling-related beliefs and gambling behaviour: explaining gambling problems with the theory of planned behaviour", *International Journal of Mental Health & Addiction*, Vol. 15, No. 1, 2015.

Flay, B. R. & Petraitis, J., "The theory oftriadic influence: A new theory of health behavior with implications for preventive interventions", *Advances in Medical Sociology*, Vol. 4, No. , 1994.

Fletcher, J. M. & Steven, F. & Lehrer, "Genetic lotteries within families", *Journal of Health Economics*, Vol. 30, No. 4, 2011.

Fong, K. C. & Ozorio, B., *Research report in gambling participation among Macao residents*, Macao: IAS, 2010.

Fortune, E. E., MacKillop, J. & Miller, J. D., "Social density of gambling and its association with gambling problems: an initial investigation", *Journal of Gambling Studies*, Vol. 29, No. 2, 2013.

Frank, Scott. & John, Garen, "Probability of Purchase, Amount of Purchase, and the Demograp-hic Incidence of the Lottery Tax", *Public Economics*, Vol. 54, No. 1, 1994.

Fried, B. G., Teichman, M. & Rahav, G., "Adolescent gambling: Temperament, sense of coherence and exposure to advertising", *Addiction Research & Theory*, Vol. 18, No. 5, 2010.

Fu, W. & Yu, K. C., "Predicting Disordered Gambling with Illusory Control, Gaming Preferences, and Internet Gaming Addiction among Chinese Youth", *International Journal of Mental Health & Addiction*, Vol. 13, No. 3, 2015.

Gaboury, A. & Ladouceur, R., "Erroneous perceptions and gambling", *Journal of Social Behaviour and Personality*, Vol. 4, 1989.

Gainsbury, S., Parke, J. & Suhonen, N., "Consumer attitudes towards internet gambling: perceptions of responsible gambling policies, consumer protection, and regulation of online gambling sites", *Computers in Human Behavior*, Vol. 29, No. 1, 2012.

Garrett, T. A., "An International Comparison and Analysis of Lo tteries and The D istrib-ution of Lo ttery Expenditures", *Int Rev App l Eco*, Vol. 15, No. 2, 2001.

Gassmann, F., Emrich, E. & Pierdzioch, C., "Who bets on sports? Some further empirical evidence using German data", *International Review for the Sociology of Sport*, 2015.

Getty, H. A., Watson, J. & Frisch, G. R., "A comparison of depression and styles of coping in male and female GA members and controls", *Journal of Gambling Studies*, Vol. 16, No. 4, 2000.

Giroux, I., Boutin, C., Ladouceur, R., Lachance, S. & Dufour, M., "Awareness training program on responsible gambling for casino employees", *International Journal of Mental Health and Addiction*, Vol. 6, No. 4, 2008.

Giroux, I., Faucher-Gravel, A., St-Hilaire, A., et al., "Gambling Exposure in Virtual Reality and Modification of Urge to Gamble", *Cyberpsychology Behavior and Social Metworking*, Vol. 3, No. 16, 2013.

Glaser, B. G., Doing Grounded Theory: Issues and Discussions, *Sociology Press*, *Mill Valley*, 1998.

Glaser, B. G. & Strauss, A. L., "The discovery of grounded theory: Strategiesfor qualitative research", *Chicago*: *Aldire*, 1967.

Gomes, K. & Pascual-Leone, A., "A Resource Model of change: Client Factors that Influence Problem Gambling Treatment Outcomes", *Journal of Gambling Studies*, Vol. 31, No. 4, 2015.

Gordon, R., Gurrieri, L. & Chapman, M., "Broadening an understanding of problem gambling: the lifestyle consumption community of sports betting", *Journal of Business Research*, Vol. 68, No. 10, 2015.

Grant Kalischuk, R. G., "Co-creating life pathways: problem gambling and its impact on families", *The Family Journal*, Vol. 18, No. 1, 2010.

Green, L. W. & Kreuter, M. W., "Health promotion planning: an educational and environmental approach", *In Health Promotion Planning:*

an Educational and Environmental Approach, Mayfield, 1991.

Griffith, M., "Scratch card gambling among adolescent males", *Gambling Studies*, Vol. 16, No. 1, 2000.

Griffith, M. D., Van, Rooij, A. J., Winther, D. K., et al., "Working towards an international consensus on criteria for assessing internet gaming disorder: a critical commentary on Petry et al. (2014)", *Addiction*, Vol. 111, No. 1, 2015.

Griffith, M., Parke, J. & Wood, R., "Excessive gambling and substance abuse: is there a relationship", *Journal of Substance Use*, Vol. 7, No. 4, 2002.

Griffith, M., Wardle, H., Orford, J., et al., "Sociodemographic correlates of internet gambling: Findings from the 2007 British Gambling Prevalence Survey", *CyberPsychology & Behavior*, Vol. 12, No. 2, 2009.

Griffiths, M. D., "Digital impact, crossover technologies and gambling practices", *Casino Gaming International*, Vol. 4, No. 3, 2008.

Grifths, M. & Wood, R., "The psychology of lottery gambling. International Gambling Studies", *International Gambling Studies*, Vol. 1, No. 1, 2011.

Gupta, R. & Derevensky, J. L., "Adolescents with gambling problems: From research to treatment", *Journal of Gambling Studies*, Vol. 16, No. 2-3, 2000.

Gupta, R. & Derevensky, J. L., "The relationship between gambling and video-game playing behavior in children and adolescents", *Journal of Gambling Studies*, Vol. 12, No. 4, 1996.

Hansen, M. B. & Rossow, I. M., "Does a reduction in the overall amount of gambling imply a reduction at all levels of gambling", *Addiction Research & Theory*, Vol. 20, No. 2, 2012.

Hardoon, K. K., Baboushkin, H. R., Derevensky, J. L. & Gupta, R., "Underlying cognitions in the selection of lottery tickets", *Journal of

Clinical Psychology, Vol. 57, 2001.

Harris, A. H. S. & Thoresen, C. E., "Extending the influence of positive psychology interventions into health care settings: Lessons from self-efficacy and forgiveness", T*he Journal of Positive Psychology*, Vol. 1, No. 1, 2006.

Hawkins, J. D., Kosterman, R., Catalano, R. F., Hill, K. G. & Abbott, R. D., "Promoting positive adult functioning through social development intervention in childhood: Long-term effects from the Seattle Social Development Project", *Archives of Pediatrics & Adolescent Medicine*, Vol. 159, No. 1, 2005.

Heckhausen, J. & Schulz, R., "A life-span theory of control", *Psychological Review*, Vol. 102, No. 2, 1995.

Heung-Pyo, L., Paul Kyuman, C., Hong-Seock, L. & Yong-Ku, K., "The five-factor gambling motivation model", *Psychiatry Research*, Vol. 150, No. 1, 2007.

Hing, N., *An assessment of member awareness, perceived adequacy and perceived effectiveness of responsible gambling strategies in Sydney clubs*, 2003.

Hing, N. & Breen, H., "Gambling amongst gaming venue employees: Counsellors' perspectives on risk and protective factors in the workplace", *Gambling Research: Journal of the National Association for Gambling Studies (Australia)*, Vol. 17, No. 2, 2005.

Hing, N., John, H., "The influence of venue characteristics on a player's decision to attend a gambling venue", Final report for Gambling Research Australia by the Centre for Gambling Education & Research, Southern Cross University, Lismore, NSW, 2010.

Hing, N., Lamont, M., Vitartas, P. & Fink, E., "Sports bettors' responses to sports-embedded gambling promotions: implications for compulsive consumption", *Journal of Business Research*, Vol. 68, No. 10, 2015.

Hira, T. K. & Monson, K. W. , "A social learning perspective of gambling behavior among college students at Iowa State University, USA", *Consumer Studies & Home Economics*, Vol. 24, No. 1, 2000.

Hochbaum, G. , Rosenstock, I. & Kegels, S. , "Health belief model", *United States Public Health Service*, W432W8784, 1952.

Hodgins, D. C. & el-Guebaly, N. , "Retrospective and prospective reports of precipitants to relapse in pathological gambling", *Journal of Consulting and Clinical Psychology*, Vol. 72, No. 1, 2004.

Hodgins, D. C. , Shead, N. W. & Makarchuk, K. , "Relationship satisfaction and psychological distress among concerned significant others of pathological gamblers", *The Journal of Nervous and Mental Disease*, Vol. 195, No. 1, 2007.

Holtgraves, T. , "Evaluating the problem gambling severity index", *Journal of Gambling Behavior*, Vol. 25, No. 1, 2009.

Holtgraves, T. & Skeel, J. , "Cognitive biases in playing the lottery: Estimating the odds and choosing the numbers", *Journal of Applied Social Psychology*, Vol. 22, 1992.

Hu, L. & Bentler, P. , "Cutoff criteria for fit indexes in covariance structure analysis: Conventional criteria versus new alternatives", *Structural Equation Modeling*, Vol. 6, No. 1, 1999.

Humphreys, B. R. , Nyman, J. A. & Ruseski, J. E. , "The effect of gambling on health: evidence from canada", *American Society of Health Economists (ASHEcon) Paper*, 2011.

Humphreys, B. R. , Nyman, J. A. & Ruseski, J. E. , "The effect of gambling on health: evidence from Canada", *3rd Biennial Conference of the American Society of Health Economists (ASHEcon)*, 2010.

Humphreys, B. R. , Nyman, J. A. & Ruseski, J. E. , "The effect of gambling on health: evidence from canada", American Society of Health Economists (ASHEcon) Paper, 2011.

Isen, A. M. , Shalker, T. E. , Clark, M. & Karp, L. , "Affect, accessibility of material in memory, and behavior: A cognitive loop", *Journal of personality and social psychology*, Vol. 36, No. 1, 1978.

Jackson, A. C., Wynne, H., Dowling, N. A., Tomnay, J. E. & Thomas, S. A., "Using the CPGI to determine problem gambling prevalence in Australia: Measurement issues", *International Journal of Mental Health and Addiction*, Vol. 8, No. 4, 2010.

Jacobs, D. F., "Juvenile gambling in North America: An analysis of long-term trends and future prospects", *Journal of Gambling Studies*, Vol. 16, No. 2 - 3, 2000.

Jarvenpaa, S. L., Tractinsky, N. & Saarinen, L., "Consumer Trust in an Internet Store: a Cross-Cultural Validation", *Journal of Computer-Mediated Communication*, Vol. 5, No. 2, 1999.

Jessor, R., "Problem-behavior theory, psychosocial development, and adolescent problem drinking", *British Journal of Addiction*, Vol. 82, No. 4, 1987.

Jessor, R., Turbin, M. S., Costa, F. M., Dong, Q., Zhang, H. & Wang, C., "Adolescent problem behavior in China and the United States: A cross-national study of psychosocial protective factors", *Journal of Research on Adolescence*, Vol. 13, No. 3, 2003.

Jöreskog, Karl G. & Sörbom, Dag., Lisrel 8: user's reference guide. Chicago: scientific Software International, 1996.

Joukhador, J., Blaszczynski, A. & Maccallum, F., "Superstitious beliefs in gambling among problem and non-problem gamblers: Preliminary data", *Journal of Gambling Studies*, Vol. 20, No. 2, 2004.

Kalischuk, R. G., "Cocreating Life Pathways: Problem Gambling and its Impact on Families", *The Family Journal*, Vol. 18, No. 1, 2010.

Kaur, I., Schutte, N. S. & Thorsteinsson, E. B., "Gambling control self-efficacy as a mediator of the effects of low emotional intelligence on problem gambling", *Journal of Gambling Behavior*, Vol. 22, No. 4, 2006.

Kavli, H. & Berntsen, W., Gambling Habits and Gambling Problems in the Population, *Prepared for Norsk Tipping, the Government Gambling Operator*, Olso: MMI Research, 2005.

Kenney, S. R., Napper, L. E., LaBrie, J. W., et al., "Examining the efficacy of a brief group protective behavioral strategies skills training alcohol intervention with college women", *Psychology of Addictive Behaviors*, Vol. 28, No. 4, 2014.

Keren, G., Wagenaar, W. A., "Chance and skill in gambling: A search for distinctive features", *Social Behavior*, Vol. 3, 1988.

Khazaal, Y., Chatton, A., Billieux, J., Bizzini, L., Monney, G. & Fresard, E., et al., "Effects of expertise on football betting", *Substance Abuse Treatment Prevention & Policy*, Vol. 7, No. 1, 2012.

Kim, H. C., "Situational Materialism: How Entering Lotteries May Undermine Self-Control", *Journal of Consumer Research*, Vol. 40, No. 4, 2013.

Kim, S. W., Grant, J. E., Eckert, E. D., Faris, P. L. & Hartman, B. K., "Pathological gambling and mood disorders: clinical associations and treatment implications", *Journal of Affective Disorders*, Vol. 92, No. 1, 2006.

King, D. L. & Delfabbro, P. H., "Early exposure to digital simulated gambling: a review and conceptual model", *Computers in Human Behavior*, Vol. 55, 2016.

King, D., Delfabbro, P., Griffiths, M., "The Convergence of Gambling and Digital Media: Implications for Gambling in Young People", *Journal of Gambling Studies*, Vol. 26, No. 2, 2010.

King, K. M., "Neutralizing marginally deviant behaviour: Bingo players and superstition", *Journal of Gambling Studies*, Vol. 6, No. 1, 1990.

Ko, C. H., Liu, G. C., Hsiao, S., et al., "Brain activities associated with gambling urge of online gaming addiction", *Journal of Psychiatric Research*, Vol. 43, No. 7, 2009.

Kong, G., Tsai, Jack, Pilver & Corey, E., "Differences in gambling problem severity and gambling and health/ functioning characteristics among Asian-American and Caucasian high-school students", *Psychiatry Research*, Vol. 210, No. 3, 2013.

Korn, D. A. & Shaffer, H. J., "Gambling and the health of the public: Adopting a public health perspective", *Journal of Gambling Studies*, Vol. 15, No. 4, 1999.

Korn, D. A., Gibbins, R. & Azmier, J., "Framing public policy towards a public health paradigm for gambling", *Journal of Gambling Studies*, Vol. 19, No. 2, 2003.

Korn, D. & Reynolds, J., "Global discourse on gambling: the importance of a public health perspective", *Gambling and Public Health International Alliance, newsletter*, Vol. 10, No. 1, 2009.

Kouimtsidis, C. Reynolds, M., Drummond, C., Davis, P. & Tarrier, N., Cognitive-behavioural therapy in the treatment of addiction, Chichester, UK: Wiley, 2007.

Kristiansen, S. & Jensen, S., "Prevalence of gambling problems among adolescents in the Nordic countries: an overview of national gambling surveys 1997 – 2009", *International Journal of Social Welfare*, Vol. 20, No. 1, 2011.

Kuoppamäki, S. M., Kääriäinen, J. & Lind, K., "Examining gambling-related crime reports in the National Finnish Police Register", *Journal of Gambling Studies*, Vol. 30, No. 4, 2014.

Ladouceur, R., Dub'e, D. & Bujold, A., "Prevalence of pathological gambling and related problems among college students in the Quebec Metropolitan area", *Canadian Journal of Psychiatry*, Vol. 39, No. 5, 1994.

Ladouceur, R., Jacques, C., Ferland, F. & Giroux, I., "Parents' attitudes and knowledge regarding gambling among youths", *Journal of Gambling Studies*, Vol. 14, No. 1, 1998.

Ladouceur, R., Sylvain, C., Boutin, C., Lachance, S., Doucet, C. & Leblond, J., "Group therapy for pathological gamblers: A cognitive approach", *Behaviour Research and Therapy*, Vol. 41, No. 5, 2003.

Ladouceur, Robert., Sylvain, Caroline., Boutin, Claude., et al., "Cognitive Treatment of Pathological Gambling", *Nervous & Mental Disease*, Vol. 189, No. 11, 2001.

Lakey, C. D., Rose, P., Campbell, W. K., et al., "Probing the link between narcissism and gambling: The mediating role of judgment and decision-making biases", *Journal of Behavioural Decision Making*, Vol. 21, No. 2, 2010.

Lam, D., "An exploratory study of gambling motivations and their impact on the purchase frequencies of various gambling products", *Psychology & Marketing*, Vol. 24, No. 9, 2007.

Lam, J., "Enterprise risk management: from incentives to controls", *Wiley Finance Series*, 2014.

Langer, E. J., "The illusion of control", *Journal of Personality and Social Psychology*, Vol. 32, No. 2, 1975.

Langhinrichsen, J., Rohde, P. & Seeley, J. R., et al., "Individual, family and peer correlates of adolescent gambling", *Journal of Gambling Studies*, Vol. 20, No. 1, 2004.

LaPlante, D. A. & Shaffer, H. J., "Understanding the influence of gambling opportunities: expanding exposure models to include adaptation", *American Journal of Orthopsychiatry*, Vol. 77, No. 4, 2007.

Laplante, D. A., Gray, H. M., Bosworth, L. & Shaffer, H. J., "Thirty years of lottery public health research: methodological strategies and trends", *Journal of Gambling Studies*, Vol. 26, No. 2, 2010.

Lee, C. K., Chung, N. & Bernhard, B. J., "Examining the structural relationships among gambling motivation, passion, and consequences of internet sports betting", *Journal of Gambling Studies*, Vol. 30, No. 4, 2014.

Lee, H. P., Chae, P. K. & Lee, H. S., "The five-factor gambling motivation model", *Psychiatry research*, Vol. 150, No. 1, 2007.

Lee, Y. K. & Chang, C. T., "A social landslide: Social inequalities of lottery advertising in Taiwan", *Social Behavior and Personality: an International Journal*, Vol. 36, No. 10, 2008.

Lemarié, L. & Chebat, J. C., "Resist or comply: promoting responsible gambling among youth", *Journal of Business Research*, Vol. 66, No. 1, 2013.

Lesieur, H. R., "Altering the DSM – 3 criteria for pathological gambling", *Journal of Gambling Behavior*, Vol. 4, No. 1, 1988.

Lesieur, H. R., "Costs and treatment of pathological gambling", *The Annals of the American Academy of Political and Social Science*, Vol. 556, No. 1, 1998.

Lesieur, H. R. & Blume, S. B., "The South Oaks Gambling Screen (SOGS): A new instrument for the identification of pathological gamblers", *American journal of Psychiatry*, Vol. 144, No. 9, 1987.

Leung, K., Bond, M. H., Carrasquel, S. R. D., Muñoz, C., Hernández, M., Murakami, F., et al., "Social axioms: The search for universal dimensions of general beliefs about how the world functions", *Journal of Cross-Cultural Psychology*, Vol. 33, No. 3, 2010.

Levinson, P. K., Gernstein, D. R. & Maloff, D. R. (Eds.), *Commonalities in Substance Abuse and Habitual Behaviors*, Lexington, MA: Lexington Books, 1983.

Li, X., Lu, Z. L., D'argembeau, A., Ng, M. & Bechara, A., "The Iowa gambling task in fMRI images", *Human Brain Mapping*, Vol. 31, No. 3, 2010.

Lim, V. K. G. & Teo, T. S. H., "Sex, money, and financial hardship: an empirical study of attitudes towards money among undergraduates in Singapore", *Journal of Economic Psychology*, Vol. 18, No. 4, 2010.

Lisham, A., John, K. & Erin, Z., "Assessing post-cue exposure craving and its association with amount wagered in an optional betting task", *Journal of Behavioral Addictions*, Vol. 2, No. 3, 2013.

Lisham, A., John, K. & Erin, Z., "Assessing post-cue exposure craving and its association with amount wagered in an optional betting task", *Journal of Behavioral Addictions*, Vol. 2, No. 3, 2013.

Loo, J. M. Y., Raylu, N. & Oie, T. P. S., "Gambling among the chinese: a comprehensive review", Clinical *Psychology Review*, Vol. 28, No. 7, 2008.

Loo, J. M. Y., Tian, P. S. O. & Raylu, N., "Psychometric evaluation of the Problem Gambling Severity Index-Chinese version (PGSI-C)", *Journal of Gambling Studies*, Vol. 27, No. 3, 2011.

Lorains, F. K., Cowlishaw, S. & Thomas, S. A., "Prevalence of comorbid disorders in problem and pathological gambling: systematic review and meta-analysis of population surveys", *Addiction*, Vol. 106, No. 3, 2011.

Loroz, P. S., "Golden-age gambling: Psychological benefits and self-concept dynamics in aging consumers' consumption experiences", *Psychology & Marketing*, Vol. 21, No. 5, 2004.

Lussier, I. D., Derevensky, J., Gupta, R. & Vitaro, F., "Risk, compensatory, protective, and vulnerability factors related to youth gambling problems", *Psychology of Addictive Behaviors*, Vol. 28, No. 2, 2013.

Luthar, S. S., Cicchetti, D. & Becker, B., "The construct of resilience: A critical evaluation and guidelines for future work", *Child development*, Vol. 71, No. 3, 2000.

Mageau, G. A., Vallerand, R. J., Rousseau, F. L., Ratelle, C. F. & Provencher, P. J., "Passion and gambling: Investigating the Divergent affective and cognitive consequences of gambling 1", *Journal of Applied Social Psychology*, Vol. 35. No. 1, 2005.

Magoon, M. E., Ingersoll, G. M., "Parental Modeling, Attachment, and

Supervision as Moderators of Adolescent Gambling", *Journal of Gambling Studies*, Vol. 22, No. 1, 2006.

Magoon, M. E., Ingersoll, G. M., "Parental Modeling, Attachment, and Supervision as Moderators of Adolescent Gambling", *Journal of Gambling Studies*, Vol. 22, No. 1, 2006.

Maitra, A. P., Sudderth, W. D., "Discrete Gambling and Stochastic Games", *Applications of Mathematics*, Vol. 32, 2012.

Mao, L. L., Zhang, J. J. & Connaughton, D. P., "Sports gambling as consumption: evidence from demand for sports lottery", *Sport Management Review*, Vol. 18, No. 3, 2014.

Martin, R. J., Usdan, S., Nelson, S., et al., "Using the theory of planned behavior to predict gambling behavior", *Psychology of Addictive Behaviors*, Vol. 24, No. 1, 2010.

Martin, R. J., Usdan, S., Nelson, S., et al., "Using the theory of planned behavior to predict gambling behavior", *Psychology of Addictive Behaviors*, Vol. 24, No. 1, 2010.

McBride, O., Adamson, G. & Shevlin, M., "A latent class analysis of DSM – Ⅳ pathological gambling criteria in a nationally representative British sample", *Psychiatry Research*, Vol. 178, No. 2, 2010.

McBride, O., Adamson, G. & Shevlin, M., "A latent class analysis of DSM – Ⅳ pathological gambling criteria in a nationally representative British sample", *Psychiatry Research*, Vol. 178, No. 2, 2010.

McCready, J. & Adlaf, E., Performance and enhancement of the Canadian Problem Gambling Index (CPGI): Report and recommendations, *Ottawa, ON: Canadian Centre on Substance Abuse and Healthy Horizons Consulting*, 2006.

McCready, J. & Adlaf, E., Performance and enhancement of the Canadian Problem Gambling Index (CPGI): Report and recommendations, *Ottawa, ON: Canadian Centre on Substance Abuse and Healthy Horizons Consulting*, 2006.

Mcmillen, J. & Wenzel, M. , "Measuring problem gambling: assessment of three prevalence screens", *International Gambling Studies*, Vol. 6, No. 2, 2006.

McMullan, J. L. , Miller, D. E. & Perrier, D. C. , " 'I' ve Seen Them So Much They Are Just There' : Exploring Young Peoples Perceptions of Gambling in Advertising", *International Journal of Mental Health and Addiction*, Vol. 10, No. 6, 2012.

Messerlian, C. , Derevensky, J. & Gupta, R. , "Youth gambling problems: a public health perspective", *Health Promotion International*, Vol. 20, No. 1, 2005.

Miller, N. M. , Currie, S. R. , Hodgins, D. C. , et al. , "Validation of the problem gambling severity index using confirmatory factor analysis and rasch modelling", *Psychiatric Research*, Vol. 22, No. 3, 2013.

Miller, W. R. (Ed.), *The addictive behaviors*, Oxford: Pergamon Press, 1980.

Mitzner, G. B. , Whelan, J. P. & Meyers, A. W. , "Comments from the Trenches: Proposed Changes to the DSM - Ⅴ Classification of Pathological Gambling ", *Journal of Gambling Studies*, Vol. 27, No. 3, 2011.

Monaghan, S. & Blaszczynski, A. , "Impact of mode of display and message content of responsible gambling signs for electronic gaming machines on regular gamblers", *Gambling Studies*, Vol. 26, No. , 2010.

Moodie, C. & Finnigan, F. , "A comparison of the autonomic arousal of frequent, infrequent and nongamblers while playing fruit machines", *Addiction*, Vol. 100, No. 1, 2001.

Moore, S. M. & Ohtsuka, K. , "Beliefs about control over gambling among young people, and their relation to problem gambling", *Psychology of Addictive Behaviors*, Vol. 13, No. 4.

Moore, S. M. , Thomas, A. C. , Kyrios, M. , Bates, G. & Meredyth, D. , "Gambling accessibility: a scale to measure gambler preferences", *Journal of Gambling Behavior*, Vol. 27, No. 1, 2011.

Moran, E., "Gambling as a form of dependence", *The British journal of addiction to alcohol and other drugs*, Vol. 64, No. 3, 1970.

Mumpower, J. L., Schuman, S. & Zumbolo, A., "Analytical mediation: An application in collective bargaining", *Organizational Decision Support Systems*, 1988.

Murcia, J., Stinchfield, R. & Moya, E. Á., "Reliability, Validity, and Classification Accuracy of a Spanish Translation of a Measure of DSM-Ⅳ Diagnostic Criteria for Pathological Gambling", *Journal of Gambling Studies*, Vol. 25, No. 1, 2009.

Neal, P., Delfabbro, P. & O'Neil, M., Problem Gambling and Harm: Towards a National Definition, Melbourne, Gambling Research Australia, 2005.

Nower, L. & Blaszczynski, A., "Gambling Motivations, Money-Limiting Strategies, and Precommitment Preferences of Problem Versus Non-Problem Gamblers", *Journal of Gambling Studies*, Vol. 26, No. 3, 2010.

Oei, T. P. & Goh, Z., "Interactions between risk and protective factors on problem gambling in asia", *Journal of gambling studies / co-sponsored by the National Council on Problem Gambling and Institute for the Study of Gambling and Commercial Gaming*, Vol. 31, No. 2, 2015.

Oei, T. P. & Goh, Z., "Interactions between risk and protective factors on problem gambling in asia", *Journal of gambling studies / co-sponsored by the National Council on Problem Gambling and Institute for the Study of Gambling and Commercial Gaming*, Vol. 31, No. 2, 2015.

Olason, D., Gretarsson, S. Iceland. In Meyer G., Hayer T. & Griffiths, M. (Eds.), *Problem Gambling in Europe: Challenges, Prevention, and Interventions*, New York, Springer, 2009.

Orford, J., Griffiths, M., Wardle, H., Sproston, K. & Erens, B. Gambling, "alcohol, consumption, cigarette smoking and health: Findings from the 2007 British Gambling Prevalence Survey", *Addiction Research & Theory*, Vol. 18, No. 2, 2010.

Parsons, K. & Webster, D., "The consumption of gambling in everyday life", *Consumer Studies & Home Economics*, Vol. 24, No. 4, 2000.

Patford, J., "For worse, for poorer and in ill health: how women experience, understand and respond to a partner's gambling problems", *International Journal of Mental Health and Addiction*, Vol. 7, No. 1, 2009.

Paul, R. J. R. S. & Martin, L. R., "Individual, Family, and Peer Correlates of Adolescent Gambling", *Journal of Gambling Studies*, Vol. 20, No. 1, 2004.

Paviou, P., Integrating Trust in Electronic Commerce with the technology acceptance model: model development and validation, AMCIS, 2001.

Petraitis, J., Flay, B. R. & Miller, T. Q., "Reviewing theories of adolescent substance use: Organizing pieces of the puzzle", *Psychological Bulletin*, Vol. 117, No. 1, 1995.

Petry, N. M., "A comparison of treatment-seeking pathological gamblers based on preferred gambling activity", *Addiction*, Vol. 98, No. 5, 2003.

Petry, N. M., "Discounting of probabilistic rewards is associated with gambling abstinence in treatment-seeking pathological gamblers", *Journal of Abnormal Psychology*, Vol. 121, No. 1, 2012.

Petry, N. M. & Barry, D., "Predictors of decision-making on the Iowa Gambling Task: Independent effects of lifetime history of substance use disorders and performance on the Trail Making Test", *Brain and cognition*, Vol. 66, No. 3, 2008.

Petry, N. M., Rehbein, F., Gentile, D. A., et al., "An international consensus for assessing internet gambling disorder using the new DSM-5 approach", *Addiction*, Vol. 109, No. 9, 2014.

Prescott, C. A., Kendler, K. S., Myers, J. & Neale, M. C., "The structure of genetic and environmental risk factors for common psychiatric and substance use disorders in men and women", *Archives of General Psychiatry*, Vol. 60, No. 9, 2003.

Prescott, S. L., Macaubas, C., Smallacombe, T., Holt, B. J., Sly, P. D. & Holt, P. G., "Development of allergen-specific T-cell memory in atopic and normal children", *The Lancet*, Vol. 353, No. 9148, 1999.

Ratelle, C. F., Vallerand, R. J., Mageau, G. A. et al., "When passion leads to problematic outcomes: A look at gambling", *Journal of Gambling Studies*, Vol. 20, No. 2, 2004.

Raylu, N. & Oei, T. P. S., "The Gambling Urge Scale: development, confirmatory factor validation, and psychometric properties", *Psychology Addict Behavior*, Vol. 18, No. 7, 2004.

Raylu, N. & Oei, T. P. S., "The Gambling Urge Scale: development, confirmatory factor validation, and psychometric properties", *Psychology Addict Behavior*, Vol. 18, No. 7, 2004.

Raylu, N., Oei, T. P., "Pathological gambling. A comprehensive review", *Clinical Psychology Review*, Vol. 22, No. 7, 2002.

Raylu, N., Oei, TPS., Loo, JMY., et al., "Testing the Validity of a Cognitive Behavioral Model for Gambling Behavior", *J Gamble Stud*, Vol. 32, No. 2, 2016.

Raylu, N., Oei, TPS., Loo, JMY., et al., "Testing the Validity of a Cognitive Behavioral Model for Gambling Behavior", *J Gamble Stud*, Vol. 32, No. 2, 2016.

Rizeanu, S., "Pathological gambling and depression", *Procedia-Social and Behavioral Sciences*, Vol. 78, No. 3, 2013.

Rogers, P., "The cognitive psychology of lottery gambling: A theoretical review", *Journal of Gambling Studies*, Vol. 14, No. 2, 1998.

Rogers, P. & Webley, P., "It could be us! Cognitive and social psychological factors in UK national lottery play", *Applied Psychology*,

Vol. 50, No. 1, 2001.

Rose, G. , "Sick individuals and sick populations", *International Journal of Epidemiology*, Vol. 30, No. 3, 2001.

Rosenthal, R. J. & Lesieur, H. R. , Pathological gambling and criminal behavior. Draft of chapter in Louis B. Schlesinger (Ed.), *Exploration in Criminal Psychopathology: Clinical Syndromes with Forensic Implication*, 1995.

Rothbaum, F. , Weisz, J. R. & Snyder, S. S. , "Changing the World and changing the Self: A Two-Process Model of Perceived Control", *Journal of Personality & Social Psychology*, Vol. 42, No. 1, 1982.

Rousseau, F. L. , Vallerand, R. J. , Ratelle, C. F. & Provencher, P. J. , "Passion and gambling: on the validation of the gambling passion scale (GPS)", *Journal of Gambling Studies*, Vol. 18, No. 1, 2002.

Rovis, Darko. , Bezinovic, Petar. & Basic, Josipa. , "Interaction of School Bonding Distuebed Family Relationships, and Risk Behaviors Among Adolescents", *Journal of school health*, Vol. 85, No. 10, 2015.

Rychtarik, R. G. & McGillicuddy, N. B. , "Preliminary evaluation of a coping skills training program for those with a pathological-gambling partner", *Journal of Gambling Studies*, Vol. 22, No. 2, 2006.

Saugeres, L. & Moore, A. T. S. , " 'It wasn't a very encouraging environment': influence of early family experiences on problem and at-risk gamblers in Victoria, Australia", *International Gambling Studies*, Vol. 14, No. 1, 2014.

Schwarzer, R. & Jerusalem, M. , "Measurement of perceived self-efficacy: Psychometric scales forcross-cultural research", *Berlin: Freie Universitat*, 1993.

Shaffer, H. J. , "From disabling to enabling the public interest: Natural transitions from gambling exposure to adaption and self-regulation", *Addiction*, Vol. 100, No. , 2005.

Shaffer, H., Vander, B. J. & Hall, M. N. (Eds.), Estimating the prevalence of disordered gambling behavior in the United States and Canada: A meta-analysis, Harvard Medical School, 1997.

Sharp, C., Steinberg, L., Yaroslavsky, I. et al., "An Item Response Theory Analysis of the Problem Gambling Severity Index", *Assessment*, Vol. 19, No. 2, 2012.

Shead, N. W., Derevensky, J. L. & Gupta, R., "Risk and protective factors associated with youth problem gambling", *International Journal of Adolescent Medicine and Health*, Vol. 22, No. 1, 2010.

Singelis, T. M., Hubbard, C., Her, P. & An, S., "Convergent validation of the social axioms survey", *Personality & Individual Differences*, Vol. 34, No. 2, 2003.

Slutske, W. S., Zhu, G., Meier, M. H. & Martin, N. G., "Disordered gambling as defined by the Diagnostic and Statistical Manual of Mental Disorders and the South Oaks Gambling Screen: Evidence for a common etiologic structure", *Journal of Abnormal Psychology*, Vol. 120, No. 3, 2011.

Smith, D. P., Pols, R. G., Battersby, M. W. & Harvey, P. W., "The gambling urge scale: Reliability and validity in a clinical population", *Addiction Research and Theory*, Vol. 21, No. 2, 2013.

Smith, D., Battersby, M., Oakes, J., et al., "Treatment outcomes and predictors of drop out for problem gamblers in South Australia: a cohort study", *Australian and New Zealand Journal of Psychiatry*, Vol. 44, No. 10, 2010.

Smith, M. D., Wiseman, R., Machin, D., Harris, P. & Joiner, R., "Luckiness, competition, and performance on a psi task", *The Journal of Parapsychology*, Vol. 61, No. 1, 1997.

Sprott, D. E., Brumbaugh, A. M. & Miyazaki, A. D., "Motivation and ability as predictors of play behaviour in state-sponsored lotteries: An empirical assessment of psychological control", *Psychology & Market-*

ing, Vol. 18, No. 9, 2001.

Spurrier, M. & Blaszczynski, A., "Risk Perception in Gambling: A Systematic Review", *Journal of Gambling Studies*, Vol. 30, No. 2, 2014.

Steiger, J. H., "Structural model evaluation and modification: An interval estimation approach", *Multivariate Behavioral Research*, Vol. 25, 1990.

Stinchfield, R., "Gambling and Correlates of Gambling Among Minnesota Public School Students", *Journal of Gambling Studies*, Vol. 16, No. 2 - 3, 2000.

Stinchfield, R., "Reliability, validity, and classification accuracy of the South Oaks Gambling Screen (SOGS)", *Addictive Behaviors*, Vol. 27, No. 1, 2002.

Stinchfield, R., "Reliability, validity, and classification accuracy of a measure of DSM - IV diagnostic criteria for pathological gambling", *American Journal of Psychiatry*, Vol. 160, No. 1, 2003.

Stinchfield, R., "Reliability, validity, and classification accuracy of the South Oaks Gambling Screen (SOGS)", *Addictive Behaviors*, Vol. 27, No. 1, 2002.

Stinchfield, R. Reliability, validity, and classification accuracy of a measure of DSM - IV diagnostic criteria for pathological gambling, *American Journal of Psychiatry*, Vol. 160, No. 1, 2003.

Stinchfield, R. & Winters, K. C., "Outcome of Minnesota's gambling treatment programs", *Journal of Gambling Studies*, Vol. 17, No. 3, 2001.

Stinchfield, R., Govoni, R. & Frisch, G. R., DSM - IV Diagnostic criteria for pathological gambling: Reliability, validity, and classification accuracy, *The American Journal on Addictions*, Vol. 14, No. 1, 2005.

Stormshak, E. A., Connell, A. & Dishion, T. J., "An adaptive approach to family-centered intervention in schools: linking intervention engagement to academic outcomes in middle and high school", *Prev*

Sci, Vol. 10, No. 3, 2009.

St-Pierre, R. A., Walker, D. M., Derevensky, J. & Gupta, R., "How availability and accessibility of gambling venues influence problem gambling: A review of the literature", *Gaming Law Review and Economics*, Vol. 18, No. 2, 2014.

Strong, D. R. & Kahler, C. W., "Evaluation of the continuum of gambling problems using the DSM - IV", *Addiction*, Vol. 102, No. 5, 2007.

Strong, D. R., Breen, R. B., Lesieur, H. R., et al., "Using the Rasch model to evaluate the South Oaks Gambling Screen for use with nonpathological gamblers", *Addictive Behaviors*, Vol. 28, No. 8, 2003.

Strong, D. R., Lesieur, H. R., Breen, R. B., Stinchfield, R. & Lejuez, C. W., "Using a Rasch model to examine the utility of the South Oaks Gambling Screen across clinical and community samples", *Addictive Behaviors*, Vol. 29, No. 3, 2004.

Studer, J., Baggio, S. & Deline, S., "Peer pressure and alcohol use in young men: a mediation analysis of drinking motives", *International Journal on Drug Policy*, Vol. 25, No. 4, 2014.

Subramaniam, M., Tang, B., Abdin, E., Vaingankar, J. A., Picco, L. & Chong, S. A., "Sociodemographic correlates and morbidity in lottery gamblers: Results from a population survey", *Journal of Gambling Studies*, Vol. 32, No. 1, 2016.

Tang, C. S. K. & Wu, A. M. S., "Direct and indirect influences of fate control belief, gambling expectancy bias, and self-efficacy on problem gambling and negative mood among Chinese college students: A multiple mediation analysis", *Journal of Gambling Studies*, Vol. 26, No. 4, 2010.

Tang, S. K. & Wu, A. M. S., "Gambling-related cognitive biases and pathological gambling among youths, young adults, and mature adults in chinese societies", *Journal of Gambling Studies*, Vol. 28, No. 1, 2012.

Tao, V. Y., Wu, A. M., Cheung, S. F., et al., "Development of an Indigenous Inventory GMAB (Gambling Motives, Attitudes and Behaviors) for Chinese gamblers: an exploratory study", *Journal of Gambling Studies*, Vol. 27, No. 1, 2011.

Taylor, R. N., Parker, J. D. A., Keefer, K. V., Kloosterman, P. H. & Summerfeldt, L. J., "Are Gambling Related Cognitions in Adolescence Multidimensional?: Factor Structure of the Gambling Related Cognitions Scale", *Journal of Gambling Behavior*, Vol. 30, No. 2, 2014.

Thomas, A. C., Bates, G., Moore, S., et al., "Gambling and the Multidimensionality of Accessibility: More Than Just Proximity to Venues", *International Journal of Mental Health & Addiction*, Vol. 9, No. 1, 2011.

Thomas, S. A., Subramaniam, M., Wang, P., Soh, P., Vaingankar, J. A., Chong, S. A. & Browning, C. J "Prevalence and determinants of gambling disorder among older adults: a systematic review", *Addictive Behaviors*, Vol. 41, 2015.

Thompson, S. C., Armstrong, W. & Thomas, C., "Illusions of control, underestimations, and accuracy: a control heuristic explanation", *Psychological Bulletin*, Vol. 123, No. 2, 1998.

Tian, P. S. O. & Goh, Z., "Interactions Between Risk and Protective Factors on Problem Gambling in Asia", *Journal of Gambling Studies*, Vol. 31, No. 2, 2015.

Toce-Gerstein, M., Gerstein, D. R. & Volberg, R. A., "A hierarchy of gambling disorders in the community", *Addiction*, Vol. 98, No. 12, 2003.

Toneatto, T., "Cognitive psychopathology of problem gambling", *Substance Use & Misuse*, Vol. 34, No. 11, 1999.

Tong, K. K., Hung, E. P., Lei, C. M. & Wu, A. M., "Public Awareness and Practice of Responsible Gambling in Macao", *Journal of Gambling Studies*, Vol. 34, No. 4, 2018.

Tricker, C., Rock, A. J. & Clark, G. I., "Cue-Reactive Altered State of Consciousness Mediates the Relationship Between Problem-Gambling Severity and Cue-Reactive Urge in Poker-Machine Gamblers", *J Gambl Stud*, Vol. 32, No. 2, 2016.

Tschibelu, E. & Elman, I., "Gender Differences in Psychosocial Stress and in Its Relationship to Gambling Urges in Individuals with Pathological Gambling", *Journal of Addictive Diseases*, Vol. 30, No. 1, 2010.

Turner, N. E., Cook, S., Ballon, B., Paglia-Boak, A., Murray, R., Adlaf, E. M. & Mann, R. E., "Problem gambling among Ontario students: Associations with substance abuse, mental health problems, suicide attempts, and delinquent behaviours", *Journal of Gambling Studies*, Vol. 31, No. 4, 2015.

Turner, N. E., Zangeneh, M. & Littman-Sharp, N., "The Experience of Gambling and its Role in Problem Gambling", *International Gambling Studies*, No. 2, 2006.

Tversky, A. & Kahneman, D "Judgment under uncertainty: Heuristics and biases", *Science*, Vol. 185, 1974.

Vachon, J., Vitaro, F. & Wanner, B., et al., "Adolescent gambling: Relationship with parent gambling and parenting practices", *Psychology of Addictive Behavior*, Vol. 18, No. 4, 2004.

Vallerand, R. J. & Houlfort, N. Passion at work: Toward a new conceptualization. In D. Skarlicki, S. Gilliland & D. Steiner (Eds.), Research inSocial Issues in Management. Greenwich: CT: Information Age Publishing Inc, 2003.

Vallerand, R. J., Blanchard, C., Mageau, G. A., Koestner, R., Latelle, C., Leonardo, M., et al., "Les passions del' Ame: On obsessive and harmonious passion", *Journal of Personality and Social*

Psychology, Vol. 85, No. 4, 2003.

Van-Holst, R. J, Brink, W. V. D., Veltman, D. J. & Goudriaan, A. E., "Why gamblers fail to win: a review of cognitive and neuroimaging findings in pathological gambling", *Neuroscience & Biobehavioral Reviews*, Vol. 34, No. 1, 2010.

Volberg, R. A., Gambling and problem gambling among adolescents in Washington State, *Report to the Washington State Lottery*, 1993.

Volberg, R. A., Gupta, R., Griffiths, M. D., et al., "An International perspective on youth gambling prevalence", *International Journal of Adolescent Medicine and Health*, Vol. 22, 2010.

Volberg, R. A., Gupta, R., Griffiths, M. D., Olason, D. T. & Delfabbro, P., "An international perspective on youth gambling prevalence studies", *International Journal of Adolescent Medicine & Health*, Vol. 22, No. 1, 2010.

Volberg, R. A., Gupta, R., Griffiths, M. D., Olason, D. T. & Delfabbro, P., "An international perspective on youth gambling prevalence studies", *International Journal of Adolescent Medicine & Health*, Vol. 22, No. 1, 2010.

Volberg, R. & Bernhard, B., The 2006 Study of Gambling and Problem Gambling in New Mexico, *Northampton: MA, Gemini Research*, 2006.

Volberg, Rachel. A., "The prevalence and demographics of pathological gamblers: implications for public health", *American Journal of Public Health*, Vol. 84, No. 2, 1994.

Wardle, H., Sproston, K., Orford, J., Erens, B., Griffiths, M. & Constantine, R. British Gambling Prevalence Survey, *London: National Centre for Social Research*. 2007.

Weber, E. U., Anderson, C. J. & Birnbaum, M. H., "A theory of perceived risk and attractiveness. Org. Behav", *Hum. Decision Processes*, Vol. 52, No. 3, 1992.

Weinstock, J., Massura, C. E. & Petry, N. M., "Professional and Pathological Gamblers: Similarities and Differences", *Journal of Gambling Studies*, Vol. 29, No. 2, 2013.

Weinstock, J., Whelan, J. P., Meyers, A. W. & McCausland, C., "The performance of two pathological gambling screens in college students", *Assessment*, Vol. 14, No. 4, 2007.

Weiss, S. M. & Loubier, S. L., "Gambling habits of athletes and nonathletes classified as disordered gamblers", *Journal of Psychology Interdisciplinary & Applied*, Vol. 144, No. 6, 2010.

Welte, J. W., Barnes, G. M., Tidwell, M. C., Hoffman, J. H. & Wieczorek, "W. F. Gambling and problem gambling in the united states: changes between 1999 and 2013", *Journal of Gambling Behavior*, Vol. 31, No. 3, 2015.

Welte, J., Barnes, G., Wieczorek, W., Tidwell, M. C. & Parker, J., "Alcohol and gambling pathology among US adults: prevalence, demographic patterns and comorbidity", *Journal of studies on Alcohol*, Vol. 62, No. 5, 2001.

Wickwire Jr, E. M., Burke, R. S., Brown, S. A., Parker, J. D. & May, R. K., "Psychometric evaluation of the National Opinion Research Center DSM - IV Screen for Gambling Problems (NODS)", *The American Journal on Addictions*, Vol. 17, No. 5, 2008.

Wickwire, E. M., Whelan, J. P. & Meyers, A. W., et al., "Environmental correlates of gambling behavior in urban adolescents", *Journal of Abnormal Psychology*, Vol. 35, No. 2, 2007.

Winters, K. C., Stinchfield, R. D. & Fulkerson, J., "Toward the development of an adolescent gambling problem severity scale", *Journal of Gambling Studies*, Vol. 9, No. 1, 1993.

Wohl, M. J. & Enzle, M. E., "The deployment of personal luck: Sympathetic magic and illusory control in games of pure chance", *Personality and Social Psychology Bulletin*, Vol. 28, No. 10, 2002.

Wohl, M. J., Gainsbury, S., Stewart, M. J. & Sztainert, T., "Facilitating responsible gambling: The relative effectiveness of education-based animation and monetary limit setting pop-up messages among electronic gaming machine players", *Journal of Gambling Studies*, Vol. 29, No. 4, 2013.

Wong, A. & Carducci, B., "Sensation seeking and financial risk taking in everyday money matters", *Journal of Business and Psychology*, Vol. 5, No. 4, 1991.

Wong, Irene. & Lai, Kuen., "Internet gambling: A school-based survey among Macau students", *Social Behavior and Personality*, Vol. 38, No. 3, 2010.

Wood, R. T. & Wohl, M. J., "Assessing the effectiveness of a responsible gambling behavioural feedback tool for reducing the gambling expenditure of at-risk players", *International Gambling Studies*, Vol. 15, No. 2, 2015.

Wu, A. M. S. & Tang, C. S., "Problem gambling of chinese college students: application of the theory of planned behavior", *Journal of Gambling Behavior*, Vol. 28, No. 2, 2012.

Wu, A. M. S., Lai, M. H. C., Tong, K. K. & Tao, V. Y. K., "Chinese attitudes, norms, behavioral control and gambling involvement in Macao", *Journal of Gambling Behavior*, Vol. 29, No. 4, 2012.

Wu, A. M. S., Lai, M. H. & Tong, K. K., "Gambling disorder: Estimated prevalence rates and risk factors in Macao", *Psychology of Addictive Behaviors*, Vol. 28, No. 4, 2014.

Young, M. & Stevens, M., "SOGS and CPGI: parallel comparison on a diverse population", *Journal of Gambling Studies*, Vol. 24, No. 3, 2008.

Young, MM. & Wohl, MJA., "The Gambling Craving Scale: Psychometric Validation and Behavioral Outcomes", *Psychology of Addictive Behaviors*, Vol. 23, No. 3, 2009.

Young, R. M. & Gullo, M. J., Feeney, G. F., et al., "Development and validation of the cannabis refusal self-efficacy questionnaire (CRSEQ) in adult cannabis users in treatment", *Drug & Alcohol Dependence*, Vol. 125, No. 3, 2012.

Zhou, Z., Yuan, G. & Yao, J., "Cognitive Biases toward Internet Game-Related Pictures and Executive Deficits in Individuals with an Internet Game Addiction", *Plos One*, Vol. 7, No. 11, 2012.

Zimmerman, M., Chelminski, L. & Young, D., "A Psychometric Evaluation of the DSM - IV Pathological Gambling Diagnostic Criteria", *Journal of Gambling Studies*, Vol. 22, No. 3, 2006.

Zinberg, N. E. & Shaffer, H. J., "Essential factors of a rational policy on intoxicant use", *Journal of Drug Issues*, Vol. 20, No. 4, 1990.

Zitzow, D., "Comparative study of problematic gambling behaviors between American Indian and non-Indian adolescents within and near a northern plains reservation", *American Indian and Alaska Native Mental Health Research*, Vol. 7, No., 1996.